公丕祥卷

公丕祥　著

江苏社科名家文库

江苏人民出版社

图书在版编目(CIP)数据

江苏社科名家文库.公丕祥卷/公丕祥著.--南京：
江苏人民出版社,2019.8
ISBN 978-7-214-23878-8

Ⅰ.①江… Ⅱ.①公… Ⅲ.①社会科学－文集　Ⅳ.
①C53

中国版本图书馆 CIP 数据核字(2019)第 275154 号

书　　　名	江苏社科名家文库·公丕祥卷
著　　　者	公丕祥
责 任 编 辑	朱　超
责 任 监 制	王　娟
装 帧 设 计	许文菲
出 版 发 行	江苏人民出版社
出版社地址	南京市湖南路 1 号 A 楼,邮编:210009
出版社网址	http://www.jspph.com
照　　　排	江苏凤凰制版有限公司
印　　　刷	江苏凤凰通达印刷有限公司
开　　　本	718 毫米×1 000 毫米　1/16
印　　　张	24　插页 3
字　　　数	378 千字
版　　　次	2020 年 1 月第 1 版　2020 年 1 月第 1 次印刷
标 准 书 号	ISBN 978-7-214-23878-8
定　　　价	60.00 元

(江苏人民出版社图书凡印装错误可向承印厂调换)

公丕祥自述

　　当代中国的社会变革正在以空前的广度和深度波澜壮阔地展开。以理性的目光，与现实世界相撞击，自觉审视我们这个伟大的变革时代所提出的法学与法治问题，这是当代中国法学的历史使命。

　　法哲学如同法学的其他学科一样，是一门实践理性的学问，应当深入关注自己的时代所提出的种种问题，以理论的形式阐释时代和社会提出的重大问题，有力地回应变革时代的挑战，体现生动鲜活的时代精神。这正是法哲学的价值所在。

　　学术之路是艰辛复杂的。在这里，如同在地狱的入口处一样，需要满怀对学术生命的憧憬，根绝一切犹豫彷徨；需要有一种严谨淡定的治学态度，孜孜不倦，脚踏实地，持之以恒；需要像哲学日历中最高尚的圣者和殉道者普罗米修斯那样，为探求法的真理而奋力前行。

　　我清醒地意识到，在法哲学与法治现代化研究的学术道路上，已经并且将继续面临诸多富有挑战性的问题，有待开掘、解释和回应。我将与法学界同仁们一道，把握时代问题，坚持不懈求索，以期不辜负大变革时代的法哲学期待。

公丕祥简介

公丕祥，山东蒙阴人，1955 年生，法学博士。

南京师范大学法学院教授，博士研究生导师，中国法治现代化研究院院长。全国首届"十大杰出青年法学家"之一（1995 年），国家有突出贡献的中青年专家（1998 年），国务院特殊津贴获得者（1992 年），第三届江苏社科名家（2018 年）。中国法学会学术委员会委员，中国法学会法理学研究会副会长，中国法学会法学教育研究会副会长，国际法律哲学与社会哲学协会中国分会副主席。

曾任江苏省人大常委会副主任、党组副书记，江苏省高级人民法院院长、党组书记，南京师范大学党委书记兼校长。第九届、十届、十一届全国人大代表。

主要研究领域：马克思主义法律思想、法哲学与法治现代化。出版个人专著多部，在《中国社会科学》、《中国法学》、《法学研究》等专业刊物上发表论文 200 余篇。《马克思主义法律思想通史》（四卷本，总主编之一）获第四届中国出版政府奖图书奖（2018 年）。

部分著作

获第四届中国出版政府奖图书奖证书

以更多的学术名家名品引领和推进
江苏社科强省建设

厉以宁

《江苏社科名家文库》（以下简称《文库》）收集的成果是由"江苏社科名家"完成的，涉及哲学、社会学、经济学等学科，这些成果展现出几个方面的鲜明特色。

开阔的学术视野。从时间维度看，《文库》的内容贯穿于改革开放以来的各个发展阶段，是历史与现实相对接的思维，是对经济社会热点问题的深邃思考，也是对30多年来的体制转型与发展转型实践的理论提炼。从空间维度看，《文库》成果从不发达区域到发达区域、从省内到省外、从国内到国外，全方位对经济和社会发展中的重大问题进行了理论阐释和实证分析，其中既有区域研究的战略思考、地域特色的人文探讨，也有江苏发展的实践总结、学术前沿的讨论争鸣。

独有的思维张力。《文库》的作者分别对多学科的众多理论与实践问题进行了深入探讨，成果中既有令人耳目一新的理论阐释，也有让人十分叹服的实践分析。

质朴的行文风格。细细浏览之后，感到《文库》的绝大部分内容都是引用经典而不晦涩，系统阐述但不乏味。作者们的行文没有从概念到概念的推演,更没有"要如何如何"的说教,而是用叙述取代推演,用事实取代空议,寓理论于事件、故事之中,真正做到了深入浅出,表述方式接地气,用语质朴亲切。阅读《文库》,犹如在听作者讲见闻、讲故事,在轻松有趣的交流中了解深刻的社会科学道理。

《文库》是江苏社科发展的缩影。与《文库》的光芒相辉映的是,改革开放以来江苏哲学社会科学研究的不断拓展。

一是涌现出一大批有创见、有价值的理论精品,创出了具有江苏特色的社科品牌。社会科学界的专家和学者们以极大的热情,坚持与时代同进步、与实践共发展,在经济社会发展的每一个重要阶段,都始终站在时代潮头,以不畏艰难、追求真理的科学精神,探索、发现中华历史文化的精髓和现代经济社会发展的规律,在各自长期从事的专业研究领域形成了独特的学术体系和学术观点,推出了一批重大理论创新成果,不仅在江苏甚至在全国都产生了重要影响。例如,上个世纪80年代由匡亚明发起主编、共200部6000万字的《中国思想家评传丛书》,成为我国影响重大的原创性思想文化项目;由全省160多名社科专家编撰的14卷本430多万字的《社会主义核心价值观研究丛书》,是目前国内第一套全面研究和阐释社会主义核心价值观具体范畴的系列研究著作,得到全国学术界的高度评价。

二是致力于研究经济社会发展的重点难点问题,提出建设性意见。改革开放之初,以胡福明为代表的一批社科工作者,以大无畏的理论勇气积极参与真理标准问题大讨论,为冲破"两个凡是"的禁锢与束缚,推动全民族思想大解放,开启拨乱反正和全面改革的历史新时期,发挥了应有作用。在经济建设大潮中,江苏一批经济学人,在提炼"苏南模式"、总结园区发展经验、完善创新驱动战略、优化全面小康和基本现代化建设目标内涵等方面,先后出版了近百部专著，发表了近千篇论文，提出了近万条决策咨询建议，为江苏经济发展提供了有力的理论指导和智力支撑。为了更好地担负起决策咨询的重任，成立于1997年的"江苏发展高层论坛"已连续举办数十次，先后有多任省委书记在论坛活动中向数百位专家学者问计。

《文库》的鲜明特点和江苏社科界取得的相应成就决定了它的出版至少具有两方面的价值。

首先，有助于促进江苏社科人才队伍建设。系统推出的社科名家个人专集，从一个侧面展示江苏深厚、丰富的社科研究底蕴，反映江苏社科界在改革开放的伟大实践中不断解放思想、创新理论的探索历程，彰显江苏哲学社会科学事业不断发展和壮大的辉煌成就，打造江苏哲学社会科学的高原和高峰，传播江苏学人丰硕的研究成果、严谨的治学态度、鲜明的学术个性和德学双馨的人格魅力。这是对江苏社科强省建设成果的最好展示，是对江苏社科名家影响力的再宣传、再放大，必将有助于增强广大社科工作者的荣誉感和使命感，从而有助于促进江苏社科人才队伍建设。

其次，有助于引导和激励江苏社科工作者更积极地投身于"迈上新台阶、建设新江苏"的伟大实践。习近平总书记2014年12月在江苏视察指导工作时殷切希望江苏积极适应经济发展新常态，紧紧围绕率先全面建成小康社会、率先基本实现现代化的光荣使命，协调推进全面建成小康社会、全面深化改革、全面推进依法治国、全面从严治党，努力建设经济强、百姓富、环境美、社会文明程度高的新江苏。实现习总书记为江苏发展明确的新坐标和新任务，迫切需要广大社科工作者对人民群众创造的新鲜经验进行科学总结和理论升华，以便更好地指导和引领新的发展实践。《文库》的出版，将进一步发挥江苏社科名家对整个江苏社科界的引领、示范和激励作用，从而增强江苏广大社科工作者的责任心和主动性，促使他们更加积极地投身于"迈上新台阶、建设新江苏"的伟大实践。

我是江苏仪征人，1948 年毕业于南京金陵中学高中部。我在这里衷心地向故乡的杰出学者们致敬，希望他们在各自专长的领域内做出新成绩。

（2015 年 5 月 27 日）

目　录

学术小传

代表性学术成果

学术小传

一、求学经历

我出生于 1955 年 1 月,祖籍是沂蒙山区的山东省蒙阴县,自小生长在千年流淌的大运河畔的泗水古国。蒙山沂水的血脉基因和运河文化的历史积淀,对我的一生成长都产生了潜移默化的深刻影响。

1974 年 8 月,我高中毕业后来到淮阴县武墩公社插队落户,开始了近四年的知青生活。知识青年上山下乡运动,是二十世纪六七十年代席卷中国大地的一场影响广泛且深远的社会运动。和数千万知青一样,虽然在青春年少的时候失去了系统的大学课堂的学习机会,但是在农村的艰苦环境中却经受了磨炼,逐渐形成了自立自强的人生准则。在那个峥嵘岁月里,我学会了干一些农活,在寒冬腊月和农民兄弟一起上河工抬大筐;参加公社组织的社教工作队,拓展了了解农村、认识社会的视野;担任公社团委副书记和通讯报道员,培养了自己的实际工作能力;还在 1976 年 11 月加入了中国共产党,赋予年轻的政治生命以崭新起点……回首这段令人终生难忘的知青生涯,真是感慨万千,——这是我踏入社会的人生旅途上的第一堂"大课"! 在这里,我第一次亲眼目睹了中国农村的现实状况,第一次亲身体验到中国农民的生存状态,第一次深切感受到农业中国的原生态场景。我要深深地感念生息在这方土地上的父老乡亲的朴素无华的执着情感,深深地感忱那些指引我成长进步的农村基层干部的关心关爱,深深地感怀身处其中的农村国情状况所引发的些许思索,——这是一个我永远不会也决不能忘却的知青岁月。

1977 年 10 月,我从报纸上看到国家恢复高考的消息,允许工人、农民、上山下乡和回乡知青、复员军人、干部和应届高中毕业生等都可以报名参加高考。由于"文革"的冲击而中断了十年的中国高考制度,在邓小平的重大果断决策和有力推动下终于得以恢复,真是令人兴奋不已! 在江苏,那一年冬天的高考举行了两次,第一次按照专区组织高考,第二次则由全省统一组织考试。我重新燃起了上大学的渴望,加入到这支人山人海的求学大军之中。经过两轮考试,我被报考第一志愿的南京师范学院录取,进入政教系政教专业学习。1978 年 3 月,我来到了被称之为"东方最美丽的校园"的南京师范学院(即现今的南京师范大学随园校区)。政教 77 级是一个大班,有 77 名同学,年龄差异很大,既有拖家带口的老三届的高中生,也有尚无选举权和被选举权的应届高中毕业生。来自全省各地的莘莘学子,都非常珍惜这来之不易的宝贵的大学学习时光,刻苦学习,努力钻研,从来不敢懈怠。学校很重视恢复高考后的大学教学工作,系领导安排各学科的骨干教师担任教学任务,还请来南京大学胡福明教授、孙伯鍨教授、林德宏教授等名师大家给我们或开设专题讲座,或系统讲授课程,使大家深受教益。1981年 5 月,在毕业实习结束之际,时任系主任冯世昌教授找我谈话,希望我留校从事法学教学研究工作,尽管我对哲学很感兴趣。时值党的十一届三中全会作出"为了保障人民民主,必须加强社会主义法制,使民主制度化、法律化、使这种制度和法律具有稳定性、连续性和极大权威,做到有法可依,有法必依,执法必严,违法必究"①的重大决策,国家法治建设大踏步前进,法学教育亦得到迅速恢复和发展,急需一大批高校法学师资。就这样,我走上了大学法学教研之路。当年秋季,我先行到南京大学法律系进修一个学期,和该系 81 级同学一起学习。1982 年 1月,我毕业留校后即参加教育部组织的为期半年的全国高师法学师资培训班。我国著名法学家吴祖谋教授、李双元教授等五位老师受教育部委托,具体组织安排这次培训活动。对我来说,这是一次极为难得的法学启蒙教育。高铭暄教授、孙国华教授、佟柔教授、吕世伦教授、张国华教授、沈宗灵教授、刘升平教授、吴家麟教授、许崇德教授、吴杰教授、刘家兴教授、柴发邦教授、李双元教授、魏敏教授等等法学大家为我们这批年轻的法学师资传道授业,由此我第一次获得了较为全面系统的法学知识教育,为日后的法学教学与研究打下了重要基础。不仅如此,我还初步确定了未来的研究方向,力图把法学与哲学联结起来,研究法哲学领域的基本问题,探索马克思法哲学思想形成与发展的演进轨迹。1984 年 9 月,经教育部组织的统一考试,我进入中国人民大学法律系的全国高校法学师资助教班,开始了为期一年半的法学教育。人大法学学科的广博而深厚的学术宝库,成为滋润年轻一代法学人学识的无尽的思想园地。在这里,我不仅接受了更为完备系统的高水准的法学诸学科的知识教育,更重要的是进行了更为严格的科研训练,参加著名法

---

① 参见《中国共产党第十一届中央委员会第三次全体会议公报》(1978 年 12 月 22 日通过),载《改革开放以来历届三中全会文件汇编》,人民出版社 2013 年版,第 12 页。

学家李光灿先生和吕世伦先生主编的《马克思恩格斯法律思想史》的写作工作,参加著名法学家孙国华先生主持的恩格斯法律思想的专题研究,藉以纪念恩格斯逝世90周年,并且着手深入研究马克思的早期法哲学思想。十年之后,1994年9月,我考入中国人民大学法律系,师从孙国华先生,成为法学理论专业博士研究生,旨在以马克思主义法律发展思想为指导,深入探讨法制现代化的基本理论,三年后以《法制现代化的理论逻辑》为题通过学位论文答辩,获得法学博士学位。

自1982年1月大学本科毕业留校任教后,直到2002年4月,我在南京师范大学工作和生活了20个春秋。1985年7月,我担任南京师范大学政教系副系主任,1987年12月破格晋升副教授,1988年7月主持南京师大政教系的行政全面工作,1990年7月担任南京师大政教系系主任,1992年4月破格晋升教授。1994年春,南京师大政教系、马列室和德育教研室整合重组,成立了南京师范大学经济法政学院,我担任院长。同年7月,我被省委任命为南京师范大学副校长,1996年7月担任校长兼党委副书记,1998年7月担任南京师范大学党委书记兼校长,直至2002年4月。2002年1月,省委决定我到江苏省高级人民法院工作,担任党组副书记、副院长。2003年2月,在江苏省第十届人民代表大会第一次会议上,我当选为江苏省高级人民法院院长,随后被任命为省法院党组书记,并授予中华人民共和国二级大法官。在这个岗位上,我一直工作到2013年1月,在江苏省第十二届人民代表大会第一次会议上被选举为省人大常委会副主任,2017年1月担任省人大常委会副主任、党组副书记。2018年1月,省人大常委会换届后,经省委同意,我担任江苏省人大工作理论研究会会长。自20世纪90年代以来,我先后担任第七届江苏省政协委员,江苏省第十届、十一届、十二届、十三届人大代表,第九届、第十届、第十一届全国人大代表;还先后担任中国法学会法理学研究会副会长、中国法学会法学教育研究会副会长、中国法学会学术委员会委员、国际法哲学与社会哲学协会(IVR)中国分会副主席等学术职务。

近四十年来,我在法学理论领域不懈求索,取得了一些学术成就,获得了一些学术荣誉。1992年秋,享受国务院政府特殊津贴;1996年被评为江苏省普通高等学校跨世纪学术带头人培养人选;1991年和1995年,先后两次被评为江苏省优秀教育工作者;1995年被评为首届中国十大杰出青年法学家之一;1995年和1997年,先后荣获江苏省有突出贡献的中青年专家和国家有突出贡献的中青年专家的称号；1998年被评为江苏省"333人才工程"第一层次人选；1998年被评为国家"百千万人才工程"第一、二层次人选。

回首求学经历，我深切地体会到，自己的成长与进步，离不开党组织的关心培养，离不开同事们的支持帮助，离不开学界前辈同仁的教诲指点。我步入法学教育与研究的殿堂，虽然带有某些偶然机缘，但却是相伴终生的无悔选择，更是当代中国进入法治时代的理性呼唤。

站在新的历史起点上，我清醒地意识到，在新时代中国法理学的创新发展进程中，还有许多富有挑战性的问题有待开掘、解释和回应，特别是要揭示法治现代化的中国道路的内在机理，阐释法治现代化的中国经验与智慧。我将与法学界同仁们一道，把握时代问题，坚持不懈探索，以期不辜负大变革时代的法学期待。

二、治学之路

早在大学学习期间,我就对德国古典哲学与马克思早期哲学思想的关系产生浓厚的兴趣,留校从事法学教育与研究伊始,便初步确定了法哲学与马克思法哲学思想的主攻研究方向。青年马克思说道:"任何真正的哲学都是自己时代的精神上的精华",并且"同自己时代的现实世界接触并相互作用";哲学家"是自己时代、自己的人民的产物,人民的最美好、最珍贵、最隐蔽的精髓都汇集在哲学思想里"。[①] 这一论述精辟揭示了作为时代精神精华的真正的哲学的价值蕴含,确证了真正的哲学的时代性、人民性和实践性。这是研究法哲学理论、探讨马克思的法哲学思想亟需着力把握的内在要求。

1978 年改革开放之初,我国法学界对法学理论领域的基本问题展开了热烈的研讨,何谓法哲学,即是学术讨论的论题之一。法哲学乃是法律文明的活的灵魂,是关于法与法律现象的思维抽象。1983 年初,上海华东政法学院《法学》编辑部围绕法哲学的性质问题发表有关学者的专题论文。我亦撰文《也谈重视法哲学的研究》,刊于《法学》1983 年第 4 期。这篇文章是我的法学处女作,旨在确证法哲学实际上是法理学的同义语,两者之间有着内在的统一性。此后,我基于对法哲学性质的理解,对法哲学领域的一些基本理论问题进行了持续的探讨,先后发表了《论法的价值》(1987)、《论法与法律的区别》(1987)、《中国传统文化与中国古代法哲学》(1988)、《〈庄子〉法哲学价值观探微》(1988)、《略论法律调整的本质》(1988)、《论法律调整》(1989)、《再论法与法律的区别》(1989)、《论法的本质与法的价值》(1991)、《关于法哲学本体论的思考》(1992)、《法律效益的概念分析》(1993)、《〈论语〉的法律价值取向》(1993)、《当代中国社会变革与法哲学的时代使命》(1994)、《社会正义与法哲学的时代天职》(1995)等一系列文章。改革开放历史新时期中国法理学发展进程中的一个标志性学术事件,乃是 1988 年 6 月 6 日—9 日吉林大学法律系、吉林省法学会、吉林省社会科学院法学研究所等五家单位联合召开的全国首次法学基本范畴研讨会。在当代中国商品

---

① 参见《马克思恩格斯全集》中文第 2 版第 1 卷,人民出版社 1995 年版,第 220、219—220 页。

经济深入发展的新的时代条件下,法学理论更新已经成为不可逆转的时代大趋势。任何一门学科,如果没有自己的范畴系统,这门学科就无法建立起来。法理学作为一门科学,应当具有自己的范畴体系。这是法理学成熟的理论标志之一。法学是一门世界性的学科。只有理清法学基本范畴,才能寻找到与世界法学界对话的共同语言和渠道。因此,加强法学基本范畴的研究,这是中国法学理论建设的一项基础性工作。1988 年 6 月的"长春会议"围绕权利和义务等法学基本范畴展开了深入的讨论,取得了富有意义的理论成果,形成了在权利和义务这对范畴中权利是本位的重要学术共识。从此以后,"权利本位论"愈益成为法理学的一个重要学术范式。我应邀参加了这次为期四天的学术盛会,并对会议主题发表了自己的看法,认为"目前我国法理学界对权利问题的探索,标志着我国理论法学的新发展。会上有的同志提出的以权利和义务为中心范畴来改造法理学体系的观点,提出了新的理论思路,具有重要的意义。""但是把权利义务同时当成法理学的中心概念欠妥,确切讲,权利是法理学的中心概念,义务是伦理学的中心概念。之所以在法理学领域中讨论义务问题,只是因为它是同权利相联系而存在的,没有纯粹的义务。因此,我们应当从权利问题的研究入手,逐步展开法理学的丰富内容,进而改造法理学体系。""法理学的逻辑起点应是'占有',它是权利的最初现象形态,它可以满足作为逻辑起点的基本条件"。①1988 年"长春会议"前后,我以《法的价值与社会主体的权利观念》(刊于《中国法学》1988 年第 1 期)一文为开端,发表了一系列与权利问题相关的论文。诸如,《论权利的确认》(1989)、《权利现象的价值分析》(1991)、《论权利的实现》(1991)、《中国传统法律文化与义务本位》(1991)、《合法性问题:权利概念的法哲学思考》(1992)、《市民社会与政治国家:社会主体权利的理论逻辑》(1995)、《国家理性与权利思辨》(2001)等,从而进一步深化了关于法哲学基本问题的研究。

马克思的法哲学思想博大精深,蕴含着极为丰富的理论内容。从我走上法学之路之始,就致力于马克思法哲学思想的研究。在这一学术领域,我发表的第一篇论文是刊于《社会科学》(沪)1983 年第 10 期的《试论青年马克思对于法哲学的探索》,深入探讨马克思先后扬弃康德主义、黑格尔主义和费尔巴哈主义、顽强地探索法的真理、进而实现文

---

① 参见"法学基本范畴研讨会"会务组:《法学基本范畴研讨会简报·第五期》(1988 年 6 月 7 日)。

明社会法哲学史上伟大革命的思想历程。在 20 世纪 80 年代,我着重研究马克思主义法学的形成与发展,藉以把握这一思想进程的逻辑主线。在这方面,我先后发表了《科学法哲学观的理论形态》(1985)、《恩格斯历史唯物主义法学观的形成》(1986)、《马克思早期法社会学思想初探》(1987)、《〈资本论〉中的法哲学思想》(1988)、《青年马克思法学观的演变》(1988)、《马克思法哲学思想论要》(1990)、《马克思法律观概览》(1990)、《马克思心目中的法与自由之图式》(1990)、《马克思论法哲学的叙述方法》(1990)、《马克思论法的现象与利益》(1990)、《马克思论法哲学的研究方法》(1990)、《马克思晚年人类学笔记中的法律思想初探》(1992)、《亚细亚生产方式与东方社会法律文化》(1992)、《马克思的人权概念》(1992)、《传统东方社会法律文化的固有逻辑》(1994)、《解开传统东方法律文化奥秘的一把钥匙》(1995)、《马克思东方法律文化思想的演进》(1999)、《传统东方社会的法律调整机理》(2001)、《传统东方社会司法的特殊机理》(2001)、《传统东方村社制度与法律文化》(2001)、《传统东方法律文化的价值取向》(2002)、《传统东方法律文化的政治型态》(2002)、《马克思的法律发展思想及其当代意义》(2017)等一系列探讨马克思法哲学与法律思想的论文。与此同时,我还出版了《马克思的法哲学革命》(1987)、《马克思恩格斯法律思想史》(副主编,1991)、《马克思法哲学思想述论》(1992)、《权利现象的逻辑》(2002)、《东方法律文化的历史逻辑》(2002)、《马克思主义法律思想通史》(四卷本,总主编之一,2014)等研究马克思法哲学与法律思想的学术专著,在法学界产生了广泛的影响。

当代中国正处在一个极其深刻的转型发展的伟大社会变革进程之中。与这一历史进程相适应,当代中国法治发展正在经历一个从传统型人治社会向现代型法治社会转变的法制现代化进程。法制现代化是一个包含了人类法律思想、行为及其实践各个领域的多方面进程,是人类法律文明的成长与跃进过程,这种历史性的跃进,导致整个法律文明价值体系的巨大创新。从 20 世纪 80 年代中后期开始,我倾注了相当的学术精力投身中国法制现代化问题研究。30 多年来,我注意深入研究法制现代化的基本理论,初步建立了法制现代化问题的概念工具系统;着力探讨马克思东方社会法律文化思想,藉以确立中国法制现代化研究的理论基础;悉心考察中国法制现代化的历史进程,进而努力揭示中国法制现代化进程的基本规律;深入分析全球化与中国法制现代化之间的内在关联,从而把握全球化条件下中国法制现代化的运动方向。30 多年来,我先后发表了《中国法律文化现代化的概念分析工具论纲》(1990)、《冲突与融合:外域法律文化与中国法制现代化》(1991)、《法制现代化的挑战与理论回应》(1991)、《论法制现代化的标准》(1992)、《中国法制现代化的动力机制》(1992)、《传统与现代性:中国法制现代化的历史逻辑》(1993)、《中国法制现代化的精神依归》(1994)、《清末法制改革与中国法制现代化》(1994)、《邓小平的法制思想与中国法制现代化》(1995)、《中国法制现代化面临的四大矛盾》(1995)、《韦伯的法律现代性思想探微》(1995)、《确立法制现代化研究的世界性视野》(1996)、《传统中国社会与法律:韦伯的理论分析》(1996)、《民国时代的法律发展》(1996)、《法律现代化不等于西方化》(1997)、《国际化与本土化:法制现代化的时代挑战》(1997)、《法制现代化与建设现代法治国家》(1998)、《法制现代化的概念架构》(1998)、《外部影响和内发力量:中国法制现代化的动因机理》(1998)、《中国法制现代化的进程与前景》(1998)、《二十世纪中国的三次法律革命》(1999)、《政府与法律:东西方法律发展的政治机理》(1999)、《"西方"与现代化:20 世纪初时中国法律文化思潮概览》(2000)、《全球化与中国法制现代化》(2000)、《法国启蒙思想家心目中的东方法律图景》(2001)、《英国古典经济学家心目中的东方法律样式》(2002)、《法制现代化的分析工具》(2002)、《东方社会主义的法律发展》(2003)、《19 世纪之前的中外法律交往》(2004)、《共和革命与法律进步》(2004)、《全球化时代的中国法制现代化议题》(2009)、《全球化、中国崛起与法制现代化》(2009)、《当代中国法治发展道路的内在逻辑》(2015)、《中国特色社会主义法治理论的探索之路》(2015)、《中国特色社会主义法治道路的时代进程》(2015)、《国家治理现代化进程中的中国公法发展》(2016)、《经济新常态下供给侧改革的法治逻辑》(2016)、《全球秩序重构进程中的法治中国建设》(2016)、《新发展理念引领下的中国法治现代化》(2017)等一系列探讨法制现代化基本理论和中国法制现代化问题的专题论文。此外,还先后出版了《中国法制现代化的进程》(上卷,主编,1991)、《法律文化的冲突与融合——近现代中国法制与西方法律文化的关联考察》(主编,1993)、《法哲学与法制现代化》(1998)、《法制现代化的理论逻辑》(1999)、《当代中国的法律革命》(主编,1999)、《中国的法制现代化》(2004)、《法制现代化的挑战》(2006)、《全球化与中国法制现代化》(主编,2008)、《全面依法治国》(主编,2015)、《当代中国的法治现代化》(主编,2017)、《大变革时代的中国法治现代化》(2017)等著作,为当代中国法学界开展法制现代化理论研究作出了智识努力。

我国是一个地域辽阔、人口庞大、民族众多、历史悠久的东方大国,不同区域之间经济社会发展水平与地理自然条件具有明显的差异性。这一基本的国情特点对当代中国法治发展及其现代化的路径选择与发展进程产生着殊为深刻的影响,甚或形成决定性的作用。随着当代中国社会与法治变革的愈益深入,法治中国进程中的区域法治发展现象必将显现出许多鲜活的样态,呼唤中国法学界给予更多的关注和重视,拓展与深化区域法治发展的理论研究与实践探索。在这样的时代场景中,加强区域法治发展基础理论研究,就显得尤为重要。适应国家实施高等教育"2011计划"的需要,2013年初,在江苏省有关单位的大力支持下,南京师范大学决定让我牵头组建江苏高校区域法治发展协同创新中心,旨在于推动区域法治发展的理论研究与实践探索。在这一过程中,我重点研究全面推进法治中国建设进程中的区域法治发展领域的基本理论问题。六年多来,我先后发表了《区域法治发展的概念意义》(2014)、《法治建设先导区域的概念与功能》(2014)、《区域法治发展与文化传统》(2014)、《法治中国进程中的区域法治发展》(2015)、《还是区域法治概念好些》(2016)、《勿忘区域法治研究》(2016)、《传统中国的县域治理及其近代嬗变》(2017)、《法治发展的区域分析——一种方法论的讨论》(2018)、《当代中国区域法治发展的动力机理》(2018)、《国家发展:区域法治发展的分析工具》(2018)、《新时代的中国县域法治发展》(2019)、《空间关系:区域法治发展的方式变项》(2019)、《新中国70年进程中的乡村治理与自治》(2019)等一系列论文。在这一过程中,我承担了国家社会科学基金重点项目《当代中国区域法治发展的理论与实践研究》,并即将出版专著《区域法治发展的理论分析》(2019),初步建立了关于区域法治发展现象的基本理论框架,为推动区域发展法学研究提供了基础性的概念工具系统。

2002年初,因工作需要,我离开学习、工作和生活了二十余年的高校,来到江苏省高级人民法院,在司法工作岗位上度过了十一个春秋的难忘岁月。伴随着中国社会从传统型向现代型转变的深刻变革进程,当代中国司法生活领域发生了革命性的变化,亦在经历着一个从传统的司法系统向现代的司法系统的转型发展及其现代化的过程。大变革时代的中国司法发展提出了一系列重要且复杂的理论与实践问题,需要法学与法治实务工作者作出有力的回应。我在参与司法实践活动的过程中,注意关注和研究转型社会条件下的中国司法现代化的理论问题。近20年来,我围绕近代以来中国司法发展的重要论题,发表了一系列文章。诸如,《民族精神与现代司法》(2001)、《当代中国司法机理的重构》(2003)、《党的十六大与当代中国法院》(2003)、《全球化背景下的中国司法改革》(2004)、《建国之初的司法制度》(2004)、《董必武司法思想述要》(2006)、《董必武的司法权威观》(2006)、《董必武司法观探微》(2006)、《民俗习惯适用司法的价值、可能性与限度》(2007)、《党的十七大与人民法院工作》(2008)、《中国特色社会主义司法改革道路概览》(2008)、《中国司法改革的进程》(上、中、下,2008)、《挑战与回应:有效满足人民群众司法新需求的时代思考》(2009)、《应对金融危机的司法能动》(上篇、中篇、下篇,2009)、《中国司法革命60年》(2009)、《当代中国的自主型司法改革道路——基于中国司法国情的初步分析》(2010)、《当代中国能动司法的意义分析》(2010)、《董必武与建国之初司法改革运动》(2011)、《概念与机制:司法公信的价值分析》(2012)、《能动司法的社会正义取向》(2013)、《新时代中国司法现代化的理论指南》(2019)、《社会主要矛盾变化:新时代人民司法的高质量发展》(2019),等等。与此同时,我还出版了司法方面的若干著作。诸如,《纠纷的有效解决》(主编,2007)、《民俗习惯的司法适用》(主编,2011)、《当代中国的司法改革》(2012)、《当代中国能动司法的理论与实践》(2012)、《当代中国的审判管理》(2012),等等。这些司法领域的著述,在相当程度上反映了我对当代中国司法问题的基本理论思考及其取向,其中的一些论题或许会成为今后进一步探索的学术基点。

三、学术贡献

近四十年来,我在马克思法哲学思想研究、法哲学理论研究、法制现代化研究、区域法治发展研究和司法发展研究等领域孜孜探索,艰难跋涉,企望对变革时代的法治挑战能够作出力所能及的理论回应。我深知这些学术努力及其成果的价值是相当有限的,离变革时代的法学期待尚有不小的差距,仍需进行持续不懈的学术奋斗!迄今为止,我在以下若干方面形成的研究成果,为变革时代的中国法理学发展作出了些许的智识奉献。

(一) 关于马克思法哲学思想研究

作为近四十年来始终不渝的一个研究领域,我逐步形成了关于马克思法哲学思想的总体知识图景,深切认识到以马克思的名字为标志的马克思主义法哲学是一个博大精深、具有高度科学性和强大生命力的法学理论体系。我于 1987 年出版的《马克思的法哲学革命》一书,是国内法学界第一部研究马克思法哲学思想形成史的学术专著,我国著名法学家李光灿先生为这本书作序。我注意到,马克思法哲学思想的形成和发展经历了一个曲折的过程。在这一过程中,马克思的法哲学思想从纤弱的"嫩芽"生长成为一株参天大树。马克思法哲学思想的产生及其演变,是一个辩证的发展过程,其中每个阶段都是这一过程中的有机环节,它们既有联系,又有区别,都以自己特殊的质构成了在整个过程中所具有的特殊地位,从而表现为一个统一的整体。这个进程不是笔直前进的,而是一个螺旋式上升的思想进程。按照逻辑与历史相一致的原则,我将马克思法哲学思想的历史发展过程划分为三个阶段:第一个阶段,从 1835 年到 1848 年,这是马克思法哲学观的形成过程。在这个过程中,马克思先后扬弃了康德主义、黑格尔主义和费尔巴哈主义,顽强地探索法的真理,解释法和法律这一社会现象的辩证发展规律,进而实现了文明社会法哲学史上的伟大革命。第二个阶段,从 1848年到 1871 年,这是马克思法哲学思想的发展过程。在这一过程中,一方面,马克思通过对 19 世纪中叶阶级斗争以及资产阶级民主革命历史经验的总结,深入阐发了法律与国家及社会有机体之间的结构——功能关系;另一方面,在《资本论》及其手稿中,他通过建立科学的政治经济学,进一步论证法和法律对社会经济条件的依赖关系,全面揭示了经济基础与法律上层建筑之间的辩证关系,形成了自己的法哲学思想演进过程中的又一个理论高峰。第三个阶段,从1871年到1883年,这是马克思法哲学思想的深化过程。在这最后的阶段中,马克思总结了巴黎公社的经验,论述了无产阶级专政国家的新型民主和新型法制,批判了巴枯宁主义的法律虚无主义和拉萨尔主义的唯心主义法学观。特别是通过对古代公社史的研究,阐发了东方法律文化的历史逻辑,展示了全新的法哲学研究方向。

马克思的法哲学思想蕴涵着极为丰富的理论内容。我注意通过深入开掘这份极为宝贵的理论遗产,在《马克思的法哲学思想述要》(刊于《中国社会科学》1990年第2期)、《马克思的法律发展思想及其当代意义》(刊于《中国社会科学》2017年第10期)等论文和《马克思法哲学思想述论》(河南人民出版社1992年版)、《马克思恩格斯法律思想通史》第一卷(南京师范大学出版社2014年版)等著作中,努力把握马克思分析法的现象的本体论、价值论、发展论和方法论原则,藉以鲜明展现其巨大的理论逻辑力量和革命性意义。马克思在进行法哲学理论研究的过程中,始终把探讨法的现象的本体属性作为基本出发点。尽管他广泛涉猎了法律史(包括法律思想史和制度史)、国家法、刑法、民法、婚姻法、诉讼法乃至国际法等众多的法学领域,但是他最感兴趣的乃是对法的现象客观本性的探讨。这是马克思洞察全部法律问题的核心所在。总观马克思进行法哲学研究的全过程可以看出,马克思对法的现象本体属性的分析,从逻辑关系上看,大致可以区分为三个层面:首先,把法的现象放置到整个社会大系统中来加以考察,科学地确定法和法律在社会系统中的地位,揭示法和法律与社会系统的相互作用,并且从文明史的高度把握社会发展与法律进步的内在机理。其次,对法的现象的本体属性进行逻辑的"思辨",从考察法与法律的区别入手,深入分析法与社会经济条件的相互关系,指出法是社会经济关系的法权表现,同时解释法律与统治阶级意志之间的内在联系,强调法律是被奉为法律的统治阶级的意志(即国家意志),从而对法的现象的本体属性给予了逻辑整体的"统摄"。再次,进一步把法的现象的本体规定推向现实的和历史的法律世界,研究法律创制和适用的现实过程,再现法的现象从"应有"到"现有"的辩证矛盾运动,探讨法律文明进程,揭示法的现象历史运动的基本法则,进而使法的现象的本体逻辑内涵更丰富、更深刻。

在马克思的法哲学理论中,价值论占有十分重要的地位。马克思站在历史唯物主义法学观的立场上,批判地继承文明社会法哲学史的思想精华,通过对人的本质的科学分析,从个人与社会、个人与国家的关系,法的现象与自由、平等和权利的关系等方面,精辟阐发了法的现象的价值属性,从而实现了文明社会法哲学价值论领域的伟大变革。一方面,马克思对国家主义法学派尤其是黑格尔的观点十分重视。他称赞卢梭关于孤立的个人从整体中获得自己存在的观点,是"论述得很对",也称赞黑格尔关于国家在社会整体中的独特性的观点,是"正确地运用了'外在必然性'这一概念"。他强调指出,人是"一切社会关系的总和",只有在社会中,人的自然存在才成为人的属人的存在,"只有在集体中,个人才能获得全面发展其才能的手段",决不能把社会看做是某种单一的"鲁滨逊们"的简单总和,离开社会而孤立自在的人、鲁滨逊式的人,实际上不过是思维中的抽象而已,因为人是社会的存在物,脱离社会的人是根本不存在的。另一方面,马克思也汲取了自由主义法学派强调人的价值与尊严、诉诸人的权利的积极内容。他不但严厉抨击蔑视人的自由与权利的专制主义,而且指出应当避免重新把"社会"作为抽象物同个人对立起来,认为个人是真正现实的主体,也是国家的基础,决不能把国家和社会看做霍布斯心目中的"利维坦",即凌驾于人们之上并将自己的意志强加于人们的特殊机体。这种"利维坦"式的国家与社会,同样也是一种纯粹空洞的抽象,因为没有人们的活动及其成果,就没有社会本身。总之,马克思彻底消除了个人与国家、个人与社会之间的"二律背反",既强调人是社会的人,又强调社会本身是人的社会,从而科学地解决了个人与国家、个人与社会之间的统一性问题,确立了历史唯物主义法哲学价值论的基本取向。

马克思的法哲学发展论思想内容宏丰,是马克思法哲学理论体系的有机组成部分,深刻阐述了文明社会法律发展的类型转换、内在机理、运动样式、价值取向等一系列法律发展领域中的基本问题,构成了关于社会变迁与法律发展的科学的法学世界观与方法论。通过研究,我注意到,"历史向世界历史的转变",这是马克思基于对近代以来文明社会发展进程运行轨迹的科学分析所提出的一个内涵深刻、意味深长的重要命题,也是马克思从早年到暮年探讨人类社会发展规律问题所着力解决的一个基础性论题。"历史向世界历史的转变",不仅意味着历史演进过程的时间与空间关系格局的巨大变动,而且必然推动文明社会法律发展的历史嬗变,标志着前近代社会法律系统与近代以来社会法律系统的历史分野及其转换的时代走向。在马克思看来,从社会法权关系意义上讲,"历史向世界历史转变"乃是一个政治国家与市民社会之间的分离过程,在近代西方社会开启了近代政治革命的时代。这一历史进程根源于一定的社会生活条件,根源于生产力与生产关系之间的矛盾运动,由此造成了独具特质的法律发展类型。与先前的思想家们关于法律发展类型的分析视角不同,马克思把文明社会法律发展类型变迁放置到生产力与交往形式之间的历史运动中来加以把握,揭示了世界历史进程中法律发展的历史类型逻辑,从而确立了理解法律发展类型的历史唯物主义法哲学向度。按照马克思的看法,历史向世界历史的转变进程发端于近代早期或中世纪晚期的欧洲,这一进程反映了伴随着近代殖民扩张欧洲资本主义经济形态及其法律形式在世界范围内的拓展态势。正是在历史向世界历史转变的过程中,人类社会的法律发展领域也在发生巨大的变化,先前不同民族和国家的各自孤立的法律演化进程,逐渐被统一的全球法律发展格局所替代。随着一些欧洲国家冒险的远征和殖民地的开拓以及工商贸易的广泛发展,原先那些带有地域性和民族性交往形式、政治结构乃至法律生活领域,日益融入一体化的世界历史进程及其法律发展体系之中。因之,历史向世界历史的转变,不仅意味着世界范围内第一次全球化运动的历史涌动,冲击着文明社会发展的民族基础,为近代西方国家按照自己的形象创造出一个新世界提供了条件,而且打破了各民族和国家法律生活孤立演进与发展的封闭状态,逐渐把非西方民族和国家的法律发展纳入统一的打上所谓"文明国家"印记的全球法律发展轨道之中,推动着近代西方政制模式与法律类型向非西方社会的广泛推行,从而深刻地改变了全球法律发展的历史版图,开启了一个全球法律发展的新的阶段。在这一交织着各种复杂因素的法律发展现象的矛盾运动中,鲜明地展示着法律发展进程的多样性统一的历史运动样式。马克思法哲学发展论的深刻之处,就在于运用历史唯物主义法哲学的方法论准则,深入考察历史向世界历史转变过程中的法律发展现象多样性统一的运动图式,进而揭示文明社会法律发展的逻辑法则。马克思充分注意到世界历史时代的到来并没有完全抹煞各个民族或国度自身历史的差异性,强调要从不同的社会历史环境条件出发,比较分析一定的社会和法律现象及其各具特性的结果,进而把握与西方社会法律发展道路迥然相异的非西方社会法律发展道路的内在机理,描述世界历史进程中法律发展现象的丰富多样性的运动样态。

马克思之所以能在文明社会法哲学史上实现一场伟大的革命,这同他对法哲学方法论的把握是息息相关的。我认为,马克思法哲学理论的每一步进展,都标志着法哲学方法论上新的突破。马克思的法哲学方法论可以用这样一个图式来表示:"具体——抽象——具体。"在这个图式中,第一个"具体"是指感性的具体,是对客观具体的直接映象,是对法的现象的认识的起点,"抽象"是指通过思维的抽象力,抽取了某一类对象的共同点,从而把握了法的现象的某个方面、某个片断、某个关系的简单规定;第二个"具体"则是指思维的具体,是具体在思维中的"再生产",是法哲学思维的结果。因之,马克思的法哲学方法论由两个方面组成:其一是研究方法,即"从具体到抽象";其二是叙述方法,这是建立法哲学体系的方法,即"从抽象上升到具体"。法哲学研究方法是法哲学叙述方法的前提;法哲学叙述方法则是法哲学研究方法在思维行程中的再现或"复归",它们共同构成了马克思法哲学方法论的完整系统,构成了法学思维的辩证法。

(二) 关于法哲学理论研究

从 20 世纪 80 年代初走上法学研究道路之际,我就注重探讨法哲学的基本理念,试图在前人研究的基础上对法哲学的分析框架作出新的认识。在这里,我所关注的中心乃是法哲学本体论问题,构成对这一问题思考的基础乃是关于法与法律的关系之认识。

关于法哲学本体论的认识,这是一个众说纷纭的问题,亦是形成不同法哲学思潮的基础性前提。我的基本看法是:本体论不是什么纯粹思维的反思工具,也不是为了仅仅追求理论形式的完美,而是一种体现某种精神独创性的哲学思维及其理论表现,是一种植根于深厚的永动的社会实践生活土壤之中的理性知识体系。本体论所关注的乃是存在者的意义(性质、规律、生活与发展,等等)。它的价值目标就在于为人们解释世界提供可以遵循的出发点,也为界定存在于大千世界的终极性问题提供理论支撑点,从而确立经验世界的形而上的根据系统。对于法的现象来说,法哲学本体论的研究对象是法的现象存在之意义,亦即"法的现象是什么"这样一个古老而常新的基本问题。在法的现象世界中,由于存在着法与法律的区别,因之,关于"法的现象是什么"的问题,便涵盖着两个层面,即"法是什么"和"法律是什么"。前者指应然意义上的法的涵义,后者则意味着实然意义上的法律的规定性。因为法哲学本体论是要为客观存在的应有与现有这一对立统一的矛盾关系创设某种分析工具,所以对于"法是什么"的诠释,则是法哲学本体论的有限目标。

通过研究,我认识到,法与法律二者尽管有联系,但是它们的区别是明显的。与法律不同,法与权利具有相通的意蕴。权利是法的本体,法就体现在社会主体权利之中,而这里的权利是指关于法律而存在的主体的直接社会权利和权利要求。当然,这里的权利,是指应然意义上的权利,即应有权利。应有权利(即法)具有其自身独立存在的客观意义,从本源意义上讲,它并不是以法律为转移的,因而不能不加区别地把法律看作是权利的唯一基础或根据,不能笼统地把法律看作是权利的先决条件。所以,在有权利的地方,并不一定存在着法律。经过论证,我认识到,法是指在社会经济关系发展基础上形成的社会主体的直接社会权利或应有权利。这个命题构成了法哲学本体论的基础。需要指出的是,这个命题并不是法哲学本体论的逻辑起点,因为它是一个具体的丰富的总体性的命题。能够成为法哲学本体论逻辑起点的,应当是法的现象世界中最简单、最普遍、最基本、最常见、最平凡、碰到过亿万次的关系,它应具有单一性、直接性和形式的普遍性的特点,并且与历史上最初出现的东西相吻合,达到逻辑的与历史的一致性。只有从研究应有权利的存在及其历史生成与发展这个基础出发,我们才能在逻辑行程中再现应有权利现象的本质,进而形成科学的概念,建立起理论体系。在这里,我们有必要把这一命题具体分解为下列若干要点:(1)考察应有权利现象,应当从区别法与法律开始。法与应有权利是处于同等序列的概念。法就体现在社会主体的应有权利之中。(2)应有权利是社会主体在一定社会物质生活条件的作用下形成的直接社会权利要求。应有权利的最深刻的根源,存在于现实的人们的经济关系及其交往之中。(3)社会主体从事满足一定需要和利益的活动这一事实,必须通过应有权利形式相对固定下来。正是在这一过程中,主体的价值存在得到了体现。(4)应有权利是具有自主性的社会主体为了满足自己的需要和利益而自由表达其意志要求的一种机制,是主体的价值和尊严的确证方式,因而具有一定的工具性。(5)但是,应有权利首先是社会主体的一种价值目标。它集中地反映了主体对自身价值、尊严、地位及责任和使命感的执着期待或要求。（6）应有权利同人类意识以及人的"类本质"紧密联系在一起。它是主体的人类意识的载体形式，是主体自由自觉活动的必然表现。（7）应有权利现象是建立在人的价值实现基础上的。体现在应有权利中的行为标准，意味着社会主体的自主性。这是法与法律价值系统的人类学指示器。（8）应有权利构成了现有权利的基础和前提。现有权利是应有权利的制度化、规范化形态。应有权利只有上升为现有权利，才能成为受到法律保护的权利。（9）应有权利现象是一个川流不息的价值体系。法律文明史的变迁，在一定意义上可以认为是应有权利的不断制度化的历史过程，是社会主体价值得到弘扬与确证的历史过程。（10）由于应有权利与社会生活的联系具有直接性，所以社会生活的每一个发展变化，都会引起应有权利的运动变化，改变应有权利的内容和存在形态，并且，这种变化愈深刻，应有权利就愈能反映时代精神，推动社会的进步。

（三）关于传统东方社会与法律研究

从 20 世纪 80 年代后半期开始，伴随着对于中国法制现代化问题研究的学术进程，我对传统东方社会及其法律发展问题产生了浓厚的兴趣，陆续发表了《中国刑法通史》第一分册（和李光灿先生合著，辽宁大学出版社 1990 年版）、《法律文化的冲突与融合》（主编，中国广播电视出版社 1993 年版）、《东方法律文化的历史逻辑》（法律出版社 2002年版）、《近代中国的司法发展》（主编，法律出版社 2014 年版）等一系列著述。这是一个经久思考的研究领域。在这一过程中，我比较系统地研究了马克思的东方社会法律文化理论，深入分析传统东方社会法律发展的历史逻辑，探讨了在西方法律文化冲击下传统中国法制的转型问题，从而为研究法制现代化问题奠定了较为扎实的学术基础。

在这一研究过程中，我注意到，马克思的东方社会法律文化思想经历了一个复杂的演变过程。从 19 世纪 40 年代中期到 50 年代初，这是马克思的东方社会法律文化思想演变的第一个阶段。在这一时期乃至此后的一段很长时期，马克思探讨人类社会发展（包括东方社会）的基本分析工具，乃是"世界历史"的方法论原则。19 世纪 50 年代初期，马克思开始形成比较系统的关于传统东方社会的思想，土地公有、专制国家和村社制度成为马克思界定东方社会法律文化体系的基本要素。从

19世纪50年代末期到70年代初期,这是马克思东方社会法律文化思想发展的第二个阶段,是马克思正式提出东方社会法律文化理论并且作进一步证明的过程。在这一过程中,马克思在《资本论》及其手稿的写作过程中,从理论上系统地总结并且概括出"亚细亚生产方式"的概念分析工具,将"亚细亚生产方式"视为人类社会经济发展过程中的"原始形式",并且据此研究传统东方社会结构以及亚洲土地公社占有制的问题。从19世纪70年代末期到马克思逝世前夕,这是马克思东方社会法律文化思想演进的第三个阶段。随着19世纪70年代中期以后国际史学界对史前社会以及俄国和东方国家的全新研究,马克思开始发现,亚细亚生产方式并不是人类社会的"原始形式",氏族组织才是这样的"原始形式";亚细亚生产方式表明东方社会具有自己独特的发展道路。正是基于这样的认识,马克思终于放弃"亚细亚生产方式"的概念术语,而转向对东方社会法律文化的特殊性的深入研究。这一研究的成果,就是现在人们所说的"晚年人类学笔记"。因之,对于东方社会法律文化现象的研究,乃是马克思从早年到暮岁探讨社会发展与法律进步之间关联的一个极为重要的理论层面。如果说在马克思的前期或中期的学说体系中,东方社会法律文化问题更多的是从属于"世界历史"发展进程的研究,那么,晚年的马克思则更加关注东方社会法律文化发展的特殊机理。这一探索在他的"人类学笔记"中达到了新的理论高度。

应当说,我对马克思"晚年人类学笔记"的研究投入了相当的精力,发表了《马克思晚年人类学笔记中的法律思想初探》(刊于《法学研究》1992年第1期)、《亚细亚生产方式与东方社会法律文化》(刊于《法律科学》1992年第3期)、《传统东方社会法律文化的固有逻辑》(刊于《法律科学》1994年第1期)等一系列论文,旨在于阐释马克思在"晚年人类学笔记"中对于东方社会法律发展道路的独到见解。马克思的晚年人类学笔记表明,他充分注意到东方社会法律调整体系的特殊性,认为在传统东方社会,以农村公社制度为基础的古代法律调整的一个突出特点,便是风俗习惯在其中占有十分重要的地位。这种风俗习惯是公社成员在长期的生产和生活实践中所形成的、世代相传的习俗和惯例。它自发地调节着公社内部的各种关系,体现和保护着村社全体成员的利益。这些在日常社会生活交往过程中形成的风俗习惯持续一个时期以后,逐渐地固定化、规则化和制度化,日益取得法权的意义,并且由此发展成为一种村社内部自治调节的自然法律秩序。尽管这些规则和秩序没有摆脱风俗习惯的樊篱,但却是村社成员日常生活经验的结晶和体现,得到了村社成员的普遍认同和接受,因而比起成文法来说具有更为直接的约束力。在马克思看来,古代东方农村公社内部关系的一个鲜明特点便是村社成员对于村社共同体的依附性。这一公社体制之所以保持得最顽强最长久,乃是由于单个人对村社来说不是独立的,个人的存在和发展以村社的存在和发展为转移,个体只有在村社中才能得以全面发展。这种村社高于个人的价值取向,乃是建立在自然经济条件基础上的。在这一社会经济条件下,个人缺乏应有的独立性,人的依赖关系为其物质生活生产的社会关系的共同特征。传统东方社会村社制度的封闭性、孤立性和落后性,势必产生两种相互关联的状态。其一是村社制度自成一体,脱离国家政治生活之外,对社会变革的反应迟钝。其二是在村社制度的基础上建立了专制国家。这一情形恰恰表明村社制度的自治性与独立性是虚幻的,在本质意义上村社结构与国家生活是内在一致的,二者之间存在着彼此同一的关系。

我尤其注重考察马克思关于古代东方社会土地所有权制度的基本思想。按照马克思的看法,在古代东方社会,土地所有制的特点及其表现形态,是把握东方社会法律文化系统的一把真正的钥匙,甚至在一定意义上可以说,古代东方一切法律现象的奥秘,都可以从东方社会的土地所有权制度中找到存在的理由,从而得到说明。综观马克思的全部东方社会理论,我们就会发现,马克思研究东方社会土地所有权关系的一个明显特点,就是试图考察这种特定的土地所有权的主体归属问题。在这一方面,马克思的看法有一个变化。19世纪50年代初期,尽管马克思意识到东方社会土地所有制问题的复杂性,甚至指出在印度的一些偏僻山区存在着土地私有制,但他的主导性见解是认为,东方社会"一切现象的基础是不存在土地私有制。这甚至是了解东方天国的一把真正的钥匙。"在《资本论》及其手稿中,马克思深入探讨了亚细亚生产方式中的土地所有权关系,认为在这种共同体中,不存在个人所有,只有个人占有,共同体是实际的所有者,财产只是作为公共的土地财产而存在。通过研究,我认为,在19世纪70年代中期以前,马克思在东方社会土地财产权问题上的看法,至少有两点是值得注意的:其一,马克思认为,虽然在亚细亚形态中,公社共同体是土地财产的真正所有者,根本不存在个人土地财产权而只有个人占有土地,但是,却存在着专制国家对土地的所有权关系,专制君主作为共同体之父成为土地的唯一所有者。其二,马克思注意到东方社会土地所有权诸权能之间的复杂关系,认为在东方公社土地所有权系统的所有权与占有权、使用权诸项权能之间,存在着一种分离与往复的运动过程,在土地公社所有制的前提下存在着个人份地,这乃是亚细亚型农村公社内部存在的一个深刻矛盾。19世纪70年代中期以后,随着史学界对史前社会以及俄国和东方国家研究成果的大量出现,马克思开始发现,亚细亚生产方式并不是人类社会的"原始形式",氏族组织才是这样的"原始形式";亚细亚生产方式并不是古典型的或日耳曼型的所有制关系的原型,而是与这两种类型的所有制相并列的一种独立的社会经济类型;亚细亚生产方式表明东方社会具有自己独特的发展道路。正是基于这样的认识,在晚年人类学笔记中,马克思进一步探讨东方农村公社土地所有权关系的内在结构,认为古代东方社会土地所有权与土地的专制国家所有权之间的并存关系,恰恰表明亚细亚形态并不是人类社会的原生形态,而是古代形态的最后一个阶段,是向以私有制为基础的次生形态过渡的阶段。在这一特殊的阶段中,古代东方社会土地所有权关系发生了急剧的变化,形成了不可遏止的"财产关系个体化"的历史运动。伴随着财产关系的私有化运动,阶级分化开始了,因而反映阶级分化事实的政治组织形态也就随之发生演变,氏族组织为国家所代替。因此,这一过渡阶段的巨大社会变革在土地所有权关系问题上的突出表现,便是土地公社所有权与土地专制国家所有权并存局面的存在。不仅如此,在晚年人类学笔记中,马克思还揭示了从家庭公社条件下的家庭份地向农村公社条件下的个人份地转化的基本轨迹,认为随着个人份地机制的形成,古代东方社会土地所有权的图式愈益呈现出公社土地所有权、家庭土地共有财产权和农村公社条件下个体份地私有权彼此并存的复杂情形。公社土地所有权乃是指与已变成私有财产的土地相对立的、公社对附属地的土地所有权;家庭土地共有财产关系在历史的发展过程中,也越来越简化为现代意义上的私人的个体家庭财产关系。这二者是从古代的公共所有制中作为"美好时代遗迹"保存下来的。

近代西方法律文化与传统东方法律文化具有不同的价值取向,建立在不同的社会经济基础之上。因此,二者之间的冲突是显而易见的。在西方法律文化的冲击下,传统东方社会法律文化的历史命运,这是马克思从早年到暮岁始终关注的重大贡献之一。我致力于探讨马克思对这一问题的研究思路,阐释马克思的这一学说的深刻意义。马克思是伟大的思想家和革命家。他总是努力把握整个世界的历史进程,探寻其发展的内在逻辑,完善和深化马克思主义法律发展理论,从而探求人类解放的道路。在他的晚年,他从人类学著作中看到了东方社会有别于西方社会的经济制度、社会组织、法律文化的大量材料以及西方殖民主义者在东方社会中的种种行径。于是,从世界历史的高度考察西方文明对东方社会的冲击和作用,就成了他必然关注的一个重要问题。首先,马克思强调,近代西方法律文化在东方社会的影响与渗透,具有建设性使命和破坏性使命的双重价值。晚年的马克思从历史哲学的高度出发,认为东方社会有其固有的发展轨迹,而这一发展道路因西方的侵入发生了改变。因此,"必须肃清从各方面向它袭来的破坏性影响,然后保证它具备自由发展所必需的正常条件"。从这一认识架构出发,在晚年笔记中,马克思具体考察了西方法律文化在东方的影响及其后果,认为西方法律文化对东方的冲击,必然改变东方社会法律文化的固有格局,使之发生急剧的转型。在这一过程中,西方殖民者"充当了历史的不自觉的工具"。其次,在马克思看来,西方法律文化在东方社会生活中的渗透,不过是整个西方文明压迫东方文明的组成部分之一,西方法制乃是西方征服者征服东方国家的工具。在传统东方社会,农村公社是社会结构的基本单元,是东方社会法律文化系统赖以存在的社会基础。然而,随着西方法律文化在东方的渗透与影响,古代的村社体制及其原则发生了历史性的嬗变。外来冲击下传统东方村社体制的普遍衰落,绝不是梅恩之流的法学家所说的经济进步的结果,在相当程度上乃是西方法律文化对东方冲击的产物。西方殖民者是"造成这种衰落的主要的(主动的)罪人"。殖民者在东方的野蛮行为,"不是使当地人民前进,而是使他们后退"。再次,马克思确证,东方社会法律发展有其固有的历史逻辑,西方的冲击与挑战绝不是东方法律文化历史转型的唯一动力。在晚年人类学笔记中,马克思十分注意把东方社会同欧洲社会的历史进程严格区别开来,强调东方社会法律发展道路的特殊性。尽管马克思发现从前资本主义类型的法律系统向资本主义类型的法律系统之转变,从历史意义上讲乃是一种进步,体现了法律发展的一般规律;但是,在晚年人类学笔记中,他批判了"西方中心论",更加关注法律发展的一般规律在多大程度上适用于特殊社会的法律发展进程,指出东方社会法律发展有其独特的运行机理,东方社会法律发展进程也有自己相对独立的过程与方式。西方法律文化对东方社会的冲击，固然可以改变东方社会法律生活的某些方面或领域，却不可能消弥东方社会法律发展的固有特征。认识这一点，对于到我们思考中国法制现代化问题极富意义。

（四）关于法制现代化基本理论研究

在我国，关于法制现代化的研究，兴起于 20 世纪 80 年代中后期。这是一个全新的研究领域，我在这一学术领域辛勤耕耘三十余年，在法学博士论文的基础上于 1999 年出版了国内第一部全面系统研究法制现代化基本理论的学术专著《法制现代化的理论逻辑》（中国政法大学出版社 1999 年版），此后又出版了《中国的法制现代化》（中国政法大学出版社 2004 年版）、《法制现代化的挑战》（武汉大学出版社 2006 年版）、《大变革时代的中国法治现代化》（人民出版社 2017 年版）等著作，并且发表了一系列相关学术论文。经过三十余年的不懈探索，我初步建立了关于法制现代化问题的理论分析框架，确立了法制现代化的概念分析工具，论述了法制现代化的评价标准，揭示了法制现代化的运动机理，从而形成了具有中国风格的法制现代化理论系统，拓展了中国法理学的崭新研究领域，为当代中国法理学的创新发展作出了重要的学术贡献。在这一研究过程中，我始终注意以下五个重要理论问题：

其一，法制现代化的概念分析工具。从广泛的意义上讲，法制现代化属于法社会学发展论的范畴。法社会学发展论所要探究的乃是社会发展与法律进步之间的互动关联结构，它所要建树的正是确立法律成长的一般模型。许多思想家在进行这一理论探索时，首先关注的是分析问题的工具即方法论问题。我在回顾梳理了维柯、梅因、韦伯、马克思等经典大师的相关代表性观点之后，认为运用马克思的历史唯物主义法学方法论，批判地继承以韦伯为代表的社会实证主义法学派的"理想类型学"方法，形成新"理想类型学"的分析工具，是一个重要的方法论选择。我注意阐述这一新的分析工具的主要逻辑特征，并据此提出了关于法制现代化问题的基本分析框架。在这一概念工具系统中，人治与法治这一对变项处于轴心的地位，它们涵盖了传统法制与现代法治之间分野的一切特性，构成了区别这两类不同的价值系统的基本尺度。因之，应当把人治的衰微、法治的兴起作为中国法制现代化过程的基本评估系，藉以此说明这是一种把中国传统法律文化的创造性转化过程的各种有关因素,形成逻辑概念上连贯一致的"理想类型"分析。通过进一步的研究,我注意到新"理想类型"的分析工具是一种研究作为社会现象的法律发展进程的范畴体系。它的主要特点是:第一,这一范畴体系绝不是感性具体的简单罗列,也不是法律发展这一现象外部特征的形式主义概括,而是深刻地把握法律发展现象本质属性的科学的逻辑规定。第二,这一范畴体系是历史关系的产物,它们的规定性是从对法律发展的现实过程中抽象出来的最一般结果的综合,从而对解释有关法律发展现象的资料提供思维上的方便。第三,这一范畴体系是从研究者所关心的问题出发,把特定的诸要素从法律发展进程的现实中加以升华而形成的一种思维类型,因而运用这一范畴体系来考察客观事物,便具有发现的功能。构成这一范畴体系的主要概念工具有:传统与现代、线性与非线性、普遍性与特殊性、连续性与断裂;外发与内生、历史形态与逻辑模式、整合与分化、国际化与本土化;依附与自主、形式与价值、制度化与行为关系;国家与社会、同质与异构,等等。在这里,我试图着重解构传统与现代、外发与内生、依附与自主、国家与社会四种主要的概念分析工具,以便提供一种理解法制现代化问题的基本的知识基础。传统与现代这个二分架构,实际上揭示了法制现代化进程的本质性特征,因为从传统型法律向现代型法律的转变,建设现代法治国家,反映了法律发展及其变革的客观要求和基本目标。在这里需要注意的是,不能将传统与现代这个二分架构绝对化、凝固化,要看到二者之间的内在相容性以及从前者向后者创造性转化的历史可能性。而在当今的全球化时代,认识到这一点显得尤为重要。内生与外发这一概念工具,旨在于把握法制现代化的动力机理。我不赞同以往和当代学术界流行的内生型现代化模式和外发型现代化模式的分类标准,认为法制现代化并不是某种或某些因素和条件单向作用的结果,而是各种因素和条件相互作用、彼此互动的产物。任何一个社会(无论是发达的还是欠发达的)的法律进步与发展,都是一个内部和外部环境共同作用的过程,而在其中,社会的内在的经济条件像一根红线贯穿在法制现代化的全部过程之中,它是法制现代化进程持久不竭的深厚动力。关于依附与自主的分析旨在强调,当我们审视全球法制现代化的历史进程时,要打破"西方中心主义"的神话,一方面认识到西方与东方在全球现代化与法律发展中所处的位置有一个变化或互换的过程,不仅要看到近代以来西方的冲击及其优越地位,也要充分注意到从 16 世纪到

19世纪以前这一时期东方对欧洲的冲击及其优势地位;另一方面更要认识到在当今全球化背景下推进中国的法制现代化,要始终谨防形形色色的法律殖民主义或法律帝国主义,重视国际规则的本土化转换,保持法律发展的独立自主性,防止法制现代化的边缘化趋势。国家与社会这一分析工具所关注的是文明社会在其进步与发展的过程中发生的结构性变化以及这一变化所带来的影响和后果。因此,当我们运用这一概念框架去考察法制现代化的进程时,要特别注意探讨每一个文明国度的国家与社会的矛盾运动及其历史特点,从而把握不同国家的法制现代化进程的历史差异性,看到法制现代化模式与运行机理的多样性。由此,即可以认识到法制现代化运动在不同的民族和国家有着不同的表现形式,而这些不同的发展形态则根源于相应的社会结构条件,进而对现代法律发展的社会机理获得一种整体性的把握。

其二,法制现代化的标准。法制现代化理论关注的重点,是前现代社会法律系统向现代社会法律系统的转变这一特定过程,探寻这一转变的内在机理。从广泛的意义上讲,法制现代化是一个变革的概念,是传统法制向现代法治的历史更替。这种历史性的跃进,导致整个法律文明价值体系的巨大创新,其实质乃是从人治型的价值——规范体系向法治型的价值——规范体系的转变。换言之,法制现代化与法治是内在地结合在一起的。因此,确立法制现代化的标准,必然要同对法治的分析相联系。通过研究,我认为,以法治为关键性变项的法制现代化,蕴涵着两类相互关联的判定标准:一类是法制现代化的实证标准,它表现为法律的形式化,或称工具合理性;另一类是法制现代化的价值标准,它集中地体现为法律的价值合理性。从实证意义上探讨法制现代化的标准,关键在于对法律的形式化的理解。在我看来,法律的形式化意味着确证法律权威的原则,意味着从立法到司法的每一个实践环节都必须遵循法定的程序,意味着将国家权力纳入法律设定的轨道并且不同国家机关的权力均由法律加以明文规定,也意味着社会主体在这一有序化的法律体系中获得最大限度的自由。因之,法律的形式化之实质乃是法治原则的确证与实现。具体来说,法律的形式化具有以下若干表现形态:一是法律的形式化要求法律规范的严格性。法律规范的内在本质属性,必须外化为逻辑形式上严格明确的具体规则。在大多数情况下,这种规范需要借助于逻辑分析的手段加以展开,通过具体的解释技术,以适用于个别案件。法律规范的逻辑意义上的严格性、确定性,是法律理性化的体现。二是法律的形式化要求法律体系的完整和谐性。在法律的运动发展中,每一个国家的个别法律规范都不可避免地组合为一个完整有机的法律规范总体结构。法律规范的总体结构反映了构成它们基础的社会关系的结构性,也表明构成法律规范体系的各个要素之间的相互联系及其内部的和谐一致性。法律规范体系绝不是杂乱无章的东西,而是一个结构严谨、层次分明、内在联系紧密的有机整体。在这个有机体中,各个要素不仅互相联系着,而且都具有各自不同的法律属性和职能,发挥着各不相同但又相互影响的作用。能否达到这样的要求,往往成为衡量、评价立法活动质量和效率乃至法制现代化的重要指标。三是法律的形式化还要求司法过程的程序性。司法过程实际上是通过法律的适用这一中介环节,把法律规范的抽象设定和普遍要求,转化为社会成员的具体单个的行为。司法的任务在于把一般的法律规范应用于特殊情况下的具体事实,从而使司法判决具有可靠的预测性。这一情形被马克思·韦伯称之为司法形式主义。因之,司法的程序性不仅是法律形式化运动的组成部分之一,而且是衡量法制是否成为现代形态的重要尺度。它同传统法制的司法非程序化是大相径庭的。四是法律的形式化同时也意味着法律的效益化。法律的效益化也是法律形式主义运动的一个必然结果,反过来又成为法律形式主义运动的重要根据之一。形式合理性建立在制度、功能和效益的基础之上。法律形式主义运动要求通过立法活动制定出来的法律能够对社会生活产生实际的影响,从而表明法律是有效益的。以形式合理性为基础的法律效益化,是现代法治与传统法制的重大区别之一。法律的效益状况反映了法律的权威性程度,它是通过法律实施后的社会效果来确证法律自身的价值。法制现代化的形式合理性与实质合理性是内在有机统一的整体,实质合理性通过形式合理性表现出来,而形式合理性必须以实质合理性为其存在的前提和根据。法制现代化的历史实践证明,法律不仅构建于非人格的关系之上,它是以形式上合理的程序制定出来的,因而成为每个人行动的一般模式,从而使人的行为及其后果具有可预测性;法律也是对文明社会价值基本准则的阐释、维护和实现,诸如正义、平等、自由、安全、利益等等。在现代型法治文明的演进过程中,固然形式化理性有其独特的意义,但是,价值的或实质性的理性体系无疑成为建构现代法治的本源性基础。因此,法制现代化不仅具有形式合理性的特征,而且具有实质合理性的价值属性。从实体意义上讲,作为与传统型人治主义相区别的现代法治主义,必须以深厚的合理的理性化的价值体系为出发点和归宿。它同诸如自由、平等、主体权利等等价值因素内在地联系在一起。我们完全可以说,不与自由、平等、主体权利相联系的法治,乃是徒具空名的。一般来说,法制现代化的价值尺度有两个基本要求:一是对于公民个人来说,只要法律没有明文禁止的,都可以作为。这一原则意味着社会主体的自主性、自由权利和尊严,是法律文明成长的重要坐标之一,也是法律的真正价值所在。二是对于国家及政府来说,只有法律明文规定或允许的,才可以作为。这一原则的内在要求是:国家权力的内容、行使范围、运行方式等,都必须由法律明文加以规定,超越法律规定而行使的权力,是非法的、无效的。应当看到,在确认形式合理性与实质合理性构成法制现代化的基本尺度的前提下,二者孰为优先? 在这里,形式合理性固然重要,但是实质合理性则更为关键,后者构成了前者的思想基础、价值目标和评价尺度,因而优先于前者。

其三,法制现代化的社会机理。多年来,我注意运用比较法律社会学的方法,对东西方世界法律生活赖以存在的社会机理进行深入的比较历史分析,并且借助于国家与社会的相互关系这一概念分析工具,对构成东西方法制现代化运动基础的国家与社会的关系及其对法律发展进程的深刻影响,进行具体的探讨,进而形成了关于法制现代化社会机理的一般观点。社会是法律发展的基础。国家与社会之间的分离与合一的往返运动,是一个普遍性的世界历史现象。法律恰恰是二者分离的必然产物。但是,这种分离运动在不同的社会文化区域的具体实现程度是有很大差异的,这就历史性地生成了法制现代化的不同类型。在西方(主要是在西欧),市民社会的出现标志着社会经济生活获得了相对独立的发展过程,但市民社会的形成却有一个历史的"蛹化"过程。在前资本主义时代,市民社会与政治国家之间具有高度的同一性,二者之间没有明确的界限,政治国家就是市民社会,反之亦然。市民社会的每一个领域,都带有浓厚的政治性质,一切私人活动与事务都打上鲜明的政治烙印。然而,在中世纪中后期以来,市民社会开始了同政治国家的分离进程,财产关系日益成为社会发展的主要因素,成为法律和国家的全部的或主要的内容。正是这种分离运动,为法律形式主义的产生创设了社会基础。影响这一分离过程的关键性社会因素有两个方面,即城市自治制度的兴起和以商人集团为主体的市民社会的独立存在。

西欧中世纪城市不同于东方的一个独特之处,就在于它是单一的政治共同体,具有政治自主权,并且是法律上独立的行政区,作为法人团体起作用。中世纪城市制度及城市法所确立的理性、社团资格、权利平等、参与立法、客观的司法程序等等这些原则与观念,无疑促进了近代理性的形式主义法律的出现。而西欧中世纪城市的主体社会力量是市民阶级。相对来说,以商人集团为主体的市民阶级具有较自觉的法律需求。对于经济利益的计算,使市民阶级特别关注经济活动的安全性、有序性和可预测性,关心商业交易活动的法律保障。因此,通过法律保护个人权利,便成为市民阶级的强烈愿望。反映商人集团利益的商法体系,也为法律形式主义运动的出现提供了条件。很显然,近代早期的市民社会革命,构成了近代西方理性法律产生的最深刻的社会历史基础。在传统的东方社会,尽管也存在着国家与社会之间的分离运动,但是这种分离是很有限的。在很大的程度上,国家与社会之间存在着内在同一的关系。这集中地表现为村社体制与专制国家之间的相互依赖、相辅相成的共生状态。一方面,村社制度自成一体,脱离国家政治生活之外,对社会变革的反应迟钝;另一方面,在村社制度基础上形成了专制国家,这表明村社体制的自治性与独立性是虚幻的。这种性质和状态必然深刻地影响着传统东方社会法律调整机制的面貌和特点。毫无疑问,国家上层建筑在法律发展及其变革进程中的作用与影响是很显明的,并且具有多质性。当然,这在东西方社会同样具有不同的表现形式。在西欧中世纪晚期,同市民社会与政治国家分离相适应,政治国家也得到了发展。这就是专制主义的民族统一国家的形成和发展。与以往的国家形式不同,这种类型的国家是绝对主权与法律要素的结合,因而被称之为所谓"理性的国家"。它从一开始就对理性的法律系统抱有浓厚的兴趣,在近代西方理性的法律形式主义产生过程中起到了较重要的作用。专制君主国家的统治者根据社会发展的需要,纷纷制定法律和法令,促进法律的发展,藉以强化专制国家的权威和合法性。传统罗马法是近代理性主义法律的基础,它在中世纪后期的复兴与发展,与专制国家统治者的推动是分不开的。而西欧近代早期专制君主之所以重视法律的创制,重视罗马法的传播与发展,实际上反映了君主自身的利益需要,也反映了近代资本主义生产关系对国家上层建筑的基本要求。但是,不管怎么说,西方近代理性法律的建立,与专制主义国家的推动是分不开的。与西方相比,东方国家与政府在法律转型及其变革进程中的作用更为明显。在东方社会,拥有强有力的政府系统,是那些原先不发达国家迅速实现社会及法制变革的必要条件,而政府的作用发挥到什么程度,往往取决于在政府中占据主导地位的领导集团的价值态度、信仰与行动方式。在法制现代化过程中,东方国家和政府的功能性影响主要在于:建立强有力的官僚体制和国家机器,保障法制改革的顺利进行;根据变革目标的需要,建立法律机构,编纂成文法典;动员和组织社会资源参与法律变革过程。当然,上述情形往往是很复杂的。

其四,法制现代化的价值基础。法制现代化不仅仅是一种社会的法律的现象,而且是一种文化的精神的现象。它有其特定的价值取向,蕴涵着世界文明进步大道上的基本法律准则。在研究过程中,我注意联系现代市场经济发展,藉以揭示法制现代化的深厚价值基础。在这方面,我的主要观点是:市场经济是一个川流不息的价值体系。是以效益为代价而更多地强调公开,还是以公平为代价而更多地强调效益,抑或其他? 社会由此面临着对这两者的重大抉择。合理地协调这一价值矛盾,便成为法制现代化进程中的一个历史性课程。长期以来,人们往往把自由和平等视为一种具有价值取向的同质性的社会现象。这实际上是一种误解。在自由与平等之间,虽然存在着某些共通的层面,但它们各自的价值内涵及其外部表征却是迥然相异的。从经济生活领域来看公平与效益之间的矛盾,本质上乃是自由与平等之间矛盾的基本表现。公平或平等是现代市场经济的必然产物。在现代市场经济的条件下,交换客体的特殊自然特性和交换主体的特殊自然需要,构成了市场主体平等关系的客观基础;交换客体的价值等价性,决定着市场交易活动必须遵循公平等价原则;由此,也就必然要求市场交易过程的主体自主性及其充分的意思自治;因而市场主体通过等价的交换,被确证并实现了自身的平等主体地位。市场经济的上述平等法则,形成了社会经济生活中一切平等关系的必要基础或前提条件。提高效益也是现代市场经济活动的基本取向,而这恰恰是与主体的自由与自主性密切相关的。在现代市场经济的汪洋大海中,社会主体行为自由的广泛性和多样性,为社会主体的能动性、创造性和积极性的发挥,开辟了广阔的前景,从而极大地解放了社会生产力,促进了社会财富的增加与丰裕。市场经济本质上是一种自由经济,无怪乎许多学者都把自由原则视为市场经济法则的基本原则。而效益乃是经济自由的必然结果。提高效益也就构成了现代市场经济条件下法律调整的功能表现。很显然,平等和自由两者都是现代市场经济体制本身的要素,但是它们之间的价值取向则是判然有别的。这一深刻的价值矛盾主要表现在:第一,在市场经济中,权利本身乃是平等和不平等的辩证统一。第二,在市场经济条件下,不平等和差异乃是自由和效益的必要前提。第三,市场交换制度在实现自由与平等的同时,也在实现着不平等。在研究过程中,我注意到,社会经济领域中的自由与平等之矛盾,不仅制约着一个社会经济政策的制定与实施,而且也影响着该社会成员的经济行为。因之,这一价值矛盾向社会和个人提出了这样的尖锐问题:一种社会的经济制度能否在激发社会主体能动性和自由精神、提高效益的同时,最大限度地实现经济平等? 处在该社会条件之下的个人,能否理性化地选择自己的社会经济行为方式,以谋求健康平衡的社会经济秩序之确立? 这些问题实际上触及到了社会经济生活领域中的社会正义机制,触及到了社会经济制度及其个人行为的合法性问题。从社会经济意义上讲,社会正义的概念包含两层涵义:第一层涵义是指社会经济基本结构和制度本身所具有的正义性,亦可称为制度正义原则。社会经济制度的正义性问题,反映了一个社会的经济结构能够得到该社会成员信念认同的程度,同时体现了一种社会经济机制的合法性。制度性正义原则有三个基本要求:首先,一个社会的基本经济结构和制度能够成为该社会每个成员的自由发展和才能发挥提供公正平等的机会和手段。其次,社会的基本经济结构和制度能够提供一套合理分配利益的程序规范。再次,社会经济结构的制度正义还表现为:当利益分配与现实明显不均衡的时候,社会的基本经济结构能够通过一定的机制予以纠正或补偿。社会经济领域中的社会正义概念的第二层涵义,是指个人经济行为的社会正当性,可称之为行为正义原则。在社会经济生活领域,行为正义原则的基本要求是:一是主体之间的经济交往活动应当遵循公平的原则。二是主体从事经济活动的目的是谋求利益的最大化,但是其实现这一目的的手段应当是正当的、合理性的。三是主体在作出一定的经济行为时,必须充分考虑社会的利益,意识到并且能够履行其对社会的责任。应当指出,在社会经济生活领域,制度正义原则对行为正义原则具有优先性。只有当社会的基本经济结构和制度具有正义性时,个体的行为正义才具有普遍化的形式化的意义,社会正义的实现才是可能的。由此,在推进当代中国法制现代化的过程中,有必要提出"体现社会正义的效益"之命题。这一命题旨在于强调，提高效益必须充分体现社会正义的基本要求，背离社会正义要求而实现的效益，必然使社会为此而付出沉重的代价。"体现社会正义的效益"之命题的基本要求是：其一，效益是实现社会正义的基础。其二，社会正义是评价效益的基本尺度。其三，社会正义是提高效益的价值目标。在当代中国，强调体现社会正义的效益，有助于建立一个良好有序的社会结构，有助于平衡社会的利益系统，推动当代中国社会变革进程的稳定发展。在当代中国法制现代化的进程中，实现具有社会正义性的效益，不仅是国家职能的基本确证，而且是法律功能的重要表现。

其五，法制现代化的矛盾运动。从传统型法制向现代型法治的历史跃进，这无疑是人类法律文明进程中的一场深刻的革命。但同时这一进程也有着可以想见的复杂性，充满着许多矛盾关系。这一法律革命是在各种复杂因素的矛盾运动中作曲线运动的。在研究过程中，我注意认识与解读这些矛盾关系及其特征，进而揭示法制现代化进程的基本规律，企望解开这一变革进程的内在奥秘，把握这一伟大的法律革命的发展走向。法制现代化进程的内在矛盾，首先就表现为法制现代化的动因何在，是社会自身力量产生的内部创新，还是外部的冲击与影响所引发的变革运动，抑或其他？一般认为，在法律发展的进程中，不同国家走向现代化的历史动因是有所差异的。不同历史动因的法律发展道路，往往形成不同类型的法制现代化模式，主要包括内生型与外发型两大类别。内生型法制现代化模式是指由社会自身力量产生的内部创新、经历漫长过程的法律变革的道路，是因内部条件的成熟而从传统法制走向现代法制的转型发展的过程。尽管这一过程充满着许多激荡风云的重大社会变革事件，但从总体上看，却是一个自然演进的自下而上的渐进变革的过程。近代商品经济的发达，是推动西方近代理性化法律形成与发展的内在动力；而新兴的市民阶级则成为西方法律发展的主体推进力量。比之内生型法制现代化，外发型法制现代化则是因一个较先进的法律系统对较落后的法律系统的冲击而导致的进步转型过程。由于它是在外部环境影响以及域外法律文化的冲击下而走上法制变革道路的，因而往往有着相对确定的时间起点。这种类型的法制变革的历史动因，乃是对外来挑战和刺激的一种自觉的有意识的回应。在外部力量的冲击下，这些国家内部的各种矛盾不断激化；反映在法律领域，往往表现为法律发展的西方化与民族化的矛盾，特别是在一些殖民地半殖民地国家,争取法律主权的斗争成为这些国家法制改革的动力和目标。较之内生型现代化国家,在外发型现代化进程中,政府介入法律发展过程的程度要更深一些,力度要更大一些,往往成为法制现代化进程的直接组织者和推动者。而这一过程通常伴随着一场剧烈的政治革命。显而易见,按照上述法制现代化的动因以及以此为基础的模式类型分析,内生型法制现代化似乎属于原创式变革的范畴,而外发型法制现代化则大体归于传导式变革之列。在研究过程中,我注意到法制现代化进程的动因机理的复杂性,并且结合对近代中国以来法制现代化进程的研究,对传统的现代化理论的动因类型学说进行了必要的修正。在我看来,西方法律文化的冲击,无疑是引起中国法制变革的重要动因之一。近代中国以来法律发展的进程,几乎每一步都带有西方法制冲击的印迹。但是,我们不能由此而断言中国的法制变革完全是由于西方冲击的产物。实际上,近代中国以来的法制一直处在变动过程之中,促成这一过程的原因是多方面的,西方法律文化的冲击并不是唯一的终极的原因,甚至不是最主要的原因。绝对夸大西方法律文化对中国法制变革进程的影响,这只能脱离历史的真实而陷入虚妄的历史泥潭之中。在这里,拟应把西方法律文化的冲击放置在中国社会法制系统内在矛盾及其演化的历史背景下加以全面考察,深入揭示中国法制转型及其现代化过程的主导趋势,以便重建中国法制现代化的分析框架。中国法制现代化的过程起源于以皇权为中心,以"重刑轻民"为表征的古老的中华法系逐渐式微,而且这个过程交织着西方法律文化的东渐与冲击。在剧烈的法律文化冲突过程中,固有的传统法律文化体系产生了深刻的变化,它逐渐地吸收和融合了域外法律文化的某些因素,导致法律价值取向的巨大转变,进而适应新的社会条件,开始了新的法律文化体系的整合或重建过程,并且由此获得了新的生命力。因之,在这个意义上,我们可以说,中国法制现代化的过程,是一个传统法律文化与西方法律文化的冲突过程,也是传统法律文化迎接挑战、扬弃自身、进而实现创造性转换的过程。然而,这一革命性的进程正是内部因素与外来影响相互作用的历史产物。它有其固有的特殊轨迹,是一系列复杂因素综合作用的结果。西方的冲击不过是这个综合动力体系中的一个组成部分而已。尽管它是很重要的力量,但这种力量就其归类而言属于外在的力量范畴,它终究要通过内部的复杂变量发生作用。

（五）关于全球化与中国法制现代化

这些年来，我始终把全球化与中国法制现代化问题作为自己的重点学术研究方向之一，深入探讨法制现代化进程中的中国与世界的关系，努力分析新的全球发展或条件对中国法制现代化运动所产生的历史性影响，进而确证中国法制现代化的时代方位与范式选择。在这方面，我先后发表了《国际化与本土化：法制现代化的时代挑战》（刊于《法学研究》1997 年第 1 期）、《全球化与中国法制现代化》（刊于《法学研究》2000 年第 6 期，转载于《新华文摘》2001 年第 3 期）、《全球化背景下的中国司法改革》（刊于《法律科学》2004 年第 1 期，转载于《新华文摘》2004 年第 7 期）、《全球化时代的中国法制现代化议题》（刊于《法学》2009 年第 5 期）、《全球化、中国崛起与法制现代化》（刊于《中国法学》2009 年第 5 期）、《全球秩序重构进程中的法治中国建设》（刊于《法律科学》2016 年第 5 期，转载于《新华文摘》2017 年第 1 期）等一系列论文，主编出版了《全球化与中国法制现代化》（法律出版社 2008 年版）的学术专著，初步建立了关于全球化与中国法制现代化问题的理论分析框架，形成了如下有代表性的学术观点。

一是关于法制现代化进程中的国际化与本土化之矛盾关系。通过研究，我认为，法制现代化不是孤立封闭的法律现象，也不是某一个国家或某一个地区的个别态势，而是一个开放式的国际性的法律发展进程。这一革命性的进程，深刻改变了人类法律生活世界的面貌，推动着各民族、各个国家和各个地区的法律文化的交流与融合，从而促进了人类法律文明的成长与飞跃。法律发展的国际化，主要是指在法律文化的传播与交流过程中，各个主权国家的法律制度蕴涵着世界法律文明进步大道上的共同的基本法律准则，使各国的法律制度在某些方面彼此接近乃至融合，进而形成一个相互依存、相互联结的国际性法律发展趋势。由此可见，法律发展国际化的主要特征是：其一，法律文明的共同性因素是法律发展国际化的基础和前提；其二，法律文明的交流与传播是法律发展国际化的主要媒介机制；其三，法律制度一定意义上的趋同性是法律发展国际化的时代走向。法律发展的国际化是一个长期演进的历史产物，经历了一个从地区范围内的法律共同性到跨地区的法律协调发展再到法律国际化的发展阶段。这一历史性的趋势所体现出来的乃是人类法律文明交融与创新的激动人心的法律场景，是法律变革进程从民族国家走向国际社会的时空超越。因而,这一时代走向具有深刻的历史必然性。从内在方面看,法律发展的国际化体现了人类社会对法律自身价值的普遍认同与信仰。从外在方面看,法律发展的国际化进程的社会根源则来自于社会交往规则特别是现代市场经济运行秩序的共同的法权要求。应当看到,法制现代化进程中的国际化趋势丝毫不意味着对法律本土化或民族化的消弭。在不同的国家和地区,法律发展从传统走向现代化的历史起点、过程、条件以及主体选择是各不相同的,因而法制现代化的基本的共同尺度和普遍性因素,在不同的民族或国度,不能不打上特定民族或国度的印记,从而具有特定的发展过程的诸多具体历史个性。因此,法律发展的国际化与法律发展的本土化,乃是同一个过程的不可分割的两个侧面。法律发展的本土化之内在根据,来源于法律赖以存在的社会结构的特殊性,来源于社会主体交往行为的特殊性,也来自于社会"集体意识"的独特性。它决不因法律发展的国际化趋势而丧失自己存在的历史地位。相反,随着社会的发展,法律发展的本土化趋势愈益强劲。从法哲学的意义上讲,法律发展的国际化与本土化之矛盾揭示了法律发展的一个基本定则,即:法制现代化是一个法律发展的多样性统一的过程。

二是关于全球法制现代化进程中的中心与边缘问题。中心与边缘,这是一对含义多样且复杂的范畴。在社会学中,中心与边缘之间的关系,通常成为衡量社会类型的重要尺度之一。而从经济学意义上看,人们更多地运用中心与边缘这对范畴来指谓不同国度在世界经济体系中所处的地位。在研究过程中,我试图将中心与边缘这对概念工具引入法制现代化领域,藉以表达在全球法制现代化进程中自主与依附之间的历史关系。由此,考察中国法律文明的演进历程,我们可以看出,中国在全球法律发展历史进程中的地位,经历了一个复杂的变化过程,——而这种地位和角色的转换,往往与国力的兴衰息息相关。在19世纪之前,中国在全球经济格局中的主导或中心地位,强化了中国传统法律文明对域外法律文明的影响力。19世纪中叶之后,中国开始衰落,中国的世界中心地位开始被西欧取代。此时的西欧在近代工业革命的强劲推动下,在世界经济体系中日益取得支配地位,而中国在这个新兴的世界体系中则处于边缘状态。这种全球地位的转换,导致法律生活世界的巨大变迁。西方列强凭借武力和商品,强行打开中国的大门,迫使中国开始了由朝贡制度向条约制度的大转变。处于世界体系边缘地区的中国法律生活,开始了由自主发展向依附发展的转变,法律发展日益丧失了独立演进的品格,法律文明的自然历史进程开始发生断裂。晚清法制改革是在近代西方法律文化东渐、传入乃至挑战的情势下所采取的一种回应姿态,是晚清统治集团运用法律手段应对国家与民族危机的一个被动之举。这一法律变革运动大抵上按照大陆法系的模式,对中国传统法律体系进行了结构性改造,从而导致古老中国法律传统的历史性重大变化,催生了一个具有西法特点的中国法律体系之形成。这一以采用西法为特征的大规模法律改革的历史性后果之一,就是中国法律文明的成长进一步融入全球法律体系的重构过程之中,进而也加剧了中国法律发展的边缘化趋势。这一历史事例给今天的人们提出了这样一个尖锐的问题:在全球性法制现代化进程中,中国的法律生活逐渐融入全球法律体系之中,怎样才能保持独立自主的品格,避免出现依附发展或边缘化的情形?对于进入全球化时代的当代中国来说,捍卫民族国家的法律主权,谨防全球化名义下的新的法律殖民主义,确立在全球法律体系中的自主地位,防止和避免法律发展的边缘化趋势和依附性,走出一条符合本国国情和条件的自主型法制现代化的道路,依然是一项重要而艰巨的历史性任务。

三是关于新全球化运动中的中国法制现代化。在近年来的研究过程中,我注意关注当代全球化运动出现的新情况新问题及其对中国法治发展的深刻影响,发表了《全球秩序重构进程中的法治中国建设》等论文,旨在强调当今世界出现的"逆全球化"思潮实际上表明当代全球化进程正在以某种新的形式在曲折中艰难前行。当代全球化并没有成为过去,但是确实遭遇到新的情况,并且在相当程度上正在改变着自己的存在形态和方式。我认为,当代全球化运动中的种种挑战,深刻反映了当今世界秩序结构的剧烈变动,全球权力中心格局正在发生转移。尤其是中国的和平崛起,无疑对当今世界政治与经济版图产生不可遏制的巨大影响。这显然意味着重构世界新秩序的时代正在来临,第二次世界大战之后形成的全球治理体系正在经历一场深刻的变革,当代全球化运动日益呈现出新的样式。近代以来的人类社会经历了三次全球化浪潮,一次又一次地改变着全球秩序格局。在这迥然相异的全球场域中,中国的全球方位伴随着全球变革进程而交替转换。纵览全球进程中的中国方位的历史变动轨迹,我们可以清晰地发现,这是一幅全球权力中心迁移的历史场景之映现,是世界秩序图谱数度重绘的历史写照。不同全球场域中的中国方位生成着各具特质的中国法治状态，影响着中国法治的未来走向。当代全球化运动与全球权力中心转移进程交织在一起，现行的国际体系正在面临着一个剧烈变革与转换的历史性时刻。在这一进程的背后跃动着全球权力中心转移的脉搏，反映了诸民族国家的综合国力的相对消长与变化；不仅如此，这个全球权力中心转移进程的方向，从总体上看乃是一个从西方到东方的迁移，是一个世界权力中心东移的历史性过程。20世纪80年代以来兴起的第三次全球化浪潮的时代产物之一，乃是全球权力中心东移现象的迅速增长及其中国的历史性重新崛起。全球权力中心的转移，不仅加快了全球经济一体化的进程，也在很大程度上引发全球法治发展的重构。处在这一过程中的中国国家制度现代化与法治发展，势必要反映全球市场经济体制的法治需求，体现全球法治文明发展的共通性因素，对固有的法律系统进行现代化的革新与改造，以期适应迅速变动之中的全球经济、社会与法律环境，反映全球权力中心转移与中国重新崛起的法权要求，为中国的重新崛起构造出坚实的法治制度根基。因此，面对着错综复杂的当代全球化趋势，在推进法治中国建设的时代进程中，我们既要看到全球权力中心转移所导致的全球秩序重构及其全球治理变革对当代中国法治发展的历史性呼求，也要看到当代全球化背景下中国法制现代化进程中出现的新情况新问题，还要看到已经或正在出现的有利于法治改革与发展的各种因素或条件，把握创造中国特色的现代化法治的历史性机遇。特别是在眼前的矛盾和困难中看到中国法治改革与发展的未来愿景，在严峻的挑战中明确奋斗的方向，保持与时俱进、奋发有为的精神状态，坚定地推进中国法制现代化进程，矢志不渝地为建设法治中国而不懈奋斗。在这里，问题的关键在于我们要牢固确立自主型的中国法制现代化理念，坚定不移走中国特色社会主义法治道路。所谓自主型的法治发展，是指基于对本国国情条件的深刻把握，自主选择适合本国社会生活状况的法治发展模式，进而稳步推进法治改革。在重构全球秩序的新时代条件下，中国的法律生活日益同全球范围内的法律生活交融互动。这无疑是一个重要议题，涉及法治发展的各个领域，其中最为紧要的乃是以下若干方面：其一，坚持自主型法治发展道路，必须努力探索具有中国特色的法制现代化模式；其二，坚持自主型法治发展道路，必须立足于中国特色社会主义法律制度的自我完善与发展；其三，坚持自主型法治发展道路，必须更加关注国际社会以及国家内部的社会公正问题；其四，坚持自主型法治发展道路，必须更加关注国际规则的本土化问题；其五，坚持自主型法治发展道路，必须坚定地捍卫国家的法律主权。总之，在新全球化运动中，我们要从中国的实际条件出发，坚持自主型法治发展道路，深入总结法治发展的中国经验，悉心把握法治发展的中国取向，努力构建法制现代化的中国模式，进而实现建设法治中国的宏伟愿景。

（六）关于区域法治发展基本理论研究

近些年来，我的法学学术研究的一个重点方向，即是研究全面推进法治中国建设进程的区域法治发展领域的基本理论问题，发表了《法治中国进程中的区域法治发展》(刊于《法学》2015年第1期)、《国家发展：区域法治发展的分析工具》(刊于《社会科学战线》2018年第2期)、《法治发展的区域分析——一种方法论的讨论》(刊于《法学》2018年第5期)、《空间关系：区域法治发展的方式变项》(刊于《法律科学》2019年第2期)等系列论文，并且即将出版国家社科基金重点项目的最终研究成果《区域法治发展的理论分析》一书，初步构造了关于区域法治发展问题的理论分析框架。在这一新兴的法学研究领域，我的主要学术观点是：

第一，区域法治发展的概念内涵。"区域"，原本是地理学科中的基础性概念。随着20世纪初叶区域地理学的日益兴盛，区域概念在人文社会科学领域获得了广泛的运用，逐渐形成区域经济学、区域政治学、区域社会学、区域文化学、区域人类学、区域历史学等等新的学科知识形态，不仅促成了区域科学的成型与发展，而且深刻影响着人文社会科学的理论工具与分析框架。法学领域下的"区域"概念，具有全球意义上的区域和民族国家层面上的区域之双重意义。民族国家意义上的区域概念主要包括两层涵义：一是指主权国家范围内的以特定行政区划为基本构成单元的特定地域空间，在当代中国，有省域、市域（设区的市）、县域等不同行政辖区层级；二是指主权国家范围内的那些由相邻地域所组成的跨越不同行政区划的空间地域，比如，西部地区、中部地区、东部地区、东北地区、京津冀地区、长江三角洲地区、珠江三角洲地区，等等。对于法学研究来说，这种涵盖以特定行政区域为基础的空间地域单元和跨行政区划的空间地域单元集合体的整体性的"区域"概念，为法学视野下的区域研究设置了统一的场域。从概念的逻辑结构来看,区域法治发展的概念体现了概念的普遍性、特殊性和个别性三个环节的有机统一。在当代中国,作为法治发展的伟大实践,法治国家、法治中国、法治区域这三者乃是国家法治发展的有机整体。在这里,法治国家是一个普遍性的概念,表征着人类法治文明的普遍性的国家型态,反映了人类法治文明发展的一般规律;法治中国是一个特殊性的概念,体现了法治国家建设的中国道路、中国经验或中国模式;法治区域则是一个个别性的概念,意味着法治中国建设在特定空间地域范围内的历史性展开,构成了建设法治中国进程中的具体化的个别性的地区样式。因之,区域法治发展实际上是法治中国进程中的一个具体表现形态,属于中国法治发展的"个别性的概念"的范畴,鲜明地表达了法治国家的普遍性准则、法治中国建设的特殊国情要求和法治区域的个别化的具体取向。作为国家法治发展的有机构成要素,区域法治发展是国家法治发展在主权国家内的特定行政区域和跨行政区域的范围内的具体实现,旨在适应特定空间范围内的区域发展的现实需求,建构有机协调的区域法治秩序,推动区域发展的法治进程,因而是治国理政的区域性依法治理模式。

第二,区域法治发展的构成要素。通过研究,我认为,在中国的语境条件下,区域不仅指基于特定行政辖区层级的空间地域单元,而且包括跨行政区划的空间地域单元的集合体,这是两个既相区别、又有联系的具有不同属性的地域空间单位。在主权国家的范围内研究区域法治发展现象,既要关注以一定行政区域为基础的特定地域空间结构中的法治运行,也要重视由相邻地域行政辖区构成的跨行政区划的地域空间单元中的法治问题。这就是区域法治发展构成要素的基本要义。一方面,在"区域"概念系统中,基于特定行政区划的地域空间单元具有基础性的重要地位,蕴涵着丰厚的法学意义。行政区划或政区,乃是以主权国家范围之内行政管理层级为基础的特定地域单元。一定的行政区划的设置以及行政辖区层级体系的确立,凝结着国家治理的理念与原则,反映了国家统治者施行国家治理的目标选择与现实需要。作为国家治理基础的政区的建构过程,涉及特定区域社会的经济的、政治的、社会的、民族的、文化的、风俗的、人口的、历史的乃至地理的诸方面因素和条件的综合考量,在很大程度上体现了国家统治者的政治智慧与法律价值选择。因之,区域法治发展研究的一个重要的着力点,就是要深入探讨特定行政区域中的法律生活样态的性质、特征和变动轨迹,分析一定区域法律生活面貌的影响因素与条件。不同的行政区域或不同层级的行政区域的法治发展,往往显现出不同的法治发展状况与法治发展水平。由于主体与客体、规模与空间、形态与机理等等方面的差异性,省域、市域和县域的不同行政层级辖区的法治状态亦是有所不同的。此外,一些行政区域还具有某种特定的经济、政治与社会功能,比如,经济特区、民族自治区域等。所以,研究不同层级的行政区域法治状态、同一层级的不同行政区域法治状态,以及赋予某些行政区划以特定功能的行政区域法治状态,应当成为区域法治发展问题研究的重点所在。另一方面,跨行政区域的特定地域空间单元的表现形式是丰富多样的,既有跨行政区划的特定经济区域,又有跨行政区划的一定社会区域,还有跨行政区划的一定文化区域,等等。这些都构成了区域法治发展研究的重点对象。在当代中国,随着改革开放的深入推进,党和国家基于对中国国情与区情的深刻把握,高度重视区域间经济社会协调发展问题,陆续提出并实施了涉及跨行政区域空间单元的国家区域协调发展重大战略。推进国家区域发展总体战略,必须充分发挥法治的引领和推动作用,加快制定和完善有利于国家区域发展战略顺利实施的法律制度,把区域协调发展纳入法治化轨道。跨行政区域的法治发展蕴含着多样化的表现形式,大致有三种主要形态:一是基于跨行政区划的特定经济区域的法治发展;二是基于跨行政区划的一定社会区域的法治发展,其典型样态是一定地域空间范围内的乡村社会区域和城市社会区域;三是基于跨行政区划的一定文化区域的法治发展。

第三,区域法治发展的分析框架。区域法治发展研究方法论是一个多层次的有机系统。其中,法哲学方法论居于枢纽性的核心地位。马克思提出的"多样性统一"的概念命题,蕴涵着深厚的法哲学意味,旨在强调必须把每一个别的区域法治发展作为一个有机的系统来对待,揭示各个个别的区域法治发展之间的相互联系和相互影响,进而把握由若干个"局部的规定性"所表达出来的"整体的具体"或"具体总体"。因之,主权国家范围内的区域法治发展,既是一个"自然的历史进程",与国家法治发展之间形成内在关联的统一性,又在不同的社会条件的影响下,具有多样性的品格,进而呈现出多样性统一的运动样式。个别化的方法论准则之意义在于:研究区域法治现象,固然要注重揭示区域法治现象变化运动的基本规律,藉以探求区域法治生活的固有法则,更重要的是要致力于研究区域法治进程中历史地形成的具体的个别的关系和结构,进而把握影响和制约区域法治进程的复杂因素及其内在机理。区域法治发展的分析框架,乃是解释区域法治发展现象的概念工具系统,在一定意义上具有"理想类型"的性质或功能。建立这一分析框架,必须满足以下三个基本条件:有助于说明区域法治现象赖以存在和发展的基本原因;有助于描述区域法治现象的运动状态;有助于提供研究区域法治现象的可行便利的认识范式。构成这一分析框架的变量因素主要是国家发展、区域分析和空间关系这三个概念工具组件或方式变项。(1) 国家发展的概念工具表明,研究区域法治现象,必须充分考虑到国家发展对于区域法治发展进程的深刻影响。离开国家发展的进程,我们就无法真正认识区域法治进程的本来的面貌,也就不可能准确表达区域法治发展的内在逻辑。运用国家发展的概念工具,拟需认识到区域法治发展在总体方向上与国家发展进程形成不可分割的有机整体;作为一种强大的聚合性力量,国家发展对不同区域法治进程产生整合与协调的功能调控作用;国家发展及其国家法治的每一步进展,都会在区域社会发展与区域法治进程中表现出来;独具个性特征的区域法治现象,乃是国家发展现象之网上的有机"纽结";国家发展以政制化的方式,决定着区域法治进程的基本走向。(2) 区域分析的概念工具之意义,在于深刻理解作为国家法治进程"个别化"形态的法治发展的区域实践与区域经验,因而是一种区域的整体性研究。在这方面,罗伯特·默顿的"中层理论"具有独特的解释工具功能。因之,法治发展的区域分析的基本要求是:注意研究整体性的国家法治进程中的区域法治现象的变动,即"国家中的区域之分析原则";注意探讨多样性的区域法治现象在国家法治进程中展示出来的独特个性,即"区域中的国家之分析原则";注意通过对于不同类型的区域法治现象差异性的深入研究,寻求关于多样性统一的区域法治现象运动机理的理论阐释,即"区域的整体性结构之分析原则";注意把一定区域法治现象置于区域社会转型变革进程中加以观察,进而探寻区域发展进程中的区域法治发展的特定场域逻辑,即"区域的功能分析原则";注意考察生动鲜活的区域性的具体法治实践经验,即"区域的有经验根据之分析原则"。(3) 空间关系的概念工具之价值意义在于:深刻认识区域法治现象的空间本性,考察一定空间条件下的区域法治现象运动变化的空间轨迹,由此把握区域法治进程的差异性;深刻理解区域法治现象的自然空间条件,分析不同区域的法治发展赖以存在与发展的自然条件与空间地理环境;

深刻把握区域法治现象的社会空间条件,研究不同区域的法治实践活动,由此揭示区域法治进程的内生性机理;深刻探讨区域法治进程的空间类型转换,分析不同空间类型条件下区域法治进程的运动机制,进而探究区域法治进程中的社会空间类型转换及其影响,以期对变革时代区域法治发展的实现路径作出合理性解释。

第四,区域法治发展的文化机理。法治发展的社会历史运动具有特定的空间条件,从而显示出"无穷无尽的变异和程度差别"。而法治发展现象的区域差异性,固然要受到一定社会经济条件的决定性影响,但是包括文化在内的非经济的因素或条件的深刻作用亦是不能忽略的,况且区域法治现象本身就是一种特殊的文化现象,是具有"历史个性"或"个别化"的独特的法律文化现象。文化的一个鲜明特点就是地域性或区域性,通过特定的文化系统表现出来。区域法治现象的差异性,在相当程度上源自于不同区域的文化生活状况及其文化传统。一般来说,文化的实质性传统的思维类型具有概念工具的分析意义;依此,可以区分为文化的实质性大传统(简称文化大传统)和文化的实质性小传统(简称文化小传统)。前者是指一定社会历史时期中处于支配或主导地位的并以规则、制度和秩序安排观念形态所表现出来的文化传统;后者则是指在基层的民间社会中孕育生成且经久存在的文化形态,是社会成员在社会交往过程中逐渐形成的关于个人与公共生活的稳定的行为准则。在区域法治发展进程中,文化大传统与文化小传统都有着相通的但却特殊的意义,制约着区域法治现象的运动方向。作为规则、制度和秩序安排观念之集合体的文化大传统,与"法文化"概念具有某种共通性的意义。儒家法文化的价值系统,乃是中国法文化的实质性大传统的本根。长久以来,儒家法文化深深地影响着生活在中国自然空间和社会空间范围的广大中国人的法律心理与行为,并且在社会演进过程中,呈现出区域性的表现样式。这种儒家法文化的区域性的结构分布状态,对区域法治进程产生了功能性的影响;铸造了区域法治进程的社会基础;构成了区域法治现象的规范机理;凝聚了区域法治进程的价值认同。以民俗习惯形式表现出来的文化小传统,对基层社会生活秩序的自发形成与发展起到了重要的作用。乡土社会孕育和生成着为村社成员内心确信的习俗与惯例。这种在长期的基层社会生活中形成的民俗习惯,往往成为乡土社会的支配性的交往规则与调整规范。在从熟人型社会空间体系向陌生人型社会空间体系转变的历史过程中,民俗习惯作为一种本根性的存在,尽管其形式和内容都发生了很大的变化,但依然保持着坚韧的生命力。实际上,"千里不同风,百里不同俗"。作为文化小传统的载体的风俗习惯,更是一种区域性的社会存在物,受到一定的自然空间与社会空间条件的制约,体现了区域社会与文化现象的历史空间的差异性。作为一种生活样式,民俗习惯构成了区域法治进程的重要社会渊源;作为一种集体意识,民俗习惯在很大程度上构成了区域法治进程的社会精神纽结;作为一种调整机制,民俗习惯乃是区域法治进程的功能性的社会调节力量。

第五,区域法治发展的动力系统。如同人类社会历史发展乃是"无数个力的平行四边形"综合作用的产物一样,在法治发展进程中,亦隐蔽着"无数个力的平行四边形",决定着法治发展的运动方向及其历史后果。这是文明社会法治发展的一条定则。在区域法治发展领域,这种"无数个力的平行四边形"的综合作用,集中地体现为政府推动与社会演进之间的交互作用,这亦是中国法治发展类型的基本特征之一。从区域法治发展进程的启动方式来看,在中国的法治国情条件下,适当类型的政府架构的推动,是区域法治的兴起与发展的基本动力条件。地方政府竞争理论为解释 1978 年改革开放以来中国经济增长的"奇迹"之谜,提供了有力的分析工具,亦为理解当代中国区域发展的制度创新现象设置了较为便利的思维架构。在急剧变革的区域社会转型发展的历史条件下,区域政府自身也在经历着一场深刻的治理革命。区域政府努力推动区域发展的制度创新,对于有效提供法治意义上的区域制度公共产品,进而促进生产要素正向性流动,形成区域竞争优势,提升区域发展核心竞争力,无疑有着特殊重要的意义。这就为区域法治发展提供了强大的动力。然而,在区域法治发展的动力系统中,更为重要的是区域社会内部自然生长起来的或逐步演进的内生性制度变革的因素或条件,这就要从区域社会主体的自主性活动中去找寻。从区域法治进程的内生动因来看,在区域社会的演进过程中,区域社会主体的能动性与创造热忱,确乎成为引领和推动区域法治成长与发展的坚韧持久的内生性动力源泉。这是一个"静悄悄的革命",是一个源自于区域社会创造性活力迸发所产生的强劲的变革过程。凝结着区域社会主体法权要求的区域法治发展,便成为会聚区域发展的法治动能的革命性实践。不过,这一情况只有在发展现代市场经济的历史条件下才能成为生动的现实,蕴涵着社会主体自由和权利要求的社会主义市场经济在中国大地上的蓬勃发展，极大地释放出区域社会内部巨大的创造性潜能，由此而形成一定地域空间条件下的区域社会内生性制度变革的深厚动力，从而推动着当代中国的区域法治发展大潮汹涌澎湃、奔腾向前。

通过对区域法治发展基本理论的初步探讨，我深切地体会到，高度重视区域法治发展的理论研究，是建构法治发展的中国话语体系的题中应有之义。面对着大变革时代的区域法治发展这一法治中国进程中的重大法治议程，我们有必要从理论与实践的结合上，深入研究当代中国区域法治发展的有益探索和崭新形态，努力探寻区域法治发展的多样性统一的运动样式。在这一过程中，关于区域法治发展的概念内涵、基本性质、客观基础、总体目标、主体内容、构成要素、价值取向、历史进程、文化机理、内在动因、发展模式、评价指数和方法论等等问题的深入研究，以及对于法治中国进程中的区域法治发展的典型样本分析和不同区域法治发展的实践探索的比较考察，将会逐渐形成一个全新的理论分析工具系统，藉以概括与揭示区域法治发展的一般原理和基本规律，进而拓展和丰富中国特色的法学理论体系、法学学科体系和法治话语系统，以期不辜负新时代中国法治现代化事业的理论期待。

四、人才培养

自 1982 年初大学本科毕业留校任教后，我就和教学工作与人才培养结下了不解之缘。近 40 年来，随着南京师范大学事业发展和法学学科的不断建设，我的教学工作与人才培养领域亦在逐步拓展。尽管其间的一度时期我的主要工作岗位在江苏省高级人民法院和江苏省人大常委会，但是，教学工作和人才培养始终是我的学术生命的不可或缺的组成部分。四十载辛勤耕耘，四十载桃李芬芳。我能够为祖国的法学教育事业奉献出绵薄之力而深为感奋。

唐代著名文学家韩愈在《师说》中有言："师者，所以传道授业解惑也"。这是教师职业的基本要求，亦是教书育人的行为准则。近 40 年来，我努力像我的老师们那样，践行着"传道授业解惑"的从教传统，认真对待每一门教学课程，悉心指导每一篇学位论文，从来不敢有任何的懈怠。在教学过程中，我注意引导学生掌握法学基本理论，领悟法学方法论要义，培养阅读法学经典的能力，把握学术界的前沿动态和发展走向，打牢法学领域的基本功。传道授业解惑不是单向度的被动过程，而是一个教学相长的双向互动过程。我尤为注重课堂讨论交流的环节，这是一个思想火花的迸发、学术见解的碰撞、师生观点的沟通的智识旅途。同学们根据先前布置的讨论题目和阅读文献，在充分准备的基础上发言交流；其后，我对同学们的发言逐一点评，并且述及自己对论题的基本理解和今后进一步研究拟需关注的重要问题。正是在这一过程中，我从同学们的交流发言中每每获得新的学术启示。

近 40 年的大学教学履历表上，记载着我开设过的诸多课程。比如，为本科生讲授了《法学概论》、《法律社会学》、《西方法律思想史》等课程；为法学理论专业硕士研究生和博士研究生讲授了《法理学专题研究》、《马克思主义经典作家法学著述》、《法制现代化基础理论研究》、《中国法制现代化专题研究》、《区域法治发展基础理论研究》等课程。自 1992 年开始指导硕士研究生、1998 年开始指导博士研究生以来，迄今为止，我直接指导并毕业的硕士研究生 45 名、博士研究生 37 名，还指导法学博士后 11 名（其中出站 4 名）。他们在省内外的党政机关、司法机关、高等院校、企事业单位等不同工作岗位上为国家法治事业而辛勤工作着。我为他们的成长进步而由衷地感到欣悦！

代表性学术成果

上编　马克思法哲学思想研究

试论青年马克思对于法哲学的探索

　　马克思主义法哲学,以其科学而精深的思想,实现了法哲学史上的伟大变革。但是,这幢法哲学科学大厦的建立,并非一朝一夕之功。它的诞生过程,宛若一条透迤磅礴、峰回路转的盘山路。1835 年至 1842 年初,就是这条盘山路上的第一个阶段。因此,认真研讨这一阶段青年马克思的法哲学观,对于我们今天进一步探索法哲学理论,无疑将是有所裨益的。

一、理想主义的激情

　　马克思原来是学习法律的。这位渴望"为人类福利而劳动"的青年人,之所以首先选择法律作为他的职业,不是没有缘故的。

　　我们知道,马克思出身于一个具有自由主义精神的开明家庭里。他的父亲亨利希·马克思是特利尔高等上诉法院律师,富有十八世纪法国启蒙运动的思想,追求自由和民主。他不仅以法律实践,实现自己的人生抱负,而且耐心地引导着儿子思想的成长,使儿子最初选择法律作为职业。另一方面,马克思选择法律作为自己的职业,也是因为法律职业的特点同他当时的思想认识有着共通之处。他认为,"在选择职业时,我们应该遵循的主要指针是人类的幸福和我们自身的完美。"①而自古罗马以来,在人们的眼里,法律是公平、正义的化身,法律学家是一种高尚的职业。马克思也持这种信念,于 1835 年 10 月来到波恩大学法律系学习。

　　在这里,我们显然可以看到,马克思选择法律职业的基本思想准则,乃建立于理想主义基础之上。他虽然热切期望在法律实践中为人类造福,憧憬自身的完美境地,但并没有意识到在现实生活中,他所从事的职业与他的理想之间,将会有多么大的距离! 这就是说,在马克思

①《马克思恩格斯全集》第 40 卷,人民出版社 1982 年版,第 7 页。

的思想发展之初就存在着"应有"与"现有"的尖锐对立。如果说,在职业选择上已经显露出马克思思想认识方法缺陷的"迹象",那么,在随后不久的法学学习中,这种"应有"与"现有"的对立则越来越明显。理想主义的法学世界观和方法论成为马克思在波恩、在柏林之初从事法学探索的理论指导。

1836 年 10 月,马克思离开波恩来到柏林大学,继续攻读法学。年轻的探索者很欣赏康德、费希特的"理想主义"法学观;但他又感到不满意,因为它们的许多观点形成于四十年前,已经陈旧。他企望通过艰苦的研究,在理想主义法学世界观的指导下,去分析法律的一切领域,进而构架起一个无所不包的新法哲学体系。这一点,可从他于 1837 年 11 月 10 日写给父亲的信中看得很清楚。据此,我们有理由认为,在刚到柏林的一段时间内,马克思把主要精力放到建立法哲学体系上。这是一项需要高度抽象的思辨能力、博大精深的法学知识和准确表达方式的工作。对于一个刚刚涉猎法学领域的青年人来说,确有点"心有余而力不足"。更不用说在那非科学的法学观指导下,这种建立体系的工作最终必然以失败而告终。但是,马克思竟然着手从事这一艰巨工作了!

马克思建立法哲学体系的基本意图是要从现代法本身引申出自己的基本原则来,并把它们贯彻到罗马法之中。为此,他如饥似渴地阅读了约·海奈克齐乌斯《按照〈罗马法全书〉次序叙述的民法原理便览》、安·蒂博的《罗马法全书的体系》以及其他法律文献,并且把《罗马法全书》的头两卷译成德文。此外,从马克思在柏林大学第一学年的学习课程来看,他先后学习了《罗马法全书》《刑法》《教会法》《德国普通民事诉讼》《普鲁士民事诉讼》等课程。艰辛的理论研究,使马克思头脑中的法哲学体系图景逐渐形成。这一体系分为两个部分:第一部分名为《法的形而上学》,主要试图先验地规定法的原则、思维、定义。第二部分名为《法哲学》,旨在于论述法的先验原则在罗马法中的贯彻;而第二部分又分为形式法和实体法两种学说。"其中关于形式法的学说,应该叙述体系在连贯性和联系方面的纯粹形式,它的分类和范围;关于实体法的学说,相反地,则应当叙述体系的内容,说明形式怎样凝缩在自己的内容中"[1]。马克思潜心钻研了这个先验的法哲学体系,认真撰写了约有三百印张的材料。可惜,这部手稿没有被保存下来。然而,我们可以发

---

[1]《马克思恩格斯全集》第 40 卷,人民出版社 1982 年版,第 11 页。

现,这部不完全的法学著作纲要,实际上是法国大革命法律实践的理论概括。它出自一位刚刚从事法学研究的年轻人之手笔,乃是理想主义激情的产物;也显示了这位年轻人的大才大智和宏伟抱负。所以,当马克思向父亲汇报自己的研究体会时,父亲不得不以老成的口吻,委婉地告诫儿子:"你的法律观点不是没有道理的,但如果把这些观点建立成体系,它们却可能引起一场风暴,而你还不知道,学术风暴是何等剧烈。如果在这件事情上那些易受指摘的论点不能全部取消,那么至少在形式上也应当弄得比较缓和,令人中意一些。"①

后来的发展,使我们看到,马克思关于法哲学体系的构想,并未引起一场"学术风暴"。原因是这部被马克思称之为"倒霉的作品"的法学论稿,没有完成就被放弃了。之所以放弃,倒不是由于外在力量的强制干预,乃是因为当马克思写了三百印张稿子后,方才发觉自己曾寄予莫大期望的这部著作,原来是一个法学的"畸形儿"。年轻人在寻求法学世界观的道路上,正面临着一场考验。

二、思想的风暴

马克思的学术活动,一向以严谨而著称。他对自己通过研究所得来的每一个结论,都采取严格批判的态度。在他看来.凡是经不起批判的东西就应该废弃。正是这种自我批判精神,把这位大学生卷进了一场自身思想领域的巨大风暴之中。在这场同旧观念的搏斗中,马克思越来越认识到康德、费希特理想主义法学世界观的缺陷,越来越感到"要使某种法哲学体系贯穿整个法的领域",就必须寻找一种新的法学世界观。而不清除理想主义法学世界观的束缚,便不能前进。

经过一番深刻的自我批判,马克思发现,原来自己精心构架的法哲学体系,竟处处充满矛盾和错误,进而看到了"全部体系的虚假"。关于《法的形而上学》部分,马克思认为先验地规定法的一般原则,不过是康德、费希特法学的"翻板"。他说:"开头我搞的是我慷慨称为法的形而上学的东西,也就是脱离了任何实际的法和法的任何实际形式的原则、思维、定义,这一套都是按费希特的那一套,只不过我的东西比他的更现代化、内容更空洞而已"②。马克思这里说的"按费希特的那一套",是

———————

① 《马克思恩格斯全集》第 40 卷,人民出版社 1982 版,第 11 页。
② 《马克思恩格斯全集》第 40 卷,人民出版社 1982 年版,第 10 页。

指费希特那本题为《根据科学原则的自然法原理》。在这本书中,费希特继承了康德的衣钵,把法律看成先验的范畴,是从所谓"科学原则"的"纯粹理性形式"中推演而来的,从而歪曲了法的内容、形式同现实生活的真实联系。马克思过去曾借助这种方法,给法的概念下定义,作规定;如今,他称这种方法乃是唯心主义的"数学独断论"。他指出,这种"独断论"的方法使人们不能从世界的有机的、生动的发展方面去理解世界。"在这种情况下,数学独断论的不科学形式从一开始就成了认识真理的障碍,在这种形式下,主体围绕着事物转,这样那样议论,可是事物本身并没有形成一种多方面展开的生动的东西"①。他提出,应当用一种从事物本身开始探索的方法来代替这种独断论。因为对于"生动的思想世界的具体表现方面,例如,在法、国家、自然界,全部哲学方面"来说,"我们必须从对象的发展上细心研究对象本身,决不应该任意分割它们;事物本身的理性在这里应当作为一种自相矛盾的东西展开,并且在自身中求得自己的统一"。②

如果说规定法的原则的方法是一种先验的独断论方法,因而是不科学的,那么,作为这种先验的法的原则具体进展的《法哲学》,就更加漏洞百出。按照马克思当时的观点,《法哲学》要"研究成文罗马法中的思想发展"。如今,马克思把这种研究讥讽为"好像成文法在自己的思想发展中(我说的不是在它的纯粹有限的规定中)竟会成为某种跟第一部分所应当研究的法概念的形成不同的东西!"③以往马克思把《法哲学》分为形式法和实体法学说两个部分;而现在,马克思发现这种区分是极其错误的,"错误就在于,我认为实体和形式可以而且应当各不相干地发展,结果我所得到的不是实在的形式,而是像带抽屉的书桌一类的东西,而抽屉后来又被我装上了沙子"④。此外,马克思又指出了整个法哲学体系贯穿着机械式的"三分法",叙述冗长,令人厌倦,而且随便使用罗马法中的概念,以便把它们硬塞进体系之中。⑤

总之,马克思企图依赖理想主义法学世界观而建立法哲学体系的尝试显然已经失败了。面对着这个严酷的现实,马克思深刻地分析道,

①《马克思恩格斯全集》第40卷,人民出版社1982年版,第10—17页。
②《马克思恩格斯全集》第40卷,人民出版社1982年版,第10—17页。
③《马克思恩格斯全集》第40卷,人民出版社1982年版,第10—17页。
④《马克思恩格斯全集》第40卷,人民出版社1982年版,第10—17页。
⑤《马克思恩格斯全集》第40卷,人民出版社1982年版,第10—17页。

之所以会导致这第一次探索的失败,就在于"这里首先出现的严重障碍正是现实的东西和现有的东西之间的对立,这种对立是唯心主义所固有的;它又成了拙劣的、错误的划分的根源"①。事实上也正是"应有"与"现有"的对立。马克思开始认识到,"应有"与"现有"不应该是对立的,而应该是统一的,并且应该从"现有"出发,从"现有"事物自身矛盾的东西出发,来求得这种统一;理论部分与实证部分也不应当彼此相隔断,理论部分应当是奠基于实证部分之上的抽象表达。形式与内容也是这样,"形式必须从内容中产生出来;而且,形式只能是内容的进一步的发展","概念也是形式和内容之间的中间环节"②。只有这样,寻求"法的精神和真理"的过程才是有收获的。

在这场"思想风暴"中,马克思之所以抛弃理想主义的法学观,显然是由于他已经找到了一种新的思想武器,这就是黑格尔学说。本来,马克思在来柏林以前就对黑格尔思想有了一些了解。但是,这种了解是很肤浅的,不懂得黑格尔学说的真正革命价值,所以,他并不十分喜欢黑格尔的思想。当马克思依据理想主义精神构架法哲学体系的企图不断遭到困难乃至失败的时候,才感到自己正面临着一场"精神上的危机"。恰巧,在 1837 年夏秋,马克思因刻苦学习而损害了健康,到柏林郊区施特拉劳休养。想不到这一偶然的环境变更,竟导致了马克思思想的巨大变化。

在疗养期间,马克思开始总结自己的思想进程,重读了黑格尔的著作,再一次钻到这个思辨的海洋中。在给父亲的信中,他说道:"在患病期间,我从头到尾读了黑格尔的著作,也读了他大部分弟子的著作。由于在施特拉劳常和朋友们见面,我接触到一个'博士俱乐部',……"。"这里在争论中反映了很多相互对立的观点,而我同我想避开的现代世界哲学的联系却越来越紧密了"③。这个"现代世界哲学"就是黑格尔哲学。我们知道,青年黑格尔派是代表德国新兴政治自由派利益的一个哲学政治运动。它继承了康德、费希特理性自由主义精神,从主观方面去驳斥其老师的理性国家主义思想;同时,它又运用老师的辩证方法来猛烈地攻击现存的宗教和政治。这一运动在法学领域中的表现,就是以柏林大学法学教授爱德华·甘斯为代表的自由主义法学派。那时.

①《马克思恩格斯全集》第 40 卷,人民出版社 1982 年版,第 10—17 页。
②《马克思恩格斯全集》第 40 卷,人民出版社 1982 年版,第 10—17 页。
③《马克思恩格斯全集》第 40 卷,人民出版社 1982 年版,第 10—17 页。

甘斯在柏林大学法律学讲授《刑法》,马克思恰好是他的弟子。在甘斯的影响下,马克思进一步认识了黑格尔学说。同以布·鲍威尔为首的"博士俱乐部"的接触,使他更加懂得了黑格尔学说对于自己的极端重要性。在黑格尔思想的指导下,他曾以对话形式写了一篇将近二十四印张的著作——《克莱安泰斯,或论哲学的起点和必然的发展》。可惜,这部著作没有保存下来。从马克思给父亲的信中,可以看出当时他对这部著作还是比较满意的。当马克思写完这个作品的时候,他才发现自己过去的法学体系的"最后的命题原来是黑格尔体系的开端"①。因为过去的法学体系是从"应有"出发,进而逻辑地推演出"现有";而黑格尔思想体系的开端就是"存在"或"实有"(当然,黑格尔体系也具有逻辑演绎的性质)。这样,"这部著作,这个在月光下抚养大的我的可爱的孩子,象欺诈的海妖一样,把我诱入敌人的怀抱"。② 于是,一个昔日的思想"敌人"——黑格尔学说,如今正成为自己的"精神依托"。马克思开始被黑格尔所"征服"。

一场"思想风暴"正在过去!马克思不无感慨地写道:"帷幕降下来了,我最神圣的东西已经毁了,必须把新的神安置进去"。"我从理想主义,——顺便提一提,我曾拿它同康德和费希特的理想主义比较,并从其中吸取营养,——转而向现实本身去寻求思想。如果说神先前是超脱尘世的,那么现在它们已经成为尘世的中心"③。

三、新理性批判精神的"魅力"

诚然,马克思找到了黑格尔的思想武器,但他从来不是一个地地道道的黑格尔主义者。他欣赏黑格尔关于从"现有"出发,从事物内部的矛盾出发去理解事物的辩证法,而不赞成在黑格尔身上所体现出来的德国庸人的"软弱";他又吸取了康德理性自由主义法学观的精神,认为支配国家政治和法的生活的是人类理性,人类自由理性的辩证法决定着历史的发展,决定着国家政治和法的发展,凡是不符合人类自由理性的东西,都必须让位于新的更加进步的形态。正是在这一点上,马克思同其他青年黑格尔派分子区别开来。他并没有像其他青年黑格尔派那样简单地回到康德主义,不是仅仅把决定国家和法的力量归之于主观

①《马克思恩格斯全集》第 40 卷,人民出版社 1982 年版,第 10—17 页。
②《马克思恩格斯全集》第 40 卷,人民出版社 1982 年版,第 10—17 页。
③《马克思恩格斯全集》第 40 卷,人民出版社 1982 年版,第 10—17 页。

精神的"自我意识",而是既吸收了黑格尔理性国家主义法学观的某些内容,又吸取了康德理性自由主义法学观的某些内容,从而在综合两者的基础上强调个人自由思想的决定作用,论证了独立自由的个人在对周围现实的关系上所应采取的积极态度。因此,在这一时期马克思的法哲学思想中,自由主义与国家主义杂陈并处。但他既不是无批判的康德理性自由主义的忠实信徒,因为他摒弃了其"理想主义"成分;他也不是黑格尔理性国家主义的绝对否定者,因为他借助于黑格尔的法学辩证法去分析一切,他所否定的只是黑格尔对现存国家的牧歌式"颂扬"。如果说,十八世纪法国的卢梭完成了近代自由主义与国家主义的第一次综合,那么,我们也可以说十九世纪德国的青年马克思则完成了这二者的第二次综合(不过,这一时期只是这一综合的开端)。然而,无论从综合的深度和广度上看,后者远非前者所能比及。所以,这一时期马克思的法哲学观,乃是以开始综合自由主义与国家主义的方式为标志的一种新的理性批判精神。这种综合的基础是黑格尔式的客观唯心主义;正是这一点,才与后来的第二、第三阶段的法哲学观区别开来。这种新的理性批判精神充分反映在马克思的"博士论文"以及"莱茵报"前期工作之中。

正如我们已经分析过的,建立法哲学体系尝试的失败,使马克思认识到了哲学对于探索法的真理的重要性。在他看来,没有哲学就不能前进,就不能把握法的内在逻辑和底蕴。为此,他花费了大量时间和精力致力于哲学研究工作。但是,这种科学研究绝不是抽象的、纯理论的个人兴趣,而是体现着深刻的时代精神。随着德国资产阶级激进政治运动的发展,争取民主而反对专制、追求自由而否定强权、崇尚理性而摒弃神性,已构成了一种新的时代精神。蓬蓬勃勃的社会生活,迫切要求有一种新的世界观来指明现实斗争的道路,启迪未来。黑格尔哲学固然强调必须从现实本身出发,但它又试图给社会历史的发展规定一个界限,因而使一般人很难忘记它是"官方哲学"的化身。以布·鲍威尔为首的青年黑格尔派,反映了德国激进资产阶级的利益,抨击现存社会的政治与宗教,但它有一个致命的弱点,即简单地从黑格尔回到康德、费希特,把"自我意识"、"精神"同存在、现有截然对立起来,因而表现出狂热的个人主义情绪。德国思想界的现状,使马克思深感不安。他认为,哲学不应当是个别人的思辨的玩物,应当是批判的、实践的力量。这种新的批判哲学应当能够回答这样一个问题:"怎样才能使人不受压迫，怎样才能使人成为自由人"。在这个意义上，这种哲学可以称为"自由派"的哲学，因为"这一流派的活动就是批判，也正是哲学自身的向外转向"；"在内容上，只有自由派，因为它是概念的一派，才能带来真实的进步"。① 因之，马克思充分展示了他那深谋远虑、高屋建瓴的综合抽象能力，巧妙地把康德和黑格尔结合起来；用新的时代精神去改造他们的思想，以此来确立自己的新法学世界观，或曰"新理性批判精神"。这种新法学观分析的首要对象是古希腊思想史。

从 1839 年起，马克思埋头于古希腊思想史的研究，阅读了与此有关的大量书籍，并写下了七本读书笔记。后来，他又在此基础上，撰写出著名的《德谟克利特的自然哲学和伊壁鸠鲁的自然哲学的差别》，即"博士论文"。在这本小册子中，马克思对伊壁鸠鲁倍加推崇，热情地把伊氏称为"最伟大的希腊启蒙思想家"。马克思也看到了伊氏思想的弱点。他认为，伊氏过度地强调偶然性而否定必然性，把个人的价值、利益与幸福推到了极端的地步，把人与环境对立起来以考察自由，从而导致了"绝对自由"观。同时，由于伊氏偏重"偶然"，而"偶然是一种只具有可能性价值的现实性"，因此，伊氏的自由观乃是建立在幻想基础上的"抽象可能性"，它所关注的只是主体而不是客体，这种学说的必然结论是把现实看作是"无关紧要的"②。因此，伊氏乃是一名"独断论者"。在这里，马克思开始用抽象的语言形式表达了改造客观世界的意愿，与其他青年黑格尔派成员一味追求"批判"的倾向发生了差别。马克思通过对古希腊思想史的考察，特别是通过对伊壁鸠鲁自由哲学的研究，不仅加深了对现代的认识，更重要的是形成了自己独特的新的哲学观：既强调人的自由、价值与尊严，又重视环境的作用；人要成为自由人，不能单纯地满足于对现存世界的批判，更重要的是要采取行动来改变世界。因此"博士论文"中所表现出来的自由哲学观虽然带有黑格尔思辨哲学的色彩，但毫无疑问，它是新理性主义法学观的"哲学纲领"。这种自由观的内在精神，像一根红线贯穿于马克思从早年到暮岁对自由问题探索的整个活动之中。

当马克思于 1841 年 4 月 15 日获得耶拿大学哲学博士学位的时候，他本计划通过执教于大学讲坛来继续进行自己的理论探索，进而对

①《马克思恩格斯全集》第 40 卷，人民出版社 1982 年版，第 10 页。
②《马克思恩格斯全集》第 40 卷，人民出版社 1982 年版，第 259—260 页。

时代精神作出法哲学的论证。但是,由于政治局势日益恶化,这条道路便在马克思面前封闭了。时代在进一步改变着人。马克思终于为自己选择了政治战士的使命。1841 年 12 月 24 日,德皇弗·威廉四世颁布新的书报检查令,企图扼杀德国的自由民主运动。马克思义愤填膺,于1842 年 1—2 月奋笔写下了《评普鲁士最近的书报检查令》。这篇文章标志着马克思直接跨入政治生活。

在这篇文章中,马克思分析问题的出发点及其原则是黑格尔的。我们知道,黑格尔的国家主义同康德的自由主义一样,都是以自由理性为基础的。不过一黑格尔的"理性"潜藏着泛逻辑神秘主义的色彩。在黑格尔看来,"国家是伦理观念的现实","国家是绝对自在自为的理性东西"①。在揭露普鲁士书报检查令虚伪的自由主义中,马克思也把黑格尔关于国家理性的观点作为自己的理性,从国家行动是否合乎理性出发,来评判国家的合理性。检查令却打着禁止发表有有害倾向作品的幌子,来推行恐怖主义。这种追究倾向的法律不是理性的;而制定这种法律的普鲁士国家政府也就由此而丧失了理性。在进一步的分析中,马克思就开始超出了黑格尔。黑格尔为了把国家看做整体的体现和普遍利益的代表,看作绝对观念在法和政治领域的实现,便企图借助于逻辑的手法来勾销社会系统中各种利益之间的对立和矛盾。与此相反,马克思开始意识到,在现实生活中,国家充满着极其深刻的矛盾。只有那种自诩为国家理性的独占者和同人民对立的政府,才能颁布惩罚思想方式的法律。这种法律"不是国家为它的公民颁布的法律,而是一个党派用来对付另一个党派的法律"②。既然书报检查令丧失了其理性的基础,那么,"治疗书报检查制度的真正而根本的办法,就是废除书报检查制度,因为这种制度本身是一无用处的。"③这样,马克思从理性地评判国家合理性的立场出发,进而发见国家的深刻矛盾,最后得出了根本改造现存社会的结论。

自从 1842 年 4 月,马克思成为《莱茵报》的撰稿人之后,马克思的法哲学观开始在更为广阔的领域中展示出来。《关于出版自由》不再是一般地论述出版自由,而是把出版自由问题同各个不同的社会集团和阶层对待出版自由的态度联结起来,进而把对专制制度的批判由出版

---

① [德]黑格尔:《法哲学原理》,范扬、张企泰译,商务印书馆 1961 年版,第 253 页。
② 《马克思恩格斯全集》第 1 卷,人民出版社 1956 年版,第 17 页。
③ 《马克思恩格斯全集》第 1 卷,人民出版社 1956 年版,第 31 页。

问题扩大到这一制度的社会基础。尽管存在这一差别,但它们基本的法哲学精神仍是一脉相承的,即对问题的分析都奠基在新理性的立场上。在这篇文章中,黑格尔学说的影响仍然清晰可见,同时也可感受到康德自由观的影响。马克思认为,"自由的出版物是人民精神的慧眼,是人民自我信任的体现,是把个人同国家和整个世界联系起来的有声的纽带"。自由必须是人民的普遍自由,而不是少数特权等级的个体属性。而"在衡量事物存在时我们应当用内在思想实质的标尺"①——理性。既然书报检查制度把自由的权利赋予享有特权的个别等级,因而便违反了人类理性的一般规律。它是不自由的体现,只具有否定的本性,因此必须用出版法——代表人类的真正法律——来代替检查法。在法律与自由的关系上,康德认为,自由观念应该作为每个国家的组织和政府发布的每条法律的基础。而按照马克思的看法,真正的法律是自由思想的体现,是自由的无意识的自然规律转变而成的有意识的国家法律,是以法律形式存在着的自由。"法律不是压制自由的手段,……法律是肯定的、明确的、普遍的规范,在这些规范中自由的存在具有普遍的、理论的、不取决于个别人的任性的性质,法典就是人民自由的圣经"②。这样,马克思便把《博士论文》中的自由哲学具体融解于政治、法的领域之中。在这里,一方面,马克思继承了康德的思想,强调自由是人的类本质之体现,真正的法律乃是以自由为基础并且是自由之实现;另一方面,马克思又超出了康德,他不仅抨击贵族等级对普遍自由的否定态度,而且明确提出"法典就是人民自由的圣经",从而使自由法哲学更具有实践的意义。

由上可见,马克思的新理性批判精神经历了如下的"三部曲":《博士论文》发布了新理性批判主义的自由哲学宣言;《评书报检查令》开始把自由哲学宣言贯彻到政治、法的领域;《关于出版自由》则把自由哲学同国家、法的社会基础结合起来加以探讨。因此,从辩证逻辑角度来看,这个"三部曲"乃是一个从抽象上升到具体的过程。

现在,当我们凝眸回首青年马克思在1835年至1842年初期间法哲学观演变过程的时候,可以清晰地发现,在这个阶段,马克思完成了他的法哲学形成路途上的第一次转变,即从康德的"理性理想主义"转

①《马克思恩格斯全集》第1卷,人民出版社1956年版,第61页。
②《马克思恩格斯全集》第1卷,人民出版社1956年版,第71页。

变到黑格尔的"理性现实主义"。也就是说,马克思摒弃了康德从"应有"出发考察法现象的法哲学观,而把黑格尔注重"现有"并由此出发来展示法现象的内在矛盾运动的法哲学观作为自己的精神支柱;进而在综合二者之长的基础上,确立了以人类理性为核心的新理性批判主义的法学世界观。这一初略考察,还使我们认识到,在马克思法哲学观的形成过程中,有一个十分突出的特点,即哲学观点与政治、法的观点之发展相互制约、相互影响、相互作用。在这一阶段,二者的关系具体表现为纯哲学的思辨与关注现实的热情,在"自由"这个问题上统一起来。如果说这一阶段是新理性批判主义的法哲学观逐步确立的阶段,那么而后的岁月则是对这种法学世界观的检验、发生演变、向着科学的法哲学观迈进的时期。

(原文刊于《社会科学》[沪]1983 年第 10 期)

马克思早期法社会学思想初探

在我国,法社会学的研究刚刚起步。创立和发展科学的法社会学,对于繁荣法律科学,促进社会学理论的深入发展,都是大有裨益的。科学的法社会学只能依赖于科学的世界观和方法论——马克思主义。虽然马克思从来没有正式使用"法社会学"这一名词,但这绝不意味着马克思主义与法社会学无缘。相反,在马克思思想的发展进程中,法社会学思想异常丰富。本文着重研究马克思早期的法社会学思想。

马克思的早期法社会学——1835 年到 1846 年间的法社会学观——是马克思主义法社会学思想史的一个重要而有机的组成部分。它反映了马克思科学的法社会学观的历史形成过程。研究马克思的早期法社会学思想,首先遇到的就是分期问题。目前,国内学术界对此尚无定见。我的看法是:考察一个人物的思想演变过程,应着重寻找出这一过程中所出现的若干个"质点",即从历史与逻辑相一致的原则出发,考察思想自身的内在逻辑进程,努力区别在不同阶段上思想认识的关键之点,进而由此划分出若干个阶段。基于这一想法,我把马克思早期法社会学观的形成过程分为如下三个阶段:

第一个阶段,从 1835 年到 1842 年上半年,即从学生时代到《莱茵报》前期,这是**马克思从康德主义向黑格尔主义转变的时期**,在这一过程中,马克思确立了以新理性批判主义为基础的法社会学观。

第二个阶段,从 1842 年下半年到 1844 年,即从《莱茵报》后期到《德法年鉴》的创办,这是**马克思由新理性批判主义法社会学向科学的法社会学的过渡时期**,即谓过渡时期的法社会学观。

第三个阶段,从 1844 年到 1846 年,亦即从《经济学——哲学手稿》到《德意志意识形态》,这是**历史唯物主义法社会学观的诞生时期。**

下面,笔者扼要地分析在这三个阶段上马克思法社会学思想所显示出来的不同特点。

一

马克思是在弥漫着启蒙精神的环境里长大的。"造福于人类"的宏伟志向及穷究真理的探索精神,使他的思想在扬弃当代人类文明成果中不断升华。在从康德主义向黑格尔主义转变时期,马克思确立了以新理性主义为基础的法社会学观。马克思从事法学探索的最初思想理论原则是康德法学,因为康德的整个思想体系渗透着对人的自由之颂扬。他企图通过艰苦的研究,在理想主义法学观的指导下,构架起一个无所不包的法学体系。他的基本意图是要从现代法本身中引申出自己的基本原则来,并把它贯彻到罗马法中。但是,在继续进行的理论研究中,特别是 1837 年夏秋同青年黑格尔派的接触,使马克思越来越认识到理想主义法学观的缺陷。通过重读黑格尔的著作,马克思开始懂得了黑格尔学说对于他的极端重要性。于是,马克思运用黑格尔学说,对自己的旧信仰进行深刻的解剖。他发现,原来自己精心构架的法学体系,竟处处充满矛盾和错误,进而看到了全部体系的虚假。在精神世界的风暴中,马克思由康德主义转向了黑格尔主义。但是,这种转变决不意味着马克思彻底抛弃了康德主义,而是既吸收了康德主义的积极因素,又吸收了黑格尔主义的合理内核,从而在综合两者的基础上强调个人自由理性的决定作用,论证了独立自由的个人在对周围现实的关系上所应采取的积极态度,进而形成了一种新的理性批判精神(其基础是黑格尔主义)。这种新理性批判主义法社会学观充分反映在马克思的《博士论文》和《莱茵报》前期工作思想之中。

从 1839 年起,马克思埋头于古希腊思想史的研究,撰写了著名的《德漠克利特的自然哲学和伊壁鸠鲁的自然哲学之差别》一文,即《博士论文》。通过对伊氏自由哲学的分析,马克思不仅加深了对现时代的理解,更重要的是体现了自己**独特的法学精神:既强调人的自由、价值与尊严,又重视环境的作用**。因此,《博士论文》中所表现出来的自由观虽然带有黑格尔思辨哲学的色彩,但毫无疑问,它是新理性批判主义法社会学的"理论纲领"。1841 年 4 月,马克思获得了耶拿大学哲学博士学位。他本想通过执教于大学讲坛来继续进行自己的理论探索,但由于普鲁士专制政府镇压自由运动,通往教学生涯的道路便在马克思的面前封闭了,马克思终于为自己选择了政治战士的使命。在《评普鲁士最近的书报检查令》中,马克思站在革命民主主义立场上,以黑格尔的国家理性观为原则,来评价国家和法的社会合理性,但是,他并不像黑格尔那样企图借助于逻辑的手法来勾销社会系统中各种利益之间的对立和矛盾,他开始意识到,在现实社会生活中,国家是充满着极其深刻的矛盾的,那种惩罚思想方式的法律,是一个党派用来对付另一个党派的法律,必须加以废除。这样,马克思从理性地评判法的社会合理性这一立场出发,朦胧地觉察到法的社会本质即党派性问题。1842 年 4 月,马克思成为《莱茵报》的撰稿人,这位年轻探索者的法社会学观开始在更为广阔的社会政治领域中得到展示。在《关于出版自由的辩论》中,马克思发挥了康德的自由观,认为自由是全部精神存在的类的本质,自由必须是人民的普遍自由,而不是少数特权阶级的个体属性,真正的法律是自由的体现,是以法律形式存在的自由。这样,马克思便把《博士论文》中的自由精神的认识具体融解于社会政治、法的领域之中。

在以上所述的**第一个发展阶段里**,马克思的法社会学思想主要有以下特点:

其一,突出人类个体的主观社会政治需要,强调法典是人民自由理性的"圣经"。在《博士论文》中,马克思很欣赏伊壁鸠鲁对于主体自由命题的高度重视,强调在对周围现实的关系中个人所具有的独立地位和基本作用,强调人对于现实世界的能动性,但是,他也看到了伊氏自由观的基本弱点,根据黑格尔关于自由与必然关系的论述,认为伊氏过度地肯定偶然性而否定必然性,把个人的价值、利益与幸福推到了极端的地步,从而导致了"绝对自由观"。在马克思看来,个体自我意识的自由不是和自然界的合理性相对立,而是和它一致的,强调考察自由问题,固然要着眼于主体自身,但更需要考虑到具有"实在可能性"的客体,真正的自由乃是主体积极地作用于客体的产物,而不只是存在于个人内心的宁静之中,从而把自由建立在主体与客体相统一的基础之上。在《关于出版自由的辩论》一文中,马克思不是把出版自由当作一个普通的抽象概念来加以论述,而是把它同省议会中各个阶级、阶层的态度联系起来进行研究,这样,他对于普鲁士专制制度的批判,就从对于检查令本身的批判扩大到对于产生这种法律制度的社会基础的批判。马克思继承了启蒙思想家和康德的"天赋自由"观,指出"自由确实是人所固有的东西",①没有自由对人来说就是一种真正的致命的危险,出版自由绝不是个别人物的特权,而是人类精神的特权,自由的出版物是人民精神的慧眼,是人民自我信任的体现。进而,马克思分析法与社会自由的关系,认为"法律不是压制自由的手段",相反,"法律是肯定的、明确的、普遍的规范,在这些规范中自由的存在具有普遍的、理论的、不取决于个别人的任性的性质。法典就是人民自由的圣经"。② 他不仅抨击贵族等级对人类普遍自由的专制蛮横行径,而且特别指出书报检查制度不是承认每个人的价值,而是否定人民的价值存在的合理性,因此就必须废除书报检查制度,而要达到这一目的,就"不仅用矛头而且要用斧子去为它战斗了"。③ 这样,马克思开始超越前人的思想成果,从而使自己的自由观更具有社会实践的意义。

其二,考察行为与法律的内在联系,阐发法律的社会价值。近代启蒙思想家都曾从不同角度论述法律的调整对象是人的社会行为,反对惩罚思想方式的专制主义法律。马克思承继了这一思想传统,并且认为,法律调整的直接对象是人的外在行为,而不应制裁人的内在的思想方式。"我只是由于**表现**自己,只是由于踏入现实的领域,我才进入受立法者支配的范围。对于法律来说,除了**我的行为**以外,我是根本不存在的,我根本不是法律的对象。我的行为就是我同法律打交道的唯一领域,因为行为就是我为之要求生存权利、要求**现实权利**的唯一东西,而且因此我才受到**现行法**的支配"。④ 因之,马克思把惩罚思想而不是惩罚行为的法律视为专制法、恐怖法,因为这种法律没有规定任何惩罚的客观标准。马克思以黑格尔的理性国家观来进行分析,认为这种性质的法律不是国家为它的公民颁布的法律,而是一个党派用来对付另

---

① 《马克思恩格斯全集》第 1 卷,人民出版社 1956 年版,第 63 页。
② 《马克思恩格斯全集》第 1 卷,人民出版社 1956 年版,第 71 页。
③ 《马克思恩格斯全集》第 1 卷,人民出版社 1956 年版,第 96 页。
④ 《马克思恩格斯全集》第 1 卷,人民出版社 1956 年版,第 16—17 页。

一个党派的法律。历史事实表明："凡是不以**行为本身**而以当事人的思想方式作为主要标准的法律,无非是**对非法行为的公开认可**"。① 从上述思想出发,马克思否定"法律预防说",认为法律只是在自由的无意识的自然规律变成有意识的国家法律时才起真正法律的作用,法律只是在受到破坏时才成为实际的法律,所以起预防作用的法律是不存在的。但是,马克思并不完全否认法律的预防作用,他看到了"法律只是作为**命令才起预防作用**"。② 表面看来,这似乎是一个矛盾,其实不然,这正是马克思关于自由是人的本性这一论断的逻辑发展的必然结论。因为自由是人的本性,而法律则是自由的肯定存在,即人性自由的规范化、条文化,只有当人的实际行为(而不是思想倾向)表明人不再服从人所遵循的自由理性规律时,法律才作为命令起到预防作用,而法律的这种命令实际上是一种禁令,即法律禁止或防戒人们做出违反自由理性的行为。即使在这一情况下,法律作为禁令的预防作用也同样表现了人的自由的天性,即"罪犯在侵害自由时也就是在侵害他自己,这种侵害自己的罪行对他来说就是一种**惩罚**,他认为这种惩罚就是对他的自由的承认"。③ 因此,表现为命令的法律的预防职能,恰恰在于强制人成为自由的人,即恢复人的天性。

其三,试图从法律与社会机制的关系上,揭示法的"引力定律"。毋庸置疑,法律是社会机制中的一个特殊组成部分,但法律与社会机制的关系究竟是一幅怎样的画面,却是众说纷纭。由于此时的马克思仍然以黑格尔主义为依据,所以他从新理性批判主义法社会学观出发,抽象地抓住构成社会机制基本单元的个人自由理性,作出法是自由理性的肯定存在的判断。他强调,应该从国家的本性中,从人类社会的本质中引申出各种国家形式的法。他把自由理性法与黑格尔的伦理国家观融合起来,认为国家是相互教育的自由人的联合体,国家的真正的社会教育作用就在于它的合乎理性的社会的存在。基于上述认识,马克思提出了一个著名的国家和法的"引力定律"(差不多和哥白尼的伟大发现同时,也发现了国家的引力定律)即国家的重心是在它本身中找到的。马基雅弗利、康帕内拉和其后的霍布斯、斯宾诺莎、格劳秀斯,以及卢梭、费希特和黑格尔等已经用人的眼光来观察国家了,他们都效法哥白

---

① 《马克思恩格斯全集》第1卷,人民出版社1956年版,第16页。
② 《马克思恩格斯全集》第1卷,人民出版社1956年版,第72页。
③ 《马克思恩格斯全集》第1卷,人民出版社1956年版,第71页。

尼的榜样,是从理性和经验中而不是从神学中引申出国家的自然规律。这里值得注意的是,**马克思不仅把理性而且把经验看做是国家的重心和渊源**,而不单单是理性了。然而,从整体上看,马克思仍然把自由理性视为国家和法的基础及其本质,但这种理性却不是自由主义法学派的"个人理性",而是"公共理性"、"人类理性"。他批判地改造了卢梭、黑格尔的理性国家观,认为从前的国家法的哲学家是根据本能(诸如功务心、善交际之类),或根据理性(但并不是公共的而是个人的理性)来看国家的,而最新哲学(这里显然是指马克思本人的思想)则持有更加深刻的观点,即根据整体的思想构成对国家的看法,认为国家是一个庞大的机构,在这个机构里,必须实现法律的、伦理的、政治的自由,同时,个别公民服从国家的法律也就是服从自由本身的理性的即人类理性的自然规律。显然,尽管马克思着眼于从人类理性中发现法的社会本体,但却有意识地以整体国家观为指导来阐发法的现象,这具有重要的法社会学的方法论意义。

二

在逐渐清除黑格尔的影响,向历史唯物主义法社会学观转变的过渡时期,马克思法社会学思想中的旧成分与新因素纷然杂陈,但其发展趋势则是:旧成分逐渐被扬弃,新因素逐渐得以增强,进而接近于科学的法社会学观。

从1842年初夏到1843年初,这是马克思参加《莱茵报》工作的后期。在这一期间,马克思广泛地卷入了社会政治生活,开始对新理性批判主义法社会学观发生怀疑,并且试图从一种实证角度来考察法这一社会现象。在《关于林木盗窃法的辩论》中,马克思从法理上剖析了捡枯枝与盗窃林木这两种行为之间的差别,划清罪与非罪的界限,同时,马克思从省议会的拙劣立法行径中,看到了背后所隐藏着的狭隘的"私人利益"的真面目,认识到法律正在成为私人利益的"玩物",国家正在堕落为私人利益的工具。显然,马克思对法的社会属性的认识正在沿着科学的轨迹升华。关于林木盗窃法的辩论,在马克思的内心深处激起了强烈的震荡:为什么国家和法律会沦为私人利益的御用工具?难道法律真是自由理性的体现吗?为了解开这一疑问,马克思写下了《摩塞尔记者的辩护》,认为只有从现存的客观关系出发,才能说明上述现象。但是,这种决定法的客观关系究竟是什么,马克思这时尚不清楚。

《莱茵报》被普鲁士当局查封后,马克思暂时离开火热的社会政治斗争第一线,退回到书房。他于 1843 年夏秋之际,写下了《黑格尔法哲学批判》一书。在这部重要著作中,马克思站在唯物主义立场上批判了黑格尔唯心主义法学观,第一次廓清了法社会学研究中一个统帅全局的根本性问题:法的客观社会基础。因此,《批判》一书是马克思过渡阶段法社会学观的基本标志。在这里,马克思把由《辩论》开始的关于法的社会客观本性的探讨,通过"市民社会决定法"这一命题,进一步系统化、理论化,从而推倒了新理性批判主义法社会学观的理论基础——黑格尔主义。然而,市民社会内部存在的客观关系究竟是什么? 对于当时还缺乏丰富经济学知识的马克思来说,还有待于深入探究。1844 年初,《德法年鉴》创刊。在《论犹太人问题》中,马克思考察了资产阶级革命的局限性,进一步揭露了资产阶级人权的本质,指出在资本主义社会中,私有财产这一人权是自由这一人权的实际运用,是自私自利的权利。在这一基础上,马克思用"人类解放"的口号来同"政治解放"相对立,提出了无产阶级革命的任务。第一次指明无产阶级是能够实现人民革命的社会力量,无产阶级的历史使命就是彻底废除私有财产制度,根本变革建立在私有财产制度基础上的国家制度。这表明马克思在从唯心主义到唯物主义、从革命民主主义到共产主义的转变中已经取得了决定性的胜利,历史唯物主义法社会学观的诞生这一"壮丽的日出"即将来临。

通观这一时期马克思的大量著述,他的法社会学思想主要涉及以下诸方面的内容:

首先,分析了法与市民社会的关系,初步指明法社会学的唯物主义方向。在对普鲁士政府离婚法草案的分析中,马克思表述了一个很重要的思想:法律必须以客观事实为基础,立法必须以事物的本质为前提。在《"莱比锡总汇报"的查封》一文中,马克思进一步要求人们,研究法律"不要突然离开现实的、有机的国家生活的基地,不要重又沉没于不现实的、机械的、从属的,非国家的生活领域里"。① 但是,这个"现实的、有机的国家生活的基地"是什么呢? 在《摩塞尔记者的辩护》中开始论证这个问题。马克思指出,人们"在研究**国家生活现象**时,很容易走入歧途,即忽视**各种关系的客观本性,**而用当事人的**意志来解释**一切。

①《马克思恩格斯全集》第 1 卷,人民出版社 1956 年版,第 198 页。

但是存在着这样**一些关系**,这些关系决定私人和个别政治代表者的行动,而且就像呼吸一样地不以他们为转移。只要我们一开始就站在这种客观立场上,我们就不会忽此忽彼地去寻找善意或恶意,而会在初看起来似乎只有人在活动的地方看到客观关系的作用"。① 显然,马克思越来越坚定地认为,法律不能决定社会制度而只能是社会制度的表现,对于法的现象的研究应当深入到现有的客观关系和具体的社会条件之中。这样,马克思就使自己的法社会学观离开了新理性批判主义的基地。然而,决定法的客观关系究竟是什么,马克思还没有明确指出,而这一工作是在《黑格尔法哲学批判》中第一次完成的。马克思从唯物主义立场上批判了黑格尔的唯心主义法学观,把被黑格尔颠倒了的关系再颠倒过来,明确作出市民社会决定国家和法的结论,指出市民社会是国家的存在方式,市民社会本身把自己变成国家,它才是原动力,国家如果没有市民社会的"人为基础",就不可能存在。马克思还进一步具体分析了社会财产关系与法的内在关系,认为私有财产的真正基础,即占有,是一个事实,而不是权利,只是由于社会赋予实际占有以法律的规定,实际占有才具有合法占有的性质,才具有私有财产的性质。所以,法是社会财产关系的外在表现形式,社会财产关系则是法的实在内容。很明显,尽管这时的马克思还不具备丰富的经济学知识,无法更深入地解剖市民社会内部的奥秘,没有从财产关系中进一步透视出社会物质生活关系,也没有弄清现有生产关系与其法律用语"财产关系"的联系和区别,以致"市民社会决定法"这一命题尚未获得全新的意义;但是,马克思关于市民社会决定国家和法的思想仍然有其深刻的理论意义。马克思抓住市民社会决定国家和法的基本原则,从根本上揭开了一切政治和法律现象的谜底,为历史唯物主义法社会学观奠定了基础。

其次,探讨法与利益、权利的关系,阐发法的社会功能。法与利益、法与权利的关系,是法社会学领域中的重要问题之一,它们深刻地体现了法的社会功能和社会价值。青年马克思通过研究莱茵省议会关于林木盗窃法的辩论,清醒地发现,林木所有者的私人利益是支配省议会立法活动的灵魂,由省议会所制定的法律也必然反映林木所有者的利益。私人利益把自己看作世界的最终目的。一正是在私人利益的支配下,凡是从法的根据中引申出来的不利于私人利益的结论,常常借口后果

① 《马克思恩格斯全集》第 1 卷,人民出版社 1956 年版,第 216 页。

有害和招致危险而遭到否定。一旦保护私人利益与法的原则之间发生冲突时,利益总是占法的上风。尽管此时马克思还没有科学地把握利益范畴的基本规定性,还不是从社会经济角度而只是从法和哲学的角度来分析利益问题,还未搞清社会经济活动在整个社会生活中的决定性意义,但毫无疑问,他已经觉察到社会经济关系对法具有某种影响,明确了要认清法律现象的本质,就不能撇开利益问题。另一方面,马克思从省议会的辩论中还发现,维护林木占有者利益的权利感和公平感,乃是那些封建性立法大员的一项公认原则,这是特权阶级的权利感,它与贫民阶级的权利感是截然对立的,而在贫民阶级的习惯中,存在着本能的权利感,这是一种"合理的习惯权利"。法体现在社会主体的权利之中。权利是社会主体的一种"习惯",是法的重要渊源,权利的社会内容在法律形式中得到了牢固的表现:在实行法治的条件下,合理的习惯权利一经确认为法律,就不再仅仅是个人习惯,而成为"国家的习惯"。当然,马克思这时还没有看到权利的内容是由社会物质生产所赋予的,没有看到社会主体权利的性质和内容直接反映了阶级与阶级之间的关系并且依赖于国家的性质;但是,马克思却明确地指出法与社会权利的不可分割的联系,这无疑有助于我们进一步认识法的社会属性。马克思从市民社会决定国家和法的原理出发,认为政治权利问题绝不能是单纯的神学抽象,而必须紧密联系政治权利的"世俗基础"。在资本主义社会中,任何一种所谓人权都没有超出市民社会的范围,都是私有财产的必然法律表现。显然,这一认识把权利问题置于历史的、具体的考察范围之内,开始摆脱抽象考察的方法论。

又次,论述人的社会客观属性,揭示法的社会目的。在《黑格尔法哲学批判》中,马克思既没有像《博士论文》用个体性的抽象概念来衡量现实的人,也不像《莱茵报》时期那样把人的本性归之于自由理性,而是强调人的社会性。他在批判黑格尔法哲学时,充分肯定了黑格尔关于市民社会论述的深刻意义,透过思辨唯心主义的迷雾,从市民社会与政治国家的分离中洞察出人的本质"二重化"的现象。他认为,既然市民社会与政治国家彼此分离,那么,人就处于双重的状态之中:一方面,作为市民组织中的一员,国家对于他是一个漠不相关的异在之物,人们在市民社会中过着由私有制所决定的利己的彼此隔绝的私人生活;另一方面,作为政治国家中的一员,他是作为一个公民过着共同的政治生活,但却丧失了自己"固有的、真正的、经验的现实性"。因之,人的本质的二重化现象是市民社会与政治国家的分离所导致的必然结果。但是，马克思也认识到，在黑格尔那里，"不是从现实的人引申出国家，反倒是必须从国家引申出现实的人"；①"人的普遍的和客观的特质"（即黑格尔所说的"特殊的人格"的本质），"不是人的胡子、血液、抽象的肉体的本性，而是人的**社会特质……**"。② 马克思的这一思想，第一次提出要从人的现实的社会活动中把握人的本质，这是唯物主义原则在探讨人的本质问题中的具体体现，与费尔巴哈那种抽象的、生物学意义上的人性观相反，马克思吸取了黑格尔重视个人的"国家特质"的思想，把个人的"社会特质"当做研究人类社会活动的出发点。尽管他关于人的"社会特质"的表述，还比较笼统，不明确，但这无疑是他在人的本质问题上的第一次重大突破。值得注意的是，马克思反对黑格尔对人民权利的轻蔑态度，认为既然国家是和"国家的个人"发生联系的，是和个人的国家特质发生联系的，那么，"国家的职能和活动是和个人有联系的"，"国家只有通过个人，才能发生作用"，③"人永远是这一切社会组织的本质，但是这些组织也表现为人的现实普遍性，因而也就是一切人所共有的"。④ 个人是真正现实的主体，也是国家的基础。国家的职能是人的职能。可见，马克思从唯物主义基本原则出发，重视个人的权利问题，突出个人对国家的能动独立作用，强调人民有权为自己建立新的国家制度，这一思想在《德法年鉴》时期又得到了进一步的发展。

再次，考察犯罪与刑罚的辩证关系，初步阐明刑法社会学的基本原则。马克思认为，犯罪的存在，不是纯主观的意向、意识的单纯表示，而必须有实际违法犯罪的行为。就捡枯枝行为是否构成犯罪而论，"犯罪行为的实质并不在于侵害了作为某种物质的林木，而在于侵害了林木的国家神经——所有权本身，也就是在于实现了不法的意图"。⑤ 因此，行为的客观存在，并且具有一定的客观后果，这是犯罪现象客观性的基本标志，犯罪行为与结果是犯罪意图的外部表现，而犯罪意图则是实施犯罪行为的内在动因。既然犯罪行为具有客观性，那么，作为对犯罪行为否定的刑罚也就是应该具有相应的客观标准。因之，马克思继承刑

---

① 《马克思恩格斯全集》第1卷，人民出版社1956年版，第292页。
② 《马克思恩格斯全集》第1卷，人民出版社1956年版，第270页。
③ 《马克思恩格斯全集》第1卷，人民出版社1956年版，第270页。
④ 《马克思恩格斯全集》第1卷，人民出版社1956年版，第293页。
⑤ 《马克思恩格斯全集》第1卷，人民出版社1956年版，第168页。

事古典学派的刑法社会学思想,强调为了使惩罚成为实际的惩罚也应该有界限,这个界限就是"实际的罪行"。同时,马克思坚持罪刑法定主义精神,认为"要使惩罚成为合法的惩罚,它就应该受到法的原则的限制"。① 只有这样,才能使惩罚成为真正的犯罪后果,才能使罪犯懂得惩罚乃是他的行为的必然结果。此外,马克思还十分注重刑罚的实际社会效果,认为"惩罚不应该比过错引起更大的恶感"。② 针对莱茵省议会企图把捡枯枝行为当作盗窃罪来惩罚的做法,马克思指出,不论历史或理性都同样证实这样一件事实:不考虑任何差别的残酷手段,使惩罚毫无结果,因为它消灭了作为法的结果的惩罚,而省议会立法者的行径,却使人们只看到惩罚而看不到罪行。穷苦人民捡枯枝的行为,这是他们的习惯权利,决不能被认为是犯罪,即使按照专制法的规定,也只能算是一种单纯违反警章规定的行为,无论如何不能当作犯罪来惩罚。何况,捡枯枝的行为这一"过错"是由恶劣的社会环境造成的,因而更不能把这种由环境造成的"过错"定为犯罪。只见惩罚而不见罪行,把无罪当作有罪,把一般违法行为归之于犯罪,并且付诸刑事惩治,这是专制主义刑法的典型表现。这种状况必然导致法律自身的泯灭。因此,马克思强调在刑罚的实施中应当体现出革命人道主义精神,指出英明的立法者预防罪行是为了避免被迫惩罚罪行,立法者不应把那种由环境造成的过错变成犯罪。而应该以最伟大的人道精神把这一切当作社会混乱来纠正,如果把这些过错当作危害社会的犯罪行为来惩罚,那就是最大的不公平。马克思的上述思想,无疑包含着深刻的刑法社会学的思想内容,值得大力开掘汲取。

三

从《经济学——哲学手稿》开始,到《德意志意识形态》的创作,马克思完成了法社会学史上的伟大革命,创立了历史唯物主义法社会学观。

1844 年《经济学——哲学手稿》是科学法社会学观的逻辑起点,是伟大变革的起源。在《手稿》中,为了弄清市民社会内部的真正奥秘,马克思第一次系统地提出异化劳动理论,全面分析决定法的社会经济关系。异化劳动理论的创立,使马克思的法社会学观产生了质的飞跃。

---

① 《马克思恩格斯全集》第 1 卷,人民出版社 1956 年版,第 140—141 页。
② 《马克思恩格斯全集》第 1 卷,人民出版社 1956 年版,第 148 页。

至此,他的法社会学思想不再停留在思辨的或抽象的社会政治分析的水平之上,而是注入了一种具体的、新鲜的社会经济因素,从而使整个法社会学思维水平达到了一个崭新的高度。特别是马克思明确提出"生产的普遍规律"支配法这一命题,尽管还比较原则,却已为整个科学的法社会学理论大厦的建立,奠定了一块牢固的基石。写于 1844 年 8 月底到 10 月初的《神圣家族》,表明马克思的科学法社会学观正在进一步深化。在这里,马克思站在历史唯物主义法社会学观的立场上,批判了布·鲍威尔之流的主观唯心主义法学观,也批判了蒲鲁东的抽象的"公平"观、强调不是公平的观念决定法,而是社会经济关系的运动决定法。基于这一认识,马克思揭露了资产阶级法律平等原则的虚伪性。1845 年 9 月到 1846 年初的《德意志意识形态》的写作,标志着马克思法社会学理论体系已经形成。在马克思以前,法社会学史上众多的思想家还没有科学地揭示法的辩证运动发展规律,他们或是求助于"神性",或是诉诸"人类理性"、"绝对观念",或是鼓吹"民族精神"。只有在马克思的法社会学观产生以后,法与社会运动的相互作用规律,才得到科学的揭示。马克思第一次把社会的基本矛盾归之于生产力与"交往形式"(即生产关系)之间的矛盾,进而在此基础上,对法的社会属性、法与社会有机体的辩证统一关系、法律关系从野蛮到文明的社会历史发展等等一系列法社会学的重大问题,作出了科学的探讨,为我们提供了打开法这一社会现象奥秘的科学钥匙。这一时期马克思法社会学思想具有如下若干明显特点:

第一,科学地揭示了法与社会形态历史运动的一般规律,指出在一定意义上,法没有自身独立运动的历史。在许多唯心主义法学家那里,往往抱着一种法的独特幻想,认为法律具有自己独立的历史,因而似乎政治史和经济史就纯观念地变成了一个换一个的法律的统治史。但是,按照马克思的见解,在财产关系发展的每一个阶段上,在社会交往形式的历史进程中,也有与其相适应的法权形式,要考察政治结构和法律现象,就必须注意它们同社会物质生活的关系,而不应当带有任何神秘的和思辨的色彩。"以一定的方式进行生产活动的一定的个人,发生一定的社会关系和政治关系"。① 一定的生产活动方式构成一定的社会经济形态,而它又由一定社会的生产力水平所决定,一切社会历史冲突

---

① 《马克思恩格斯全集》第 3 卷,人民出版社 1960 年版,第 28—29 页。

都根源于生产力和"交往形式"之间的矛盾运动,法正是在这一矛盾中历史地发展起来的。并且,随着社会经济形态的历史转换,法也在不断地相应变化自己的形式。"私法和私有制是从自然形成的共同体形式的解体过程中同时发展起来的"。① 而私有制的每一步发展,又会引起私法关系的新的变化。马克思以罗马法的复兴及其世界化为例分析说,罗马私法是在罗马民族公社解体过程中同时发展起来的,它反映了简单商品生产的基本要求。然而,随着罗马帝国的崩溃,罗马私法逐渐丧失了往日的荣辉,但伴随着封建生产关系逐渐瓦解,客观的社会经济关系的历史运动及其产生的历史需要,是罗马法之所以能发展为一个世界性法系的内在动力和真实原因,舍此便不能正确地把握罗马私法的发展史的真正逻辑。法律关系从野蛮到文明的发展过程,也充分证明社会经济关系是法的社会历史运动的深厚根据。在人类文明社会早期,法律关系是以最粗鲁的形态直接表现出来的,随着生产力与"交往形式"的矛盾运动,随着个人利益发展到阶级利益,法律关系改变了,它们的表现方式也变文明了,它们不再被当作是个人的关系而被看作是一般的关系了,从而法的野蛮的行使方式也就逐渐消失了。正是在这个意义上,马克思精辟地指出,"不应忘记法也和宗教一样是没有自己的历史的"。②

第二,科学地揭示了法与社会体系的内在联系,指出法是表现统治阶级共同利益的国家意志。社会是一个复杂的有机系统,从宏观角度来看,这个社会系统划分为社会存在与社会意识两大基本体系,社会存在决定社会意识。马克思把社会系统看作是市民社会和政治上层建筑的矛盾统一体,并且力图证明在这种对立面相互制约的关系中,市民社会是决定性的基础。他对以前曾经使用过的"市民社会"一词进行分析,认为"市民社会"这一名称始终标志着直接从生产和交往中发展起来的社会组织,是在过去一切历史阶段上受生产力制约的同时,也制约生产力的私交往形式,它"在一切时代都构成国家的基础以及任何其他的观念的上层建筑的基础"。③ 法不属于社会存在的范畴,而属于社会意识的范畴,它表现为上层建筑的思想的社会关系,乃是维持社会体系存在和发展的重要形式之一。法律现象总得借助于某种物质材料和物

①《马克思恩格斯全集》第3卷,人民出版社1960年版,第71页。
②《马克思恩格斯全集》第3卷,人民出版社1960年版,第71页。
③《马克思恩格斯全集》第3卷,人民出版社1960年版,第41页。

质力量,才能客观地存在于现实社会之中,也才能以自己的特殊形式反作用于社会存在,或调整物质的社会关系。不过,法是一种意志,是一种国家意志,正是这一点使法与社会体系中的其他社会现象区别开来,成为特殊的社会现象。作为国家意志的法律,不是统治阶级中少数人意志的反映,更不是个别人的任性,而是体现了统治阶级的整体社会利益,它是统治阶级整体意志的反映。制约统治阶级意志的社会经济关系,对于统治者个人来说,是一种共同的客观的社会经济条件,是统治者在社会经济生活中的地位的集中反映和整体再现,因而建立在这种社会经济条件基础上的法律,便具有整体性的本质特征。正因为如此,统治阶级中的任何一个成员都不能把自己的"单个意志"强加于甚至凌驾于"整体意志"之上,而必须把"小我"融于"大我"之中,必要时能够做到"自我舍弃",而求得整体利益的"自我肯定"。不仅如此,法律要求它所反映的阶级意志对所有的人都有效,进而成为全社会共同遵循的行为准则。马克思的上述思想,构成了历史唯物主义法社会学的核心内容。

第三,科学地揭示了个人与社会之间的辩证关系,指出法的社会价值根据在于人的社会性与社会的人性之有机统一。 个人与社会的关系,是法社会学领域中的一个重要内容。科学地解决这个问题,是形成历史唯物主义法社会学的理论基础。对此,马克思在新理性批判时期和过渡阶段曾有所涉猎,但上述两个时期的思想带有很大程度的思辨乃至抽象的特征。在这一阶段,马克思第一次完整地、科学地解决了这一理论问题。与资产阶级古典自然法学派着眼于抽象的人性论的唯心主义态度相反,马克思认为,人类生存活动是一切社会活动的基础。人不是费尔巴哈式的抽象的、生理学意义上的人,而是能动的、从事改造对象世界活动的现实的人。人通过自己的生产活动,不仅创造了一个物的世界创造了满足他自身需要的资料,而且也产生了他和别人的联系,创造了自己的社会生活,只是由于这一点,人才具有社会的性质。**"社会**是人同自然界的完成了的本质的统一,是自然界的真正复活,是人的实现了的自然主义和自然界的实现了的人道主义"。[①] 一定的个人实际上是从属于一定的社会形式的。"社会关系实际上决定着一个人

①《马克思恩格斯全集》第42卷,人民出版社1979年版,第122页。

能够发展到什么程度"。① 不过,马克思并不是抽象地把人的社会性提高到绝对不可企及的地步,而是从现实的个人出发,强调社会的人性化。在他看来,社会本质不是一种同单个人相对立的抽象的一般的力量,而是每一个单个人的本质。人的社会联系并不是由"反思"所产生的,而是人们活动的产物,是由于有了个人的需要才出现的,人的社会本质就是人的自己活动和生活,这些个人是怎样的,这种社会联系本身就是怎样的。"应当避免重新把'社会'当作抽象的东西同个人对立起来。个人**是社会存在物**。因此,他的生命表现,即使不采取共同的、同其他人一起完成的生命表现这种**直接形式**,也是**社会生活的**表现和确证"。② 社会绝不是抽象的、空洞的东西,而是无数具有丰富个性的个人的有机组成。由此出发,马克思抨击异化了的社会——私有制社会——对个人的价值的蔑视和个人权利的践踏,强调无产阶级革命就是要推翻那种敌视人的资产阶级国家制度,使无产者作为个性的个人确立下来,那种"表现为与个人隔离的虚幻共同体(国家、法)的传统的权力"将被打倒。共产主义制度的现实基础,就是"排除一切不依赖于个人而存在的东西",③确立个人对偶然性和社会关系的统治,以代替社会关系和偶然性对个人的统治。总之,人既有丰富的个性,又具有深刻的社会性,这是马克思在个人与社会关系问题上所作出的历史唯物主义的解决方案,它为历史唯物主义法社会学特别是法的社会价值学说提供了基本理论原则。

第四,科学地揭示了犯罪现象的社会属性,指出犯罪乃是孤立的个人反对统治关系的斗争。在马克思看来,犯罪作为一定阶级社会中统治阶级根据其统治利益来判定的、具有明显阶级性的一种特殊社会现象,绝不是个别人主观意志的偶然产物,而是有其客观的必然性,是由一定的物质生活条件所决定的。因之,揭示产生犯罪现象的社会根源,是把握犯罪的社会本质的重要方面。马克思指出,人的性格是由社会环境造成的,"既然从唯物主义意义上来说人是不自由的,就是说,既然人不是由于有逃避某种事物的消极力量,而是由于有表现本身的真正个性的积极力量才得到自由,那就不应当惩罚个别人的犯罪行为,而应当消灭犯罪行为的反社会的根源,并使每个人都有必要的社会活动场

①《马克思恩格斯全集》第 3 卷,人民出版社 1960 年版,第 295 页。
②《马克思恩格斯全集》第 42 卷,人民出版社 1979 年版,第 122 页。
③《马克思恩格斯全集》第 3 卷,人民出版社 1960 年版,第 79 页。

所来显露他的重要的生命力"。① 在此基础上，马克思对犯罪的社会本质特征作了精辟的概括，认为"犯罪——孤立的个人反对统治关系的斗争，和法一样，也不是随心所欲地产生的。相反地，犯罪和现行的统治都产生于相同的条件"。② 这一论断，对犯罪的社会本质作出了一个法社会学的科学定义。它不但指明了犯罪是孤立的个人反对统治关系的斗争，否定了那些幻想家们把犯罪看成单纯是对法和法律的破坏的唯心主义犯罪学观，而且也指出了犯罪的社会特征，阐明犯罪是孤立的个人所进行的反抗行为，是个人与社会之间的冲突状况的一种极端表现形式，是人同他们社会本质相异化的一种极端状态，统治阶级认定犯罪行为、惩罚犯罪分子，也是以国家对个人、以整体对个别、以集中对分散的姿态出现的，从而为犯罪社会学奠定了一块牢固基石。

马克思历史唯物主义法社会学观的形成，标志着文明社会法社会学发展史上的伟大革命。这个革命的进程是一个螺旋式上升、波浪式前进的辩证发展过程。在这一过程中，马克思既完成了由革命民主主义者向共产主义者的伟大转变，也实现了由新理性批判主义法社会学观向历史唯物主义法社会学观的革命性飞跃。这个理论革命的过程，始终贯穿着两条发展主线。

在法社会学本体论方面：他广泛涉及法社会学领域的许多重大问题，其中，马克思最感兴趣的乃是对法的客观社会属性的探讨。在新理性批判主义阶段，由于受到近代启蒙运动和康德、黑格尔的理性主义法学传统的影响，而把法的本性归之于人类自由理性，提出法典是人民自由的"圣经"、是人类自由理性体现的理性法社会学的论断。在过渡阶段，马克思第一次接触到社会经济问题，看到了私人利益对法的深刻影响，开始认识到以自由理性为标志的法律正在丧失其意义，提出了"利益总是占法的上风"的利益法思想，并且在批判黑格尔法哲学的过程中，提出了市民社会决定法的著名命题，从而把法的社会本体要素建立在唯物主义的基础之上。在科学的法社会学观诞生阶段，马克思立足于具体的社会经济事实，在创立异化劳动理论的过程中提出了"生产的普遍规律支配法"的重要思想，并且指出法是以国家意志形式表现出来的统治阶级意志，而这种意志的内容是由统治阶级的物质生活条件所

① 《马克思恩格斯全集》第 2 卷，人民出版社 1957 年版，第 167 页。
② 《马克思恩格斯全集》第 3 卷，人民出版社 1960 年版，第 379 页。

决定的,从而科学地揭示了法的社会属性及其本质特征,为马克思主义法社会学理论大厦树立了坚实的根基。

在法社会学价值论方面:马克思彻底消除了千百年来唯心主义法学家在个人与社会、国家关系问题上所制造的"二律背反",从揭示人的本质这一基本问题着手,提出了人的社会性与社会的人性内在统一的重要思想,既反对脱离社会关系和社会实践生活的抽象的"人本主义"学说,又强调不能把社会和国家作为抽象的大写的符号与个人对立起来,进而实际上阐明了法是实现个人与社会有机统一的工具的基本思想。马克思认为,法与社会主体的自由紧密联系在一起,法的社会历史衍化过程实际上反映了人的自由能力的逐步提高、人的价值逐步增长的历史总趋势;自由是人性最重要、最突出的特征,是人的价值地位的集中表现形式之一;自由绝不等于主观任性,只有本身包含着必然性的那种自由才是真正的自由;自由作为反映法的社会价值尺度之一的基本意义,就在于突出社会主体在法律现象领域中的实际地位,标明法是社会主体在客观必然性被认识的情况下,对社会系统发生实践关系的重要工具。在马克思看来,权利也是反映法的社会价值的基本尺度之一。权利的内容是由一定社会物质生活条件决定的。社会主体权利的性质和内容直接反映了一定社会关系的性质。权利是法的重要社会渊源。权利也是一个历史的范畴,在不同的社会历史条件下,权利的性质、享受权利的主体及其范围等等都是各不相同的。马克思的上述思想,开拓了法社会学发展的崭新天地,具有极其重要的理论价值。

需要指出的是,马克思历史唯物主义法社会学的形成过程,具有开端性,所以,在这个过程中,马克思没有也不可能探讨法社会学领域的全部问题;即使在这一时期马克思提出了许多法社会学思想,但随着实践的发展,理论研究也存在着一个进一步深化和完善的问题。我们应当以马克思早期法社会学观的研究为起点,按照逻辑的与历史的相一致的原则,深入探讨,完整地描绘马克思法社会学思想的发展图景,进而为法社会学理论的研究提供科学的武器。

(原文刊于《社会学研究》1987 年第 5 期)

《资本论》中的法哲学思想
——纪念马克思诞辰 170 周年

　　《资本论》是马克思主义理论的百科全书,是"工人阶级的圣经"①。在这部著作中,马克思不仅科学地论证了唯物史观和科学共产主义理论,揭示了人类社会特别是资本主义社会的运动规律,而且精辟地阐发了马克思主义法哲学理论的基本精神,考察了法哲学领域中的一系列重大理论问题,从而开辟了文明社会法哲学思想发展的崭新时代。

一、法是经济关系的意志化形态

　　什么是法? 如何认识法律现象的内在本质? 这始终是马克思进行法学理论研究、考察各种法律现象的基本出发点。早在《黑格尔法哲学批判》中,马克思就认为,市民社会是国家和法的前提,"法和国家的全部内容"是财产②。在《1844 年经济学哲学手稿》中,通过对私有制条件下异化劳动现象的深入解剖,马克思明确提出"生产的普遍规律"支配法的命题③。在《德意志意识形态》这部历史唯物主义法哲学的奠基大作里,马克思第一次把社会的基本矛盾归之于生产力与"交往形式"(即生产关系)之间的矛盾,并由此出发指出法律乃是由占统治地位的"特定关系所决定的意志",是统治阶级"以国家的形式组织自己的力量"的集中表现,这个表现形式的内容是这个统治阶级的现实物质关系④。后来,在同蒲鲁东的论战中,马克思指出:"无论是政治的立法和市民的立法,都只是表明和记载经济关系的要求而已"⑤。在《共产党宣言》这部科学共产主义的第一个纲领性文献中,马克思进一步揭露了资产阶级法的阶级本质,把法看作是阶级意志性和物质制约性相统一的有机整体。

　　显而易见,马克思上述对法的本质属性的分析,基本上是沿着两个方向展开的:一是把握法与统治阶级意志之间的内在联系,强调法是法律化了的或被奉为法律的统治阶级意志,亦即国家意志;二是深刻洞察

---

①［德］卡尔·马克思:《资本论》第 1 卷,人民出版社 1975 年版,第 36 页。

②《马克思恩格斯全集》第 1 卷,人民出版社 1956 年版,第 283 页。

③《马克思恩格斯全集》第 42 卷,人民出版社 1979 年版,第 121 页。

④《马克思恩格斯全集》第 3 卷,人民出版社 1960 年版,第 377—379 页。

⑤《马克思恩格斯全集》第 4 卷,人民出版社 1958 年版,第 121—122 页。

法与社会经济条件的相互关系,指出法是社会经济关系的法权表现,是对一定社会物质条件一般要求的"记载"。这两个方向的研究又是彼此联系着的,是一个有机统一的整体,只不过它们在法的内涵中居于不同的地位。前者是法的涵义中的外层本质,后者则是法的涵义的内层本质。前者是法的本质之外部显现,后者则是法的本质之底蕴。前者以后者为根据,并受到后者的制约和决定;后者则需依赖前者而成为法的客观现实,故而前者是后者的"物质"载体。因此,在这两个方面的关联中,后者更为重要。正是在这个意义上,我们应该说,一定社会经济关系的法权意志表现,乃是法的本体。也只有基于这一认识,我们才能够充分理解在《资本论》中马克思对法的本质的研究的真正价值意义之所在,也才能科学地把握《资本论》在马克思主义法哲学思想发展过程中所居的特殊地位。

在《资本论》中,马克思全面系统地分析了构成法的现象基础的社会经济关系,认为生产关系就是"人们在他们的社会生活过程中、在他们的社会生活的生产中所处的各种关系"[①]。生产关系的基础,就是支配物品和占有对该物品劳动果实的现实的经济所有制关系。作为社会上层建筑重要组成部分的法的现象根源于社会的经济关系。因此,马克思给法作出了一个经典的规定,法权关系"是一种反映着经济关系的意志关系。这种法权关系或意志关系的内容是由这种经济关系本身决定的"[②]。一定的法的关系是一定经济条件的法权要求,是经济关系的意志化形态。离开了对经济关系的考察,就无从认识法的本质属性。

为了进一步揭示社会经济生活所提出的各种法权要求,马克思着力考察了在商品交换过程中形成的商品关系的法律表现。他指出:"商品不能自己到市场去,不能自己去交换。因此,我们必须找寻它的监护人,商品所有者"。"为了使这些物作为商品彼此发生关系,商品监护人必须作为有自己的意志体现在这些物中的人彼此发生关系,因此,一方只有符合另一方的意志,就是说每一方只有通过双方共同一致的意志行为,才能让渡自己的商品,占有别人的商品。可见,他们必须彼此承认对方是私有者"[③]。在这里,马克思指明了商品经济关系形成所必具的三个条件以及相应的法权表现:一是必须要有独立的商品"监护人"

---

① 《马克思恩格斯全集》第 25 卷,人民出版社 1975 年版,第 993 页。
② 《马克思恩格斯全集》第 23 卷,人民出版社 1975 年版,第 102 页。
③ 《马克思恩格斯全集》第 23 卷,人民出版社 1975 年版,第 102 页。

（所有者），这方面的法律要求就是确认权利主体制度，二是商品交换者对商品享有所有权，这就要求在立法上确认所有权制度；三是必须要商品交换者意思表示一致，只有双方意见一致，商品才能交换，这在法律上的要求就是建立契约制度。

正是在上述意义上，马克思对体现商品经济关系法权要求的罗马私法体系给予高度的重视。在他看来，古代罗马社会是奴隶制时代简单商品经济最发达的社会。尽管那里的商品经济还深受自然经济羁绊的束缚，但简单商品交换已经有了较大的发展和相当的繁荣。这不仅表现在已经产生的货币流通上，而且也表现在独立的、同生产相分离的商业的存在上。在简单商品经济中，个体生产者在经常的波动和背离中，基本上按照耗费在自己产品上的社会必要劳动量，用自己的产品换取别人的产品。于是，通过这种商品交换，也就在这些生产者之间间接地实现了所生产出的产品的一定分配。"我给为了你做，我做为了你做，我做为了你给，我给为了你给"①。这是罗马法上契约关系的四种公式。实际上，罗马法上的契约关系是以其特定的所有权体系为前提的。罗马法规定了所有人依法享有对于物的占有、使用和处分权，借以调整一般的社会经济关系。这对后世产生了重大的影响。因之，马克思要求人们必须注意"罗马私法（在刑法和公法中这种情形较少）同现代生产的联系"②；并且指出"罗马法虽然是与交换还很不发达的社会状态相适应的，但是，从交换在一定的范围内已有所发展来说，它们能够阐明法人进行交换的个人的各种规定，因而能成为工业社会的法的先声（就其基本规定来说），它首先为了和中世纪相对抗，它必须被当作新兴资产阶级社会的法来看。"③

不仅如此，马克思还从动态意义上指出，一切法权现象的发展变化的动力，也同样来源于社会经济关系。随着社会经跻发展的需要的变化，"实在法"能够而且必须改变自己的各种规定。一旦生产关系达到必须改变法权关系的程度，那么原有的法权现象就会消失。因此，马克思批判了那种脱离经济关系的抽象公平观和正义观，把衡量正义与否的标准归之于一定的社会经济关系。他认为，在交换关系中，"经济交易作为当事人的意志行为，作为他们的共同意志的表示，作为可以由国

① 《马克思恩格斯全集》第 26 卷第 1 册，人民出版社 1972 年版，第 435 页。
② 《马克思恩格斯全集》第 46 卷（上），人民出版社 1979 年版，第 46—47 页。
③ 《马克思恩格斯全集》第 46 卷（上），人民出版社 1979 年版，第 198 页。

家强加给立约双方的契约,表现在法律形式上,这些法律形式作为单纯的形式,是不能决定这个内容本身的。这些形式只是表示这个内容。这个内容,只要与生产方式相适应,相一致,就是正义的;只要与生产方式相矛盾,就是非正义的"。①

尽管马克思十分重视经济关系对法的决定作用,但是作为一个唯物辩证论者,马克思也未忽略经济以外的因素或条件对法的关系的影响。他认为,一定社会独特的政治结构和法的现象,都是建立在相应的经济形式上的。在任何时候,都要从一定的经济形式中,为整个社会结构,国家形式以及法权现象,找出最深的秘密和隐藏的基础。"不过,这并不妨碍相同的经济基础——按主要条件来说相同——可以由无数不同的经验的事实,自然条件,种族关系,各种从外部发生作用的历史影响等等,而在现象上显示出无穷无尽的变异和程度差别,这些变异和程度差别只有通过对这些经验所提供的事实进行分析才可以理解"②。马克思的这一思想,后来被恩格斯进一步发扬光大。

二、规则、秩序和法的社会功能

众所周知,社会是一个具有多层次结构的、通过内在矛盾的解决而发展着的,并且在自我调节的基础上来发挥功能的有机系统。任何一个社会在客观上都要求具有社会调整体系,以满足社会生活的一般需要。这是因为,社会的存在和发展都离不开一定的秩序性和组织性,这种组织性和秩序性是社会自身的内在属性。社会自身的组织性和秩序性,不可避免地表现为一定的行为规则体系。法律是社会调整系统中的一个子系统,但是它作为体现掌握国家政权的统治阶级意志的国家意志,也有其自身特定的调整体系,以便确立起有利于统治阶级的社会秩序,使社会成员摆脱单纯偶然性、任意性的羁绊。关于这一点,马克思在《资本论》第三卷中指出:"这种规则和秩序,正好是一种生产方式的社会固定形式,因而它相对地摆脱了单纯偶然性和单纯任意性的形式"③。没有法律调整,没有一定的规则和秩序,社会生活就会处于混乱不安的状态之中,甚至导致社会有机体的"溃解"。这是法的社会价值之所在。

---

① 《马克思恩格斯全集》第 26 卷第 1 册,人民出版社 1972 年版,第 379 页。
② 《马克思恩格斯全集》第 25 卷,人民出版社 1975 年版,第 892 页。
③ 《马克思恩格斯全集》第 25 卷,人民出版社 1975 年版,第 894 页。

从本体论意义上讲，如同法是经济关系的意志化形态一样，法律调整的最深厚的根源，来自于一定的社会经济活动以及在这一活动中所产生的经济关系的必然性要求。在社会发展的每一个阶段上，经济关系的客观要求始终是法律调整的决定性因素。在《资本论》中，马克思把视野投向广阔而漫长的人类社会历史运动，认为"每种生产形式都产生出它所特有的法的关系、统治形式"①。即使是在生产办水平十分低下的原始公社时代，也存在着社会生活的社会调整体系。这一方面取决于流传下来的道德原则和人们在共同生产、分配和交换过程中形成的习惯，另一方面也取决于原始共同体及其机构的直接规定。在"共同体的尽头"，随着生产力水平的提高，出现了剩余产品，形成了商品交换关系。而商品交换则是以私人占有为前提的。私人占有意味着一定主体按照自己的意志支配一定数量的生产资料的个人权利。随着私人占有的产生，也出现了根据私有者的利益和意志调节人们相互之间的交往和交易的规则及规范体系。"交换的不断重复使交换成为有规则的社会过程"②。这种有规则的秩序体系，旨在于排除个别人的主观性和随意性，以便把社会生活纳入一个有机协调的运行轨道上来。这样，法律调整便应运而生。此后，随着文明的进程，法律调整体系日趋完善。这诚如马克思所明确分析过的，在文明社会发展的每一个历史阶段上，"社会上占统治地位的那部分人的利益，总是要把现状作为法律加以神圣化，并且要把习惯和传统对现状造成的各种限制，用法律固定下来"，"只要现状的基础即作为现状的基础的关系的不断再生产，随着时间的推移，取得了有规则的和有秩序的形式，这种情况就会自然产生；并且，这种规则和秩序本身，对任何要摆脱单纯的偶然性或任意性而取得社会的固定性和独立性的生产方式来说，是一个必不可少的要素"③。

一定社会的统治阶级借助法律手段，调整社会成员在社会经济活动中形成的经济关系，这是由国家的基本职能所决定的。国家是从人类社会系统中分化出来的管理机构，为了维护一定的社会政治统治，它必须执行某种管理和干预经济生活的社会职能。对此，在《资本论》中，马克思从管理和秩序的必要性，进一步阐发法的社会价值及其社会功能。

①《马克思恩格斯全集》第 46 卷（上），人民出版社 1979 年版，第 25 页。
②《马克思恩格斯全集》第 23 卷，人民出版社 1975 年版，第 106 页。
③《马克思恩格斯全集》第 25 卷，人民出版社 1975 年版，第 894 页。

在马克思看来，人是社会的存在物，属于一定的社会系统。人的社会生活在本质上需要一定的管理活动，以便使社会生活有组织、有秩序。如果没有一定的社会管理，那么，物质生产和精神生产乃至一切社会活动都是不可能进行的。马克思反复强调管理的普遍性质，指出："一切规模较大的直接社会劳动或共同劳动，都或多或少地需要指挥，以协调个人的活动，并执行生产总体的运动——不同于这一整体的独立器官的运动——所产生的各种一般的职能"①。"凡是直接生产过程具有社会结合过程的形态，而不是表现为独立生产者的孤立劳动的地方，都必然会产生监督劳动和指挥劳动"②。这里需要指出的是，社会管理活动在某种程度上是同政权和权力联系在一起的。从社会政治意义上讲，一定的管理活动具有鲜明的政治性。国家作为一个强有力的政治机关和管理机关以及各种社会过程的调节器。以其特殊的方式干预社会生活，管理社会活动。

一般来说，一法律作为国家意志的对象化形态，必然成为国家从事管理活动的重要手段。由于法律具有规范性、秩序性的特点，因而运用法律协调社会生活中的各种关系，有利于正常社会秩序的形成和巩固发展，这对于国家实现其社会管理职能，是至关重要的。在一定法律形态中，体现了国家统治阶级的一定的社会价值目标。从而成为每个个人以及集团活动的重要指针，成为社会管理和调节的手段。如果掌握国家政权的统治阶级不善于运用法律手段去有效地组织和管理社会活动，这非但不能实现国家的社会管理职能，也会影响甚至动摇其政治统治的基础。所以，法律的一般社会功用是客观存在的。关于这一点，马克思在谈到剥削阶级国家社会管理活动的二重性时指出："在那里，政府的监督劳动和全面干涉包括两方面：既包括执行由一切社会的性质产生的各种公共事务，又包括由政府同人民大众相对立而产生的各种特殊职能。"③同样地，法的功能也具有二重性：一方面，它要发挥特殊的政治功能，即维护掌握国家政权的统治阶级的利益；另一方面，它又要发挥一般的社会功能，即建立和发展反映社会生活实际需要的社会秩序。并且，在法的两种功能之间，"政治职能到处是以执行某种社会职能为基础，而且政治统治只有在它执行了它的这种社会职能时才能持

①《马克思恩格斯全集》第23卷，人民出版社1975年版，第367页。
②《马克思恩格斯全集》第25卷，人民出版社1975年版，第43l页。
③《马克思恩格斯全集》第25卷，人民出版社1975年版，第432页。

续下去。"①因此,在法的功能的问题上,任何只强调一面而忽视另一面的看法,都是与马克思主义经典作家的法哲学思想相违背的。

三、商品经济与法的观念

商品经济是一个川流不息的价值体系。商品经济关系的本质特征是,它们的当事人在相互关系上应当具有一定的独立性。他们应当在财产、行为以及其他方面互不依赖,因而相互之间处于平等的地位,是独立的、彼此互不隶属的人。而商品交换的目的,则是为了满足交换主体双方各自特定的需要和利益。因之,与商品经济相联系的,必然是由反映商品关系法权要求的自由、平等、权利和利益所构成的法的观念体系。在这方面,马克思在《资本论》及其手稿中也作了精辟的论述。

首先,法权关系既然是一种意志关系,那么商品交换作为意志关系的一种特定表现形式,实际上是一种蕴含着交换主体的自由和权利要求的意志关系。在交换过程中,"尽管个人 A 需要个人 B,但他并不是用暴力去占有这个商品,反过来也一样,相反地他们互相承认对方是所有者,是把自己的意志渗透到商品中去的人。因此,在这里第一次出现了人的法律因素以及其中包含的自由的因素。谁都不用暴力占有他人的财产。每个人都是自觉地出让财产。"②实际上,契约关系是商品交换关系在法律上的表现,是表现商品货币关系的基本的和客观必需的法律形式,是交换主体的意志自由的载体。由于商品所有者是作为自主的,财产上独立的主体进行活动的,所以如果商品所有者不用契约的形式达成协议,商品交换的行为就不能发生。

从广泛的意义上来讲,契约是基于当事人之间的自由意志表示一致的行为,在契约关系中,当事人双方充分认识到自己的独立存在及其价值,对自己的行为在不受外来干涉的条件下自由地加以选择,懂得这种选择的内容和意义。为了进行商品交换,交换主体在交换行为中必须默默地彼此当作被让渡的物的私有者,"互相承认对方是所有者,是把自己的意志渗透到自己的商品中去的人,并且只是按照他们共同的意志,就是说实质上是以契约为媒介,通过互相转让而互相占有。"③因此,只有交换主体拥有对自己的行为进行选择的自由,并且能够自由地

① 《马克思恩格斯全集》第 20 卷,人民出版社 1971 年版,第 195 页。
② 《马克思恩格斯全集》第 46 卷(上册),人民出版社 1979 年版,第 195—196 页。
③ 《马克思恩格斯全集》第 46 卷(下册),人民出版社 1979 年版,第 472 页。

表达自己的交换意愿,成为相互离异的、独立的主体,商品交换才能得以发生。

其次,在商品交换关系中,交换主体之间还处于平等的地位。契约关系本来就是双方平等合意的产物。契约关系中的当事人在地位上是平权的,法律假设所有人都是平等的,并依此赋予人们同样的权利能力,要求一视同仁地对待每个人,不允许任何一方对他方加以限制或强迫命令。何以形成交换主体的平等地位呢?

这是因为:(1) 在一定的交换关系中,被交换的商品的自然特性以及交换者的特殊的自然需要,这一自然差别构成了交换关系当事人的平等的客观基础。"只有他们在需要上和生产上的差别,才会导致交换以及他们在交换中的社会平等。因此,这种自然差别是他们在交换行为中的社会平等的前提,而且也是他们相互作为生产者出现的那种关系的前提"。① (2) 在交换关系中,交换对象在价值上是等价的,商品经济活动所遵循的基本原则是等价交换。只有通过等价物的媒介作用,主体才表现为交换者和相等的人。"主体只有通过等价物才在交换中彼此作为价值相等的人,而且他们只是通过彼此借以对方而存在的那种对象性的交换,才证明自己是价值相等的人"②。

再次,一定的财产关系是一定生产关系的法律表现。在商品交换活动中,一定的所有权不是这一活动的结果,而是这一活动的前提。"从法律上来看这种交换的唯一前提是每个人对自己产品的所有权和自由支配权"③。如果交换者不对自己将要进入交换领域的商品拥有所有权,那就不可能作出一定的交换行为,形成一定的交换关系。所以,商品交换的一种基本法权前提是,交换主体在交换之前就存在着对自己的商品的所有权,即对于那种不是通过流通而占有的商品的所有权。商品流通则进一步表现这种直接占有怎样通过某种社会行为的媒介,使对自己的劳动的所有权变为对社会劳动的所有权。因此,在商品交换的汪洋大海中,交换主体之所以能自由地表达自己的交换意愿,拥有作为行为方案选择的自由,并且彼此处于平权关系之中,互不隶属,一个基本的原因就是商品交换者对商品享有所有权。正是在这个意义上,马克思以赞同的口吻引用了一位学者的论断:"法律的精神就是所

① 《马克思恩格斯全集》第 46 卷(上册),人民出版社 1979 年版,第 194 页。
② 《马克思恩格斯全集》第 46 卷(上册),人民出版社 1979 年版,第 194 页。
③ 《马克思恩格斯全集》第 48 卷,人民出版社 1985 年版,第 161 页。

有权"①。

　　第四，商品交换当事人的一定权利的运用，总是同实现一定的利益联系在一起的。一定的经济利益决定着交换主体的意愿、行为方式和选择自由。法作为对交换主体的行为自由、地位平等的确认，实际上是以一定的经济利益为基础的，法所确认的交换主体的权利，不过是交换主体一定利益的法权表现。因之，利益是商品关系当事人的行为目标和内在动力。而利益在很大程度上更多地表现为交换主体各自的个人利益。在交换行为中，"每个人在交易中只有对自己来说才是自我目的；而每个人对他人来说则是手段；最后，每个人是手段同时又是目的，而且只有成为他人的手段才能达到自己的目的"②。这种相互关联是作为交换的自然条件而预先存在的，构成交换行为的内在动力。所以，"表现为整个交换行为的内容的共同利益，虽然作为事实存在于双方的意识中，但是这种共同利益本身不是动因，它可以说只存在于自身反映的个别利益的背后"③。交换的目的是要实现交换主体的个人利益，双方当事人都被承认并被理解为同样是实现其个人利益的人，共同利益恰恰只存在于双方独立性之中。很显然，离开一定的经济利益关系，商品交换行为及其过程，就会成为一种不可思议的虚幻之物。

　　总之，自由、平等、权利和利益，乃是体现商品经济运行一般规则要求的法权意识形态。它们相互联系，相互结合，构成了适应商品经济发展需要的法的观念体系。马克思的上述思想有着很重要的理论意义，它为我们深刻理解法的价值提供了科学的钥匙。

　　《资本论》中的法哲学思想是极其丰富的。在纪念马克思诞辰170周年之际，认真系统地研读《资本论》及其有关手稿，深入理解其中的丰富法哲学思想，对我们坚持改革、开放、搞活，具有重要的理论和实践意义。

　　　　　　　　　　　（原文刊于《西北政法学院学报》1988年第2期）

①《马克思恩格斯全集》第26卷第1册，人民出版社1972年版，第368页。
②《马克思恩格斯全集》第46卷（下册），人民出版社1979年版，第472—473页。
③《马克思恩格斯全集》第46卷（下册），人民出版社1979年版，第473页。

马克思法哲学思想述要

以马克思的名字为标志的马克思主义法哲学是一个具有高度科学性和强大生命力的法学理论体系。它的形成和发展经历了一个曲折的过程。在这一过程中,马克思的法哲学思想从纤弱的"嫩芽"生长成为一株参天大树。在当代中国新的历史条件下,深入研究马克思的法哲学理论,可以使我们深刻地把握马克思主义法哲学的鲜明的党性原则和科学精神,划清马克思主义法学观与其他形形色色的非科学或反科学的法学观的界限;可以使我们从历史的运动过程中,了解这位科学巨匠是怎样以科学的概念、范畴和原理来反映法的现象发展的规律性的,从而揭示马克思主义法哲学的巨大的理论逻辑力量;还可以使我们获取丰富的理论营养,掌握分析法律现实的科学世界观和方法论,明确研究法哲学的正确方向。

一、马克思法哲学思想的演变历程

马克思法哲学思想的产生及其演变,是一个辩证的发展过程,其中每个阶段都是这一过程中的有机环节,它们既有联系,又有区别,都以自己特殊的质构成了在整个过程中所具有的特殊地位,从而表现为一个统一的整体。这个进程不是笔直前进的,也不是直线上升的,而是一个螺旋式上升波浪式前进的过程,是一个从低级到高级的发展过程。

根据逻辑与历史相一致的原则,可以把马克思法哲学思想的历史发展过程划分为如下三个阶段:

第一个阶段,从 1835 年到 1848 年,这是马克思法哲学观的形成过程。在这一过程中马克思先后扬弃了康德主义、黑格尔主义和费尔巴哈主义,顽强地探索法的真理,解释法和法律这一社会现象的辩证发展规律,进而实现了文明社会法哲学史上的伟大革命。

第二个阶段,从 1848 年到 1871 年,这是马克思法哲学思想的发展过程。在这一过程中,一方面,马克思通过对 19 世纪中叶阶级斗争以及资产阶级民主革命历史经验的总结,深入阐发了法律与国家及社会有机体之间的结构——功能关系;另一方面,他通过建立科学的政治经济学,进一步论证法和法律对社会经济条件的依赖关系,全面揭示了经济基础与法律上层建筑之间的辩证关系,大大推进了自己的法哲学思想。

第三个阶段,从 1871 年到 1883 年,这是马克思法哲学思想的深化过程。在这最后的阶段中,马克思总结了巴黎公社经验,论述了无产阶级专政国家的新型民主和新型法制,批判了巴枯宁主义的法律虚无主义和拉萨尔主义的唯心主义法学观。特别是通过对古代公社史的研究,阐发了历史唯物主义的法律文化观,从而进一步深化了自己的法哲学思想。

在这三个阶段上,马克思法哲学观显示出各自不同的特点。

马克思法哲学思想的形成过程 马克思法学思想发展的最初理论支点是康德法学。在康德学说中,"现象界"与"自在之物界"是彼此分离的,"此岸"与"彼岸"之间有一条不可逾越的鸿沟。因此,"应有"与"现有"的严重对立,是康德学说的一个基本特点。这种对立的突出标志,就是远离现实、憧憬未来的理想主义。如果说,黑格尔法学是通过对现有一切的表面赞颂而曲折地表达新兴资产阶级的政治要求,那么,康德法学则是通过对理想境界的描绘,来迂回地反映新兴资产阶级的利益。但是,康德的整个思想体系渗透着对人的自由的描述。虽然它在方法论上存在缺陷,但这种缺陷被淹没于对人的赞美之中,若不具备黑格尔那般深刻的辩证观念,这一缺陷也很难觉察。因此,康德法学的特点,对于那些深受 18 世纪启蒙运动影响的德国人来说,是颇具诱惑力的。马克思是在弥漫着启蒙精神的环境里长大的,所以康德法学很自然就成了刚刚从事法学探索的马克思的思想理论原则。

1835 年 10 月,马克思怀着"造福于人类"的宏伟志向,来到波恩大学法律系学习。次年 10 月,他离开波恩到柏林大学,继续攻读法学。在这里,他很欣赏康德、费希特的理想主义法学观,但又感到不满意,因为他们的许多观点形成于四十多年前,已经陈旧。于是,他通过艰苦的研究,在理想主义法学世界观的指导下分析法的一切领域,进而构筑了一个无所不包的新法哲学体系。但是,在继续进行的理论研究中,特别是 1837 年夏秋同青年黑格尔派的接触,使马克思越来越认识到理想主义法学观的缺陷。通过重读黑格尔的著作,马克思为其中丰富而精辟的思想所吸引,开始懂得了黑格尔学说的极端重要性。因为与康德不同,黑格尔强调,哲学的态度"必须绝对避免把国家依其所应然来构成它","哲学的任务在于理解存在的东西,因为存在的东西就是理性。"①
马克思运用黑格尔学说,对自己的旧信仰进行了深刻的解剖。他发现,
原来自己精心架构的法哲学理论体系,竟处处充满了矛盾和错误,并进
而看到了整个体系的虚假。

由康德主义转向黑格尔主义,并不意味着马克思彻底抛弃了康德
主义。他所抛弃的只是康德主义从"应有"出发去推演"现有"的法学方
法论;而康德主义强调人的价值与尊严、诉诸自由理性的启蒙思想,无
疑被马克思继承下来,并发扬光大。诚然,马克思找到了黑格尔的思想
武器,但他从来就不是一个地地道道的黑格尔主义者。他欣赏黑格尔
关于从"现有"出发,从事物内部的矛盾出发理解事物的辩证法,而不赞
成在黑格尔身上所体现出来的德国庸人的软弱。也就是说,马克思既
吸收了康德主义的积极因素,又吸收了黑格尔主义的合理内核,并在综
合两者的基础上形成了新理性批判主义法哲学观。这种新理性批判精
神充分反映在马克思的博士论文和在前期《莱茵报》上发表的文章
之中。

从 1839 年,马克思埋头于古希腊思想史的研究,撰写了著名的《德
谟克利特的自然哲学和伊壁鸠鲁的自然哲学之差别》一文,即他的博士
论文。马克思的创作动机,主要是企图通过对伊壁鸠鲁学说的推崇,来
为德国当时的政治民主激进派的主张做论证。通过对伊氏自由哲学的
分析,马克思不仅加深了对所处时代的理解,而且更重要的是表现了自
己独特的哲学世界观,即:强调人的自由、价值与尊严,又重视环境的作
用。博士论文中所表现出来的自由哲学观虽然带有黑格尔思辨哲学的
色彩,但这无疑是新理性批判主义法学观的"哲学纲领"这种自由观的
内在精神,像一根红线贯穿于马克思从早年到暮年对自由问题探索的
整个活动之中。

1841 年 12 月,弗·威廉四世颁布了名为自由、实是专制的新的书
报检查令。马克思敏锐地觉察到这个新法令的真正意图,于 1842 年 1
月至 2 月写下了《评普鲁士最近的书报检查令》。在这篇文章中,马克
思站在革命民主主义的立场上,以黑格尔的国家理性观为准则来评判
国家和法的合理性。但是,马克思并不像黑格尔那样企图借助逻辑手
法来勾销社会系统中各种利益之间的对立和矛盾。他开始意识到,在

---

① [德]黑格尔:《法哲学原理》序言,范扬、张企泰译,商务印书馆 1961 年版,第 12 页。

现实生活中，国家是充满着极其深刻的矛盾的；那种惩罚思想方式的法律，"不是国家为它的公民颁布的法律，而是一个党派用来对付另一个党派的法律"①，必须加以废除。这样，马克思从理性得批判法的合理性这一立场出发，朦胧地觉察到法的党派性问题。

1842 年 4 月，马克思成为《莱茵报》的撰稿人。这位年轻法学探索者的观点开始在更为广阔的领域中得到展示。马克思为《莱茵报》写的第一篇文章是《关于出版自由和颁布等级会议记录的辩论》。这篇文章虽然受黑格尔法哲学观的强烈影响，但由于马克思试图用自由哲学观来综合启蒙运动以来的理性法思想及其成果，所以表现得更加突出的则是他的法哲学观中的古典自然法学派以及康德主义因素。马克思发挥了康德的自由观，认为自由是全部精神存在的类的本质，自由必然是人民的普遍自由，而不是少数特权等级的个体属性。真正的法律是自由的体现，是以法律形式存在的自由。"哪里的法律成为真正的法律，即实现了自由，哪里的法律就真正地实现了人的自由"。② 这样，马克思便把博士论文中的自由哲学具体地溶解于政治和法的领域。

从 1842 年初夏到 1843 年初，这是马克思参加《莱茵报》工作的后期。在这一期间，马克思广泛地卷入了社会政治生活，开始对新理性批判主义法学观发生怀疑，并且试图从实证的角度来考察法和法律这种社会现象。第六届莱茵省议会围绕林木问题所展开的辩论，引起了马克思的深深关注，为此他写下了《关于林木盗窃法的辩论》一文。马克思从省议会拙劣的立法行径中，看到了立法背后所隐藏着的狭隘的"私人利益"的真面目，认识到法律正在成为私人利益的"玩物"，国家正在堕落为私人利益的工具。但是，在分析过程中，马克思仍然恪守着黑格尔"理性法"的观点，认为国家是调节社会力量的伦理性实体。可见，在这里，马克思的思想呈现出一幅新旧观点交错的景象：一方面，他仍然把法律看成是正义、理性的化身，因而企求一种同自由理性相适应的理想国家和抽象的"永恒法律秩序"；另一方面，他开始明白当私人利益同法的原则发生矛盾时，利益总是占上风。显然，马克思对法的属性的认识正沿着科学的轨迹升华。

关于林木盗窃法的辩论，在马克思的内心深处激起了强烈的震荡：

①《马克思恩格斯全集》第 1 卷，人民出版社 1956 年版，第 17 页。
②《马克思恩格斯全集》第 1 卷，人民出版社 1956 年版，第 72 页。

为什么国家和法律会沦为私人利益的御用工具？难道法律真是理性自由的体现吗？为了解开这一疑问，马克思写下了《摩塞尔记者的辩护》一文，认为只有从现存的客观关系出发，才能说明"一定的现象必然由当时存在的关系所引起"。① 但是，这种决定法和法律的客观关系究竟是什么，马克思尚不清楚。

1843 年 3 月，《莱茵报》被普鲁士当局查封后，马克思暂时离开火热的社会政治斗争第一线，退回到书房。我们知道，马克思新理性批判主义法哲学观是黑格尔的辩证方法与康德人类学思想相结合的产物，其理论基础是黑格尔主义。当马克思参加办报工作，投身沸腾的社会斗争之际，这个理论基础处处面临挑战，这使马克思感到，不批判这个理论基础便不能前进。所以，他利用 1843 年夏秋欢度蜜月的时间，写下了《黑格尔法哲学批判》这部著作。在这部著作中，马克思批判地继承了路·费尔巴哈的存在到思维、到法的法学认识路线，站在唯物主义立场上批判了黑格尔唯心主义法学观，指出在黑格尔那里，国家与市民社会的关系被颠倒了。马克思认为，市民社会是国家和法的前提，"法和国家的全部内容"乃是财产，法是财产关系的外在表现形式，财产关系则是法的实在内容。② 这样，马克思第一次廓清了法哲学研究中一个统帅全局的根本性问题：法的客观基础。然而，市民社会内部存在的客观关系究竟是什么？这对当时还缺乏丰富经济学知识的马克思来说，还有待于深入地探究。

1844 年初，《德法年鉴》创刊。《论犹太人问题》一文反映了马克思同青年黑格尔派的公开论战。马克思坚决反对布·鲍威尔把政治权利问题仅仅归结为神学问题。他从市民社会决定法这一命题出发，认为政治权利问题绝不是单纯的神学抽象，分析这个问题必然紧密联系政治权利的"世俗基础"。为此，马克思考察了"政治解放"（即资产阶级革命）的局限性，认为政治解放在法律上表现为取消选举权与被选举权的财产资格，但实际上它却是以私有财产为前提的。为此，马克思提出了"人类解放"的口号，阐述了无产阶级革命的任务。如果说，《论犹太人问题》是马克思通过分析资产阶级法律的局限性来阐发法哲学观，那么《〈黑格尔法哲学批判〉导言》则通过对唯心主义法哲学观的进一步批

---

① 《马克思恩格斯全集》第 1 卷，人民出版社 1956 年版，第 216 页。
② 参见《马克思恩格斯全集》第 1 卷，人民出版社 1956 年版，第 283 页。

判,把法哲学观推向前进。马克思指出了黑格尔思辨法哲学的实质,特别是第一次指明无产阶级是能够实现人民革命的革命力量,无产阶级的历史使命就是彻底废除私有财产制度,从根本上改变建立在私有财产制度基础上的国家制度。这表明,马克思在从唯心主义法学观到唯物主义法学观、从革命民主主义到共产主义的转变中已经迈出了决定性的一步,历史唯物主义法哲学观的诞生这一"壮丽的日出"即将来临。

从《经济学——哲学手稿》开始,到《德意志意识形态》的创作,马克思完成了法哲学史上的伟大革命,创立了科学的法哲学世界观。这一革命的表现是马克思对一系列法哲学概念、范畴、命题及原理作出历史唯物主义的阐发,并由此开始了彻底的精神改造过程。

1844年《经济学——哲学手稿》是科学法哲学观的逻辑起点,是伟大变革的起源。在《手稿》中,为了弄清市民社会内部的真正奥秘,马克思第一次系统地提出异化劳动的理论,全面分析了决定法的社会经济关系。至此,他的法学思想不再停留在思辨的或抽象的社会政治分析的水平,而是注入了一种具体新鲜的经济因素,从而使整个法学思维水平达到了一个崭新的高度。特别是马克思明确地指出"生产的普遍规律"支配法①这一命题,尽管还比较笼统,但已为整个科学的法哲学大厦的建立奠定了一块牢固的基石。

马克思与恩格斯于1844年初合写出《神圣家族》,表明马克思法哲学观还在进一步深化。在这里,马克思站在历史唯物主义法学观的立场,批判了布·鲍威尔歪曲蒲鲁东法学思想的错误,也批判了蒲鲁东的"公平"观,强调不是公平的观念决定法,而是经济关系的运动决定法。基于这一认识,马克思揭露了资产阶级法律面前人人平等原则的虚伪性,指出在实际生活中,尽管资产阶级极力宣扬"正义"、"平等",但是大多数国家的信条却一开始就规定富贵贫贱在法律面前的不平等。②

马克思与恩格斯于1845年9月到1846年初合写出《德意志意识形态》,标志着马克思法哲学理论体系的形成。在这部手稿中,马克思第一次把社会的基本矛盾归之于生产力与"交往形式"(生产关系)之间的矛盾,并且由此出发,揭示法和法律的产生、发展和消亡的规律性,认为不仅法和法律的产生必须依赖社会经济关系、阶级关系的实际运动,

---

①《马克思恩格斯全集》第42卷,人民出版社1979年版,第121页。
②《马克思恩格斯全集》第2卷,人民出版社1957年版,第70页。

而且法律的消亡也同样必须以生产力的巨大发展为前提。如果生产力还没有发展到一定水平,要"消灭国家和法律的'意志'"是不可能的。①在此基础上,马克思对法律的本质和特征、法和法律的继承性、法律关系从野蛮到文明的发展等一系列重大法哲学问题进行了科学的探讨,为我们提供了打开法的现象奥秘的钥匙。

为了批判严重阻碍在工人中间传播科学共产主义思想的蒲鲁东主义,科学地阐明无产阶级革命运动的理论问题,从 1846 年 12 月底到 1847 年 6 月,马克思写下了《哲学的贫困》一书。在这本书中,马克思指出了一个十分重要的历史唯物主义法学命题:"无论是政治的立法或市民的立法,都只是表明和记载经济关系的要求而已。"②1848 年 2 月出版的《共产党宣言》,是科学共产主义的第一个纲领性文献,也是闪烁着历史唯物主义法学光辉的重要著作。在《宣言》中,马克思恩格斯明确阐述了马克思主义法哲学的基本原理,揭示了人类社会历史运动的客观规律以及与此密切相关的法律的运动规律,分析并揭露了资产阶级法律的阶级本质及其特征,指出"你们的法律不过是奉为法律的你们的意志,而这种意志的内容是由你们这个阶级的物质生活条件来决定的"。③马克思还科学地证明了资本主义必然灭亡和共产主义必然胜利的历史必然性,明确提出了无产阶级革命运动的任务、道路和目标以及建立社会主义法制的伟大使命。《宣言》的问世,反映了马克思在 1848—1849 年欧洲革命以前所进行的艰苦的理论研究的最高成就,标志着马克思的历史唯物主义法哲学进入了一个新的历史发展阶段。

马克思法哲学思想的发展过程　　1848—1849 年的欧洲革命,是世界近代史上规模最大、范围最广的资产阶级性质的民主革命。这场革命不仅给欧洲封建制度以新的打击,而且检验了马克思主义及其法哲学理论,证实了它的真理性。特别是通过对这场革命经验教训的深刻总结,马克思进一步丰富和发展了自己的法哲学思想。

1848 年欧洲革命失败后,为了将来的革命斗争,马克思对这场革命进行了理论上的总结。从 1850 年开始,马克思陆续写下了《1848 年至 1850 年的法兰西阶级斗争》《路易·波拿巴的雾月十八日》《中央委员会告共产主义同盟书》《揭露科伦共产党人案件》等论著。揭示了无

---

① 《马克思恩格斯全集》第 3 卷,人民出版社 1960 年版,第 378 页。
② 《马克思恩格斯全集》第 4 卷,人民出版社 1958 年版,第 121—122 页。
③ 《马克思恩格斯全集》第 4 卷,人民出版社 1958 年版,第 485 页。

产阶级革命所必须遵循的普遍规律。在这一理论总结过程中,马克思的法哲学思想也得到了进一步的丰富和发展,这主要表现在以下几个方面:

第一,进一步阐发了社会经济关系对于政治的、法的关系的决定作用。马克思认为,每一个人都处于一定的社会经济关系之中,使生产得以进行的社会关系乃是社会发展的基础,并且构成法律上层建筑的根据所在。"在不同的所有制形式上,在生存的社会条件上,耸立着由各种不同情感、幻想、思想方式和世界观构成的整个上层建筑。"①

第二,进一步揭露了资产阶级国家政治法律制度的虚幻性。1848—1849 年的欧洲革命,是近代资产阶级宪政史上的第二次立宪高潮。在此期间,出现了许多宪法。对此,马克思既充分肯定了这一宪政潮流的历史进步性,同时也透过那些漂亮的宪政辞藻,揭露了资产阶级宪政及法律的矛盾性和虚伪色彩。马克思认为,资产阶级千方百计标榜议会共和国的民主性质,但实际上它不过是资产阶级共同进行统治的必要形式,"是它们的共同阶级利益借以支配资产阶级各派的要求和社会其他一切阶级的唯一的国家形式"②。而"构成资产阶级共和国内容的正是资产阶级的利益,正是它的阶级统治和阶级剥削的物质条件"。③ 这些论述启发着我们对法律的内容和形式进行法哲学意义上的思考。法律的形式与内容既有统一的方面,又有矛盾的方面。如果说资产阶级民主政体反映了法律的形式与内容之间的矛盾性,那么,资产阶级宪法关于公民权的规定,就更是如此。

第三,进一步分析了资本主义条件下无产阶级的法律斗争,提出了建立无产阶级社会主义法制的历史必然性。通过总结 1848—1849 年欧洲革命的经验教训,马克思深刻地认识到,在资产阶级共和国的范围内,尽管普选制可以"发动阶级斗争,迫使资产阶级社会各中等阶层迅速消除自己的幻想和失望;它一下子就把剥削阶级所有集团提到国家高峰,从而揭去他们的骗人的假面具"④,但是,资产阶级的责任就是要通过调整普选制,使之倾向于资产阶级统治的需要。因此,无产阶级必须给自己提出这样的任务和口号:推翻资产阶级!工人阶级专政!无

---

① 《马克思恩格斯选集》第 1 卷,人民出版社 1972 年版,第 629 页。
② 《马克思恩格斯选集》第 1 卷,人民出版社 1972 年版,第 670 页。
③ 《马克思恩格斯选集》第 1 卷,人民出版社 1972 年版,第 420 页。
④ 《马克思恩格斯选集》第 1 卷,人民出版社 1972 年版,第 412—413 页。

产阶级在革命胜利以后,不应当接过资产阶级的国家机器及一切军事的、官僚的机构,而是必须打碎旧的国家机器,无情地摧毁腐朽的制度及其衰弱的法制基础,建立"社会共和国"或"红色共和国"。①

1848—1849 年欧洲革命失败以后,马克思深深感到科学理论的重要性。为了对资本主义发生、发展和灭亡的规律进行更充分的理论论证,马克思在 19 世纪 50 年代和 60 年代倾注了大量的时间和精力深入进行了政治经济学领域的研究工作,创作了《资本论》及其手稿这样的鸿篇巨著,并将其法哲学推向了新的高峰。

在《资本论》中,马克思全面系统地分析了构成法的现象基础的社会经济关系,认为生产关系就是"人们在他们的社会生活过程中,在他们的社会生活的生产中所处的各种关系"。② 一定社会中现存的生产关系的总和,构成该社会的经济关系;一定的法的关系是一定经济条件的法权表现,离开对经济关系的考察,就无从认识法的本质属性。当然,马克思也看到经济关系并不是决定法和法律的唯一东西,一定的自然条件、种族关系、历史传统等因素,对法的现象也会产生程度不同的影响。③ 马克思还精辟地分析了商品经济与法的关系,解释了与商品经济相联系的三个法权条件:一是必须有独立的"商品监护人"(所有者),这方面的法律要求就是要确认商品交换当事人的法律地位,建立权利主体制度;二是商品交换者对商品必须拥有所有权,这就要求在立法上确认所有权制度;三是商品交换者的意思必须一致,只有双方意思一致,商品才能交换,这在法律上的要求就是建立契约制度。此外,在法哲学方法论、法的社会历史运动、法的社会价值等方面,《资本论》也作了精辟的论述,大大丰富了历史唯物主义法哲学的理论宝库。

马克思法哲学思想的深化阶段从 19 世纪 70 年代开始,马克思的法哲学观在更广阔的社会背景下进一步深化。1871 年巴黎公社革命失败两天后,马克思写成了著名的《法兰西内战》,总结了巴黎公社的经验教训,仔细分析了公社的社会、政治和法律措施,阐发了未来无产阶级国家的基本法权特征。在这里,马克思进一步发展了《雾月十八日》中的政治哲学思想,强调无产阶级革命不仅要摧毁旧的经济关系,改造旧的社会基础,而且要从根本上改变全部上层建筑——政治、法的关

①《马克思恩格斯选集》第 1 卷,人民出版社 1972 年版,第 417、474 页。
②《马克思恩格斯全集》第 25 卷,人民出版社 1975 年版,第 993 页。
③《马克思恩格斯全集》第 25 卷,人民出版社 1975 年版,第 892 页。

系。当然,在这个过程中,所摧毁的乃是旧国家机器的基本环节即压迫和镇压机关,而保留对工人阶级有用的某些机关即执行社会职能的机构。① 进而,马克思把巴黎公社看做是无产阶级专政的特殊国家形式,这种无产阶级国家的基本特色在于:它应该成为真正的同时兼管行政和立法的工作机关,实行"议行合一"原则;公社实行普选制和撤换制,它的所有的代表和官吏可以毫无例外地随时撤换,使公职人员成为人民的公仆;建立人民陪审员制;保障辩护自由,等等。

巴黎公社以后,马克思的法哲学思想在反对各种机会主义的斗争中得到了进一步的发展和完善。针对巴枯宁的唯心主义法学观和法律虚无主义,马克思写下了《机密通知》《巴枯宁〈国家制度和无政府状态〉一书摘要》等文章。马克思指出,巴枯宁的"社会革命的基础是意志,而不是经济条件"②。所以,巴枯宁把废除继承权看做是社会革命的起点,而这正是主观唯心主义法学观的典型表现。实际上,"同所有一般的民法一样,继承法并不是原因,而是一种结果,是从现存社会经济组织中得出的法律结论"。③ 废除继承权不可能成为这种社会改造的起点。在同拉萨尔主义的论战中,马克思发表了《哥达纲领批判》。在这部著名的论文中,马克思深刻地分析了从资本主义向共产主义过渡时期法权现象的辩证关系。他指出:"在资本主义社会和共产主义社会之间,有一个从前者变为后者的革命转变时期。同这个时期相适应的也有一个政治上的过渡时期,这个时期的国家只能是无产阶级的革命专政。"④据此,马克思进一步阐明了共产主义社会发展过程中的两个阶段的学说,并且着重分析了初级阶段——社会主义社会的法权关系。他认为,社会主义是刚刚从资本主义社会中产生出来的,因而它在经济、道德、法权关系、精神等方面都还带着它脱胎出来的那个旧社会的痕迹。只有当劳动本身成为生活的第一需要,脑力和体力劳动之间的对立消失,物质财富充分涌流的时候,才能完全超出资产阶级法权的狭隘眼界。《哥达纲领批判》在马克思的法哲学思想的发展进程中占有十分重要的地位。

从 19 世纪 70 年代中期到马克思逝世前夕,为进一步阐明前资本

①《马克思恩格斯全集》第 17 卷,人民出版社 1963 年版,第 350—360 页。
②《马克思恩格斯全集》第 18 卷,人民出版社 1964 年版,第 696 页。
③《马克思恩格斯选集》第 2 卷,人民出版社 1972 年版,第 284 页。
④《马克思恩格斯全集》第 19 卷,人民出版社 1963 年版,第 31 页。

主义生产方式历史运动的规律性问题,马克思以极大的精力研究世界范围内的古代公社历史,阅读了各种有关的学术著作,并对其中某些著作作了细心的摘录、评注、删节、改造和补充。这些著述被称之为马克思的晚年"人类学笔记",包括《马·柯瓦列夫斯基〈公社土地占有制,其解体的原因、进程和结果〉一书摘要》《路易斯·亨·摩尔根〈古代社会〉一书摘要》《约·拉伯克〈文明的起源和人的原始状态〉一书摘要》《约·布·菲尔〈印度和锡兰的雅利安人村社〉一书摘要》,等等。在这些笔记中,马克思分析了古代社会法权关系的本质特征,探讨了公社所有制形态的演变,揭示了国家和法的现象历史起源的一般规律。这些笔记具有极其重要的法哲学价值,它们有助于我们深刻洞察和把握文明社会法和法律运动的基本走向。

二、马克思法哲学本体论的主旨

在一定的法哲学体系中,本体观占据核心的地位。它所要探究的是一定法律文化系统赖以存在的根基,它所要达到的目的正是对一定法律文化基本精神的把握。什么是法? 如何认识法的现象的本体属性? 这的确是一个古老而常新的课题。纵观文明社会各种形态的法律文化系统中的法哲学思潮就会发现,不同学派的思想家总是力图通过艰苦的法学思维回答上述问题,以便为自己的法哲学理论体系寻求本体意义上的理论根据。但是,在马克思以前,无论中西方法哲学本体观的表现形式如何纷繁多样,它们的共同点都在于把法的现象看做是一种超时空、超人类、超阶级的抽象的东西,抹煞、歪曲或贬低社会经济条件对法的现象的制约、决定作用,这就使对法的本体属性的研究处于非科学的状况。

马克思在进行法哲学理论研究的过程中,始终把探讨法的现象的本体属性作为基本出发点,尽管他广泛涉猎了法律史(包括法律思想史和制度史)、国家法、刑法、民法、婚姻法、诉讼法乃至国际法等众多的法学领域,但他最感兴趣的乃是对法的现象客观本性的探讨。这是马克思洞察全部法律问题的核心所在。总观马克思进行法哲学研究的全过程可以看出,马克思对法的现象本体属性的分析,从逻辑关系上看,大致可以区分为三个层面:首先,把法的现象放置到整个社会大系统中来加以考察,科学地确定法和法律在社会系统中的地位,揭示法和法律与社会系统的相互作用,并且从文明史的高度把握社会发展与法律进步的内在机制。其次,对法的现象的本体属性进行逻辑的"思辨",从考察法与法律的区别入手,深入分析法与社会经济条件的相互关系,指出法是社会经济关系的法权表现,同时解释法律与统治阶级意志之间的内在联系,强调法律是被奉为法律的统治阶级的意志(即国家意志),从而对法的现象的本体属性给予了逻辑整体的"统摄"。再次,进一步把法的现象的本体规定推向现实的和历史的法律世界,研究法律创制和适用的现实过程,再现法的现象从"应有"到"现有"的辩证矛盾运动,探讨法律文明进程,揭示法律的现象历史运动的基本法则,进而使法的现象的本体逻辑内涵更丰富、更深刻。由于法的本质问题是法哲学的核心,也是我国法学界争议颇大的问题之一,所以这里着重探讨马克思关于法的本质的基本思想。

纵观马克思探讨法的现象本质的全过程就会发现,马克思关于法的现象分析的基本方法论原则,即是试图区别法和法律这两个概念。在马克思的大量著作中,法和法律这两个概念有时是并列使用的,有时又是交叉使用的,有时甚至未加区别地混合使用。但是,如果我们深入地分析一下即可发现,在马克思那里,法和法律之间还存在着某种微妙的差异。在马克思的早期著作中,由于他恪守理性法思想,因而在法学观上呈现出"二元论"的色彩。一般来说,马克思把国家权力机关颁布的直接约束或调整人们行为的肯定的、明确的和普遍的规范,如书报检查令、林木盗窃法、普鲁士国家婚姻法草案等,称为法律或"现行法"。①至于什么是法,则比较复杂。由于青年马克思还深受近代古典自然学派和德国古典法哲学家的理性法观念的影响,并且随着时间的推移,新旧法学思想纷然杂陈、彼此消长,处于急剧变化的过程之中,所以,马克思对于法这一术语的使用,往往具有多重意义。在关于出版自由的辩论中,马克思把法看成是自由、正义和理性的代名词。他指出:"出版法就是出版自由在立法上的认可。它是法的表现,因为它就是自由的肯定存在。"②并且,马克思把体现自由的法视为评价法律的价值尺度,认为哪里的法律真正地实现了人的自由,哪里的法律就成了真正的法律,否则就是专制法、恐怖法,就是非法。在关于林木盗窃法的辩论中,一方面,马克思仍然把体现伦理理性、自由的法与反映林木占有者私人利

①《马克思恩格斯全集》第1卷,人民出版社1956年版,第71页。
②《马克思恩格斯全集》第1卷,人民出版社1956年版,第71—72页。

益的法律相对立,指出在代表私人利益的莱茵省议会那里,"凡是在法曾给私人利益制定法律的地方,它都让私人利益给法制定法律"①;另一方面,马克思虽然还没有看到权利的内容是由社会物质生活条件所赋予的,但通过对农民阶级习惯权利的分析,明确揭示了法体现在社会主体的权利之中,权利是社会主体的一种习惯,是法的重要渊源。②

如果说早期马克思的法学观存在着明显的理性主义法学二元观倾向,他在这一基础上确立法和法律之间的区别表现了其法哲学观的不成熟性和唯心主义立场,那么,当马克思转向唯物主义,在历史唯物主义世界观和方法论的指导下重新审视分析法的现象时,是否还恪守关于法和法律相区别的基本理论原则呢?

随着马克思由新理性批判主义法学观向唯物主义法学观的转变,他逐渐摈弃了以理性法思想为根基的二元论法学观,越来越坚定地认为必须深入考察法的客观本性,并逐步确立了唯物主义的一元论的法学认识路线。在《黑格尔法哲学批判》中,马克思发现了法与财产关系的本质联系,认为"私有财产的真正基础,即占有,是一个事实",而不是权利,"只是由于社会赋予实际占有以法律的规定,实际占有才具有合法占有的性质,才具有私有财产的性质。"③在《德意志意识形态》中,我们经常可以看到马克思、恩格斯是区别地使用法与法律这两个概念的。他们在"国家和法同所有制的关系"这部分中指出:"一切共同的规章都是以国家为中介的,都带有政治形式。由此便产生了一种错觉,好像法律是以意志为基础的,而且是以脱离现实基础的自由意志为基础的。同样,法随后也被归结为法律。"④在德文中,Recht 一词含有法、权利、对、公道等含义。青年黑格尔派分子施蒂纳利用该词的多义性大搞文字游戏,宣扬他们的唯心主义法学观。对此,马克思给予了严厉的驳斥,指出,对于施蒂纳来说,"Recht[法]、Recht[对]、法律上的 Recht ['权利']、道德上的 Rechte['公道']以及他认为什么是《Recht》的东西,等等——这一切,哪里方便,哪里他就乱用"⑤。在批驳过程中,马克思、恩格斯也很注意把法与法律二者区别开来。他们分析说,施蒂纳在

①《马克思恩格斯全集》第1卷,人民出版社1956年版,第179页。
②《马克思恩格斯令莱》第1卷,人民出版社1956年版,第143—144页。
③《马克思恩格斯全集》第1卷,人民出版社1956年版,第382页。
④《马克思恩格斯全集》第3卷,人民出版社1960年版,第71页。
⑤《马克思恩格斯全集》第3卷,人民出版社1960年版,第366页。

法的语词上的所玩弄的理念狡计的巨大秘密，就在于他关于法的全部论述是从对法的一般解释开始的，可是当他讲到法的时候，法却从人那里"溜跑"了，而只有当他讲到法律的时候，他才重新把法抓回来。施蒂纳唯心主义法学观的原形，就在于认为"法就是它的统治者的意志"，而"统治者的意志就是法律"①，简言之，其法学公式就是法＝法律。

马克思、恩格斯主张区别法和法律，在理论表述上也注意这个问题："法、法律等等只不过是其他关系（它们是国家权力的基础）的一种征兆、一种表现"；"同样也就是那些把法和法律看做是某种独立自在的一般意志的统治的幻想家才会把犯罪看成单纯是对法和法律的破坏"②；"法和法律有时也可能'继承'……"，③等等。那么，在马克思、恩格斯那里，究竟什么是法？什么是法律呢？只要我们仔细分析一下就可以看出，当马克思、恩格斯在谈到法时，大都把法同一定社会的物质生活关系联系起来，把法看做是一定社会经济条件的法权要求或法权表现。例如，马克思、恩格斯在批判施蒂纳的唯心主义法学观时指出："对于施蒂纳，法不是从人们的物质关系以及人们由此而产生的互相斗争中产生，而是从人们'头脑中挤出来'的自己的观念的斗争中产生的。"④此外，马克思、恩格斯反复提醒人们，要注意法同现实的人、同人们的关系的联系。由于继承法直接反映了一定的财产流转关系的法权要求，所以他们指出："继承法最清楚地说明了法对于生产关系的依存性。"⑤稍有不同的是，马克思、恩格斯谈到法律时，通常把法律同国家意志联系起来，把法律看做是国家意志的一般表现形式。当然，这种表现形式的内容取决于一定的社会物质生活条件。比如，马克思、恩格斯指出："在这种关系中占统治地位的个人除了必须以国家的形式组织自己的力量外，他们还必须给予他们自己的由这些特定关系所决定的意志以国家意志即法律的一般表现形式"；由统治者的"共同利益所决定的这种意志的表现，就是法律"。⑥ 当然，由于法律归根到底也是受到社会经济生活的支配，因此，马克思、恩格斯有时直接把法律看做是社会经

---

① 《马克思恩格斯全集》第 3 卷，人民出版社 1960 年版，第 376—377、380 页。
② 《马克思恩格斯全集》第 3 卷，人民出版社 1960 年版，第 377、379 页。
③ 《马克思恩格斯全集》第 3 卷，人民出版社 1960 年版，第 379 页。
④ 《马克思恩格斯全集》第 3 卷，人民出版社 1960 年版，第 363 页。
⑤ 《马克思恩格斯全集》第 3 卷，人民出版社 1960 年版，第 420 页。
⑥ 《马克思恩格斯全集》第 3 卷，人民出版社 1960 年版，第 378 页。

济关系的法律表现。

那么,后期的马克思、恩格斯是否依然遵循法与法律有所区别的理论原则呢? 我们的回答是肯定的。

《资本论》及其手稿是马克思主义理论的百科全书,也是马克思主义法哲学的经典性文献之一。在《资本论》中,马克思全面地分析了构成法的基础的社会经济关系,认为法权关系"是一种反映着经济关系的意志关系。这种法权关系或意志关系的内容是由这种经济关系本身决定的"①。法是一定社会经济条件的直接的法权要求,是经济关系的意志化形态。当马克思分析法律现象时,则一般是把法律同规则、秩序体系联系起来。比如,他指出,在文明社会发展的每一个历史阶段上,"社会上占统治地位的那部分人的利益,总是要把现状作为法律加以神圣化,并且要把习惯和传统对现状造成的各种限制,用法律固定下来";"只要现状的基础即作为现状的基础的关系的不断再生产,随着时间的推移,取得了有规则的和有秩序的形式,这种情况就会自然产生;并且,这种规则和秩序本身,对任何要摆脱单纯的偶然性或任意性而取得社会的固定性和独立性的生产方式来说,是一个必不可少的要素"。②

很显然,在马克思那里,法与法律是有所区别的两个范畴。法是反映社会主体在经济关系运行过程中产生出来的需要和利益的权利要求,这种权利要求在社会生活实践中反复多次,逐渐定型化,进而成为应有权利体系;而法律则是一种国家意志,是占统治地位的那个阶级意志的集中表现,是体现国家意志要求的实在法律规范和秩序体系。一般来说,法与国家权力并无直接的必然联系,不能把权力看做是法的实在基础;而法律则与国家权力有着直接的必然的联系,法律所具有的普遍性、规范性和国家强制性、国家意志性等特征,正是以国家权力为后盾的。当然,无论是法或法律,它们归根到底都是一定社会物质生活条件的反映,这是历史唯物主义法哲学一元论路线的基本标志。只不过法和法律与社会经济条件联系的性质和程度是不同的,法对一定社会经济条件的反映是直接的,它与社会经济条件的联系具有客观必然的性质;而法律虽然也要反映一定社会的物质生活条件,但这种反映通常需要以掌握国家政权的统治阶级作为中介环节,因而这种反映是间接

---

① 《马克思恩格斯全集》第 23 卷,人民出版社 1975 年版,第 102 页。
② 《马克思恩格斯全集》第 25 卷,人民出版社 1975 年版,第 894 页。

的,具有偶然的性质。既然如此,如同任何客观事物的内容总存在着一定的内部结构形式和外部结构形式一样,由于法与社会经济条件的联系具有客观必然的性质,它是社会经济生活关系的法权意义的内在结构形式;由于法律与社会经济条件之间的联系常常具有偶然性的特征,它是社会经济关系的外在结构形式。

由上述分析可知,马克思关于法的现象之本质的命题,绝不是单一的、片面的、局部的、抽象的规定性,而是一个具有多种规定性的分层次的综合性命题。因此,在认识法的现象的过程中,人们首先面对的是肯定的、明确的、普遍的、具有国家强制力的行为规范,经过思维的科学抽象,人们发现在这些行为规范背后隐藏着的,是在社会经济关系中居统治地位并取得国家政权的那个阶级的意志,法律乃是这一意志的集中体现。这样,人们就把握了法的现象的第一级本质。然而,人们对法的现象本质的认识,是从一级本质不断地向另一级本质深化的过程。诚如列宁所指出的,"人的思想由现象到本质,由所谓初级的本质到二级的本质,这样不断地加深下去,以至于无穷"①。为了深入揭示制约上升为法律的一定阶级意志的内在机制,就必然要研究在社会经济生活中直接形成和发展的社会主体的权利要求,于是法的概念形成了,人们由此把握了法的现象的第二级本质。然而,无论是作为主体直接社会权利要求的法,抑或是表现为国家意志的法律,都要源于深厚的社会物质生活条件,因此探究社会经济关系对于法和法律的制约作用及其过程的特点,就成为人们深入洞察法的现象全部奥秘的关键,而这就使得法的现象的第三级本质逐渐显现出来。马克思关于法的现象之本质的综合性命题,为历史唯物主义法哲学逻辑行程的完整性、系统性和体系性奠定了坚实的理论基础。

三、马克思法哲学价值论的真谛

法哲学价值论所要探究的问题,是一定的社会主体对一定法律现实的评价和价值选择。近几年来,我国法学界逐渐开始重视对法的价值问题的研究,出现了一些较高质的学术成果,但同时也存在着两种偏向:一是截然否认法和法律的价值存在,抹煞法和法律与一定社会的自由、平等、权利之间的内在联系,从而表现出法律价值的虚无主义;二是

①《列宁全集》第 38 卷,人民出版社 1984 年版,第 278 页。

把法和法律的价值抽象化,把法和法律的价值看做是超时空的现象,或者看做是主体心理活动的一种功能或产物。为了推动我国法哲学价值论研究的健康开展,我们很有必要深入探讨马克思关于法的现象之价值的基本理论。

在马克思的法哲学理论中,价值论占有十分重要的地位。马克思批判地继承了文明社会法哲学史的思想精华,从个人与社会的关系,法的现象与自由、平等和权利的关系等方面,精辟地阐发了法的现象的价值属性,从而实现了文明社会法哲学价值论领域的伟大变革。

什么是价值? 千百年来,不同时代的思想家们往往从不同的角度或意义上来作出自己的回答。马克思从历史唯物主义的基本前提出发,认为考察价值问题,不能脱离一定历史条件下的社会关系及人们的活动;价值是社会文化活动的产物和结果,是一定社会关系的特殊表现,是"人的本质力量"的体现;应该把价值看做是对象能够满足社会和个人的需要,能为他们的利益服务的性能和属性。"'价值'这个普遍的概念是从人们对待满足他们需要的外界物的关系中产生的"①,"人在把成为满足他的需要的资料的外界物……进行估价,赋予它们以价值或使它们具有'价值'属性"②。因此,按照马克思的看法,价值是人们在认识和改造世界中形成的满足主体需要的一种特殊效用关系。进而言之,客体愈是能够为主体所用,愈是表现出同主体需要及其发展相符合,它就愈有价值。

那么,什么是法的现象的价值呢? 如前所述,马克思曾经从本体论意义上指出,法是一定社会经济关系的法权表现,法律是在一定现实经济关系中占统治地位的阶级以国家意志形式所表现出来的意志,是维护阶级统治的工具,是一定社会关系的调整器。法和法律的这些本体属性,实际上已经从根本上体现了法和法律一定的价值属性。不仅如此,马克思还从个人与社会的相互关系这一社会哲学的重大问题出发,进一步探讨了法的现象的价值属性。如果说,法的现象的价值反映了统治阶级利益和意志要求与一定社会关系和社会秩序之间的一种特殊的效用关系,那么,这种特殊效用关系在很大程度上要取决于个人与社会相互关系的解决。是个人高于社会,还是社会高于个人,抑或其他?

①《马克思恩格斯全集》第19卷,人民出版社1963年版,第406页。
②《马克思恩格斯全集》第19卷,人民出版社1963年版,第409页。

对这个问题的不同回答,构成了不同法律文化系统中的法哲学价值取向的基本特点。

马克思站在历史唯物主义法学观的立场上,通过对人的本质的科学分析,正确解决了个人与国家、个人与社会之间的关系问题,从而在法哲学领域获得了革命性的突破。一方面,马克思对国家主义法学派尤其是黑格尔的观点十分重视。他称赞卢梭关于孤立的个人从整体中获得自己存在的观点,是"论述得很对"①,也赞赏黑格尔关于国家在社会整体性中的独特性的观点,是"正确地运用了'外在必然性'这一概念"②。他强调指出,人是"一切社会关系的总和"③,只有在社会中,人的自然存在才成为人的属人的存在,"只有在集体中,个人才能获得全面发展其才能的手段"④;绝不能把社会看做是某种单一的"鲁滨逊们"的简单总和,离开社会而孤立存在的人、鲁滨逊式的人,实际上不过是思维中的抽象而已,因为人是社会的存在物,脱离社会的人是根本不存在的。另一方面,马克思也吸取了自由主义法学派强调人的价值与尊严、诉诸人的权利的积极内容。他不但严厉抨击蔑视人的自由与权利的专制主义,指出"专制制度的唯一原则就是轻视人类,使人类不成其为人","使世界不成其为人的世界"⑤,而且指出应当避免重新把"社会"作为抽象物同个人对立起来,认为"国家只有通过个人才能发生作用"⑥,个人是真正现实的主体,也是国家的基础,决不能把国家和社会看做霍布斯心目中的"利维坦",即凌驾于人们之上并将自己的意志强加于人们的特殊机体。这种"利维坦式"的国家和社会,同样也是一种纯粹空洞的抽象,因为没有人们的活动及其成果,就没有社会本身。总之,马克思彻底消除了个人与国家、个人与社会之间的"二律背反",既强调人是社会的人,又强调社会本身是人的社会,从而科学地解决了个人与国家、个人与社会之间的统一性问题。马克思的上述思想集中表现在下面的论述之中,"人是一个特殊的个体,并且正是他的特殊性使他成为一个个体";"同样地他也是总体、观念的总体、被思考和被感知

①《马克思恩格斯全集》第1卷,人民出版社1956年版,第443页。
②《马克思恩格斯全集》第1卷,人民出版社1956年版,第248页。
③《马克思恩格斯全集》第3卷,人民出版社1960年版,第5页。
④《马克思恩格斯全集》第3卷,人民出版社1960年版,第84页。
⑤《马克思恩格斯全集》第1卷,人民出版社1956年版,第411、410页。
⑥《马克思恩格斯全集》第1卷,人民出版社1956年版,第270页。

的社会的主体的自为存在,正如他在现实中既作为社会存在的直观和现实享受而存在,又作为人的生命表现的总体而存在一样"。①

在马克思看来,个人与社会、个人与国家之间相互关系的法权意义,集中地通过自由、权利等法哲学范畴而体现出来。法的现象的价值属性的更深刻的内涵在于:它是对在生产力和交换关系发展的基础上形成的一定社会主体的自由和权利的确认。因此,我们要完整地认识法的价值的基本属性,就应当沿着马克思所昭示的方向前进,深入考察法与自由、权利等的相互关系。

自由是个人与国家、个人与社会之间关系的集中体现。唯心主义法哲学家总是宣扬一种抽象的、永恒的"自由",青年马克思也曾受到这种抽象"自由观"的影响,并提出了法是自由的"肯定存在"的唯心主义法学命题。他认为,支配国家政治和法的生活的乃是人类自由理性,人类自由理性的辩证法决定着历史的发展,决定着同家政治和法的发展,凡是不符合人类自由理性的东西,都必须让位于新的更加进步的形态。后来,马克思通过深刻的自我批判,抛弃了抽象的"自由观",对自由作出了历史唯物主义的分析。在马克思看来,自由首先是对事物客观必然性的认识。对于客观必然性的认识愈深刻,就愈能获得更多的自由,就愈能从客观必然性下解放出来。他指出:"人们每次都不是在他们关于人的理想所决定和所容许的范围之内,而是在现有的生产力所决定和所容许的范围之内取得自由的。"②因此,自由乃是一种历史的、具体的现象。不认识客观必然性,就只能在"世界的'硬绷绷的东西'上碰得头破血流"③。由于人是社会的人,社会是人的社会,这亦是社会客观必然性的体现,任何个人要在社会中获得自由,就必须坚持个人与社会、个人与国家之间的统一性。这不仅是他获得自由的必要条件,同时也是客观必然性的基本要求。按照马克思的看法,自由不仅是对客观必然性的认识,而且更重要的是对客观世界的改造,进而实现客观必然性。在这里,绝不能离开人们的活动而孤立地考察客观必然性。客观必然性本身的实现是以人的活动为转移的,在客观必然性后面站着的始终是人们的需要、人们的意志、人们的目的、人们的理想。

马克思充分认识到,在哲学意义上,自由是对客观世界的认识和改

---

①《马克思恩格斯全集》第 42 卷,人民出版社 1979 年版,第 123 页。

②《马克思恩格斯全集》第 3 卷.人民出版社 1960 年版,第 507 页。

③《马克思恩格斯全集》第 3 卷,人民出版社 1960 年版,第 379 页。

造,而在伦理学和政治学意义上,自由的获得则必须有赖于把个人融于"真实的集体"之中。卢梭、黑格尔都强调国家、社会高于个人,个人只有依赖国家、遵守法律,才能获得自由。但是,在马克思看来,卢梭、黑格尔心目中的国家和社会,只是"冒充的集体"、"虚幻的集体",因为"这种集体是一个阶级反对另一个阶级的联合,因此对于被支配的阶级说来,它不仅是完全虚幻的集体,而且是新的桎梏"①。所以,这种"虚幻的集体"在实际上总是作为某种独立的东西而同各个个人相对立。因此,马克思提出要用"真实的集体"来代替那种"冒充的"、"虚幻的"集体,这个"真实的集体"就是共产主义社会。共产主义社会是"控制了自己的生存条件和社会全体成员的生存条件的革命无产者的集体"②。在这种"真实的集体"的条件下,各个个人在自己的联合中并通过这种联合获得自由。它是个人在当时已经发达的生产力基础上的联合,只有在这种"真实的集体"中,才有真正的个人自由。

从上述分析出发,马克思认为,在法的现象世界中,行为、意志自由与法和法律之间形成了内在的不可分割的关系。法和法律对社会关系的调节活动,不是直接的,而是间接的,是通过调整社会关系参加者的行为来实现的。也就是说,法律调整的直接对象是社会关系参加者的行为。"我只是由于表现自己,只是由于踏入现实的领域,我才进入受立法者支配的范围。对于法律来说,除了我的行为以外,我是根本不存在的,我根本不是法律的对象。我的行为是我同法律打交道的唯一领域,因为行为就是我为之要求生存权利、要求现实权利的唯一东西,而且因此我才受到现行法的支配"。③ 既然法律调整的直接对象是社会关系参加者的有意识的行为,那么法律只有通过影响社会关系参加者的有意志、有意识的活动,才能调整社会关系。因此,法的出发点是人的有意志、有意识的行为。由于人的意志是自由的,因而它具有相对独立性。这就是说,在同一个具体情况下,人具有选择自己行为的能力,从而作出反映自己内在精神意愿的行为。由于客观上存在着若干种行动方案可供人们加以选择,就有可能产生人的行为选择与社会客观需要之间的矛盾或冲突,而这实际上也就指明了一个深刻的道理,即人的意志自由为法律调整提供了可能性。此外,在马克思看来,人们的行为在

---

①《马克思恩格斯全集》第3卷,人民出版社1960年版,第84页。
②《马克思恩格斯全集》第3卷,人民出版社1960年版,第84页。
③《马克思恩格斯全集》第1卷,人民出版社1956年版,第16—17页。

客观上是被制约的,即受一定社会的具体的历史条件所决定,因而人的意志不是绝对自由的。脱离经济关系的意志自由是不存在的,那种把意志自由看做是决定经济关系的观点则更是一种法律幻想。由此,马克思进一步指出,自由作为反映法的现象的社会价值尺度的基本意义,就在于突出社会主体在法律世界中的实际地位。不与自由相联系的法律,就丧失了其应有的价值意义。"法律不是压制自由的手段,正如重力定律不是阻止运动的手段一样"。"恰恰相反,法律是肯定的、明确的、普遍的规范,在这些规范中自由的存在具有普遍的、理论的、不取决于个别人的任性的性质。法典就是人民自由的圣经"。① 法律只有确认并实现社会主体的自由,才能真正成为社会关系的调整器。

　　权利也是反映法的现象价值属性的重要尺度之一。马克思的权利学说是人类文明社会权利观念变迁历史的科学总结,是建立在历史唯物主义法哲学的理论基础之上的。他把权利看做是法的重要价值属性,是衡量真正的法律和虚假的法律或非法的基本价值尺度之一。与以往思想家对权利的研究过程不同,马克思主张,要从一定的社会联系上,从一定的社会经济过程中,考察权利的性质和特征。在这里,关键是要从对所有权关系的分析入手,因为一定的所有权是所有制的法权表现形式,是一种特定的价值取向。马克思具体地分析了商品经济活动中权利关系的特点,认为在商品交换活动中,一定的所有权不是这一活动的结果,而是这一活动的前提。"从法律上来看这种交换的唯一前提是每个人对自己产品的所有权和自由支配权"②。如果交换者不对自己将要进入交换领域的商品拥有所有权,那就不可能作出一定的交换行为,形成一定的交换关系。所以,商品交换的一种基本法权前提是,交换主体在交换之前就存在着对自己的商品的所有权,即对于那种不是通过流通而占有的商品的所有权。商品流通则进一步表现这种直接占有怎样通过某种社会行为的媒介,使对自己的劳动的所有权变为对社会劳动的所有权。因此,在商品交换的汪洋大海中,交换主体之所以能自由地表达自己的交换意愿,拥有作出行为方案选择的自由,并且彼此处于平权关系之中,互不隶属,一个基本的原因就是商品交换者对商品享有所有权。

---

① 《马克思恩格斯全集》第 1 卷,人民出版社 1956 年版,第 71 页。
② 《马克思恩格斯全集》第 48 卷,人民出版社 1985 年版,第 161 页。

法与权利之间的内在关联,可以通过法和法律的文明演化历程得到进一步的证明。所有制的最初形式无论是在古代世界或中世纪,都是部落所有制。部落所有制是以低下的生产力水平为基础。那时,每个个人通过家庭的、部落的甚至是地区的纽带而联系在一起,部落成员所使用的是自然产生的生产工具,他们以自己的劳动换取自然产品。在氏族共间体内部,"私人交换仅仅表现为完全表面的次要的例外"①;"个人的所有权则局限于简单的 possessio[占有],但是这种占有也和一般部落所有制一样,仅仅涉及到地产"②。财产(地产)也表现为直接的、自然产生的统治,所有者可以依靠个人的关系,依靠这神或那种形式的共同体来统治非所有者。与此相适应,氏族共同体的社会调整机制,则是自发形成的以禁令为基础的习惯。随着社会分工的扩大和劳动产品的增多,个人的私有财产日益发达起来,特别是动产的出现,使个人的所有权关系取得了新的经济性质。个人开始从氏族共同体中分离出来,开始摆脱自然必然性的束缚,其行为表现了一定的相对自主的倾向。马克思称这一现象为"财产关系个体化"的过程。在晚年"人类学笔记"中,马克思指出,随着氏族公社的逐渐解体,"已经彼此孤立的人都力求成为私有者"③,这是财产关系个体化的历史运动过程。"随着氏族分为'支系'而必然发生的实际的空间划分"(而不是氏族各支系之间的血亲意识),在氏族的每一分支中都出现了这样一种愿望:调整自己的财产关系,使自己不受比较疏远的其他各分支的参与和干涉,这实际上表明当时"出现了把共同经济分为更加互相隔绝的各个部分的实际必要性"④。私人占有意味着一定主体按照自己的意志支配一定数量的生产资料的个人权利。随着私人占有和个人权利的产生,也就出现了根据私有者的利益和意志调节人们相互之间交往和交易的规则和规范体系。"把每天重复着的生产、分配和交换产品的行为用一个共同规则概括起来,设法使个人服从生产和交换的一般条件。"⑤适应社会经济生活和关系发展的要求,人们在日常社会生活和经济活动中所形成的规则和秩序,日益取得法权的意义。如果这些规则和秩序持续一个时期,

①《马克思恩格斯全集》第 46 卷(下),人民出版社 1980 年版,第 464 页。

②《马克思恩格斯全集》第 3 卷,人民出版社 1960 年版,第 69—70 页。

③《马克思恩格斯全集》第 45 卷,人民出版社 1985 年版,第 226 页。

④《马克思恩格斯全集》第 45 卷,人民出版社 1985 年版,第 232—233 页。

⑤《马克思恩格斯全集》第 18 卷,人民出版社 1964 年版,第 309 页。

就会作为一种习惯和传统而固定下来。尽管这些规则仍然没有冲破习惯的樊篱,但却不再是氏族习惯,而是一种"法权习惯"(恩格斯语)。随着国家的出现,法权习惯也随之转变为法律。关于这一过程,马克思指出:"如果一种生产方式持续一个时期,那末,它就会作为习惯和传统固定下来,最后被作为明文的法律加以神圣化。"①

由此可见,法和法律的产生与主体具有一定的社会权利密切相关。主体社会权利的现实存在,需要用一定规则的形式固定下来,以便适应社会经济生活的客观要求,这是法和法律产生的内在动力。法的现象这一最重要的特征,伴随着人类文明社会的历史进程,表现得日益明显。当然,在私有财产关系占统治地位的社会里,法律所确认的主体的社会权利,乃是少数人的权利,权利和义务是相分离的。而在社会主义社会,社会成员的广泛权利在法律上得到确认,这充分显示了社会主义法和法律的价值的积极意义。

四、马克思法哲学方法论的要义

马克思之所以能在文明社会法哲学史上实现一场伟大的革命,这同他对法哲学方法论的把握是息息相关的。马克思的法哲学方法论同他的哲学本体论、法哲学价值论一样,也是这个科学的法哲学理论体系不可分割的组成部分。马克思法哲学理论的每一步进展,都标志着法哲学方法论上新的突破。因此,研究马克思的法哲学思想,不能不涉及他关于法哲学方法论的阐述和运用。

方法是主体通过有目的的对象性活动作用于客体的一切中介的总和。利用客观对象的属性创造一定的方法,乃是作为社会主体的人的本质力量的确证和表现。从实体意义上讲,法哲学是一门关于法的现象的规律性认识的科学。法哲学方法论实际上也就是关于如何认识法的现象的规律性的具有哲学意味的方法的总和。马克思的法哲学方法论可以用这样一个图式来表示:"具体——抽象——具体"。在这个图式中,第一个"具体"是指感性的具体,是对客观具体的直接印象,是对法的现象的认识的起点;"抽象"是指通过思维的抽象力,抽取了某一类对象的共同点,从而把握了法的现象的某个方面、某个片段、某个关系的简单规定;第二个"具体"则是指思维的具体,是具体在思维中的"再

---

① 《马克思恩格斯全集》第 25 卷,人民出版社 1975 年版,第 894 页

生产"，是法哲学思维的结果。因此，马克思的法哲学方法论由两个方面组成：其一是研究方法，即"从具体到抽象"；其二是叙述方法，这是建立法哲学体系的方法，即"从抽象上升到具体"。法哲学研究方法是法哲学叙述方法的前提；法哲学叙述方法则是法哲学研究方法在思维行程中的再现或"复归"，它们共同构成了马克思法哲学方法论的完整系统，构成了法学思维的辩证法。

马克思从辩证唯物主义和历史唯物主义的科学世界观出发，批判地继承了黑格尔的法哲学方法论思想，提出并坚持了唯物主义的"从具体到抽象"的方法论原则。在他看来，法哲学的每一个概念、范畴和原理都必须建立在丰富的实证材料之上，只有在丰富的经验材料基础上形成的"感性具体"，才是真实可靠的，否则，法哲学的思维抽象就会是无源之水、无本之木，就只能是表面的、片面的、非本质的，因而也就不能真正把握客观对象的内在属性。诚然，马克思在从事法哲学研究之初，曾经以康德的理想主义方法论作为自己的法学方法，即从"应有"出发，架构起一个无所不包的法哲学体系。但在以后的理论和实践中，马克思越来越认识到理想主义法学方法论的缺陷所在。因为这种方法把"应有"与"现有"对立起来，把法律看做是先验的范畴，是从所谓"科学原则"的"纯粹理性形式"中推演出来的，而正确的方法则是从"现有"出发，从客观对象的发展上来细心地研究对象本身，揭示事物内在的矛盾运动。

从"现有"出发来考察事物内在矛盾运动的发展过程，是黑格尔法哲学研究方法的一个重要特点。作为这一方法在法哲学领域贯彻的结果，按理应当是得出市民社会决定国家和法的结论。可是，黑格尔所得出的结论恰恰是国家和法决定市民社会的唯心主义法学命题。那么，这位辩证法大师究竟是在什么地方"失足"的呢？马克思精辟地分析道，黑格尔理论"失足"的原因，就在于他唯心主义地理解了思维与存在的相互关系，把不依赖于理念而独立存在的实际，当做理念的"谓语"，然后借助于这种从理念推论出客观存在的逻辑演绎法，颠倒国家、法与市民社会的关系，主张国家和法决定市民社会。"他不是从对象中发展自己的思想，而是按照做完了自己的事情并且是在抽象的逻辑领域中做完了自己的事情的思维的样式来制造自己的对象。黑格尔要做的事情不是发展政治制度的现成的特定的理念，而是使政治制度和抽象理念发生关系,使政治制度成为理念发展链条上的一个环节"。① 这种方法,乃是露骨的神秘主义,是"泛逻辑神秘主义"。

马克思通过对黑格尔唯心主义法哲学的批判分析,通过对国家与市民社会之间关系的分析,更清楚地认识到,只有从现实的存在物出发,分析市民社会本身的发展及其规律,才能获得关于法的现象的真理性认识。进而,马克思把是否从现实的社会关系中得出法的概念、范畴和原理,看做是区分唯物主义法哲学认识路线和唯心主义法哲学认识路线的原则界限。在《德意志意识形态》中,马克思认为,存在着两种对立的法哲学认识路线:一种是从天上降到地上,"从意识出发,把意识看做是有生命的个人"②,这是唯心主义法哲学的认识路线。按照这一路线,法的现象的历史总是遵照在它之外的某种尺度来编写的,法被看做是脱离日常的社会物质生活条件的某种处于世界之外和超乎世界之上的东西。另一条路线是从地上到天上,它"从现实的、有生命的个人本身出发,把意识仅仅看做是他们的意识"③,这是唯物主义法哲学的认识路线。按照这一路线,人们的法哲学抽象来源于现实的社会物质生活条件,"这些抽象本身离开了现实的历史就没有任何价值"④。不是法的概念、范畴和原理决定现实的社会关系,而是现实的社会关系决定法的概念、范畴和原理。按照这一方法,人们应当把各个不同阶段上的社会经济生活和经济关系理解为全部法的现象的基础,并且从这个基础出发来阐释各种不同的法的现象的具体产生条件和途径,追溯其过程。按照这一方法,就能始终站在现实的社会经济生活的基础上,不是从观念出发来解释法律实践,而是从法律实践来解释观念的东西。"只要按照事物的本来面目及其产生根源来理解事物,任何深奥的哲学问题……都会被简单地归结为某种经验的事实"。⑤

从抽象向具体的上升,这是人们认识事物的思维进程的第二个阶段。所谓抽象向具体的上升,就是在理论上把对象的内容逻辑地加以展开,把已经把握的对象的本质在逻辑行程中再现出来。法哲学的思维认识过程也是这样。法哲学的基本任务就在于探求法的现象领域的一般规律,形成科学的概念和范畴,建立起完整的理论体系。当法哲学借助于"从具体到抽象"的研究方法形成一定数量的概念和范畴之后,就会提出一个如何系统化的问题,即需要按照一定的原则再现出来,形成一个具有内在逻辑联系的法哲学理论体系。这是一个从法哲学思维抽象上升到法哲学思维具体的过程。反映这个过程的方法,就是"从抽象上升到具体"的叙述方法。

在法哲学史上,黑格尔第一个提出并运用了这个方法,建立了一个庞大而丰富的唯心主义法哲学体系。按照黑格尔的看法,以往人们的形而上学的法学方法论是十分肤浅的,它不是把科学建立在思想和概念的基础之上,而是把它建立在直觉和偶然现象上。当这种方法被运用于政治和法的领域时,就把国家和法这一伦理性的丰富组织溶解于私见和任性的主观偶然性之中。黑格尔强调指出,《法哲学原理》"从一个论题进展到另一论题以及进行科学论证的那种哲学方法,即整套思辨的认识方法,跟其他任何认识方法有本质上的区别"①。这种"整套思辨的认识方法"就是《逻辑学》中所阐明的从抽象上升到具体的方法。黑格尔用如下一段话,精辟地描述了他的法哲学体系运用的叙述方法:

> 理念最初不过是抽象的概念,所以它必须不断地在自身中进一步规定自己,但是这个最初的抽象规定决不会被放弃,相反地,它只会在自身中愈加丰富起来,于是最后的规定是最丰富的规定。在这一过程中,那些以前只是自在地存在的规定达到了它们的自由独立性,而且成为这个样子:概念仍然是灵魂,它把一切结合起来,并且只是通过一种内在程序而达到它特有的差别。所以我们不能说,概念达到了某种新的东西,相反地,最后规定与最初规定统一起来,重新拍合。即使概念在它的定在中看去好像支离破碎,但这仅仅是一种假象,在往后的进程中就可看出这是一种假象,因为一切单一性最后都重新返回到普遍物这一概念。②

由于黑格尔按照唯心主义思维与存在同一性的原则来运用这一方法,他所建立的法哲学体系,不可能是一个科学的理论形态。尽管如

---

① 〔德〕黑格尔:《法哲学原理》,范扬、张企泰译,商务印书馆1961年版,第1—2页。

② 〔德〕黑格尔:《法哲学原理》,范扬、张企泰译,商务印书馆1961年版,第39—40页。

此,黑格尔法哲学体系的叙述方法,在方法论上无疑具有科学的成分。

马克思唯物主义地批判改造了黑格尔法哲学体系的叙述方法,确定了科学的"从抽象上升到具体"的法哲学体系的叙述方法。马克思指出:"黑格尔陷入幻觉,把实在理解为自我综合、自我深化和自我运动的思维的结果,其实,从抽象上升到具体的方法,只是思维用来掌握具体并把它当作一个精神上的具体再现出来的方式。但绝不是具体本身的产生过程。""在第一条道路上,完整的表象蒸发为抽象的规定;在第二条道路上,抽象的规定在思维行程中导致具体的再现。"①从法哲学的角度来看,马克思所阐发的从抽象上升到具体的叙述方法显然具有如下几个特点:

第一,马克思克服了黑格尔思想中的唯心主义错误,认为从抽象上升到具体的过程具有客观的基础,它反映了完全现实的关系和过程。

第二,在从抽象上升到具体这一法哲学体系的叙述方法中,抽象和具体是一对极其重要的范畴。在马克思那里,抽象与具体的含义是多重的。在这些诸多的含义中,对于从抽象上升到具体的方法有着决定性意义的,乃是这样的概念内涵:抽象是指把握了对象某个方面、某种关系的简单规定;具体是指思维中的具体,是精神上具体再现出来的方式,是许多规定的综合。在这里,无论是抽象或具体,都是法哲学思维运动的形式,它们处于同一个思维过程之中,二者彼此依存,相互联系,不可分割。思维抽象是思维具体的逻辑出发点,没有抽象的东西,就不可能上升为思维的具体;思维具体又是思维抽象的逻辑终点,没有具体的东西,抽象也就成了片面的、想象中的东西。

第三,法哲学体系应该是各个概念、范畴和原理之间有着必然的、有机联系的严密系统。每个概念和范畴,都是法哲学认识之网上的纽结。因此,只有遵循从抽象上升到具体的叙述方法,才能揭示各个概念、范畴和原理之间的相互联系和相互转化以及由简单到复杂的过程,才能建立科学的法哲学理论体系。马克思强调指出,从抽象上升到具体的方法,不仅"显然是科学上正确的方法",而且是科学所"专有"的思维方式。② 这种思维方式的运动过程是从抽象开始,复以抽象告终;从"科学上未被说明的"东西开始,达到了对它的明确的理

---

① 《马克思恩格斯全集》第 46 卷(上),人民出版社 1979 年版,第 38 页。
② 《马克思恩格斯全集》第 46 卷(上),人民出版社 1979 年版,第 38—39 页。

性表达;从局部的、简单的规定,上升到全面的、综合的、深刻的复杂概念系统。

第四,法哲学体系的基本单元是概念,而概念的变化运动则是一个从抽象上升到具体的过程。黑格尔认为,抽象的普遍性只是一般观念的形式,但还根本不是概念的形式。只有具体的普遍性,即把许多抽象规定以逻辑方式表达出来的某种统一性,才能称之为概念的形式。马克思唯物主义地阐述了这一思想,认为只有从抽象上升到具体,才是科学理论思维所特有的、把直观和表象材料加工改制成概念的普遍方法。

马克思的法哲学思想博大精深,蕴涵着极为丰富的理论内容。深入钻研马克思的法哲学思想,充分挖掘这份极为宝贵的理论遗产,具体展示其巨大的理论逻辑力量和革命意义,藉以指导我们的法哲学研究,这应当成为当代中国法学界的一项十分重要的基础理论工程。当然,我们并不是要把马克思的法哲学理论当做教条看待,而是应当把它看做行动的指南。正如列宁所指出的,"恩格斯在谈到他自己和他那位赫赫有名的朋友时说过:我们的学说不是教条,而是行动的指南。这个经典式的定义异常鲜明有力地强调了马克思主义的往往被人忽视的那一方面。而忽视那一方面,就会把马克思主义变成一种片面的、畸形的、僵死的东西,就会阉割马克思主义的活的灵魂,破坏它的根本的理论基础——辩证法,即关于包罗万象和充满矛盾的历史发展的学说,就会破坏马克思主义同时代的一定的实际任务,即随着每一次新的历史转变而转变着的任务之间的关系。"①我们应当全面、准确、系统地把握马克思法哲学理论的科学性、完整性和体系性,努力掌握马克思分析法的现象的本体论、价值论和方法论原则,并且站在中国的大地上,密切联系当代中国社会主义法制现代化的伟大实践,从而丰富和发展马克思主义法哲学,推动具有中国特色的法哲学理论研究的长足进步。

(原文刊于《中国社会科学》1990年第2期)

---

① 《列宁选集》第2卷,人民出版社1977年版,第398页。

马克思法律观概览

一、问题的提起

党的十一届三中全会以来，我国法理学（或法哲学）的研究取得了可喜的进展。但是，从总体上看，这方面的研究尚缺乏足够的深度和力度，特别是对马克思主义经典作家法律思想的研究还十分薄弱，马克思主义法律思想史这一重要的法学学科至今仍未建立起来。这对于我们这个以马克思主义理论为指导的社会主义大国来说，是很不相称、很不适应的。为了保证我国法学研究沿着正确的方向发展，就很有必要大力开展对马克思主义经典作家法律思想的系统研究。基于此，本文着重探讨马克思的法律观。

把马立思的法律观作为一个整体考察，这是一个比较复杂而又困难很大的课题。这主要是因为马克思的著作面广量大，思想材料异常丰富。马克思的法律思想散见在他的大量著述之中，并且往往同马克思的哲学、政治学、经济学、伦理学、社会学等方面的思想交织在一起。虽然这种分散的、交叉的状况，给我们的研究工作带来了很大的难度，但是在马克思的法律思想中，依然存在着内在的逻辑联系。笔者正是由此出发，努力探索，从以下若干方面，初步描绘马克思法律观的基本图景。

二、法的现象与社会之间的关系模式

法的现象和社会之间的关系的性质，是马克思全部法律思想的核心问题。马克思对法的现象的分析，是从对法的现象在社会大系统中的地位考察入手的。在 1845—1846 年的《德意志意识形态》这部没有公开发表的著作中，马克思恩格斯高屋建瓴，从宏观上把握法的现象与社会之间的关系问题。在他们看来，任何人类社会历史的第一个前提无疑是有生命的个人存在，这些个人使自己同动物区别开来的第一个历史行动并不是在于他们有思想，而是在于他们开始生产自己所必需的生活资料。在此基础上，马克思恩格斯考察了最初历史关系的四个因素：第一，人类生存的第一个前提就是人们为了能够创造历史，必须能够生活：但是为了生活，首先就需要衣、食、住以及其他东西。因此，第一个历史活动就是生产满足这些需要的资料,即生产物质生活本身。第二,已经得到满足的第一个需要本身、满足需要的活动和已经获得的为满足需要用的工具又引起的新的需要。第三,每日都在重新生产自己生活的人开始生产另外一些人,即增殖。第四,生活的生产本身表现为双重关系:一方面是自然关系,即人与自然界的关系,另一方面是社会关系,即许多个人的合作,人类在作用于自然的过程中相互作用,从而形成社会。人类按照一定的方式共同活动,并相互结成一定的关系,只有在这种社会关系中,人才能作用于自然。由此,马克思恩格斯得出一个重要的结论:"一定的生产方式或一定的工业阶段始终是与一定的共同活动的方式或一定的社会阶段联系着的,而这种共同活动方式本身就是'生产力'","人们所达到的生产力的总和决定着社会状况"。① 很显然,马克思已经得出了生产力决定社会状况、交往方式的科学结论。

不仅如此,马克思提出要考察政治结构(包括法)同社会生产方式的关系。他认为,在分析社会结构和政治结构的时候,必须着眼于它们同生产方式的关系,而不应当带有任何神秘的和思辨的色彩。"以一定的方式进行生产活动的一定的个人,发生一定的社会关系和政治关系","社会结构和国家经常是从一定个人的生活过程中产生的"。② 进而,马克思对以前曾经使用的"市民社会"一词进行了分析,指出"市民社会"这一用语是在 18 世纪产生的,"但是这一名称始终标志着直接从生产和交往中发展起来的社会组织。这种组织在一切时代都构成国家的基础以及任何其他的观念的上层建筑的基础",③"在过去一切历史阶段上受生产力所制约、同时也制约生产力的交往形式,就是'市民社会'"。④ 在这里,马克思精辟地阐述了人类社会系统的有机结构:市民社会是指建立在一定生产力发展水平上的社会经济组织和"交往形式",市民社会是制度的上层建筑(国家、法律等等)和观念的上层建筑(道德、宗教、科学等等)的基础;社会系统是市民社会和政治上层建筑的矛盾统一体。显然,在这个有机的社会系统中,法的现象乃是政治上层建筑的重要组成部分之一。它和国家一样要受到市民社会的制约,

①《马克思恩格斯全集》第 3 卷,人民出版社 1960 年版,第 33 页。
②《马克思恩格斯全集》第 3 卷,人民出版社 1960 年版,第 28—29 页。
③《马克思恩格斯全集》第 3 卷,人民出版社 1960 年版,第 41 页。
④《马克思恩格斯全集》第 3 卷,人民出版社 1960 年版,第 40 页。

应当把市民社会理解为整个法的现象的基础,然后在法的现象世界中描述市民社会的活动,从市民社会出发来阐明各种不同的法律问题及其表现形式,并在这个基础上来追溯它的产生的过程。因此,一切离开市民社会的法的现象,都是不可思议的。

从客观上把社会看作生产力、生产关系(或"市民社会")以及上层建筑(其中有制度的和观念的)等诸要素在结构上相互联系的有机整体,进而在这个整体中来合理地确定法的现实之独特地位,这是马克思探讨法的现象与社会之间相互联系的基本思路。马克思这一理论思路的突出点,就在于他把人类为生存而结合的不同方式作为理解法的现象的基本出发点:"法的关系正像国家的形式一样,既不能从它们本身来理解,也不能从所谓人类精神的一般发展来理解,相反,它们根源于物质的生活关系,这种物质的生活关系的总和,黑格尔称之为'市民社会',面对市民社会的解剖应该到政治经济学中去寻求"。① 马克思的上述思想彻底廓清了千余年来笼罩在法哲学史上的重重迷雾,驳倒了所谓"神意法"、"正义法"、"自由法"、"理性法"等等之类唯心主义的法哲学呓语,实现了法哲学史上带有决定性意义的革命性变革。

马克思反复强调法的现象对社会系统、尤其是对社会经济关系的依赖关系,把法的现象看作是受到经济基础支配的上层建筑的组成部分之一,从而确立了法的现象在社会系统中的基本地位。这一思想,使马克思主义的法律观同其他各种形态的非科学的法律观严格区别开来。然而,有的西方学者却据此认为,马克思关于法和社会之间关系的观点,是"单向决定论"②,即只有社会才是积极的因素,法仅仅是消极的东西。这种见解,即使不是出于对马克思观点的故意歪曲,至少也是一种片面的武断的看法。

其实,在马克思法律观的形成过程中,由于当时社会条件以及理论研究的重点所使然,马克思为了批判黑格尔法哲学,弄清社会生活的本质,就必然把理论的重心置于社会生活条件对法的现象的制约和影响方面。这便使他花费大量的精力来揭露形形色色的否认或轻视社会经济关系对法的决定性作用的唯心主义法学观,而相比之下,关于法的现象对社会系统的相互独立性及其表现,则较少论述。但是,这绝不意味

---

① 《马克思恩格斯全集》第 13 卷,人民出版社 1962 年版,第 8 页。

② 参见[英]保罗·菲利普斯:《马克思恩格斯论法和法律》,英国巴恩斯·诺布尔图书公司 1980 年版。

着马克思仅仅把法看作是纯然消极的社会现象,相反,马克思在一定程度上也指出了法律上层建筑对社会关系以及经济基础的影响。比如,在《德意志意识形态》中,马克思恩格斯指出:"由于私有制摆脱了共同体,国家获得了和市民社会并列的并且在市民社会之外的独立存在"①。在《道德化的批判和批判化的道德》中,马克思揭示了资产阶级国家权力的相对独立意义,认为"现代的资产阶级财产关系靠国家权力来'维持',资产阶级建立国家权力就是为了保卫自己的财产关系"②。在后来的理论发展中,马克思进一步从多种关系上分析了法律上层建筑对于社会系统特别是社会经济基础的相对独立性,对法与社会之间的关系模式作了比较透彻的阐发。归纳起来,主要有以下三个方面:

(一) 充分肯定法律上层建筑与社会经济基础之间的交互作用

马克思坚持法学的辩证法,在明确强调社会经济基础对法的最终作用的同时,也反对法学本体论问题上的庸俗的"机械决定论",充分肯定政治权力和法对社会经济基础的反作用。在《资本论》中,当马克思说到资本主义条件下的工厂立法时,充分指出了法律上层建筑的能动作用:近代资本主义生产经历了一个由工场手工业和家庭劳动向大工业的过渡,而工厂法则加速了这一过渡的进程,"工厂法的制定,是社会对共生产过程自发形式的第一次有意识、有计划的反作用"。③ 法律上层建筑与社会经济基础的交互作用关系,通过工厂法这一实例,得到了确证。

(二) 承认并且揭示上层建筑其他因素对法的现象的影响或作用

不仅法的现象与经济基础之间存在着相互作用的方面,而且上层建筑自身内部各个要素之间也存在着相互作用的复杂情景。马克思法律观的高明之处,就在于深刻揭示法的现象运动的辩证规律。作为一个唯物辩证论者,尽管马克思十分重视社会经济生活对法的决定作用,但他也并未忽略经济以外的因素或条件对法的关系的影响,并没有把经济条件看作是影响法的现象及其变革的唯一因素,恰恰相反,他正视、承认并且努力揭示各种非经济因素包括上层建筑中其他因素对法的深刻影响。马克思清醒地意识到,一定的政治制度、文化精神、宗教信仰、历史传统、民族习惯,甚至自然地理环境等等,也会对法的内容产

①《马克思恩格斯全集》第 3 卷,人民出版社 1960 年版,第 70 页。
②《马克思恩格斯全集》第 4 卷,人民出版社 1958 年版,第 331 页。
③《马克思恩格斯全集》第 23 卷,人民出版社 1975 年版,第 537、527 页。

生不同程度的影响。他认为,一定社会独特的政治结构和法的现象,都是建立在相应的经济形式上的,在任何时候,都要从一定的经济形式中,为整个社会结构、国家形式以及法权形象,找出最深的秘密和隐蔽的基础。"不过,这并不妨碍相同的经济基础——按主要条件来说明相同——可以由无数不同的经验的事实,自然条件,种族关系,各种从外部发生作用的历史影响等等,而在现象上显示出无穷无尽的变异和程度差别,这些变异和程度差别只有通过对这些经验所提供的事实进行分析才可以理解"。[1]

毫无疑问,马克思在充分肯定经济关系及其利益对一切政治行为、法的关系决定性影响的同时,也看到了一些意识形态的因素对政治行为和法的关系的制约作用。他提出了一个著名的论断:"在不同的所有制形式上,在生存的社会条件上,耸立着由各种不同的情感、幻想、思想方式和世界观构成的整个上层建筑"。[2] 由此,马克思研究了这些意识形态因素对政治和法律上层建筑的影响。比如,他在《路易·波拿巴的雾月十八日》一文中,具体地分析了奥尔良党人与正统主义者之间的对立状况,认为这两个集团之间的分离绝不是由于什么所谓的原则,而是由于各自生存的物质条件,由于两种不同的所有制形式即资本和地产的对立。但是,马克思同时又指出:"当然,把它们同某个王朝联结起来的同时还有旧日的回忆、个人的仇怨、忧虑和希望、偏见和幻想、同情和反感、信念、信条和原则,这会有谁会否认呢?"[3]

很显然,西方"马克思学者"把马克思说成是一个机械的"经济决定论"者,是站不住脚的。

(三) 提出在一定条件下法律上层建筑与社会经济发展的不平衡思想

法律上层建筑相对独立性的一个重要表现,是它并不紧跟着社会经济条件的变革而发生相应的变革,它有时会落后于社会经济基础并与其发展要求相矛盾,因而它的发展绝不是同社会经济条件的一般发展成比例的。这是一种值得关注和研究的法律文化现象。对此,马克思早在《〈黑格尔法哲学批判〉导言》中就表示过这样的见解。他在分析当时德国社会生活时发现,德国的市民社会与政治结构之间的分裂和

①《马克思恩格斯全集》第 25 卷,人民出版社 1975 年版,第 892 页。
②《马克思恩格斯全集》第 8 卷,人民出版社 1961 年版,第 150 页。
③《马克思恩格斯全集》第 8 卷,人民出版社 1961 年版,第 150 页。

不协调状况是如此明显，德国资本主义经济关系仍然被封建的政治锁链束缚着，因为德国的政体显示了一种新旧制度的混杂的结合特征。德国各邦政府把"现代国家世界"的"文明的缺陷"和旧制度的"野蛮的缺陷"结合起来，德国国王扮演着国王的一切角色——封建的和官僚的、专制的和立宪的、独裁的和立宪的。①

其后，在《道德化的批判和批判化的道德》一文中，马克思具体分析了资本主义形成过程中君主专制政体的历史特点，指出："如果说君主专制从前保护过工商业，同时以此鼓励过资产阶级上升，并且还曾经把工商业看作使国家富强，使自己显赫的必要条件，那么现在君主专制到处都成了工商业（它们正在成为已经很强大的资产阶级手中的日益可怕的武器）发展道路上的障碍"。② 这就是说，在某些社会经济生活已经资本主义化的国度（如德国），政治结构却并未发生相应的变革而是落后于社会经济生活的变化。这是在社会变革过程中政治上层建筑与社会经济基础的不同步现象。

综上所述，马克思关于法与社会之间关系模式的理论分析，既坚持了法学的唯物主义路线，强调了社会系统特别是社会经济生活对法的现象的决定性作用，又坚持了法学的辩证法的原则，充分肯定了法律上层建筑的相对独立性，并且指出了这种相对独立性的主要表现形式。当然，这种相对独立性并不是对社会经济基础制约法的关系这一根本问题的否认，而是赋予这一根本问题以新的更加丰富的内涵，从而使之不至于成为简单的抽象的理论教条。这是我们把握法的现象与社会间关系模式的基本理论"契机"。

三、法是社会经济关系的意志化形态

我们知道，在社会生活的总体系统中，基本的类型是人的物质生活及其活动。在每一个社会发展阶段上，人们通过自己在物质生活的活动中所处的地位，与其他的人发生一定的经济关系。而人们之间的最基本、最一般的经济关系乃是生产关系。生产关系是一个由多方面的关系形成的统一的整体，即由生产、分配、交换和消费这些不同要素的相互作用所构成的有机体。在《资本论》中，马克思全面系统地分析了

① 参见《马克思恩格斯全集》第 1 卷，人民出版社 1956 年版，第 462—463 页。
② 参见《马克思恩格斯全集》第 1 卷，人民出版社 1975 年版，第 341—342 页。

构成法的现实基础的社会经济关系,认为生产关系就是"人们在他们的社会生活过程中、在他们的社会生活的生产中所处的各种关系"。① 生产关系的基础,就是支配物品和占有对该物品劳动果实的现实的经济所有制关系。一定社会中现有的生产关系的总和构成该社会的经济基础。法作为一种社会现象,根源于社会的经济关系。因此,马克思给法作了一个经典的规定:法权关系"是一种反映着经济关系的意志关系。这种法权关系或意志关系的内容是由这种经济关系本身决定的"。② 一定的法的关系是一定社会经济条件的法权要求,是经济关系的意志化形态,离开了对经济关系的考察,就无从认识法的本质属性。

为了进一步揭示社会经济生活所提出的各种法权要求,马克思认为,在自然经济社会中,由于"经济条件的全部或绝大部分,还是在本经济单位中生产的,并直接从本经济单位的总产品中得到补偿和再生产",③产品并不需要通过交换,主要的生产资料即土地以及在土地上生产出的产品都不是商品。受上述经济条件的制约,个人缺乏应有的独立性,人的依赖关系成为其物质生活生产的社会关系的共同特征。由上述社会关系的基本性质所决定,自然经济条件下的法权特点是以确认等级依赖关系为核心和目标。

与此同时,马克思还深入分析了在商品交换过程中形成的商品关系的法权表现。他指出:"商品不能自己到市场上去,不能自己去交换。因此,我们必须寻找它的监护人,商品所有者"。"为了使这些物作为商品彼此发生关系,商品监护人必须作为有自己的意志体现在这些物中的人的彼此发生关系,因此,一方有符合另一方的意志,就是说每一方只有通过双方共同一致的意志行为,才能让渡自己的商品,占有别人的商品。可见,他们必须彼此承认对方是私有者"。④ 在这里,马克思指明了商品经济关系形成所必须具备的三个条件以及相应的法权表现:一是必须要有独立的商品"监护人"(所有者),这方面的法权要求就是确认权利主体制度,二是商品交换者对商品享有所有权,这就要求在立法上确认所有权制度;三是商品交换者意思表示必须一致,只有双方意见一致,商品才能交换,这在法权上的要求就是建立契约制度。

---

① 《马克思恩格斯全集》第25卷,人民出版社1975年版,第993页。
② 《马克思恩格斯全集》第23卷,人民出版社1975年版,第102页。
③ 《马克思恩格斯全集》第23卷,人民出版社1975年版,第896页。
④ 《马克思恩格斯全集》第23卷,人民出版社1975年版,第102页。

马克思着重分析了所有权关系。在他看来,所有权关系根源于社会本身。"创造这种权利的,是生产关系。一旦生产关系达到必须改变外壳的程度,这种权利和一切以它为根据的交易的物质源泉,即一切有经济上和历史上的存在理由的、从社会生活的生产过程产生的源泉,就会消失。只有生产关系以及所有制的变化,才会引起所有权的变化"。①

在《巴黎札记》中,马克思区分了私有财产和私有权这两个既相互联系、又相区别的范畴。他认为,私有财产是经济学的范畴,而私有权则是法学的范畴,二者属于不同的领域,具有不同的概念规定性。但二者并不是毫不相干的。私有财产是私有权的经济基础,而私有权则是私有财产的法权表现。没有私有财产,私有权就没有具体实在的内容,同样,没有私有权,私有财产就不能获得相对稳定的形式。

一定的所有权关系,总是包涵着诸方面的权能,所有权结构中的诸项权能的分离和回复的往返运动,反映了一定社会经济关系的变化形式。对于这一法权现象,马克思也给予了高度重视。他研究了所有权与经营权相分离的现象,认为在资本主义商品经济的发展过程中,对生产过程进行直接指挥、管理和经营的权利同资本所有权相分离的情况,比比皆是,以致于有人说现代工业制度的灵魂,不是产业资本家而是产业经理。特别是随着股份公司的发展,这种经营管理作为一种职能越来越同资本所有权相分离,实际执行职能的资本家转化为单纯的所有者,即单纯的货币资本家。这样一来,这个资本所有权就同现实再生产过程中的职能完全分离。"在股份公司内,职能已经同资本所有权相分离,因而劳动也已经完全同生产资料的所有权和剩余劳动的所有权相分离"。②

此外,马克思也考察了契约关系。契约关系是商品交换关系的法权要求和表现,是表现商品货币关系的基本的和客观必需的法权形态。在商品生产和价值规律起作用的条件下,用于创造商品的耗费,是通过根据等价原则出售商品来得到补偿的,活的劳动和物化劳动消耗的等价补偿,通过商品货币关系来实现;由于商品所有者是作为自主的、财产上独立的主体进行活动的,所以如果商品所有者不用契约的形式达成协议,商品交换的行为就不能发生。这就意味着,商品交换关系的契

---

①《马克思恩格斯全集》第 25 卷,人民出版社 1975 年版,第 874—875 页。

②《马克思恩格斯全集》第 25 卷,人民出版社 1975 年版,第 494 页。

约形式,是商品本身属性的产物和表现。契约关系是随商品经济的发展而发展的。在氏族公社分化时期,"先有交易,后来才由交易发展为法制……这种经过交换和在交换中才产生的实际关系,后来获得契约这样的法的形式"。[1] 契约关系作为商品交换的法权形式,在资本主义社会得到了空前的发展。各个商品所有人以自然人和法人的身份进入了交换领域,各种让渡和取得商品所有权的债权形式得到了广泛发展,不仅经济生活的一切活动都离不开契约,而且社会政治生活乃至人际关系也都契约化了,契约关系成为与近代民主政治相伴而行的社会运动形式。

需要指出的是,马克思始终认为,一切生产关系都是通过一种自觉的、为一定人的意志所支配的人的活动来实现的。因而,反映一定生产关系的法权关系,也是一种意志关系。每一个法权关系,都凝结着满足一定生产关系需要的意志要求。这种意志关系对于实现经济关系具有重要的作用。在商品交换关系中,如果没有交换双方当事人的相互意志活动,交换关系就不能形成,交换活动就不能进行,交换的目的也就不能实现。当然,这种意志要求的内容,总是受到一定的社会经济生活条件的制约和影响。离开了现实的人们的经济活动,这种意志要求就不会产生。

四、法律是体现统治阶级利益要求的国家意志

法律是一种意志,是一种国家意志,实际上,国家意志也就是掌握国家政权的统治阶级的意志。任何一个阶级,其阶级意志能否变成国家意志,关键看它是否掌握国家政权。只有在经济上占统治地位,并且在阶级斗争中取得胜利、掌握国家政权,从而在政治上也占统治地位的那个阶级,才能通过国家机关将本阶级的意志变成国家意志,借以建立和巩固一定的社会秩序,维护其统治阶级的利益。因此,马克思反复强调政权问题的重要性。他认为,每一个力图取得统治的阶级,要把自己的利益说成是普遍的利益,就必须首先夺取政权。"每一次革命都破坏旧社会,所以它是社会的。每一次革命都推翻旧政权,所以它具有政治性"。[2] 这就是说,阶级斗争的每一步发展,都伴随着相应的政治形式,

---

① 《马克思恩格斯全集》第 19 卷,人民出版社 1963 年版,第 423 页。
② 《马克思恩格斯全集》第 1 卷,人民出版社 1956 年版,第 488 页。

它集中表现为在阶级斗争中占优势的那个阶级夺取政权,成为国家政权的代表者和国家意志的体现者。在任何形式的阶级斗争中,斗争的直接目的是政治权力。统治阶级保卫自己的最高政治权力,保卫它在立法机关中的可靠的多数;被统治阶级则首先争取一部分政治权力,然后夺取全部政治权力,以便能够按照自己的需要和利益去改变现行法律。资产阶级战胜封建领主和贵族的过程,实际上也就是资产阶级确立其政治统治的过程。"凡是完成这种过程的地方,资产阶级便夺取了政治权力,并挤掉了以前的统治阶级——贵族、行东和代表他们的君主专制",并通过实行代议制政权组织形式,"宣布自己在政治上也是第一个阶级",[①]所以资产阶级"在现代的代议制国家里夺得了独揽的政治统治权"。[②] 同样地,无产阶级在反对资产阶级的斗争中也必须采取一切政治形式,直至采取革命的手段推翻资产阶级的政治统治,使自己上升为统治阶级。"工人革命的第一步就是无产阶级变为统治阶级,争得民主"。[③]

不过,统治阶级要把自己的意志上升为国家意志,就必须借助于法律。没有法律,国家意志的形成是不可设想的。如果掌握国家政权的统治阶级不能够或不善于运用法律来确认和实现自己的意志,那么,国家意志就会成为"空中楼阁",至多存在于统治者的幻想的脑袋之中。因此,在一定社会经济关系中占统治地位的统治阶级,"除了必须以国家的形式组织自己的力量外,他们还必须给予他们自己的由这些特定关系所决定的意志以国家意志即法律的一般规定"。[④] 统治阶级借助法律的形式,使国家意志固定化,建立起一种法律秩序,使阶级压迫和阶级统治"合法化",从而占据神圣不可侵犯的政治统治地位。"官吏既然掌握着公共权力和征税权,他们就作为社会机关而驾于社会之上。从前人们对于氏族制度的机关的那种自由的、自愿的尊敬,即使他们能够获得,也不能使他们满足了,他们作为日益同社会脱离的权力的代表,一定要用特别的法律来取得尊敬,由于这种法律,他们就享有特殊神圣的和不可侵犯的地位了"。[⑤] 并且,统治阶级运用法律形式来实现自己

---

①《马克思恩格斯全集》第 4 卷,人民出版社 1958 年版,第 362 页。

②《马克思恩格斯全集》第 4 卷,人民出版社 1958 年版,第 488 页。

③《马克思恩格斯全集》第 4 卷人民出版社 1958 年版,,第 489 页。

④《马克思恩格斯全集》第 3 卷,人民出版社 1960 年版,第 378 页。

⑤《马克思恩格斯全集》第 21 卷,人民出版社 1965 年版,第 195 页。

的意志、使之成为国家意志，总是要通过一定的具体机关和途径，这就是国家权力机关创制法律的具体活动。"在议会中，国民将自己的普遍意志提升成为法律，即将统治阶级的法律提升为国民的普遍意志"。①《共产党宣言》在驳斥资产阶级谬论时所提出的"你们的法不过是奉为法律的你们这个阶级的意志"这一论断，正是强调了统治阶级意志只有被"奉为法律"，才能成为国家意志。因之，法律就是取得胜利并掌握国家政权的那个阶级意志的表现，法律是统治阶级以国家的形式组织自己的力量的一种重要手段，法律是以国家意志形式所一般地表现出来的统治阶级意志。

马克思进一步分析了法律的本质特征。他认为，法律集中反映了统治阶级的根本愿望和共同要求，代表着统治阶级的整体利益。统治阶级借助国家政权的力量，通过法律的形式来实现自己的意志，但是法律所表现出来的统治阶级意志，既不是统治阶级中少数人的意志，更不是什么个别人的"自我意志"和任性，而是体现了统治阶级的整体利益。统治阶级的共同意志并不是其所有成员单个人意志的简单混合，国家意志绝不等于个人的"意志表示"。实际上，统治阶级的个人通过法律的形式来实现的意志，绝不受到他们之中任何一个单个人的任性和意志所左右。法律集中反映了统治阶级的根本的、共同的、整体的愿望和利益要求。统治阶级的"个人统治必须同时是一个一般的统治"，②这种由统治阶级的"共同利益所决定的这种意志的表现，就是法律"。③ 之所以如此，乃是因为统治阶级权力的基础"就是他们的生活条件，这些条件是作为对许多个人共同的条件而发展起来的"。④ 换言之，制约统治阶级意志的社会经济关系，对于统治者个人来说，是一种共同的客观经济条件，是统治者在社会经济生活的地位的集中反映和整体再现，因而建立在这种社会经济条件基础之上的法律，便具有整体性的本质特征。

正因为法律具有整体性的特点，这就要求统治阶级中的任何一员，都不能把自己的"单个意志"强加于甚至凌驾于"整体意志"之上，而必须把"小我"融于"大我"之中，必要时要能够做到"自我舍弃"，而求得整体利益的"自我肯定"。诚如马克思指出的，"正是这些互不依赖的个人

---

① 《马克思恩格斯全集》第8卷，人民出版社1961年版，第214页。
② 《马克思恩格斯全集》第3卷，人民出版社1960年版，第378页。
③ 《马克思恩格斯全集》第3卷，人民出版社1960年版，第378页。
④ 《马克思恩格斯全集》第3卷，人民出版社1960年版，第378页。

的自我肯定以及他们自己意志的确立","才使自我舍弃在法律、法中成为必要,不过,自我舍弃是在个别场合,而利益的自我肯定是在一般场合"。① 正是基于这样的理由,在实际生活中,常常会看到这样一种现象,即当统治阶级中的某个成员违反了法律规定时,总会受到代表本阶级整体意志的法律制裁。这种制裁,正是为了保障统治阶级意志的统一性,维护统治阶级的整体利益。

　　法律所反映的统治阶级意志,有必要成为全社会共同遵循的行为准则。这是由于作为社会存在物的个人,在一定的社会活动和社会交往中,与他人、集体乃至整个社会结成密不可分的联系。个人的每一个行为及其后果,不仅对他本身,而且对他人、集体以及整个社会都具有重要意义。然而,人又是一个特殊的个体,并且正是他的特殊性使他成为一个个体,成为一个现实的单个的社会存在物。由于国家是以虚幻代表共同体普遍利益的姿态出现的,是同各种特殊利益相脱离的,所以就有必要运用法律对特殊利益进行实际的干涉和约束。实际上,国家所有创制的法律,不过是在一定社会经济关系中占统治地位的那个阶级的意志的表现。"这些法律之所以对人有效,并不是因为它们是人本身的意志和本质的法律,而是因为它们居于统治地位,违反它们就会受到惩罚"。② 但即便如此,法律仍然要以整个社会普遍利益的化身的姿态出现。这就是说,社会中一部分人即统治阶级的意志,形成了对一个国家的全体公民具有普遍约束力的行为尺度,少数人的需要和利益,采取了社会需要和利益的形式,法律像国家一样,行使着与社会共同事务相联系的调整与控制的职能,法律这种全社会意志和利益的体现者的虚幻化身,实际上掩盖了个人利益与社会利益之间的矛盾。因此,作为统治阶级整体意志集中反映的法律,尽管要求统治阶级中的每一个成员必须一体遵循,但也并不因为它所要反映的统治阶级意志与其他被统治阶级的意志相对立,就放弃了强迫其他阶级一体遵守的要求;相反,它要求它所反映的阶级意志对所有的人都有效,进而成为全社会共同遵循的行为标准。不过,这里需要注意的是,在马克思看来,法律所反映的统治阶级意志,之所以成为社会成员的普遍准则,除了创制法律的那个阶级的功利需要以外,还由于法律也必须满足人类社会一定经

---

① 《马克思恩格斯全集》第 3 卷,人民出版社 1960 年版,第 378 页。
② 《马克思恩格斯全集》第 1 卷,人民出版社 1956 年版,第 449 页。

济关系共同运行规律的客观要求。"法律应该是社会共同的,由一定物质生产方式所产生的利益和需要的表现,而不是单个人的恣意横行"。①正是在这个意义上,马克思认为,为了维护通过法律所建立起来的法律秩序,统治阶级主张自己所赖以生存的生活条件对所有的人都有效。②

需要指出的是,法律作为以国家意志形式表现出来的统治阶级意志,归根到底,"这种意志的内容是由你们这个阶级的物质生活条件来决定的"。③ 如果说法是社会经济生活条件的直接的法权要求,那么,这种直接的法权要求需要以统治阶级意志为中介,借助国家意志的形式,才能上升为法律。因而,法律对社会经济生活条件的反映,则是间接的,这种反映同样地需要掌握国家政权的统治阶级作为中介环节。把占统治地位的意志上升为法律,就意味着法律是一种约束一切人行为及其活动的尺度,从而与偶然性和任意性相对立,形成符合统治阶级需要的法律秩序。这种上升过程及其结果——法律秩序——的质量如何,最终取决于法律反映社会物质生活条件的效果,取决于统治阶级对客观必然性的认识水平,这种认识水平决定了把统治阶级意志上升为国家意志以后法律的社会功效问题。正是在本原的意义上,马克思认为,在社会发展的过程中,"不是国家由于统治阶级意志而存在,相反地,是从个人的物质生活方式中产生的国家同时具有统治阶级意志的形式。如果统治阶级失去了自己的统治,那么不仅意志改变了,而且也是物质存在和个人的生活改变了,而且也只因为这一点,个人的意志才能发生变化"。④

总之,马克思科学地揭示了法律的本质特点,指出法律是主观性与客观性的对立统一,是国家意志性与物质制约性的对立统一,也是整体性与普遍性的对立统一。

五、立法者不是在发明法律,而只是在表述法律

法哲学的本体论所要回答的问题是:在法的现象世界中,何物为第一性,何物为第二性,进而探究法的现象的客观根据,并由此研究法的现象的自身的相对独立性,从中把握法的现象的独特属性。既然法的

---

① 《马克思恩格斯全集》第6卷,人民出版社1961年版,第291页。
② 《马克思恩格斯全集》第3卷,人民出版社1960年版,第378页。
③ 《马克思恩格斯全集》第4卷,人民出版社1958年版,第485页。
④ 《马克思恩格斯全集》第3卷,人民出版社1960年版,第379页。

现象根源于一定社会的物质生活条件，那么，社会经济关系的法权要求，是怎样通过统治阶级意志的中介，取得国家意志的形式，上升为法律的呢？这一上升过程的基本特点是什么呢？这实际上属于法哲学认识的范畴。这是法哲学本体论的逻辑延伸。马克思创造性地提出了法哲学认识论的基本原则，坚持认识法的现象的客观与主观相统一的法学辩证法原则，对立法过程及其特点作了颇有价值的法哲学分析。

立法过程是一个相当复杂的过程。在这个过程中，客观的因素和主观的因素交互作用，影响着主体——立法者的思维认识过程。其中，作为认识客体的社会关系本质及其特点，对认识主体即立法者起着决定性的作用。对此，马克思从唯物主义法学认识路线出发，作了充分的阐述。早在对普鲁士政府离婚法草案的分析中，马克思就提出了一个很重要的思想，即立法必须以客观事实为基础。他强调，立法必须以事物的本质为前提，以事物的必然性为依据，把保护伦理关系看成是自己的义务。"立法者应该把自己着做一个自然科学家，他不是在制造法律，不是在发明法律，而仅仅是在表述法律，他把精神关系的内在规律表现在有意识的现行法律之中。如果一个立法者用自己的臆想来代替事物的本质，那么我们就应该责备他极端任性。同样，当私人想违反事物的本质任意妄为时，立法者也有权力把这种情况看做是极端任性"①。这就是说，立法者应当把客观事物的本质当作自己的认识对象，把客观事物看作是不依赖于自己意志而存在的东西，从而把这些客观关系表现在有意识的法律之中。立法者绝不能用自己的臆想来代替事物的本质，也不能武断地来阉割认识对象的本质特征，否则，就是立法上的极端任性。

由于当时马克思还没有完全摆脱理性主义法学思想的束缚，所以他提及的所谓"精神关系的内在规律"，不过是"自由理性"的代名词而已。而随着历史唯物主义法学理论体系的创立，现实的经济关系及其运动已经成为马克思主义创始人考察法的现象的基本出发点。因此，对于立法与社会经济关系之间联系的考察，就彻底摆脱了理性主义的羁绊，得到科学的表述。在《哲学的贫困》中，马克思提出了一个十分重要的历史唯物主义法学命题："无论是政治的立法或市民的立法，都只

①《马克思恩格斯全集》第 1 卷，人民出版社 1956 年版，第 183 页。

是表明和记载经济关系的要求而已"①。这一思想,彻底贯彻了立法的唯物主义路线,把社会经济关系看作是立法的客观根据和基本渊源,而把立法活动看作是一定社会物质生活条件一般要求的"记载"。因之,客观的社会经济关系决定主观的立法活动。没有客观的社会生活条件的现实存在和影响,主观的法权记载就会成为僵死的法条。

应当看到,立法活动是具有一定目的的主观创造活动。立法活动是立法者(主体)有意识地通过自己有目的的对象性活动而"表述"法律的过程。立法者作为立法活动的主体,并不是简单地直观客体和适应客体,而是按照本阶级的利益和需要来改造客体,使客体人化,因而立法活动是有目的有意志的自觉活动,属于主观的范畴。但是,立法活动又不是一般的自觉活动,而是一种特殊的自觉活动。作为一种特殊的自觉活动的立法,是作为统治阶级的主体的法律实践自觉能动性的极其重要的表现。这种特殊性就表现在统治阶级通过创制法律的活动,来为建立、维护和发展有利于本阶级的社会关系和社会秩序提供法律根据。立法活动的主观目的性,绝不会满足于自身的主观性,绝不能停留在主观意识的范围之内,而是强烈地趋向于由主观转化为客观,由关于法律的特定观念物化或对象化为创制法律的现实。毫无疑问,立法者的主观目的,如果不经过自己积极的创制法律的实践活动,那么,就只能以主体的一种愿望和理想的、应然的东西而出现,就仅仅是一种存在于现实实在中的可能的东西。只有经过立法者的自觉能动的创制法律的实践活动,立法目的才能由主观设定的对象变成现实的对象。要把立法目的转化为立法现实;就必须进行具体的立法实践活动。

马克思在《关于费尔巴哈的提纲》中,把人类社会实践活动提到了一个十分突出的地位,强调"社会生活在本质上是实践的"②,并且把实践作为检验人的认识是否具有真理性的唯一标准。立法实践是立法者所发动进行的一种现实的感性的活动,是主观见之于客观的活动,它总是指向某个外部的法律的现实对象。一切立法实践都是有目的的,都是为了通过改变眼前的法律现实而实现观念中已经预先存在的新的法律现实。立法者只有通过连结主观与客观相互作用的"桥梁"——立法实践,才能按照自己所设定的法律观念,利用现实手段作用于眼下的法

①《马克思恩格斯全集》第4卷,人民出版社1958年版,第121—122页。
②《马克思恩格斯全集》第3卷,人民出版社1960年版,第3页。

的现象世界,创制法律,达到主观与客观的一致,满足一定的社会需要。

六、法律适用过程中的普遍与个别的矛盾

如果说,法律的创制是一个把客观的社会关系的法权要求转化为统治阶级意念志、上升为法律的过程,因而属于"应有"的范畴,那么,法律的适用则是把法律规范中体现的统治阶级意志转化为人们的实际行为,转化为社会成员享受权利履行义务的事实上的关系,它属于"现有"的范畴。如果法律范围的抽象设定和普遍要求,不能通过法律的适用这一中介环节,转化为社会成员的具体单个的行为,那么法律规范的基本规定就不能在实际生活中得以实现,因而成为一纸空文。因之,在这个意义上,法律的适用过程更为重要。马克思在考察法的现象的过程中,很重视法律的适用问题,提出了一些值得我们深入思考的重大问题。

马克思认为,法律适用过程中的基本矛盾是普遍与个别的矛盾。"法律是普遍的。应当根据法律来确定的案件是单一的。要把单一的现象归结为普遍的现象就需要判断。判断还不是最后肯定。要运用法律就需要法官。如果法律可以自行运用,那么法官也就是多余的了"①。这就是说,在法律的适用领域,存在着普遍与个别之间的矛盾。而解决这个矛盾,使个别案件的审理符合立法普遍精神的契机或中介,便是运用法律进行具体判断的法官。因此,要把法律所体现的普遍精神具体融解和贯彻落实到个别案件的公正审理之中,就需要公正不阿、精通法律、维护法治尊严的法官。

法律适用的过程,实际上是国家意志的现实化的过程,因而适用法律的权力应当统一而不应当分散,法官的行为不过是国家意志行为的缩影。因此,在《关于林木盗窃法的辩论》一文中,马克思批判地继承了近代启蒙思想家的分权学说和黑格尔的理性国家观念,认为司法法治主义的要义之一,在于防止刑罚权力的无必要的发动,抑制刑罚的滥用,以便保障公民个人的基本权利。马克思主张,司法权具有国家统一性的特点,任何个人不得染指国家司法领域。国家对于被告有特定的权力,因为国家对于这个人是以国家的身份出现的。因此,国家就有责任以国家的身份和根据国家的精神对待罪犯。国家除了一切私人的诉

---

① 《马克思恩格斯全集》第1卷,人民出版社1956年版,第76页。

讼所赋予的申辩权而外,不能承认其他任何权力。代表私人利益的林木所有者既没有任何惩罚权力,也不能从国家获得公众惩罚的私人权利。那种把某一公民当做临时的农奴而使他完全受另一公民的支配,这是和所有的法律背道而驰的,也是同司法法治主义相对立的司法表现。然而,在关于林木盗窃法的辩论中,省议会的贵族老爷却提议林木占有者兼施私人惩罚和国家惩罚的双重职能。这样,林木所有者除了拥有私人权利外,还获得处理违法者的国家权力,国家成了他的私人财产。这正如马克思所指出的,"把林木占有者的奴仆变为国家权威的代表的这种逻辑,使国家权威变成林木占有者的奴仆。整个国家制度和各种行政机构的作用都应该脱离常轨,都应该沦为林木占有者的耳、目、手、足。为林木占有者的利益探听、窥视、估价、守护、逮捕和奔波"①。林木所有者要求获得国家惩罚权的行径,是对司法法治主义的粗暴践踏。这种行径"不把法当作独立的对象,而是离开法,把我们的注意力或者引到外部世界去,或者引到自己的理性中去,从而在法的背后大耍花招"②。因此,专制主义司法的一个重要特点,就是定罪量刑不是以法律为准绳,而是以私有者的利益为标尺,是建立在维护私有者利益基础上的司法擅断主义。

马克思十分强调在适用法律的过程中必须实行法治主义。他认为,法官所面对的案件是五花八门,十分复杂的,因而为了使案件有一个公正合理的审断,法官就必须按照法律的规定来适用法律,而绝不能超出法律之外,凭据自己的良心断案。一种行为是否构成犯罪,一种惩罚措施是否实行,都需要具备充分的法律根据。实行罪刑法定主义的基本要义之一,就是犯罪与刑罚必须由法律明文加以规定。"如果我被提交法庭受审,我的过失一定破坏了现行法律,而在法律受到破坏的地方就至少应当存在着法律。既然不存在出版法,也就不可能破坏出版法"③。"要使惩罚成为合法的惩罚,它就应该受到法的原则的限制"④。在当时的时代条件下,司法法治主义成了马克思捍卫无产阶级革命运动利益、抨击专制主义司法擅断原则的有力法律武器。比如,在1848年欧洲大革命中,马克思揭露了普鲁士当局对进步人士进行迫害的司

①《马克思恩格斯全集》第1卷,人民出版社1956年版,第160页。
②《马克思恩格斯全集》第1卷,人民出版社1956年版,第163页。
③《马克思恩格斯全集》第1卷,人民出版社1956年版,第76—77页。
④《马克思恩格斯全集》第1卷,人民出版社1956年版,第140—141页。

法专横行径,指出司法机关的决定应当遵照法律的规定,而决不能任意行事。他认为,普鲁士宪兵对安内克先生的逮捕是缺乏法律根据的。警察给安内克先生所加的罪名是在公开集会上发表煽动性演说。其实,根据法国刑法典第 102 条,所谓公开演说,是指那些直接号召谋叛皇帝和皇族的言论,或者在号召用内战,即非法使用武力、公开进行杀戮或掠夺来破坏国家安宁的言论。普鲁士的术语"煽动不满"并未见于该法典。因此,警察当局的行径是违法的。①

一般来说,法官所适用的法律是比较原则、比较抽象的,它只是设定了基本的行为模式。由于社会生活是极其复杂、千变万化的,是由无数的具体事件或行为所构成的,因而抽象的法律条文与具体的事件或行为之间,往往会出现不尽协调或一致的地方。这就需要法官进行司法解释,以便准确地适用法律。由于马克思恪守司法法治主义,所以他主张,在司法解释问题上,只允许进行法律条款本身的解释,不允许超出法律条文之外或对法律规范作价值意义的解释,更不允许进行法律扩张解释。在法律适用的领域之中,法官的责任就是"当法律运用到个别场合时,根据他对法律的诚挚的理解来解释法律"②。

在适用法律的过程中,司法程序问题占有重要的地位。尽管马克思很重视实体法律在司法实践中的意义,但这并不意味着他忽视程序问题。相反,他把程序法和实体法之间的关系比作植物的外形与植物、动物的外形与血肉的关系那样密不可分,把审判程序看作是实体法律的"生命形式"。不仅如此,马克思也清醒地看到,司法程序是关乎司法法治命运的问题之一。破坏司法法治的行径,往往从程序上大做文章。马克思尖锐地抨击了私人利益践踏法律程式、破坏法治的行径。他指出,对于贪得无厌、到处钻营的私人利益来说,审判形式是迂腐的法律仪式在它面前设置的累赘而多余的障碍。因而,私人利益的维护者——莱茵省议会,出于其低下的动机,一方面在把私人利益的物质内容塞进法律之中的同时,另一方面又赋予这种内容以相应的形式,即秘密的诉讼程序的形式。③ 因此,马克思把自由和法治同司法程序联系起来,认为"自由的公开审判程序,是那种本质上公开的、受自由支配而不

---

① 参见《马克思恩格斯全集》第 5 卷,人民出版社 1956 年版,第 191 页。
②《马克思恩格斯全集》第 1 卷,人民出版社 1956 年版,第 76 页。
③ 参见《马克思恩格斯全集》第 1 卷,人民出版社 1956 年版,第 177—179 页。

受私人利益支配的内容所具有的必然属性"①。如果以为不自由的法律套上自由的公开审判程序就会得出公正的判决,这只能是一种幻想。

(原文刊于《中国法学》1990年第3期)

马克思晚年人类学笔记中的法律思想

探寻法律文化运动的多样性统一,是马克思主义法哲学的重要理论使命之一。在晚年的最后岁月中,马克思把目光投注到对人类社会发展过程的全方位的历史反思方面。他不惜把《资本论》巨著的创作搁置在一旁,拖着重病之身,以极大的毅力潜心研究古代社会特别是东方社会的历史,写下了三万多页高质量的读书笔记。这不能不是人类思想史上的一个奇观! 在这些笔记中,马克思不仅进一步探讨了人类早期所有制形态演变,揭示了古代公社法权关系的历史起源及其本质特征,而且着力考察了古代东方社会的法律文化面貌并且将其放置到世界法律文明的背景下来加以关照。马克思的这些思想进一步丰富了马克思主义法哲学理论宝库。本文试图撷取若干层面对马克思晚年人类学笔记的法律思想作一初步探讨,以便展示马克思这一理论的价值意义。

一、法权关系从野蛮到文明的变迁

马克思说:"私法和私有制是从自然形成的共同体形式的解体过程中同时发展起来的。"②私有制的每一步发展,都会引起私法关系的新的变化。要正确揭示私法与私有制的关系,就应当从私有财产的经验存在以及私有财产同生产力的联系方面来深入考察私有财产。对此,马克思在晚年《人类学笔记》中做了精辟的阐发。

原始的部落所有制是以低下的生产力水平为基础的。在这一经济条件下,个人的所有权局限于简单的占有,财产也表现为直接的、自然产生的统治。因此,氏族共同体的社会调整机制,一方面取决于流传下

①《马克思恩格斯全集》第1卷,人民出版社1956年版,第178页。
②《马克思恩格斯全集》第3卷,人民出版社1960年版,第71页。

来的道德原则和人们在共同生产、分配和交换过程中形成的习惯，另一方面也取决于原始共同体及其机构的直接规定。随着社会分工的扩大和劳动产品的增多，个人的私有财产日益发达起来，特别是动产的出现，使个人的所有权关系取得了新的经济性质。马克思将这一社会历史经济现象，称之为"财产关系个体化"的过程。马克思指出，随着氏族公社的逐渐解体，"已经彼此孤立的人都力求成为私有者①"。这是财产关系个体化的历史运动过程。"随着氏族分为'支系'而必然发生的实际的空间划分"（而不是氏族各支系之间的血亲意识），"在氏族的每一分支中都出现了这样一种愿望：调整自己的财产关系，使自己不受比较疏远的其他各分支的参预和干涉"，这实际上表明当时"出现了把共同经济分为更加互相隔绝的各个部分的实际必要性。"②因此，马克思充分肯定财产在人类法律文明历史起源过程中的伟大作用。马克思赞同摩尔根的下述思想，即："无论怎样高度估计财产对人类文明的影响，都不为过甚。财产曾经是把雅利安人和闪米特人从野蛮时代带进文明时代的力量。管理机关和法律建立起来，主要就是为了创造、保护和享有财产。"③由此，马克思对摩尔根关于同原始人财产关系发展阶段相适应的三种继承法演变的论述颇感兴趣。他复述道："财产形式增加，关于占有和继承的某些法规也必然随之发展。关于占有和继承财产的这些法规所依据的习俗，是由社会组织的发展状况和水平决定的。"④与蒙昧阶段财产关系相适应，产生了第一种继承法，据此，死者的财产被分给其氏族成员；与野蛮时代低级和中级阶段财产关系相适应，出现了第二种继承法，即把财产分给同宗亲属；而在野蛮时代的高级阶段，共同占有的土地逐渐变成了私有财产，动产一般都是个人所有，专偶制家庭也从对偶制家庭中演变出来，继承问题就越来越迫切了，第三种继承法便应运而生，即将死者的财产分给他的子女。⑤ 马克思的上述思想原则，后来由恩格斯在《家庭、私有制和国家的起源》一书中进一步系统地加以阐述和发挥。

氏族公社时代之所以那样井然有序地存在、发展了数十万年，一个

---

① 《马克思恩格斯全集》第 45 卷，人民出版社 1985 年版，第 226 页。
② 《马克思恩格斯全集》第 45 卷，人民出版社 1985 年版，第 232—233 页。
③ 《马克思恩格斯全集》第 45 卷，人民出版社 1985 年版，第 377 页。
④ 《马克思恩格斯全集》第 45 卷，人民出版社 1985 年版，第 378 页。
⑤ 《马克思恩格斯全集》第 45 卷，人民出版社 1985 年版，第 379—392 页。

重要原因就在于它本身具有独特的社会行为规范,这就是氏族习惯。氏族习惯是原始公社生活的主要调节手段,审讯犯罪的法庭和规定刑罚的法律,只是在后来才出现的。在伊洛魁人以及印第安人诸部落中,为被杀害的同氏族人复仇是被公认的一项义务。血缘复仇的义务,最初是由被害者的氏族担负的,后来就变成了胞族的义务。当政治社会即国家建立以后,血族复仇的义务就变成了法庭控告凶手的义务,而这一义务是由胞族承担的。因为在古代雅典人中间,在氏族已不再是社会制度的基础以后,胞族在一定时期内仍然继续存在。[①]

对于摩尔根的上述看法,马克思显然是赞同的,并且认为胞族担负的向法庭控告杀害本胞族成员的凶手的责任,乃是"血亲复仇的改变了的形式"[②]。当社会生产力的发展导致人们之间关系的根本变化的时候,人们之间的关系不再以血缘联系为基础,而是以相互对立的经济利益关系为基础。于是,适应社会经济生活及其关系发展的要求,人们在日常社会生活和经济活动中所形成的规则和秩序,日益取得法权的意义。虽然这些规则仍然没有摆脱习惯的樊篱,但却不再是氏族习惯,而是一种"法权习惯"(恩格斯语)。随着国家的出现,法权习惯就转变为法律了。关于这一过程,马克思指出:"如果一种生产方式持续了一个时期,那末,它就会作为习惯和传统固定下来,最后被作为明文的法律加以神圣化"[③]。在后来的《人类学笔记》中,马克思分析了由习惯法向成文法的转变过程。他显然对俄国学者柯瓦列夫斯基的下述看法持认同的态度,即:印度晚期的法典编纂者,即印度法律文献中以《法经》著称的大批汇编的编者,就是从这些习惯中汲取解释《摩奴法典》的资料。习惯法提供了主要资料来补充远古法典中那些纯法律的特别是纯伦理的贫乏的规定,这些规定起初是由乡村、城市和省的内政当局调整的。[④]马克思又肯定了摩尔根的下述思想,即:"希腊人、罗马人、希伯来人的最初法律——在文明时代开始以后——主要只是把他们前代体现在习惯和习俗中的经验的成果变为法律条文"[⑤]。根据摩尔根的研究,成文法逐渐代替习惯法的过程,大致发生在由氏族制度向文明社会的国家

---

① 参见《马克思恩格斯全集》第45卷,人民出版社1985年版,第423、506页。
②《马克思恩格斯全集》45卷,人民出版社1985年版,第418页。
③《马克思恩格斯全集》第25卷,人民出版社1975年版,第894页。
④ 参见《马克思恩格斯全集》第45卷,人民出版社1985年版,第244页。
⑤《马克思恩格斯全集》第45卷,人民出版社1985年版,第389—390页。

制度转变的历史时期。在这一时期,氏族制度逐渐消失,国家制度逐渐出现,两种制度彼此并存。由于权力的冲突,由于滥用尚未十分明确限定的权力,也由于旧的管理制度已经无能为力,这也就需要用成文法代替习惯法,这个过渡时期持续了数个世纪之久。① 马克思对此也是赞同的。因之,由氏族习惯,发展成为法权习惯,最终确认为成文的法律,这是法的现象历史起源过程中不可忽视的一条线索。

二、东方社会法律文化的社会机制

古代东方社会的法律文化自成系统,独具品格。而东方社会的法律文化只有理解了与之相适应的社会生活条件,并且从这些社会条件中被引申出来的时候,才能把握其底蕴。对此,马克思在晚年《人类学笔记》中,通过对柯瓦列夫斯基、菲尔等人著述的深入研究,阐发了东方社会法律文化系统的社会机制。这些思想无疑具有重大的理论意义。

首先,关于古代东方社会法律文化的经济基础。

法律文化的最深厚的根源,存在于一定社会的物质条件之中,存在于现实的人们的经济关系之中,存在于人们在相互交往的活动过程中所形成的法律实践之中。离开了对社会经济关系的把握,就无法理解法律文化的真正奥秘,就会堕入唯心主义的法学虚构之中。

马克思对于东方社会法律文化系统的考察,首先注意到该系统的独特的所有制形式。在 19 世纪 50 年代后半期,他发现,"在亚细亚(至少是占优势的)形式中,不存在个人所有,只有个人占有;公社是真正的实际所有者;所以,财产只是作为公共的土地财产而存在"②。很显然,此时的马克思对东方社会法律文化之基础的探讨,有一个确定的前提,即:亚细亚生产方式是人类历史上最初的一个社会经济形态,奴隶制和农奴制的经济关系都是以这种社会原生形态为基础发展起来的。然而,在晚年的《人类学笔记》中,马克思开始恰当地确立古代东方农村公社的历史位置,把它视为既是原生的社会形态的最后一个阶段,也是向次生形态过渡的阶段。由此出发,马克思从新的角度分析了古代东方社会法律文化赖以存在和发展的经济条件,特别是着重探讨了东方社会农村公社土地所有制的内在结构。

---

① 参见《马克思恩格斯全集》第 45 卷,人民出版社 1985 年版,第 514—515 页。
②《马克思恩格斯全集》第 46 卷(上),人民出版社 1979 年版,第 481 页。

在《马·柯瓦列夫斯基〈公社土地占有制,其解体的原因、进程和结果〉一书摘要》中,马克思对柯瓦列夫斯基关于古代印度农村公社土地制度的论述很感兴趣。柯氏在他的论著中提及了古代印度公社土地制度是公共所有制与私人所有制的混合体,这一见解显然与马克思在 19 世纪 50 年代至 70 年代前期的看法是不同的。按照柯氏的看法,印度农村公社土地制度的二元结构出现于农村公社的解体过程。对于柯氏的上述看法,马克思无疑持认同的态度。他认为,"柯瓦列夫斯基在《摩奴》中发现了"古代印度存在着双重所有制的痕迹。① 马克思甚至还补充了比《摩奴法典》更为古老的典籍(如《吠陀》、《罗摩衍那》等),试图从更为久远的范围上考察印度农村公社土地关系的二元化结构的历史生成过程。这确乎是意味深长的。这表明马克思对自己先前所持的古代东方农村公社土地所有制的观点,已经因柯瓦列夫斯基的历史辨析而发生改变。如果说,马克思曾经在 50 年代初提出了"不存在土地私有制,这甚至是了解东方天国的一把真正的钥匙"的论断;那么,到了 70 年代末 80 年代初,这个论断就演变成为"公社土地公有制和土地私有制并存才是了解东方的一把钥匙"的科学命题。这是马克思晚年《人类学笔记》的一个极其重要的理论贡献!

其次,关于东方社会法律文化的社会结构。

在古代东方,农村公社或村社制度是社会结构的基本单元,是基本的社会组织形式。不了解东方社会的村社制度的内部关系,就不可能准确地把握东方社会法律文化的特质。如果说马克思对东方社会所有制关系的思考经历了由土地公有的一元观向土地公有与土地私有并存的二元观的巨大转变,那么,马克思对东方公社村社制度的性质及特点的看法,则基本上没有什么大的变化。这是颇值得研究的。

早在 19 世纪 50 年代初,马克思就发现,《摩奴法典》中所反映的古老村庄,乃是印度各种特殊的现象的社会基础。这种社会制度的显明特点,就是它的内在封闭性,具有自身相对独立的排外性组织系统。"除了这个政府之外,整个国家(几个较大的城市不算在内)分为许多村社,它们有完全独立的组织,自己成为一个小天地。"②这种村社制度"使每一个这样的小单位都成为独立的组织,过着闭关自守的生活"③。正

---

①《马克思恩格斯全集》第 45 卷,人民出版社 1985 年版,第 244 页。
②《马克思恩格斯全集》第 28 卷,人民出版社 1973 年版,第 271 页。
③《马克思恩格斯选集》第 2 卷,人民出版社 1972 年版,第 66 页。

是在村社制度的基础上形成了专制国家。在《经济学手稿》(1857—1858)中，马克思进一步分析了古代东方社会的村社制度的内部结构关系。按照他的看法，村社制度的封闭性源自于制约这种制度的经济关系的封闭性。"在东方专制制度下以及那里从法律上看似乎并不存在财产的情况下，这种部落的或公社的财产事实上是作为基础而存在的，这种财产大部分是在一个小公社范围内通过手工业与农业相结合而创造出来的。因此，这种公社完全能够独立存在，而且在自身中包含着再生产和扩大生产的一切条件。公社的一部分剩余劳动属于作为个人而存在的更高的共同体，而这种剩余劳动既表现在贡赋等等的形式上，也表现在为了颂扬统一体——部分地是为了颂扬现实的专制君主，部分地是为了颂扬想象的部落体即神——而共同完成的工程上。"①由于这一原因，使村社制度具有顽强的生命力，进而成为东方专制制度政治结构的社会基础。

在晚年《人类学笔记》中，马克思更加关注村社制度的形成、结构及其特点。他把村社制度作为进一步认识、解剖古代东方社会的关节点之一来把握。柯瓦列夫斯基在《公社占有制》一书中，把村社制度看做是氏族公社解体后所形成的特殊社会形态，认为这类公社"是建立在由各个家庭分别使用继承法属于它们的特定的公社份地的原则上的"，"农村公社，而且是这样的农村公社，即个体份地不是按照距始祖的亲属等级而定，而是按照事实上的占有而定，换言之，即按照实际的耕种情况而定。"②否则就无法说明，为什么法典中经常提到的不是血缘亲属，而是邻人，这种邻人的回忆就是村民大会。从《摩奴法典》时代起至《耶遮尼雅瓦勒基雅法典》和《那罗陀法典》时止这个时期，财产关系个体化日益加强，因此遂使村社制度内部的财产关系打破了血缘关系的桎梏，立法亦规定个人凭藉自己的劳动，不花费家庭任何公共财产而获得财产。对于柯瓦列夫斯基关于村社制度的性质及其内部关系的分析，马克思无疑是赞同的，并且指出："僧侣贼徒(pack)在家庭财产个体化的过程中起着主要作用"③

① 《马克思恩格斯全集》第46卷(上)，人民出版社1979年版，第473页。
② 《马克思恩格斯全集》第45卷，人民出版社1985年版，第252页。
③ 《马克思恩格斯全集》第45卷，人民出版社1985年版，第258页。

三、西方法律文明对东方的冲击

从历史的进程来看,由于西方法律文化是建立在近代商品经济基础之上的,它同以村社制度、土地公有制与个人私有制并存为基础的东方法律文化,显然体现着不同的价值取向。因此,当西方法律文化东渐、侵入原本自我一体的东方社会法律文化系统之中以后,后者便面临着一种巨大的危机局面。在西方法律文化的挑战面前,东方社会法律文化无疑存在着创造性转换的尖锐的时代课题。对此,马克思在晚年的《人类学笔记》中作了详尽的研究。他很重视柯瓦列夫斯基对于印度马德拉斯制度以及类似制度的分析材料,把它视为西方法律文化改造东方社会的一个典型。1826 年,省督门罗在马德拉斯地区模仿法国的小块土地所有制。在这一制度下,政府不是同某个农民所有者订约,而是同某块田野的暂时占有者订约,后者的权利只要不及时纳税就被剥夺。不过,虽然实行这种制度,但仍可以看到不久前还存在的公社团体的痕迹;土地仍然留在先前的世袭占有者的手中;虽然按照法律,他们各人分别负责及时缴纳政府赋税,可是他们各人仍然按照公社原则继续占有他们的份地。然而,总的来说,马德拉斯的制度破坏了同村的各个占有者之间的团结纽带,破坏了公社社员的相互责任,破坏了公社的人员组成和公社的建立在邻里关系上的团结原则。尽管这一制度因预期的增加财政收入的目的没有实现而没有在西部各省和旁遮普普遍采用,但是 1840—1847 年间,在孟买省推行了同马德拉斯类似的制度。这一制度同马德拉斯制度不同的地方,只在于它在破坏公社团结的同时,还承认公社成员的世袭使用权;即使他们的土地暂时没有耕种,他们的财产也不被剥夺;土地耕种者和政府之间的中介人如能提出占有权文契,就被承认为所有者。① 对此,马克思认为,这种制度实际上是"把英国和爱尔兰结合在一起。妙极了!"②

在分析柯瓦列夫斯基关于法国人在阿尔及利亚的专横统治的材料时,马克思论及了殖民者对殖民地法律的几种既相区别又相联系的态度。在法国的资产者看来,确立土地私有制,是政治和社会领域内任何进步的必要条件。因此,法国人在征服阿尔及利亚部分地区以后所关

---

① 参见《马克思恩格斯全集》第 45 卷,人民出版社 1985 年版,第 291—294 页。
②《马克思恩格斯全集》第 45 卷,人民出版社 1985 年版,第 294 页。

心的第一件事,即是宣布大部分被征服的领土为法国政府的财产。其借口是:从马立克教派的法律以及哈乃斐教派的法律来看,穆斯林普遍奉行关于伊玛目向被征服的居民征收人头税。① 对此,马克思指出,"只要非欧洲(外国的)法律对欧洲人'有利',欧洲人就不仅承认——立即承认! ——它,就像他们在这里承认穆斯林的法律一样,而且还'误解'它,使它仅仅对他们自己有利,就像这里所出现的情况那样"。可见,"法国人的贪婪是十分明显的"②。在这里,马克思深刻地揭示了欧洲人征服其他地区或国度后对待被征服地法律的两种形式:第一,只要非欧洲法律对他们有利,就立即予以承认;第二,对非欧洲法律进行"误解",使之对殖民者有利。总之,这两种形式都以是否满足殖民者的利益需要为转移。这是赤裸裸的功利主义标准,是一种法律文明的"变相压迫"。

殖民者对待殖民地法律的第三种态度表现为用新的法律规定否定殖民地法律的某些规定。为了满足贪婪的欲望,法国殖民者甚至直接把穆斯林法律抛弃在一边,直接通过制颁法律来加速土地私有制的进程。法国政府承认一切非法的土地买卖都属有效,从而使破坏习惯法的行为合法化。1844 年 10 月 1 日的法律宣布:"凡是经当地人同意的转让不动产的文契有利于欧洲人者,都不得以穆斯林法律规定的不动产不能出让为理由提出异议。"③因此,马克思尖锐地讽刺道,这部法律"也就是那个由于曲解穆斯林法律而使自己成了阿尔及利亚土地的唯一所有者的资产者政府宣布的"④。这充分暴露了殖民者对殖民地法律的曲解甚或排却、否定的强盗面目,也反映了殖民者对殖民地法律文明的摧残。在马克思看来,按照法国政府法律关于经当地人同意的转让不动产的文契的规定,"即使这个当地人出卖的是不属于他的东西"⑤,也依然被殖民者的法律所承认,前提是只要它有利于欧洲人——这显然是以殖民者的利益为最高法律准则。

西方殖民者对待殖民地法律的第四种态度是用新的法律文件来使殖民地的传统法律文明在实际上变形或解体。比如,1863 年 4 月 22 日

① 参见《马克思恩格斯全集》第 45 卷,人民出版社 1985 年版,第 315—316 页。
②《马克思恩格斯全集》第 45 卷,人民出版社 1985 年版,第 317 页。
③《马克思恩格斯全集》第 45 卷,人民出版社 1985 年版,第 318 页。
④《马克思恩格斯全集》第 45 卷,人民出版社 1985 年版,第 318 页。
⑤《马克思恩格斯全集》第 45 卷,人民出版社 1985 年版,第 318 页。

的法国参议院决议以及 1873 年法国国民议会法律,即是如此。① 对此,
马克思认为,"1873 年'乡绅会议'所关心的第一件事,就是采取有效的
措施来掠夺阿拉伯人的土地"。"在这个可耻的议院中进行的关于在阿
尔及利亚'建立私有制'的方案的辩论,企图用所谓永恒不变的政治经
济学规律的外衣,来掩盖这种欺诈勾当"。"在这种辩论中,'乡绅'对于
消灭集体所有制这个目的意见完全一致。所争论的仅仅是用什么方法
来消灭它。"②针对 1873 年法国国民议会法律关于"一直由阿拉伯氏族
共同使用、没有在各氏族分区之间加以分配的荒地,都是国家财产"的
规定,马克思指出,"这是直接的掠夺! 正因为如此,对神圣不可侵犯的
'财产'十分温情的'乡绅会议',才不加任何修改地通过了粗暴侵犯公
社财产的法律草案,并且一定要在 1873 年当年就付诸实施"。③

与此同时,马克思也批判了某些思想家的"西方中心论"。柯瓦列
夫斯基试图用西欧的封建制模式来解释东方印度社会的变化过程,把
"采邑制""公职承包制"和"荫庇制"的存在,看做是南亚半岛社会生活
封建化的标志。④ 对此,马克思分析说,"由于在印度有'采邑制'、'公职
承包制'(后者根本不是封建主义的,罗马就是证明)和荫庇制,所以柯
瓦列夫斯基就认为为这是西欧意义上的封建主义。别的不说,柯瓦列
夫斯基忘记了农奴制,这种制度并不存在于印度,而且它是个基本因
素。〔至于说封建主(执行监察官任务的封建主)不仅对非自由农民,而
且对自由农民的个人保护作用……那么,这一点在印度,除了在教田方
面,所起的作用是很小的〕;〔罗马——日耳曼封建主义所固有的对土地
的崇高颂歌……在印度正如在罗马一样少见。土地在印度的任何地方
都不是贵族性的,就是说,土地并非不得出让给平民!〕不过柯瓦列夫斯
基自己也看到一个基本差别:在大莫卧儿帝国特别是民法方面没有世
袭司法权"⑤。这表明,无论在"公职承包制"方面和农奴制方面,还是在
荫庇制和对土地的态度,乃至民法领域中的世袭司法权方面,印度与西
欧的封建制度都是迥然有别的。因此,东方社会有其确定的社会组织
系统以及法律文化体系,它的演变发展也有自己相对独立的特殊的道

---

① 参见《马克思恩格斯全集》第 45 卷,人民出版社 1985 年版,第 319—327 页。
②《马克思恩格斯全集》第 45 卷,人民出版社 1985 年版,第 322—323 页。
③《马克思恩格斯全集》第 45 卷,人民出版社 1985 年版,第 326 页。
④ 参见《马克思恩格斯全集》第 45 卷,人民出版社 1985 年版,第 282—285 页。
⑤《马克思恩格斯全集》第 45 卷,人民出版社 1985 年版,第 283—284 页。

路和方式。西方法律文化对东方社会的冲击，固然可以改变东方社会法律文化的某些方面或领域，但是却不可能消弭东方社会法律文化的固有特征。那种企望用西方模式来理解东方社会法律文化系统的"西方中心论"，是经不住历史检验的。

（原文刊于《法学研究》1992 年第 1 期）

亚细亚生产方式与东方社会法律文化

一、引言

马克思关于东方社会法律文化的思想是同他的"亚细亚生产方式"的概念紧密联系在一起的。倘若不了解"亚细亚生产方式"概念在马克思学说体系中的地位及其演变历程，就不可能准确地把握马克思的东方社会法律文化理论的精髓。而在马克思那里，"亚细亚生产方式"的概念具有双重涵义：其一是指称人类社会发展过程的"原生形态"；其二是指称东方社会所特有的社会形态。在马克思关于东方社会法律文化思想的发展过程中，"亚细亚生产方式"的概念内涵经历了由人类社会发展的"原生形态"到东方社会所特有的社会形态的复杂转化过程。如果说，在马克思的前期或中期的学说体系中，"亚细亚生产方式"的概念更多地具有人类社会"原生形态"的意味，并且是一个逻辑的假设；那么，在马克思的后期或晚年思想体系中，"亚细亚生产方式"的概念则更多地具有东方社会文化机制的意蕴，正是这一历史逻辑内涵，成为马克思揭示人类社会法律文化发展的多样性统一图式的重要理论契机。因之，研究马克思的"亚细亚生产方式"概念内涵的转化过程，就成为我们考察马克思关于东方社会法律文化的思想演变的基本线索。

马克思关于亚细亚生产方式及其法律文化的思想，经历了一个复杂的演变过程。这个过程大致可以划分为三个既相区别又相联系的阶段，即：第一个阶段从 19 世纪 40 年代中期到 50 年代初，这是马克思关于亚细亚生产方式及其法律文化思想从萌芽到初步形成的过程；第二个阶段从 19 世纪 50 年代末期到 70 年代初期，这是马克思正式提出亚细亚生产方式及其法律文化理论并且作进一步证明的过程；第三个阶段从 19 世纪 70 年代末期到马克思逝世前夕,这是马克思关于亚细亚生产方式及其法律文化思想进一步深化的过程。总观这三个阶段的发展历程,即可发现,随着马克思关于亚细亚生产方式概念内涵的变化,马克思的东方社会法律文化的学说逐渐从纤弱的思想萌芽生长为一株参天的理论大树,进而充分显示了这一理论的重大价值意义。

二、专制国家与村社制度

确认古代东方社会法律体制的专制主义基础,这是 18 世纪乃至 19 世纪初欧洲思想界的一种普遍流行的观念。法国启蒙思想家孟德斯鸠把专制政治与君主政体区别开来,认为亚洲政体是专制政体。他指出,在古代中国,"人们曾经想使法律和专制主义并行,但是任何东西和专制主义联系起来,便失掉了自己的力量","中国是一个专制的国家,它的原则是恐怖"[1]。德国思想家黑格尔承袭了孟德斯鸠的上述观点,认为古代的中国、印度、波斯、土耳其等东方国家乃至整个亚洲,"都是专制政体,而且是恶劣的暴君政治的舞台"。[2]

对于近代欧洲思想界关于东方社会法律的普遍看法,马克思一方面予以赞同,并把它同近代西方法制对立起来,指出:"实体法却具有本身特有的必要的诉讼形式。例如中国法里一定有笞杖,和中世纪刑律的内容连在一起的诉讼形式一定是拷问,——以此类推,自由的公开审判程序,是那种本质上公开的、受自由支配而不受私人利益支配的内容所具有的必然属性。"[3]马克思还引用了孟德斯鸠的下述一段话来揭露专制法律的恐怖性。即:"孟德斯鸠说:'有两种坏现象,一种是人民不遵守法律;另一种是法律本身使人变坏;后一种祸害是无可救药的,因为药物本身就包含着这种祸害'。"[4]按照马克思的看法,亚洲的专制制度与现代国家是截然不同的。这就是说在亚洲的专制制度中,"政治国家只是一个人的独断独行,换句话说,政治国家同物质国家一样,都是奴隶。现代的国家和这些在人民与国家之间存在着实体统一的国家是不同的"[5]。但是,另一方面,马克思也批评了孟德斯鸠和黑格尔把君主

---

① [法]孟德斯鸠,《论法的精神》上册,张雁深译,商务印书馆 1961 年版,第 129 页。
② [德]黑格尔,《历史哲学》,王造时译,三联书店 1956 年版,第 204 页。
③《马克思恩格斯全集》第 1 卷,人民出版社 1956 年版,第 178 页。
④《马克思恩格斯全集》第 1 卷,人民出版社 1956 年版,第 285 页。
⑤《马克思恩格斯全集》第 1 卷,人民出版社 1956 年版,第 288 页。

政体与专制政体相区别进而美化君主政体的观点,认为"专制制度的唯一原则就是轻视人类,使人不成其为人,……专制君主总把人看得很下贱","君主政体的原则总的说来就是轻视人,蔑视人,使人不成其为人"①。

在《德意志意识形态》中,马克思从生产力和生产关系的矛盾运动出发,区别了人类社会中几种本质不同的社会形态以及与之相适应的法权现象,分析了它们各自的基本特征。这几种所有制形式分别是:部落所有制、古代公社所有制和国家所有制、封建的或等级的所有制以及纯粹的所有制等。在这里,马克思所探讨的古代公社所有制形态并不包括东方社会的所有制形式,而是指以古代希腊和罗马为代表的奴隶制,亦即"积极公民的一种共同私有制"②。但是,值得注意的是,马克思强调:"分工发展的各个不同阶段,同时也就是所有制的各种不同形式。"③由此出发,马克思认为,"印度人和埃及人借以实现分工的原始形态在这些民族的国家和宗教中产生了等级制度"。④ 显然,马克思已经开始把古代印度和埃及的东方社会等级制度看作是不同于其他社会组织形态的一种独特的社会形式,尽管他只是很简单地提出这个问题而没有对此作更深入的研究。

如果说在19世纪50年代以前,马克思仅仅一般地提及东方社会的问题并且充分注意到近代西方文明对古老东方社会文化系统的冲击;那么到了19世纪50年代初期,马克思已经开始形成比较系统的关于亚细亚生产方式及其法律文化的思想。1853年1月,马克思在《选举。——财政困难。——萨特伦德公爵夫人和奴隶制》一文中,探讨了俄国公社和亚洲公社之间的相似性。即:"土地都是氏族的财产,在氏族内部,尽管有血缘关系,但是人们之间也有地位上的差别,正像所有古代亚洲的氏族公社一样"⑤。1853年5月,马克思在《中国革命和欧洲革命》中,清醒地分析了欧洲工业文明的冲击下古代中国社会结构迅速解体的客观事实,认为:"英国的大炮破坏了中国皇帝的威权,迫使天朝帝国与地上的世界接触。与外界完全接触曾是保存旧中国的首要条

---

①《马克思恩格斯全集》第1卷,人民出版社1956年版,第411页。
②《马克思恩格斯全集》第3卷,人民出版社1960年版,第25页。
③《马克思恩格斯全集》第3卷,人民出版社1960年版,第25页。
④《马克思恩格斯全集》第3卷,人民出版社1960年版,第44页。
⑤《马克思恩格斯全集》第8卷,人民出版社1961年版,第572页。

件,而当这种隔绝状态在英国的努力之下被暴力所打破的时候,接踵而来的必然是解体的过程,正如小心保存在密闭棺木里的木乃伊一接触新鲜空气便必然要解体一样。"①此间,马克思和恩格斯曾经就东方社会的社会政治及法律文化问题进行了通信讨论,在马克思看来,东方社会"一切现象的基础是不存在土地私有制。这甚至是了解东方天国的一把真正的钥匙"。② 按照马克思的看法,"在亚洲,从很古的时候起一般说来只有三个政府部门:财政部门,或对内进行掠夺的部门;军事部门,或对外进行掠夺的部门;最后是公共工程部门。气候和土地条件,特别是从撒哈拉经过阿拉伯、波斯、印度和鞑靼区直至最高的亚洲高原的一片广大的沙漠地带,使利用渠道和水利工程的人工灌溉设施成了东方农业的基础"③。同时,马克思也看到,"在东方,由于文明程度太低,幅员太大,不能产生自愿的联合,所以就迫切需要中央集权的政府来干预。因此,亚洲的一切政府都不能不执行一种经济职能,即举办公共工程的职能"④。马克思还分析了构成专制国家基础的村社制度,指出:"从很古的时候起,在印度便产生了一种特殊的社会制度,即所谓村社制度,这种制度使每一个这样的小单位都成为独立的组织,过着闭关自守的生活。"⑤因此,土地公有、专制国家和村社制度,便成为马克思界定东方社会或亚细亚生产方式类型法律文化体系的基本要素。尽管在这一时期马克思还没有正式提出"亚细亚生产方式"的概念,但是这一概念的实质性内涵已经确立下来了。

三、亚细亚生产方式的概念

从理论上系统地总结并且概括出"亚细亚生产方式"概念的任务,是马克思在《资本论》及其手稿的写作过程中完成的。正是在这一过程中,马克思关于东方社会法律文化的思想得到了理论上的升华。在《经济学手稿》(1857—1858)中,马克思站在历史唯物主义法律观的立场上,分析了前资本主义社会的法律文化形态。他把前资本主义社会的法律文化形态区分为三种类型,即:亚细亚型、古典型(即希腊罗马型)

①《马克思恩格斯全集》第2卷,人民出版社1957年版,第3页。
②《马克思恩格斯全集》第28卷,人民出版社1973年版,第256页。
③《马克思恩格斯全集》第2卷,人民出版社1957年版,第3页。
④《马克思恩格斯全集》第2卷,人民出版社1957年版,第64页。
⑤《马克思恩格斯全集》第2卷,人民出版社1957年版,第66页。

和日耳曼型。这三种类型的法律文化系统存在着明显的差异性。在亚细亚型的法律文化形态中，自然形成的共同体是其存在的基本前提，土地是这种共同体的基础。但国家作为一个"总合的统一体"，乃是土地的唯一所有者，而专制君主则是"共同体之父"，是国家的化身。所以，"在大多数亚细亚的基本形式中，凌驾于所有这一切小的共同体之上的总合的统一体表现为更多的所有者或唯一的所有者，实际的公社却不过表现为世袭的占有者"，"而在这些单个的共同体中，每一个单个的人在事实上失去了财产"。① 共同体是真正的实际所有者，不存在个人所有，只有个人占有，个人不过是国有财产的占有者；或者说，财产对这单个的人来说是间接的财产，因为这种财产是由专制君主所体现的"总合的统一体"赐予他的。因之，共同体是实体，个人财产不过是实体的附属物。古典型的法律文化形态尽管也以共同体为前提，但它的基础不是土地而是城市，并且"公社制度的基础，既在于它的成员是由劳动的土地所有者即拥有大块土地的农民所组成，也在于拥有小块土地的农民的独立性是由他们作为公社社员的相互关系来维持的。"②在这里，国有财产是和私有财产分开的，土地所有权表现为国家所有和私人所有相并列的双重形式。每个个人是作为国家成员、作为自由和平等的私有者而存在的，而国家既是这些私有者相互之间的联合，又是他们的障碍，每个人把自己的私有财产看作是自己作为国家成员的身份。日耳曼型法律文化的特点是：尽管存在一种不同于个人财产的公有地，但公有地只是个人财产的补充；公社表现为以土地所有者为独立主体的一种统一，表现为独立主体之间的相互联系；每一个单独的家庭就是一个经济整体；个人的土地财产既不表现为与公社土地财产相对立的形式，也不表现为以公社财产为媒介，而是相反，公社财产表现为各个个人的部落住地和所占有土地的公共附属物。因而，日耳曼公社本身，一方面是作为语言、传统等的共同体，是个人所有者存在的前提；另一方面，它事实上只存在于公社为着公共目的而举行的实际集会上。"因此公社便表现为一种联合而不是联合体，表现为以土地所有者为独立体的一种统一，而不是表现为统一体。"③

可见，按照马克思的看法，亚细亚形态的法律文化的特征是：第一，

---

① 《马克思恩格斯全集》第 46 卷（上），人民出版社 1979 年版，第 473 页。
② 《马克思恩格斯全集》第 46 卷（上），人民出版社 1979 年版，第 476 页。
③ 《马克思恩格斯全集》第 46 卷（上），人民出版社 1979 年版，第 480 页。

没有个人财产,而只有个人占有,共同体才是真正的实际所有者;第二,公社或共同体是社会生活的组织形式,而这样的共同体乃是完全独立的,它本身具备进行生产和再生产的一切条件;第三,这种公社所有制构成了专制主义的基础,专制君主是共同体之父,不但起着土地所有者的作用,而且是共同体的最高代表。很显然,马克思的这些看法实际上是前一时期思想的进一步系统化。正是在上述研究的基础上,马克思在 1859 年出版的《〈政治经济学批判〉序言》中,正式地使用"亚细亚生产方式"的概念来表征古代东方社会,并且把这种生产方式视为人类社会经济形成和发展过程的第一个时代或原生形态。他指出:"大体说来,亚细亚的、古代的、封建的和现代资产阶级的生产方式可以看作是社会经济形态演进的几个时代。"①

四、传统东方法律文化之特征

如前所述,在 19 世纪 70 年代中期以前,马克思始终把亚细亚生产方式视为人类社会经济发展过程中的"原始形式",认为古典形态和日耳曼形态的私有制的原型,可以从这种"原始形式"中推演出来,并且由此出发论述古代东方社会的法律文化。但是,到了 19 世纪 70 年代中期以后,随着史学界对史前社会以及俄国和东方国家的全新的研究,马克思开始发现亚细亚生产方式并不是人类社会的"原始形式",氏族组织才是这样的"原始形式";亚细亚生产方式并不是古典型的或日耳曼型的所有制关系的原型,而是与这两种类型的所有制相并列的一种独立形态的社会经济类型;亚细亚生产方式表明东方社会具有自己独特的发展道路。正是基于这样的认识,马克思终于放弃"亚细亚生产方式"的术语,而转向对东方社会法律文化的特殊性的深入研究。这一研究的成果,就是现在人们所说的晚年"人类学笔记"。

在这一时期,马克思关于东方社会法律文化的总的看法是:第一,"并不是所有的原始公社都是按着同一形式建立起来的。相反,它们有好多种社会结构,这些结构的类型、存在时间的长短彼此都不相同,标志着依次进化的各个阶段。俄国的公社就是通常称做农业公社的一种类型"。② 人类历史上有两个形态,即:以公社所有制为基础的古代的或

---

① 《马克思恩格斯全集》第 2 卷,人民出版社 1957 年版,第 83 页。
② 《马克思恩格斯全集》第 19 卷,人民出版社 1963 年版,第 448 页。

原生的形态,和以私有制为基础的包括建立在奴隶制和农奴制上的次生的形态。东方社会的"农业公社既然是原生的社会形态的最后阶段,所以它同时也是向次生的形态过渡的阶段,即以公有制为基础的社会向以私有制为基础的社会的过渡。"①第二,东方社会的农村公社内部财产关系具有二重性:"它摆脱了牢固然而狭窄的血统亲属关系的束缚,并以土地公社所有制以及由此而产生的各种社会关系为自己的坚实基础;同时,各个家庭单独占有房屋和园地、小土地经济和私人占有产品,促进了个人的发展,而这种发展同较古的公社机体是不相容的。"②东方社会的农村公社制度所固有的二重性,既能够成为它的巨大的生命力的源泉,也可能逐渐成为公社解体的萌芽。第三,东方社会的农村公社制度解体的重要外部原因,在于近代西方资本主义文明的入侵。然而,农村公社土地所有制的解体过程,决不能归之为西欧的封建化过程。欧洲意义上的封建主义,在印度的大部分地区是不存在的。"根据印度的法律,统治者的权力不得在诸子中分配;这样一来,欧洲封建主义的主要源泉之一便被堵塞了。"③

五、简单的小结

中国是一个东方国家。古代中国的法律文化,具有东方社会法律文化的一般特征,但同时又有着自身内在的特殊逻辑。在这里,自给自足的自然经济居于社会经济生活的统治地位。农民虽然保有自己的土地,但他们是作为农奴或依附农被束缚在土地上。封建地主的领地是一个自给自足的和闭关自守的整体,同外界很少联系,这种经济关系必然是一种"超经济的强制"。自然经济严重地阻碍了中国社会商品经济的发展。在古代中国,以家族为本位的宗法思想渗透到上层建筑的各个方面。由于宗法血缘关系有着深厚的基础,形成以家族为本位、家国相通、亲贵合一的政治体制,因而宗法伦理精神和原则渗透和影响着整个社会意识形态的基本格局,也同样支配着法律的历史发展。法律制度的宗法化,成为中国古代法制的一大特点。此外,中国自进入阶级社会直至清末,在政体上都是不同程度的君主专制。正是在这样的特殊社会大系统的氛围下,历史地生成和发展了古代中国的法律文化。很

---

① 《马克思恩格斯全集》第 19 卷,人民出版社 1963 年版,第 448 页。
② 《马克思恩格斯全集》第 19 卷,人民出版社 1963 年版,第 450 页。
③ 《马克思恩格斯全集》第 45 卷,人民出版社 1985 年版,第 274 页。

显然，马克思关于亚细亚生产方式及其法律文化的学说，无疑可以为我们提供认识和把握古代中国法律文化系统的科学的理论工具。

当代中国法制正处于深刻的历史转型过程之中。这是从传统型法制向现代法制的时代飞跃。这个过程就是中国法制的现代化。正是在这一伟大飞跃的过程中，充分展示了中华民族法律文化复兴的历史大趋势，然而，法律文化的历史发展具有继承性。现代的法律文化是历史的法律文化在现代条件下的发展，是波澜壮阔的法律文化历史长河中的一个特定阶段。现代的法律文化是在已逝的法律文化的基础上建构和发展起来的。离开了对往昔的法律文化的总体把握，就不可能合理地科学地评估现代法律文化的性质、特征以及未来走向。因此，要把握现代法律文化之精神，进而预见现代法律文化的未来发展，就必须更加深入地研究古代的法律文化。只有这样，我们才能在当代中国法制现代化的伟大历史进程中，理性地确立应有的历史位置。因之，在这个意义上，深入研究马克思关于亚细亚生产方式及其法律文化的理论，有着重大的学术价值和实践意义。这不仅有利于加深对古代中国法律文化的社会背景的认识，有利于洞察古代中国法律文化的基本特征，而且有益于准确地发现古代中国法律文化在近代西方法律文化的冲击下所发生的变化，以便对近代西方法律文化的冲击及其历史后果作出合理的评判，同时也有助于深刻探求中国法律文化时代转型的特殊途径及其规律性，找寻建构中国法制现代化模式的主要机制。

（原文刊于《法律科学》1992 年第 3 期）

马克思的法律发展思想及其当代意义

一、引言

一般来说，法律发展研究旨在考察社会发展与法律发展之间的相互关系，探讨社会变革进程中法律发展类型的变化及其内在机理，进而揭示一定社会条件下法律发展现象的基本规律。在近代以来的法学理论演进中，法律发展思想论说迭见，各具风格。马克思的法律发展思想内容宏富，博大精深，具有革命性意义。诚然，马克思的法律发展思想乃是 19 世纪的学术产物,但是这一思想学说所具有的法哲学理论逻辑力量,使其当代依然保持着强大的理论生命力。在纪念马克思诞辰 200 周年之际,本文拟对马克思的法律发展思想进行多层面的考察,探讨马克思法律发展思想的主体内容,努力把握这一思想的总体面貌和内在底蕴,进而联系中国法治现代化的伟大实践,揭示马克思法律发展思想的当代意义。

"历史向世界历史的转变",①这是马克思基于对近代以来文明社会发展进程运行轨迹的科学分析所提出的重要命题,精辟地揭示了人类社会历史发展进程的逻辑定则,确立了把握历史时空变迁的崭新的观察测度,彻底冲决了先前思想家们世界历史观的欧洲中心主义思想樊篱,为我们提供了探讨世界历史进程中法律发展问题的崭新的概念分析工具。② "历史向世界历史的转变",不仅意味着历史演进过程的时间与空间关系格局的巨变,且必然推动文明社会法律发展的历史嬗变,标识着前近代社会法律系统与近代以来社会法律系统的历史分野及其转换的时代走向。因之,我们有必要以"历史向世界历史的转变"为分析主轴,着力描述马克思关于法律发展的类型转换、法律发展的内在动因、法律发展的运动样式、法律发展的价值取向等基本问题的思想图景,揭示马克思法律发展思想的时代价值,阐发马克思法律发展思想对于推进中国法治现代化的理论指导意义。

二、法律发展的类型转换

与历史哲学线性分析方法不同,19 世纪欧洲社会与法律发展理论,试图建构一个类型学的分析工具,探讨从前现代社会向现代社会转变过程中的法律发展形态的变化问题。这一理论图式乃是历史向世界历史的转变进程在近代欧洲法律思想的观念映现,反映了这一法律发展现象的基本特点。马克思的法律发展类型论思想因其丰富深邃,在近代以来法律发展思想进程中占有十分重要的地位。一些思想家也充分注意到马克思的社会与法律类型学思想的重要影响。德国社会学家斐迪南·滕尼斯明确说道,他在写作《共同体与社会》一书时从三位"很出色的作者的作品中得到最深刻的印象",其中,"最引人瞩目的和最深

---

① 参见《马克思恩格斯文集》第 1 卷,人民出版社 2009 年版,第 541 页。
② 参见叶险明:《世界历史理论的当代构建》,中国社会科学出版社 2014 年版,第 76—116 页。

刻的社会哲学家"卡尔·马克思的思想影响至深。① 德国思想家马克斯·韦伯认为,马克思关于一切特殊规律和发展结构的理论"自然都是理想类型","凡使用过马克思的概念和假设的人,都知道这些理想类型对评价现实的巨大的、独特的启发意义"。②

马克思的法律发展类型论思想构筑在唯物主义历史观的基础之上,强调不同类型的生产方式对法律发展类型的制约作用。社会经济关系类型从根本上决定着社会与法律类型的表现方式,"每种生产方式都产生出它所特有的法的关系、统治形式"。③ 这一重要论断,确立了马克思法律发展类型学构架的本质规定性,构成了"历史向世界历史转变"进程中法律发展类型变迁的基本分析准则。

马克思认为,在社会法权关系意义上,"历史向世界历史转变"乃是一个政治国家与市民社会之间的分离过程。在前近代时期,市民社会与政治国家之间具有高度的同一性,市民社会的每一个领域,都带有浓厚的政治性质,一切私人活动与事务都打上鲜明的政治烙印。在世界历史的形成进程中,随着商业、财产、劳动方式及同业公会等等市民社会构成要素日益获得独立存在和发展的意义,市民社会开始同政治国家相分离。与此相适应,政治国家也得到了发展。"不言而喻,政治制度本身只有在各私人领域达到独立存在的地方才能发展起来。在商业和地产还不自由、还没有达到独立的地方,也就不会有政治制度"。④ 近代的"政治解放"或政治革命加速了政治国家与市民社会分离的进程,消除了市民社会的政治性质。

这一历史进程源于一定的社会生活条件,源于生产力与生产关系之间的矛盾,由此造成独具特质的法律发展类型。对此,马克思运用唯物史观的基本原理,考察了法律发展现象的本质特征,揭示了世界历史进程中法律发展的历史类型逻辑。在《德意志意识形态》中马克思第一次把社会的基本矛盾归之于生产力与"交往形式"(生产关系)之间的矛盾,认为这一矛盾运动不仅构成了人类社会历史发展的内在机理,而且推动着世界

① 参见[德]斐迪南·滕尼斯:《共同体与社会——纯粹社会学的基本概念》,林荣远译,商务印书馆1999年版,第15—16页。

② 参见[德]马克斯·韦伯:《社会科学方法论》,朱红文等译,谢建葵校,中国人民大学出版社1992年版,第97页。

③ 参见《马克思恩格斯全集》第30卷,人民出版社1995年版,第29页。

④ 参见《马克思恩格斯全集》第3卷,人民出版社2002年版,第42页。

历史进程中法权关系类型的历史转换。① 马克思以欧洲社会与法律发展现象为研究对象,按照历史演进的时空序列,将前近代社会的所有制形式及其法权类型,大体上区别为部落所有制、公社所有制和国家所有制以及封建的或者等级所有制及其相应的法律表现形式,着重分析了从前近代社会的法权关系类型向近代社会法权关系类型的历史转换过程。② "私法是与私有制同时从自然形成的共同体的解体过程中发展起来的"。③ 古代公社所有制和国家所有制建立在城乡对立的基础上,乃是所谓"积极公民"的一种共同私有制。在这种所有制形式下,动产的私有制以及后来不动产的私有制开始发展起来,因而形成多种所有制形式并存的格局。中世纪欧洲的封建所有制是在罗马世界的遗产和日耳曼人的军事制度的影响下建立起来的。④ 与古希腊和罗马不同,它的发展是在宽广的地域范围向乡村转移开始的,这种发展起点的转移,影响和制约着中世纪封建制度的构造。"封建制度是中世纪的生产和交往关系的政治形式"。⑤ 在广大的中世纪乡村,与封建的土地占有结构相适应,产生了贵族等级制度;而在那些由获得自由的农奴重新建立的城市里,则创造了行会等级制度。总之,中世纪的欧洲无论是在乡村还是在城市,等级结构表现得异常明显,而封建制"在政治上表现为特权"。⑥

欧洲中世纪封建主义向资本主义的转变及其法权关系系统的历史变革,这是文明社会法律发展进程中的一个重大问题。马克思重点考察了欧洲中世纪封建社会向近代资本主义社会的过渡及其法权关系类型的深刻变动过程,把近代资本主义所有制关系称之为"纯粹私有制",亦即"抛弃了共同体的一切外观并消除了国家对所有制发展的任何影响的"新的私有财产关系类型。⑦ 按照马克思的看法,16 世纪开启了资本主义"纯粹私有制"发展的时代,而"纯粹私有制"及其财产关系的历史运动,必然要在政治与法律生活领域中反映出来,表现为"权利、平

---

① 参见张一兵:《回到马克思:经济学语境中的哲学话语》,江苏人民出版社 2014 年版,第 422、478—487 页。

② 参见[美]威廉姆·肖:《马克思的历史理论》,阮仁慧等译,重庆出版社 2007 年版,第 122—160 页。

③ 参见《马克思恩格斯选集》第 1 卷,人民出版社 2012 年,第 212 页。

④ 参见[英]佩里·安德森:《从古代到封建主义的过渡》,郭方、刘健译,上海人民出版社 2016 年版,第 91—93 页。

⑤ 参见《马克思恩格斯全集》第 3 卷,人民出版社 1960 年版,第 191 页。

⑥ 参见《马克思恩格斯全集》第 3 卷,人民出版社 1960 年版,第 191 页。

⑦ 参见《马克思恩格斯选集》第 1 卷,第 212 页;[美]罗伯特·布伦纳:《马克思社会发展理论新解》,张秀琴等译,中国人民大学出版社 2015 版,第 8—25 页。

权"。① 因此，与前近代社会特权体制不同，近代社会权利体系或产权制度的确立，乃是"纯粹私有制"的必然的法权表现形态，构成了近代西欧社会以个人为本位的法律制度体系的基石。实际上，在近代"纯粹私有制"的社会经济条件下，国家和法律这种虚幻共同体的传统权力，表现为与个人相异己的力量，个人的生存条件表现为偶然的物的力量与个人相对立。这样就给现有的个人提出了十分明确的任务："确立个人对偶然性和关系的统治，以之代替关系和偶然性对个人的统治"。② 而无产阶级的共产主义革命必须用暴力打碎资产阶级的国家机器，废除"纯粹私有制"，摧毁"偶然的桎梏"，打倒那种"相对于个人而独立的虚假共同体（国家、法）的传统权力"，用体现人的自由和个性的"真正的共同体"代替那种"虚假的共同体"。③ 显然，与先前的思想家们关于法律发展类型的分析视角不同，马克思把文明社会法律发展类型变迁放置到生产力与交往形式之间的历史运动中来加以把握，从而确立了理解法律发展类型的历史唯物主义法哲学向度。

三、法律发展的内在动因

历史向世界历史的转变，这是马克思从早年到暮岁探讨人类社会发展规律问题所着力解决的一个基础性论题，也是马克思考察法律发展现象内在动因的一个重要的理论支点。按照马克思的看法，历史向世界历史的转变进程发端于近代早期或中世纪晚期的欧洲，这一进程反映了伴随着近代殖民扩张欧洲资本主义经济形态及其法律形式在世界范围内的拓展态势。④

1500 年前后的新大陆的发现具有重大的历史意义。它极大地开拓了人类思考和探索的广阔空间视野，连同这一时期涌动生成的近代工业化大潮一起，有力地推动着世界历史的形成与发展。马克思认为："随着美洲和通往东印度的航线的发现，交往扩大了，工场手工业和整

---

① 参见《马克思恩格斯全集》第 3 卷，人民出版社 1960 年版，第 375 页。

② 参见《马克思恩格斯全集》第 3 卷，人民出版社 1960 年版，第 515 页。

③ 参见《马克思恩格斯文集》第 1 卷，人民出版社 2009 年版，第 575—576、571 页。

④ 马克思指出："为资本主义生产方式奠定基础的变革的序幕，是在 15 世纪最后 30 多年和 16 世纪最初几十年演出的。""虽然在 14 和 15 世纪，在地中海沿岸的某些城市已经稀疏地出现了资本主义生产的最初萌芽，但是资本主义时代是从 16 世纪才开始的。在这个时代来到的地方，农奴制早已废除，中世纪的顶点——主权城市也早已衰落。"参见《马克思恩格斯全集》第 44 卷，人民出版社 2001 年版，第 825、823 页。

个生产运动有了巨大的发展".① 这一重大的历史事件不仅由于大量新产品的输入而沉重打击了封建土地所有制,开始从根本上改变了阶级之间的相互关系,而且扩大了交往与市场范围并由此而逐步形成世界市场,大大推动生产力的新发展,由此而产生了历史发展的一个新阶段。马克思努力探寻推动历史向世界历史转变的内在力量。他指出:"历史向世界历史的转变,不是'自我意识'、世界精神或者某个形而上学幽灵的某种纯粹的抽象行动,而是完全物质的、可以通过经验证明的行动".② 在整个社会历史发展的长河中,生产力与交往形式之间的矛盾运动,形成一个有机联系的序列。历史向世界历史转变的过程,根源于社会生产力的历史性进步以及由此而产生的生产方式的变革。在古代世界,各个民族之间的相互交往和联系很不发达,在很大程度上处于原始的闭关自守的状态。这一时期的历史是孤立的或分裂的历史。然而,随着交往的扩大,进入近代世界以来,各民族之间相互影响的活动范围日益拓展,以往那种孤立自在的民族生存状态逐渐被打破,而被纳入一个整体化的彼此相互联系的发展网络之中。由此,孤立的或分裂的历史开始向整体的或统一的历史转变。马克思强调,"各个相互影响的活动范围在这个发展进程中越是扩大,各民族的原始封闭状态由于日益完善的生产方式、交往以及因交往而自然形成的不同民族之间的分工消灭得越是彻底,历史也就越是成为世界历史。例如,如果在英国发明了一种机器,它夺走了印度和中国的无数劳动者的饭碗,并引起这些国家的整个生存形式的改变,那么,这个发明便成为一个世界历史性的事实".③ 在历史向世界历史的转变过程中,资本主义生产方式得以历史性地确立,使整个世界面貌发生了前所未有的变化。"过去那种地方的和民族的自给自足和闭关自守状态,被各民族的各方面的互相往来和各方面的互相依赖所代替了"。显然,世界历史的形成之深厚基础,乃是近代社会所造成的"比过去一切世代创造的全部生产力还要多,还要大"的生产力。④

在马克思看来,正是在历史向世界历史转变的过程中,人类社会的

① 参见《马克思恩格斯文集》第1卷,人民出版社2009年版,第562页。
② 参见马克思、恩格斯:《德意志意识形态》(节选本),中共中央马克思恩格斯列宁斯大林著作编译局编译,人民出版社2003年版,第33页。
③ 马克思、恩格斯:《德意志意识形态》(节选本),第32—33页。
④ 参见《马克思恩格斯选集》第1卷,人民出版社2012年版,第404、405页。

法律发展领域也在发生巨大的变化,先前不同民族和国家的各自孤立的法律演化进程,逐渐被统一的全球法律发展格局所替代。随着一些欧洲国家冒险的远征和殖民地的开拓以及工商贸易的广泛发展,原先那些带有地域性和民族性的交往形式、政治结构乃至法律生活领域,日益融入一体化的世界历史进程及其法律发展体系之中。作为世界历史进程的强大动力的近代大工业,"首次开创了世界历史,因为它使每个文明国家以及这些国家中的每一个人的需要的满足都依赖于整个世界,因为它消灭了各国以往自然形成的闭关自守的状态"。① 世界历史一体化的进程在政治与法律发展领域也表现出来,原先"各自独立的、几乎只有同盟关系的、各有不同利益、不同法律、不同政府、不同关税的各个地区,现在已经结合为一个拥有统一的政府、统一的法律、统一的民族阶级利益和统一的关税的统一的民族"。这一近代全球化运动,产生一股强大的冲击力量,有力地改变西方与非西方关系的历史格局,把一切民族都卷入到文明的漩涡之中,迫使非西方民族推行所谓文明制度,进而"使未开化和半开化的国家从属于文明的国家,使农民的民族从属于资产阶级的民族,使东方从属于西方"。② 因之,历史向世界历史的转变,不仅意味着世界范围内第一次全球化运动的历史涌动,冲击着文明社会发展的民族基础,为近代西方国家按照自己的形象创造出一个新世界提供了条件,而且打破了各民族和国家法律生活孤立演进与发展的封闭状态,逐渐把非西方民族和国家的法律发展纳入统一的打上所谓"文明国家"印记的全球法律发展轨道之中,推动着近代西方政制模式与法律类型向非西方社会的广泛推行,从而深刻地改变了全球法律发展的历史版图,开启了一个全球法律发展的新阶段。

历史向世界历史的转变以及世界历史的形成,是一个"蛹化"过程。伴随着世界历史形成过程的每一个进展,都不可避免地引起法权关系的新变化,催生着法律发展准则与类型的历史转换。在这里,马克思注重考察历史向世界历史转变过程中的制度类型的法律发展运动图式,分析这一进程的法权关系的表现形式,阐述了近代法律发展的基本定则。在他看来,"在每个历史时代中所有权是以各种不同的方式、在完全不同的社会关系下面发展起来的。因此,给资产阶级的所有权下定

① 参见《马克思恩格斯文集》第 1 卷,人民出版社 2009 年版,第 566 页。
② 参见《马克思恩格斯选集》第 1 卷,人民出版社 2012 年版,第 405 页。

义不外是把资产阶级生产的全部社会关系描述一番"。① 历史向世界历史的转变，乃是近代私有制以及私有财产的形成和发展过程。世界历史进程中的近代"纯粹私有制"及其财产关系的历史运动，必然要在政治与法律领域中反映出来。"政治国家"是与由大工业和普遍竞争所产生的现代资本相适应的政治组织形式，俨然以全社会的组织者和调节者的姿态出现在公众面前。为了达到自己的目的，它竭力把自己的利益说成是社会全体成员的共同利益，赋予自己的思想以普遍性的形式，把它们描绘成唯一合理的、有普遍意义的思想。因之，这种状况必然要体现为相应的宪法制度与权利安排，通过一定的立宪形式，建立起代议制，实行出版自由、法官独立审判和陪审制，并且建立自由竞争的法律秩序，以便使资产者的利益在立法、行政、司法、税务和对外政策等方面成为首要的利益。

历史向世界历史的转变过程，也是近代社会交往形式演进以及与之相适应的法权关系的变迁过程。马克思分析说，"每当工业和商业的发展创造出新的交往形式，例如保险公司等等，法便不得不承认它们都是获得财产的方式"。② 而法院权力的历史发展过程，亦清楚地表明法权关系与由于分工而引起的物质力量的发展之间的紧密联系。在由封建贵族统治向资产阶级统治过渡的历史时期，资产阶级与封建贵族的利益发生冲突，欧洲各国之间的贸易关系开始变得重要起来，从而使得国际关系本身也带上资产阶级的色彩。正是在这样一个时期，法院的权力获得重要意义。"在资产阶级统治下，当这种广泛发展的分工成为绝对必要的时候，法院的权力达到了自己的最高峰"。③

历史向世界历史的转变过程，还是罗马法日益复兴并且逐渐世界化的过程。罗马法以私法闻名于世，而罗马私法是在罗马氏族公社解体进程中同时发展起来的，它反映了简单商品生产的法权要求。然而，随着罗马帝国的崩溃，罗马私法逐渐丧失了往日的荣耀。可是，伴随着历史向世界历史的转变，以及封建等级所有制的逐渐瓦解、近代"纯粹私有制"逐渐兴起的历史进程，罗马法奇迹般地得到了复兴。按照马克思的看法，适应当时社会经济生活的需要，"当工业和商业——起初在意大利，随后在其他国家——进一步发展了私有制的时候，详细拟定的罗马私法便又立即得到恢复并取得威信。后来,资产阶级力量壮大起来,君主们开始照顾它的利益,以便借助资产阶级来摧毁封建贵族,这时候法便在所有国家中——法国是在 16 世纪——开始真正地发展起来了,除了英国以外,这种发展在所有国家中都是以罗马法典为基础的。即使在英国,为了私法(特别是其中关于动产的那一部分)的进一步完善,也不得不参照罗马法的原则”。[1] 可见,从罗马法的复兴及其世界化的历史演变中,马克思深刻地发现,从历史向世界历史的转变所引起的社会经济关系的巨大变化及其历史运动,需要有一定的法权关系与法律形式与之相适应;而作为商品经济关系法律表现形式的罗马法,承认和确立新的交往形式与新的获得财产的方式,从而能够有效满足世界历史进程所形成的新的法律要求。

四、法律发展的运动样式

法律发展现象是一个处于生动的发展过程之中的有机体,有其自身内在的运动规律,应当把它“理解为一种自然史的过程”。[2] 在这一交织着各种复杂因素的法律发展现象的矛盾运动中,鲜明地展示着法律发展进程的多样性统一的历史运动样式。马克思法律发展思想的深刻之处,就在于运用历史唯物主义法哲学的方法论准则,深入考察历史向世界历史转变过程中的法律发展现象多样性统一的运动图式,进而揭示文明社会法律发展的逻辑法则。应当说,马克思关于法律发展多样性统一的分析范式,构成了马克思法律发展思想系统的理论枢纽,体现了马克思对于法律发展现象内在运动规律的科学把握。[3]

按照马克思的看法,法律发展有其固有的运动规律,决定着文明社会各个民族或国度的社会与法律发展的基本面貌,进而逻辑地演绎出全球法律文明进程的最一般运动轨迹。由是,马克思力图从大量具体的多样化的法律发展现象中探求法律发展的一般规律,着力确证法律发展进程的内在统一性法则,强调对法律发展现象的认识,不拟简单地停留在法律发展进程的多样性的层面之上,而必须从纷纭复杂的法律发展现象的表象背后,努力阐释制约法律发展现象运动与变化的普遍规律。马克思把法律发展现象的内在统一性看作是理解这个发展进程

---

① 参见《马克思恩格斯选集》第 1 卷,人民出版社 2012 年版,第 213 页。
② 参见《马克思恩格斯全集》第 44 卷,人民出版社 2001 年版,第 10 页。
③ 参见公丕祥:《马克思法哲学思想述论》,河南人民出版社,1992 年版,第 160—163 页。

的一条主线,强调"一个社会即使探索到了本身运动的自然规律……它还是既不能跳过也不能用法令取消自然的发展阶段"。① 在马克思看来,到目前为止,资本主义生产方式的典型地点是英国。因此,《资本论》主要以英国为理论分析对象,而这一分析所揭示出来的社会运动规律具有重要意义。"问题本身并不在于资本主义生产的自然规律所引起的社会对抗的发展程度的高低。问题在于这些规律本身,在于这些以铁的必然性发生作用并且正在实现的趋势。工业较发达的国家向工业较不发达的国家所显示的,只是后者未来的景象"。② 对于像德国这样的欧洲大陆上资本主义生产发展比较缓慢的国家来说,《资本论》所阐明的社会历史运动规律无疑是适用的。基于上述分析原则,在《资本论》及其手稿中,马克思具体考察了伴随着世界历史进程而展开的近代社会法权关系的历史起源过程,阐述了从前近代法权关系类型向近代社会法权关系类型转变的多样性统一的运动样式及其内在机理。

马克思注意到世界历史时代的到来并没有完全抹煞各个民族或国度自身历史的诸多差异性,这是因为各个国度赖以生存和发展的社会生产力发展水平是有差别的。③ 尽管世界历史的洪流已经把每一个文明国家紧密地联接在一起,发达国家与欠发达国家之间,工业国与非工业国之间,西方国家与非西方国家之间,都在发生着这样或那样的联系与影响,"大工业发达的国家也 plus ou moins[或多或少]影响着非工业国家,因为非工业国家由于世界贸易而被卷入普遍竞争的斗争中";但是,"在一个国家里,大工业不是在一切地方都达到了同样的发展水平"。④

诚然,伴随着世界历史的进程,近代西方法律文明对古老的东方社会法权关系系统产生了广泛的冲击,极为深刻地改变着东方社会法律文明的演进过程。我们看到,在马克思的笔下,近代欧洲工业文明的冲击不可避免地导致了传统中国社会结构的迅速解体。"英国的大炮破坏了中国皇帝的威权,迫使天朝帝国与地上的世界接触。与外界完全隔绝曾是保存旧中国的首要条件,而当这样隔绝状态通过英国而为暴

---

① 参见《马克思恩格斯全集》第 44 卷,人民出版社 2001 年版,第 9—10 页。
② 参见《马克思恩格斯全集》第 44 卷,人民出版社 2001 年版,第 8 页。
③ 参见陈先达:《走向历史的深处——马克思历史观研究》,上海人民出版社,1987 年版,第 282 页。
④ 参见《马克思恩格斯全集》第 3 卷,人民出版社 1960 年版,第 69 页。

力所打破的时候,接踵而来的必然是解体的过程"。① 不仅如此,马克思还分析了英国人在印度统治所带来的已经或可能发生的社会变化,强调"英国在印度要完成双重的使命:一个是破坏的使命,即消灭旧的亚洲式的社会;另一个是重建的使命,即在亚洲为西方式的社会奠定物质基础"。② 显然,在马克思那里,近代西方文明对传统东方社会的冲击与影响,具有社会历史发展的逻辑必然性。不过,马克思在关注世界历史进程统一性的同时,亦对世界历史进程的多样性问题予以高度重视。他清醒地认识到,近代资本主义及其法律形式在西方世界的出现,是同西欧中世纪中后期特定的社会历史条件密切相关的。西欧社会从前近代社会向近代社会的历史转变,就所有制及其法权关系而言,是从一种形态的私有制及其法权关系(古典型的或日耳曼型的)向另一种形态的私有制及其法权关系(纯粹形态的)的演进过程。无论是在以个人土地所有者为独立主体的日耳曼形态的公社共同体财产关系中,还是在私权系统比较发达的古典型共同体财产关系条件下,都存在着自由的平等私有者的潜在社会因素和条件,这就在很大程度上成为近代新兴工业社会的先声。③ 然而,马克思认为,在传统东方社会,私有制及其法权关系的发展是很不充分的。19 世纪 50 年代初期,尽管马克思意识到东方社会土地所有制问题的复杂性,甚至指出在印度的一些偏僻山区还存在着土地私有制;④但他的主导性观点是赞同法国人弗·贝尔尼埃的看法,指出:"贝尔尼埃正确地看到,东方(他指的是土耳其、波斯、印度斯坦)一切现象的基础是不存在土地私有制。这甚至是了解东方天国的一把真正的钥匙"。⑤ 马克思把传统东方社会不存在土地私有制的原因,主要归之于地理条件因素以及文明程度太低。到了 19 世纪 50 年代后半期,马克思在创作《资本论》的过程中,从理论上系统地总结并且概括出"亚细亚生产方式"的概念,并将此视为"东方的形式",强调在"在大多数亚细亚的基本形式中,凌驾于所有这一切小的共同体之上的总合的统一体表现为更高的所有者或唯一的所有者","而在这些单个

---

① 参见《马克思恩格斯论中国》,人民出版社 1997 年版,第 3—4 页。
② 参见《马克思恩格斯全集》第 12 卷,人民出版社 1998 年版,第 246 页。
③ 参见《马克思恩格斯全集》第 30 卷,人民出版社 1995 年版,第 469—470、471—475 页。
④ 参见《马克思恩格斯全集》第 49 卷,人民出版社 2016 年版,第 433 页。
⑤ 参见《马克思恩格斯全集》第 49 卷,人民出版社 2016 年版,第 415 页。

的共同体中，各个个别的人事实上失去了财产。"①因此，在1859年出版的《〈政治经济学批判〉序言》中，马克思把"亚细亚生产方式"看作是人类社会发展过程中第一个时代或原生形态，指出："大体来说，亚细亚的、古希腊罗马的、封建的和现代资产阶级的生产方式可以看做是经济的社会形态演进的几个时代。"②马克思甚至把古希腊罗马和日耳曼的私有制形态归之于亚细亚所有制形态的"变形"或解体形式，藉以确证作为人类社会经济形态演进的初始形式的亚细亚生产方式的特殊历史地位。尽管在19世纪70年代中期以后，随着史学界对史前社会以及俄国和东方国家的全新的研究，马克思发现亚细亚生产方式并不是人类社会形态的"原始形式"，氏族社会才是这样的"原始形式"，因而不再使用"亚细亚生产方式"的概念；但是，他认识到亚细亚所有制形态的深刻蕴涵恰恰表明东方社会具有自己独特的发展道路和法权形式，东方社会法权关系演进有其特殊的历史轨迹，对于世界历史进程的把握有赖于对东方社会发展特殊性的全新思考。

正是基于这样的认识，1877年11月左右，马克思在一封生前没有发出的《给"祖国纪事"杂志编辑部的信》中，对《资本论》所揭示的社会历史发展规律问题的结论及其适用作了明确的限定，认为《资本论》第1卷关于西欧资本主义经济制度从封建主义经济制度内部产生途径的分析，是以英国及其他西欧国家的历史经验为基础的，至于这种关于西欧资本主义起源的历史分析是否完全适用于俄国，则是有条件的，也是有限的。马克思以《资本论》中有关古代罗马平民历史命运的分析为例，揭示了社会历史发展进程的重要分析原则，指出："极为相似的事变发生在不同的历史环境中就引起了完全不同的结果。如果把这些演变中的每一个都分别加以研究，然后再把它们加以比较，我们就会很容易地找到理解这种现象的钥匙；但是，使用一般历史哲学理论这一把万能钥匙，那是永远达不到这种目的的，这种历史哲学理论的最大长处就在于它是超历史的。"③因此，从不同的社会历史环境条件出发，比较研究一定的社会和法律发展现象及其各具特性的结果，确乎可以提供一把打开世界历史进程中的法律发展现象内在奥秘的历史唯物主义法哲学的分析钥匙，进而把握与西方社会法律发展道路迥然相异的东方社会法

---

① 参见《马克思恩格斯全集》第30卷，人民出版社1995年版，第467页。
② 参见《马克思恩格斯选集》第2卷，人民出版社2012年版，第3页。
③《马克思恩格斯全集》第25卷，人民出版社2001年版，第145—146页。

律发展道路的内在机理,描述世界历史进程中法律发展现象的丰富多样性的运动样态。

按照这一历史唯物主义法哲学的分析原则,马克思着力论证俄国问题的特殊性,认为与近代西欧的社会历史运动不同,不是把一种私有制形式变成另一种私有制形式,而是要把俄国农民的公有制变为私有制;随着社会的进步,西欧曾经存在的古代类型的公社所有制逐渐消失,而在俄国,由于各种情况的特殊凑合,农村公社至今还在全国范围内存在着,"俄国是在全国范围内把'农业公社'保存到今天的欧洲唯一的国家"。西欧社会的发展有其一系列独特的社会经济因素,而俄国社会历史发展亦有其固有的历史法则。它"不像东印度那样,是外国征服者的猎获物",它也"不是脱离现代世界孤立生存的"。因此,"它有可能不通过资本主义制度的卡夫丁峡谷,而占有资本主义制度所创造的一切积极的成果"。总之,"不管怎样,西方的先例在这里完全不能说明问题。"俄国公社所有制恰好生存在现代的历史环境之中,和世界市场密切联系在一起,又处在文化较高的时代,因而"它和资本主义生产是同时存在的东西"。因此,马克思深信:"这种农村公社是俄国社会新生的自然支点;可是要使它能发挥这种作用,首先必须排除从各方面向它袭来的破坏性影响,然后保证它具备自然发展的条件。"①

按照这一历史唯物主义法哲学的分析原则,马克思考察了传统东方社会财产关系的性质,阐述了与西欧社会截然不同的东方社会财产关系的二重性特征。随着晚年马克思对古代公社发展史资料的深入研究,他发现传统东方社会并不是公社所有制的一统天下,通过对柯瓦列夫斯基《公社土地占有制》一书中相关资料的分析,认识到专制国家土地所有权的确立与东方社会土地私有权的形成,实际上是同一个过程的两个方面,专制国家正是通过收取地租——赋税的形式,来体现其作为最高土地所有者的身份。② 不仅如此,马克思还探讨了从家庭公社条件下的家庭份地向农村公社条件下的个人份地转化的基本轨迹,认为私有财产的出现是通过从公社土地中分出个体份地的途径。当然,个人份地机制的形成并未彻底泯灭古代土地公共所有制,在印度的一些地区还存在着同一公社成员之间交换耕地的习俗,希望均等地享有使

---

① 参见《马克思恩格斯全集》第 25 卷,人民出版社 2001 年版,第 461、456、465、471、456、481 页。
② 参见《马克思恩格斯全集》第 45 卷,人民出版社 1985 年版,第 223、253—254 页。

用公社土地的权利,这种现象"现在只见之于旁遮普和西北各省了"。①
因此,公社内部私有财产关系的生成和发展,构成公社共同体自我解体
的重要力量之一。东方社会财产关系的二重性,无疑成为解开传统东
方社会法权关系秘密的枢纽。

按照这一历史唯物主义法哲学的分析原则,晚年马克思不再把亚
细亚生产方式视为人类社会的原生形态,而是借助于对摩尔根《古代社
会》一书的研究成果,明确提出公社类型多样性的问题,由此确定了分
析古代社会历史发展道路的方法论原则,认为公社的类型大体上区分
为公社所有制为基础的古代或原生的形态和以私有制为基础的包括建
立在奴隶制和农奴制基础上的次生的形态。② 由于社会历史条件与自
然环境的差异性,不同民族和国家的历史发展具有明显的不平衡特点。
古代东方社会的农业公社乃是原生的社会形态发展的最后阶段或古代
社会形态的最近形式,并不是纯粹的原生形态,因而也是向次生的社会
形态过渡的阶段,即以公有制为基础的社会向以私有制为基础的社会
的过渡阶段。因此,构成这一公社类型的历史特质之处,就在于农业公
社制度固有的财产关系的二元性,而这种二元性既能够成为这种农业
公社制度的巨大生命力的源泉,也可能逐渐成为公社解体的萌芽。晚
年马克思的这一重大发现,不仅解开了东方社会财产关系二元性的内
在奥秘,而且提供了分析东方社会法律发展道路独特性的概念工具。

按照这一历史唯物主义法哲学的分析原则,晚年马克思更加重视
东方社会法律发展的自主性品格。马克思指出:"野蛮的征服者,按照
一条永恒的历史规律,本身被他们所征服的臣民的较高文明所征服。
不列颠人是第一批文明程度高于印度因而不受印度文明影响的征服
者。他们破坏了本地的公社,摧毁了本地的工业,夷平了本地社会中伟
大和崇高的一切,从而毁灭了印度的文明。"③19 世纪 70 年代之后,马
克思通过对俄国问题、印度问题的深入研究以及研读大量的历史学、民
族学和人类学等方面的著作,对于传统东方社会有了更为全面深刻的
了解,进而更加注重把东方社会与欧洲的历史发展进程严格区别开来,
更加重视从东方社会内部去探寻世界历史进程中的东方社会法律发展
的变革轨迹。在晚年人类学笔记中,马克思尖锐地抨击近代西方列强

---

① 参见《马克思恩格斯全集》第 45 卷,人民出版社 1985 年版,第 241 页。
② 参见《马克思恩格斯全集》第 25 卷,人民出版社 2001 年版,第 476、478 页。
③ 参见《马克思恩格斯全集》第 12 卷,人民出版社 1998 年版,第 246 页。

对东方侵略的种种暴行,深刻剖析西方殖民者对殖民地法律的肆意践踏,坚决排拒法律发展问题上的"西方中心主义"。他对柯瓦列夫斯基试图把"采邑制"、"公职承包制"和"荫庇制"的存在看作是南亚半岛社会生活封建化的标志的观点持有否定的态度,认为采邑制和公职承包制也见之于古罗马,但这些制度并不是西欧意义上的封建主义;无论在农奴制方面,还是在世袭司法权方面,印度与西欧的封建制度都是判然有别的。①

五、法律发展的价值取向

法律发展类型转换过程表明,区别法权关系类型历史差异性的尺度,不仅表现为一定社会经济关系的性质以及种种非经济因素或条件的影响力量,而且体现为人与人之间的关系,亦即一定社会条件下个人自主活动及其方式的固有特征,进而凝结为法律发展进程的独特价值方位。

早在《德法年鉴》时期,随着由激进的革命民主主义者向共产主义者的转变,马克思试图通过对"政治解放"与"人的解放"的二元对立及其两种不同的法权系统之比较考察,确立一种新的政治与法律发展类型的解释图式。按照马克思的看法,历史向世界历史的转变,深刻地改变了近代西方社会政治与法律生活的基本面貌,内在地决定了近代"政治解放"的历史局限性。所谓近代西方世界的"政治解放",指的是近代资产阶级政治革命。这场"政治革命打倒了这种统治者的权力,把国家事务提升为人民事务,把政治国家组成为普遍事务,就是说,组成为现实的国家;这种革命必然要摧毁一切等级、同业公会、行帮和特权"。②在公法关系领域,它消除了以财产资格为前提条件的人与人之间的政治不平等,否定了中世纪的政治等级制。近代宪法和法律确认了公民在政治上和法律上的平等地位。在私法关系领域,近代政治革命废除了中世纪一切法律中所固有的那种私权和公权的混合物,取消了私有

---

① 参见中共中央马克思恩格斯列宁斯大林著作编译局编译:《马克思古代社会史笔记》,人民出版社1996年版,第78页。
② 参见《马克思恩格斯全集》第3卷,人民出版社2002年版,第187页。

权形式的二元性和不确定性,确认了私有权无限制和排他性的私法原则。①

正是在上述意义上,马克思充分肯定近代西方政治革命或"政治解放"的历史进步意义,强调"政治解放当然是一大进步;尽管它不是一般人的解放的最后形式,但在迄今为止的世界制度内,它是人的解放的最后形式"。② 然而,"政治解放"的历史局限性是显而易见的。这是因为,近代政治革命虽然取消了选举权和被选举权的财产资格限制,但事实上并没有取消实际存在的种种社会差别,因而是不彻底的。近代"政治解放"法权关系形式上的平等性与实际内容之间的内在冲突,充分表明"这个政治生活的革命实践同它的理论还处于极大的矛盾之中"。③ 在马克思看来,这一矛盾现象只有用"政治解放"的本质来解释,即:近代政治革命或"政治解放"乃是政治国家与市民社会相分离的必然结果,实际上是一种市民社会的革命,而市民社会则是一切人反对一切人的战争的利己主义领域,市民社会的成员因而构成政治国家的基础与前提。因此,马克思用"人的解放"来与"政治解放"相对立,强调"任何解放都是使人的世界和人的关系回归于人自身"。④ 近代的"政治解放"造成了人的世界的二重化,一方面把人归结为利己的独立的个体,另一方面把人归结为公民,归结为法人,因而表现出狭隘的性质。"只有当现实的个人把抽象的公民复归于自身,并且作为个人,在自己的经验生活、自己的个体劳动、自己的个体关系中间,成为类存在物的时候,只有当人认识到自身'固有的力量'是社会力量,并把这种力量组织起来因而不再把社会力量以政治力量的形式同自身分离的时候,只有到了那个时候,人的解放才能完成"。⑤ 于是,马克思提出超越"政治解放"的狭隘范围、实行共产主义革命进而实现"人的解放"的重大历史任务。⑥

如果说,马克思关于"政治解放"与"人的解放"的政治法权关系发展的历史类型学及其价值基础分析,是建构在他的社会历史观转变的

---

① 英国学者休·柯林斯亦认为,国家从市民社会分离出来导致公法和实在法的运用。因之,每个社会都改变了它的法律形式,从含糊的习惯法转变为公开的实在法。参见[英]柯林斯:《马克思主义与法律》,邱昭继译,法律出版社 2012 年,第 133—134 页。

② 参见《马克思恩格斯全集》第 3 卷,人民出版社 2002 年版,第 174 页。

③ 参见《马克思恩格斯全集》第 3 卷,人民出版社 2002 年版,第 185—186 页。

④ 参见《马克思恩格斯全集》第 3 卷,人民出版社 2002 年版,第 189 页。

⑤ 参见《马克思恩格斯全集》第 3 卷,人民出版社 2002 年版,第 189 页。

⑥ 参见李光灿、吕世伦主编:《马克思恩格斯法律思想史》,法律出版社 2001 年版,第 171—173 页。

基础之上的,与从唯心主义法哲学观向历史唯物主义法哲学观的转变处在同一个历史过程之中,那么,随着马克思在法学世界观上全面确立历史唯物主义法哲学思想基础,他对于法律发展之价值取向的阐释便沿着科学的轨迹迅速升华,给我们展示了一幅法律发展之价值基础的全新的理论图景。在《德意志意识形态》中,马克思认为,生产力与生产关系之间的矛盾运动关系,在很大程度上表现为生产关系与个人的活动或行动的关系。个人之间进行交往的社会条件,一方面构成个人自主活动的条件,另一方面则是个人自主活动的产物。因之,生产力与交往形式之间的矛盾运动,实际上反映了交往形式与个人自主活动的相互关系的历史行程。由此,马克思分析了"偶然的个人"与"有个性的个人"之间的对立,指出:"有个性的个人与偶然的个人之间的差别,不是概念上的差别,而是历史事实。在不同的时期,这种差别具有不同的含义"。[1] 在任何情况下,个人总是从自己出发的,当然这是从一定的历史条件和经验的现实出发的,这里的个人是处于特定历史条件和关系中的个人。不过,偶然的个人与有个性的个人之间的对立,个人自己对个性和偶然性的区分,个人关系向它的对立面即纯粹的物的关系之转变,却是一个历史的过程。这个历史过程交织着生产力与交往形式之间的矛盾运动。在最初的阶段上,由于受到生产力发展水平的制约,交往形式与个人活动之间是彼此相适应的,个人之间进行交往的条件是个人自主活动的条件,这反映了生产力与交往形式之间的矛盾尚未产生。随着生产力的发展,个人自主活动的条件愈益表现为一种完全不依赖于各个人并与他们分离的东西,使这些个人丧失一切现实生活内容,成了抽象的个人,使个人之间彼此发生物的联系。因此,个人自主活动的条件与物质生活的生产及其交往形式之间不仅分开而且达到了尖锐的程度,以至于物质生活一般都表现为目的,物质生活的生产即劳动则表现为手段。马克思注意到,在进入世界历史时代之前,自主活动的条件转变为自主活动的桎梏这一历史过程,是以各个人不同的地域、部落、民族和劳动部门等等为出发点的,彼此之间并不发生联系而是自发地、独立地发展。然而,随着历史向世界历史的转变,"单个人随着自己的活动扩大为世界历史性的活动",个人的活动愈益受到异己的力量的支

---

[1] 参见《马克思恩格斯选集》第 1 卷,人民出版社 2012 年版,第 203 页。

配,亦即"受到日益扩大的、归根结底表现为世界市场的力量的支配"。①因之,在近代世界,个人自主活动与交往形式的矛盾发展到了日益尖锐的和普遍的形式。"各个人在资产阶级的统治下被设想得要比先前更自由些,因为他们的生活条件对他们来说是偶然的;事实上,他们当然更不自由,因为他们更加屈从于物的力量"。② 马克思强调,"每一个单个人的解放的程度是与历史完全转变为世界历史的程度一致的"。③ 在世界历史进程中,单个人的活动日益摆脱地域的、民族的等等诸方面的局限而同整个世界的生产建立起实际联系,地域性的个人为世界历史性的个人所代替,这就为个人获得利用全球的这种全面生产的能力提供了可能。"已成为桎梏的旧交往形式被适应于比较发达的生产力,因而也适应于进步的个人自主活动方式的新交往形式所代替"。④ 无产阶级的共产主义革命作为"世界历史性的"存在,是以生产力的普遍发展和与此相联系的世界交往为前提的,应当消灭整个迄今为止的社会的生存条件,推翻那种作为"物的力量的统治"的资产阶级国家制度,使无产者作为"有个性的个人"得以确立和实现,"把个人的自由发展和运动的条件置于他们的控制之下"。⑤ 只有这样,个人的自主活动同物质生活之间才能一致起来,劳动转化为自主活动,被迫交往转化为所有个人作为真正的有个性的个人参加的交往,从而确立个人对偶然性和社会关系的统治,以之代替社会关系和偶然性对个人的统治,个人的全面发展才能成为可能。

显然,马克思从社会主体性定律意义上深刻揭示了法律发展价值基础变迁的社会经济人类学向度,阐述了个人自主活动方式变动与法权关系价值类型转换之间的内在关联,藉以确证"各个人的世界历史性的存在,也就是与世界历史直接相联系的各个人的存在"⑥的法权历史发展的法哲学命题。在《1857—1858年经济学手稿》中,马克思进一步分析了社会经济关系历史运动过程中人与人之间关系的历史变迁及其法权关系价值准则发展的基本要义,遂而使法律发展的价值取向分析

① 参见《马克思恩格斯文集》第1卷,人民出版社2009年版,第541页。
② 参见《马克思恩格斯选集》第1卷,人民出版社2012年版,第200页。
③ 参见《马克思恩格斯文集》第1卷,人民出版社2009年版,第541页。
④ 参见《马克思恩格斯选集》第1卷,人民出版社2012年版,第204页。
⑤ 参见《马克思恩格斯文集》第1卷,人民出版社2009年版,第573页。
⑥ 参见《马克思恩格斯选集》第1卷,人民出版社2012年版,第167页。

具有更为坚实的社会经济人类学基础。马克思把人与人的相互关系的不同性质和特点,视为划分文明社会历史演进阶段的社会人类学指示器,并且由此揭示三种类型的法律发展现象价值基础的历史差异性。他指出:"人的依赖关系(起初完全是自然发生的),是最初的社会形式,在这种形式下,人的生产能力只是在狭小的范围内和孤立的地点上发展着。以物的依赖性为基础的人的独立性,是第二大形式,在这种形式下,才形成普遍的社会物质变换、全面的关系、多方面的需要以及全面的能力的体系。建立在个人全面发展和他们共同的、社会的生产能力成为从属于他们的社会财富这一基础上的自由个性,是第三个阶段。第二个阶段为第三个阶段创造条件"。①

通过马克思的上述分析,我们可以看到,从"人的依赖关系"到"物的依赖关系"再到摆脱了双重依赖关系的"自由个性"之演进过程,清晰地映现了文明社会法权关系类型转换的历史逻辑与价值取向,与《德意志意识形态》中的社会发展"五形态论"分析,形成了相互结合、内在联系的关涉法律发展形态的有机统一体。更为重要的是,如果说社会发展"五形态论"是以欧洲社会历史进程为考察对象而得出的特定范围的社会与法律发展类型化理解,那么社会发展与法权关系"三阶段论"则试图通过人与人之间关系的不同社会历史表现形式的价值分析,发现世界历史进程中社会与法律文明成长的基本规律,从而拓展了理论分析的视域范围,构成了关于文明社会法权关系价值基础变迁进程的普遍化的"理想类型",遂而有着更具理论解释力的一般分析工具价值。

按照马克思的解释框架,人的依赖关系、物的依赖关系和自由个性发展,分别表征着三种不同类型价值取向的社会与法律发展现象的本质特征。在前近代社会,人的依赖关系亦即个人之间的统治和从属关系,体现了社会关系的本质属性。而构成这种人的依赖关系的基础,乃是不发达的交换体系。"在这种情况下,真正的交换只是附带进行的","只发生在不同共同体之间,绝没有征服全部生产关系和交换关系"。②无论这种统治和从属的关系是自然发生的,还是政治性的,也不管这种统治和从属的性质是家长制的、古代的或封建的,人与人之间关系的性质都表现为个人受他人限制的那种规定性。因此,人的依赖关系反映

---

① 参见《马克思恩格斯全集》第 30 卷,人民出版社 1995 年版,第 107—108 页。
② 参见《马克思恩格斯全集》第 30 卷,人民出版社 1995 年版,第 108—109 页。

了前近代社会法权关系价值基础的等级属性。与以人的依赖性为特征的前近代社会法权关系不同,以物的依赖关系为特性的近代社会法权关系形态,体现了以物的关系为媒介的人的互相依赖体制,个人要受到不以他为转移的并且独立存在的物的关系的制约。这种物的依赖关系,表现在作为全面媒介的交换价值上。在空间关系上,如果说人的依赖关系发生在狭隘的地方性联系的范围之内,那么,物的依赖关系则突破了地域性的樊篱,"私人交换产生出世界贸易,私人的独立性产生出对所谓世界市场的完全的依赖性"。① 这是一个近代世界历史的展开过程。不仅如此,马克思强调,从历史的眼光来看,建立在发达的交换价值体系基础之上的以个人互相独立和漠不关心为前提的物的联系,不仅比单个人之间没有联系要好,而且比单纯以自然血缘关系和统治从属关系为基础的地方性联系要好。因为在发达的交换制度中,"人的依赖纽带、血统差别、教养差别等等事实上都被打破了,被粉碎了"。② 因之,在法权关系价值取向上,"交换价值制度,或者更确切地说,货币制度,事实上是自由和平等的制度"。以交换价值为基础的社会物质变换,体现了以物的依赖性为基础的人的独立性。较之前近代社会的人的依赖关系,近代世界的物的依赖关系的法律形式乃是所有权、自由和平等。"流通中发展起来的交换价值过程,不但尊重自由和平等,而且自由和平等是它的产物;它是自由和平等的现实基础"。因此,建立在这一基础上的所有权、自由和平等的三位一体,"也只是在现代的资产阶级社会中才得到实现"。③

然而,建立在交换价值基础之上的物的依赖关系体系,具有普遍的物化或异己化的性质。如果说人的依赖关系表现为个人之间的互相依赖,亦即人的限制,那么,物的依赖关系表明独立的个人更加受到抽象的物的统治,也就是说,个人受到不以他为转移并独立存在的关系的限制,此即物的限制。马克思强调,"在以交换价值为基础的资产阶级社会内部,产生出一些交往关系和生产关系,它们同时又是炸毁这个社会的地雷"。④ 在这种普遍性的物化了的关系中,社会财富作为异己的和统治的权力同劳动相独立。以交换价值为基础的社会物质变换的完全

① 参见《马克思恩格斯全集》第30卷,人民出版社1995年版,第109页。
② 参见《马克思恩格斯全集》第30卷,人民出版社1995年版,第113页。
③ 参见《马克思恩格斯全集》第31卷,人民出版社1998年版,第363、362页。
④ 参见《马克思恩格斯全集》第30卷,人民出版社1995年版,第109页。

物化,必然导致工人丧失所有权,而资本则占有他人劳动,拥有对活劳动的所有权,由此构成资本主义生产方式的基本条件。诚然,从形式意义上讲,近代社会物的依赖关系的法律形式是权利、自由与平等,在以交换价值为基础的交换关系体系中,平等和自由受到尊重,货币与交换价值制度乃是这种自由和平等制度的实现。但是,建立在交换价值基础上的近代财产关系,必然产生出个人同自己和同别人的普遍异化。"在更深入的发展中所出现的矛盾,是这种所有权、自由和平等本身的内在矛盾、错乱"。① 对平等和自由起干扰作用的,恰恰是交换制度本身所固有的干扰。这种平等和自由证明本身就是不平等和不自由,法律上的个人自由掩盖了事实上的更不自由,因为他们更加受到物的力量的支配。从法权文明成长的走向上看,这种物的关系"同在共同占有和共同控制生产资料的基础上联合起来的个人所进行的自由交换相对立",②并且为既摆脱人的依赖关系又摆脱物的依赖关系的自由个性的法权关系类型之确立创造了条件。马克思提出,要确立个人对偶然性的统治,用全面发展的个人来同受到物的关系支配的个人相对立,确证以人的全面发展和共同占有与控制生产为基础的"自由个性",整个社会生活表现为自由结合的人们活动的产物。只有在社会生活过程作为"自由联合的人的产物,处于人的有意识有计划的控制之下"的条件下,才能"重新建立个人所有制",进而建立一个"自由人联合体"。③ 于是,作为目的本身的人类能力的全面发展才能开始、也才有可能实现由必然王国向真正的自由王国的历史性飞跃。

可见,马克思关于法律发展价值取向的分析,经历了一个从"人的解放"超越"政治解放"的人本主义法哲学图景,到"偶然的个人"与"有个性的个人"之价值对立的历史唯物主义法哲学观表达,再到以人与人关系发展"三阶段"论为要义的社会经济人类学向度的法权关系演进形态之思想发展过程。这无疑是一个螺旋式上升的法律发展价值论的变革过程,是一个内涵日益丰富而深刻的法律发展价值论思想不断深化的过程,也是一个揭示与阐发法律发展现象价值范型转换规律的思想创新过程。这一思想逻辑的演进过程,反映了文明社会法律发展现象的内在统一性法则,再现了法律发展进程统一性的历史图式,进而展示

---

① 参见《马克思恩格斯全集》第 31 卷,人民出版社 1998 年版,第 363 页。
② 参见《马克思恩格斯全集》第 30 卷,人民出版社 1995 年版,第 109 页。
③ 参见《马克思恩格斯全集》第 44 卷,人民出版社 2001 年版,第 97、874、96 页。

了法律发展进程的共通性的历史趋向，为我们理解法律发展现象的基本运动规律提供了殊为重要的理论工具。

六、时代意义

美国经济学家罗伯特·L. 海尔布隆纳认为，"对于那些想要探索社会发展历程的内在动力的人来说，马克思是权威性的人物，因为他首创了批判性研究方法。如果我们想要进行这样的研究，都必须向他学习"。① 这番论说清晰地揭明了马克思唯物主义历史观的理论地位，从一个侧面向人们展示了马克思理论学说的持久影响力。马克思的法律发展思想是马克思宏大理论体系的有机组成部分，鲜明体现了马克思历史唯物主义法哲学思想的理论特质，构成了关于社会变迁与法律发展的法学世界观与方法论，开启了文明社会法律发展思想领域的伟大革命。在全面推进法治中国建设、实现中国法治现代化的现时代，深入研究马克思的法律发展思想，着力开掘马克思法律发展思想的深厚理论逻辑蕴涵，对于科学把握中国法治现代化的运动方向和基本规律，无疑是大有裨益的。

首先，这一研究有助于我们深入理解中国法治现代化的社会基础。马克思考察法律发展现象的一个基本特点，就是把法律发展进程放置到一定的社会生活条件下加以认识和思考，强调"社会不是以法律为基础的。那是法学家们的幻想。相反地，法律应该以社会为基础"。② 因此，新的社会发展必然要求与其相适应的新的法权关系类型，而旧的法律类型不可能成为新社会发展的基础。"随着社会发展即经济发展的需要的变化，'实在法'可以而且必须改变自己的各种规定"。③ 在马克思那里，无论是关于法律发展类型转换的分析，还是对法律发展动因机理的揭示，或是阐释法律发展多样性统一的运动图式，抑或考察法律发展演进过程的价值取向，都始终贯穿着把握文明社会法律发展现象之社会基础的共通主题，遂而使法律发展现象的研究牢固地构筑在历史唯物主义法律观的基础之上。中国法治现代化运动是一个在中国社会生活条件下所展开的从传统型法制向现代型法治转变的革命性进程，

---

① ［美］罗伯特·L. 海尔布隆纳：《马克思主义：赞成与反对》，马林梅译，东方出版社 2016 年版，第 4 页。

② 参见《马克思恩格斯全集》第 6 卷，人民出版社 1961 年版，第 291—292 页。

③ 参见《马克思恩格斯全集》第 46 卷，人民出版社 2003 年版，第 695 页。

因而有着广泛而深厚的社会基础。中国社会内部存在着的处于变化状态之中的经济的、政治的、社会的、文化的乃至历史的诸方面条件或因素，相互作用，内在关联，形成了中国法治现代化进程的运动能力。"而在这种相互作用中归根到底是经济运动作为必然的东西通过无穷无尽的偶然事件"向前发展。① 在当代中国，全面推进依法治国，加快建设法治中国，进而实现国家治理现代化，就必须推动从传统的计划经济体制向现代市场经济的历史性转变。这是社会经济文明领域中的一场深刻革命，它构成了从传统法制向现代法治转型变革进而实现法治现代化的深厚的社会经济基础。与传统的计划经济体制不同，现代市场经济在本质上与法治紧密相连。"社会主义市场经济本质上是法治经济"。② 当代中国经济体制改革的核心问题，就是处理好政府和市场的关系，建立一个具有社会主义特点的能够使市场在资源配置中起决定性作用和更好发挥政府作用的新型法治经济体制。社会主义市场经济体制在中国的逐步确立，给当代中国法治现代化进程开辟了广阔的空间。因之，必须适应现代市场经济发展的客观要求，创设一个法理型的现代化法治秩序系统。这不仅是当代中国经济文明变革的基本条件，而且成为中国法治现代化进程的关键所在。

其次，这一研究有助于我们深刻揭示中国现代化进程多样性统一的运动定则。马克思法律发展思想的鲜明特质，就在于把法律发展现象放置到"历史向世界历史转变"的广阔背景下加以分析，着力描述文明社会法律发展现象运动的多样性统一图景。在马克思看来，不同国家之间经济的、政治的、社会的、文化的、民族传统、历史发展乃至人口状况、地理环境等等方面的因素或条件是千差万别的，这些因素或条件错综复杂的交互作用及其矛盾运动，必然形成各具特质的多样化的法律发展样式。尽管一定的社会经济形式构成一定的独特的政治结构与法律形式的基础，任何时候总是在这种社会经济形式当中为整个社会结构及其法律发展样式"发现最隐蔽的基础"；但是，"这并不妨碍相同的经济基础——按主要条件来说相同——可以由于无数不同的经验的情况，自然条件，种族关系，各种从外部发生作用的历史影响等等，而在现象上显示出无穷无尽的变异和彩色差异，这些变异和差异只有通过

---

① 参见《马克思恩格斯选集》第 4 卷，人民出版社 2012 年版，第 604 页。
② 参见中共中央文献研究室编：《习近平关于全面依法治国论述摘编》，中央文献出版社 2015 年版，第 115 页。

对这些经验上已存在的情况进行分析才可以理解"。① 因之,各种不同的社会因素或条件往往成为形成法律发展进程诸多变异和差别的重要缘由。在这里,由相同的经济基础所决定的国家形式及其法律发展进程之所以会造成现象上的千差万别,这是需要在历史的和现实的经验分析的过程中加以认知和理解的。中国是一个区域之间经济社会发展很不平衡的东方大国,不同区域之间的法治发展状况亦存在着历史的差异性。这就决定了在中国推进法治现代化必须高度重视法治发展的方略选择问题,认真对待国家法制统一性前提之下的区域法治发展,促进国家法治与区域法治之间的协调发展。我国实行单一制的国家结构形式。在单一制的国家结构制度类型中,国家主权具有单一的、不可分割且不可转让的性质,国家内部的各个区域都服从于并且受控于中央政府的权威。单一制的国家政制模式决定了国家法制的统一性。作为这一国家结构制度的法权要求,国家组织编撰施行全国范围之内的具有最高法律效力的宪法大典,宪法成为确立集中统一的国家体制、实现国家法制统一的最为深厚的法源依据。因之,以宪法为核心的法律体系便具有一元性的基本性质。在当代中国,区域法治发展乃是国家法治发展的有机组成部分,是在遵循法治中国建设总体战略的基础上,适应区域发展的现实需求,建构有机协调的区域法治秩序的特定的法治进程,因而是治国理政的区域性依法治理模式。② 应当看到,由于不同的经济发展水平、社会结构、历史进程、文化传统和地理环境等因素的影响和作用,必然会形成各具特色、程度不同的区域法治发展的不平衡性,这是我国经济社会发展不平衡规律在法治建设领域中的集中体现。因此,中共十八届四中全会鲜明提出要"推进多层次多领域依法治理"。③ 在推进法治领域改革的过程中,要从中国的实际出发,充分考虑区域之间的差异性,把国家法治改革的顶层设计方案切实贯彻落实到不同区域的具体法治实践之中。诚如习近平所指出的,"我国地区发展不平衡,改革试点的实施条件差异很大,要鼓励不同区域进行差别化探

---

① 参见《马克思恩格斯全集》第 46 卷,人民出版社 2003 年版,第 894—895 页。

② 参见张文显:《变革时代区域法治发展的基本共识》,公丕祥主编:《法制现代化研究》(2013 年卷),法律出版社 2014 年版,第 28 页。

③ 参见《中共中央关于全面推进依法治国若干重大问题的决定》,人民出版社 2014 年版,第 27 页。

索"，"推进顶层设计和基层探索良性互动、有机结合"。①

再次，这一研究有助于我们自觉坚持以人民为中心的中国法治现代化的基本理念。文明社会法律发展的进程，在很大程度上充分展示了人的主体性规律，反映了人的价值日益受到重视、弘扬、确证的客观过程。马克思关于法律发展现象分析的一个鲜明特点，即是把人的自由全面的发展这一重大主题贯穿到从早年到暮岁的全部研究活动之中，具有深厚的历史唯物主义人学价值蕴涵，为中国法治现代化进程确立了基本价值准则。在当代中国社会转型时期，法治领域的基本矛盾集中表现为人民群众日益增长的法治需求与法治机关的法治能力相对不足之间的矛盾。当代中国法治现代化必须坚持人民主体地位，以不断满足人民群众的法治需求为出发点和落脚点，切实维护和实现人民群众的发展权益。中共十八届五中全会通过的《中共中央关于制定国民经济和社会发展第十三个五年规划的建议》提出一个崭新的重大命题："坚持以人民为中心的发展思想"。② 这一科学命题无疑彰显了马克思法律发展思想价值论的理论品格。习近平强调，以人民为中心的发展思想，"要体现在经济社会发展各个环节"，"做到发展为了人民、发展依靠人民、发展成果由人民共享"。③ 因此，在推进当代中国法治现代化的过程中，要恪守以人民为中心的法治发展准则，始终把握"人民是依法治国的主体和力量源泉"的内在要求，"坚持法治建设为了人民、依靠人民、造福人民、保护人民"，④运用法治机制保障人民依法享有广泛的自由和权利，充分调动广大人民群众的积极性、主动性和首创精神，把增进人民福祉、促进人的全面发展作为法治发展的基本价值目标。应当指出，以人民为中心的发展思想构成了创新、协调、绿色、开放、共享的新发展理念的本体论根据，而"共享理念实质就是坚持以人民为中心的发展思想，体现的是逐步实现共同富裕的要求"。⑤ 共享发展的法治

---

① 参见习近平：《在主持召开中央全面深化改革领导小组第七次会议时的讲话要点》，《人民日报》2014年12月3日，第1版。

② 参见《中共中央关于制定国民经济和社会发展第十三个五年规划的建议》，人民出版社2015年版，第5页。

③ 参见习近平：《在省部级主要领导干部学习贯彻党的十八届五中全会精神专题研讨班上的讲话》，人民出版社2016年版，第24—25页。

④ 参见《中共中央关于全面推进依法治国若干重大问题的决定》，人民出版社2014年版，第6页。

⑤ 参见习近平：《在省部级主要领导干部学习贯彻党的十八届五中全会精神专题研讨班上的讲话》，人民出版社2016年版，第25页。

意义就在于牢固确立社会正义和社会平等的法治价值取向,通过合理安排社会经济结构与制度,最大限度地促进和实现社会公平正义,把人的自由全面发展建构在坚实的法治基础之上。当代中国法治现代化的时代使命,就是要恪守社会正义、共享发展的理念,把握维护社会公平正义这一法治发展的生命线。"全面依法治国,必须紧紧围绕保障和促进社会公平正义来进行",①着力构建以权利公平、机会公平、规则公平为主要内容的维护社会正义,促进共享发展的法治制度,为坚持共享发展、促进社会正义、进而实现人的自由全面发展创设制度化的环境与条件,藉以彰显中国法治现代化进程的价值理想。

又次,这一研究有助于我们清醒认识当代新全球化运动对于中国法治现代化进程的复杂影响。马克思考察近代以来文明社会法律发展进程的一个基本历史尺度,就是把从前近代社会法律发展向近代社会法律发展的转变置于近代全球化运动中加以观照,强调近代早期开始形成的历史向世界历史之转变,打破了各个民族与国家之间彼此孤立、相互隔绝的存在状态,极大地拓展了各个民族和国家之间相互交往、相互影响的空间范围,有力推动着近代以来全球法律发展的历史性重构及其整体化进程。马克思认为,15世纪以来地理大发现以及随之而来的近代殖民扩张、近代商业革命和近代民族国家的兴起,深刻地改变了全球历史进程和国际关系体系,促进了近代世界市场的形成与发展,催生了从前近代社会法律发展系统向近代社会法律发展系统的类型转换。伴随着历史向世界历史之转变的近代全球化运动,近代西方法律文明向非西方社会及其法律生活领域广泛渗透。这种以工商文明为基础的近代西方法律制度与观念对以农耕文明为基础的传统东方社会法律制度与观念的冲击和影响,具有历史必然性和历史合理性的性质。然而,马克思亦始终关注世界历史进程中传统东方社会法权关系在西方冲击下的前途或命运问题,进而严厉抨击西方殖民者行为的野蛮残酷的本性。显然,马克思基于历史分析与价值评价相结合的方法论原则,深入探讨近代全球化进程中东西方法律文明的冲突与交融的重大历史课题,为我们认识当代全球化进程中的中国法治现代化的历史方位提供了理论分析工具。

---

① 参见中共中央文献研究室编:《习近平关于全面依法治国论述摘编》,中央文献出版社2015年版,第38页。

如果说 19 世纪之前中国处于全球秩序体系的中心地位,中国的法律发展沿着自身固有的历史逻辑轨迹在缓慢地发生变化,那么,在 1800 年之后,面对着以 18 世纪欧洲工业革命为基础的近代西方文明及其法律文化的冲击与挑战,中国在全球秩序体系中的中心地位发生倒转,传统中国的法律发展进程被强行纳入国际格局之中。① 晚清法制改革表明,中国法律发展的固有传统被打破,并且在全球法律演进过程中日益呈现出边缘化状态。伴随着 20 世纪 80 年代以来兴起的当代全球化浪潮,中国历史性地重新崛起,这不仅有力地推动了全球秩序体系变革进程,而且重塑了中国法律发展领域的基本面貌,催生着自主型法治发展道路的形成与发展。正是在这一世界历史进程中,中国坚定地从计划走向市场,走向现代化的法治。②

诚然,当今全球化进程遭遇到诸多复杂因素的影响,民粹主义和保护主义倾向抬头,逆全球化思潮在欧美社会涌动增长。但是,以全球权力中心转移、全球治理体系变革为标志的新全球化运动,却在不可遏止地向前推进,西方主导的全球化进程及其全球秩序体系正在历史性地终结。因之,处在这一大变革进程中的当代中国法治发展,拟应合理估量全球化进程的双重效应,努力掌握新全球化进程的主导权,争取制定国际规则、改革国际体系的话语权,"积极参与全球治理体系建设,努力为完善全球治理贡献中国智慧",③推动包容性的新全球化运动的深入发展。在这一时代进程中,当代中国法治发展面临的一项重大历史使命,就是促进国际法治与国内法治的内在结合、有机互动,更加自觉地关注全球性的共同利益,更加善于"运用法律手段维护我国主权、安全、发展利益",从而"增强我国在国际法律事务中的话语权和影响力",④坚定地运用法治方式捍卫国家的法律主权与重大利益。

最后,这一研究还有助于我们坚定地探寻文明社会法治现代化道路的"中国方案"。从全球范围来看,在不同社会生活条件的作用下,不同民族国家的法治现代化道路是彼此区别、各具特质的,并不存在呆板

---

① 参见[德]贡德·弗兰克:《白银资本:重视经济全球化中的东方》,刘北成译,中央编译出版社 2008 年版,第 2 页;[英]S. A. M. 艾兹赫德:《世界历史中的中国》,姜智芹译,上海人民出版社 2009 年版,第 275—276 页。

② 参见杨耕:《东方的崛起:关于中国式现代化的哲学反思》,北京师范大学出版社、北京出版社 2015 年版,第 74—77 页。

③ 参见习近平:《在庆祝中国共产党成立 95 周年大会上的讲话》,人民出版社 2016 年版,第 20 页。

④ 参见《中共中央关于全面推进依法治国若干重大问题的决定》,人民出版社 2014 年版,第 39 页。

划一、个性消弭的普适性的法治现代化模式。① 文明社会的法治现代化进程，是"一个具有许多规定和关系的丰富的总体"。② 在马克思看来，研究不同国家法律发展的历史进程，必须联系各自国家特定的经济、政治、社会、文化、历史乃至地理的诸方面条件，由此探寻不同国度社会与法律制度演进变化的独特性质进而把握不同国家法律发展现象的特殊历史运动规律。绝不能把关于不同国度法律发展进程的历史分析变成一般法律发展道路的历史法哲学理论，而是要悉心研究不同的历史环境所形成的不同的法律发展进程。

基于此，马克思把欧洲社会与非欧洲社会的历史进程及其法律发展严格加以区别，强调不能抹杀一切历史差别，那种认为一切民族不管其所处的历史环境如何不同都注定要走西欧社会与法律发展道路的观点，不过是历史的幻象而已。马克思对传统东方社会生活及其法律文化机理进行了深刻透视，反对运用欧洲的社会法律观念与模式来解释传统东方社会的法权现象，主张要充分认清东方社会发展道路的特殊性，从东方社会自身生活条件出发来研究东方社会法权现象的变化过程。③ 尽管近代西方文明的冲击与影响，在一定程度上促进了东方社会法律发展进程，但是东方社会生活内部条件或因素的不断变化，才能真正构成东方社会法律发展进程的内在动因。显然，马克思的上述理论分析启示我们，一个国家的国情条件，对这个国家法律发展道路的选择产生着至关重要的影响。作为一个东方大国，中国的法治现代化运动根植于中国社会生活条件之中，必须着眼于中国的基本法治国情条件和特点，从中国的实际情况出发。"各国国情不同，每个国家的政治制度都是独特的，都是由这个国家的人民决定的，都是在这个国家历史传承、文化传统、经济社会发展的基础上长期发展、渐进改进、内在性演化的结果"。因而"世界上不存在完全相同的政治制度，也不存在适用于一切国家的政治制度模式"。④ 诚然，在当代中国法治现代化的历史进程中，要积极汲取人类法治文明的优秀成果，合理借鉴而不是全盘照

① 参见［英］马丁·雅克：《大国雄心：一个永不褪色的中国梦》，孙豫宁等译，中信出版社 2016 年版，第84 页。

② 参见《马克思恩格斯全集》第 30 卷，人民出版社 1995 年版，第 41 页。

③ 参见中共中央马克思恩格斯列宁斯大林著作编译局编译：《马克思古代社会史笔记》，人民出版社1996 年版，第 63、78、385、473 页。

④ 参见习近平：《在庆祝全国人民代表大会成立 60 周年大会上的讲话》，人民出版社 2014 年版，第16 页。

搬域外法治发展的有益经验,藉以为推进国家法治现代化提供文明社会共通性的法治精髓与宗旨。但是,中国法治现代化进程有着自己固有的历史逻辑轨迹。邓小平指出:"我们的现代化建设,必须从中国的实际出发。无论是革命还是建设,都要注意学习和借鉴外国经验。但是,照抄照搬别国经验、别国模式,从来不能得到成功"。① 因之,我们要深切认识到,"走什么样的法治道路、建设什么样的法治体系,是由一个国家的基本国情决定的"。② 而坚持从中国的法治国情条件出发的基本要求之一,就是要把法治发展看作是一个连续性的历史过程,认识到一定民族和国度的本土资源对于法治发展进程的深刻影响,高度重视中国法治现代化进程中的本土资源,协调好法治转型发展中的传统性因素与现代性因素,"挖掘和传承中华法律文化精华,汲取营养、择善而用"。③ 对于正在走向现代法治社会的当代中国来说,坚定地推进法治领域改革,努力实现传统法律文化的创造性转换,保持法治发展的浓厚的民族风格与时代特色,确立中国法治发展在全球法治现代化进程中的自主地位,着力建构自主型的中国法治现代化模式,"努力以中国智慧、中国实践为世界法治文明建设作出贡献",④以期提供文明社会法治现代化的"中国方案",⑤这是当代中国法治现代化的必由之路。

(原文刊于《中国社会科学》2017 年第 10 期)

---

① 参见《邓小平文选》第 3 卷,人民出版社 1993 年版,第 2 页。

② 参见中共中央文献研究室编:《习近平关于全面依法治国论述摘编》,中央文献出版社 2015 年版,第 31 页。

③ 参见习近平:《加快建设社会主义法治国家》,《求是》2015 年第 1 期。

④ 参见《立德树人德法兼修抓好法治人才培养 励志勤学刻苦磨炼促进青年成长进步》,《人民日报》2017 年 5 月 4 日,第 1 版。

⑤ 参见习近平:《在庆祝中国共产党成立 95 周年大会上的讲话》,人民出版社 2016 年版,第 14 页。

下编　法制现代化研究

法制现代化的标准

一、问题的缘起

纵观 20 世纪的全球历史进程,我们可以看到,在不同的区域或国度,尽管法制改革的过程、特点和目标有所差异,但是作为一种模式或样态,法制现代化却几乎成为这一历史过程的基本法律表现。诚然,这一进程在不同的文明国家中的具体实现程度是不同的;不过,它所昭示的法律文明成长的时代走向却是激动人心的。

法制现代化属于法律社会学发展论的范畴。法律社会学发展论所要探究的乃是社会发展与法律进步之间的互动关联结构,它所要建构的正是法律成长的一般模型。在法律社会学发展论领域中,法制现代化理论关注的重点,是前现代社会法律系统向现代社会法律系统的转变这一特定过程,寻找这一转变的内在机制。从广泛的意义上讲,法制现代化是一个变革的概念,是传统法制向现代法制的历史更替。这种历史性的跃进,导致整个法律文明价值体系的巨大创新,因而是一个包涵了人类法律思想、行为及其实践各个领域变化的多方面进程。这个进程或是因内部诸条件的成熟而从传统走向现代,亦称"内发型"法制现代化;或是因一个较先进的法律系统对较落后的法律系统的冲击而导致的进步转型,亦称"外发型"法制现代化。但不管是哪一种变革形态,法制现代化无疑是一个创新的过程,其实质乃是从人治型的价值——规范体系的转变。换言之,法制现代化与法治是内在地结合在一起的。

因此,确立法制现代化的标准,必然要同对法治的分析相联系。评价一个社会的法制现代化程度,重要的是要考察该社会的法治水准。而法治的基本特点是:社会生活的统治形式和统治手段是法律;国家机关不仅仅运用法律,而且其本身也为法律所支配;法律是衡量国家、组织及个人行为的标准。① 法治要通过一系列具体过程体现出来。这些具体过程尽管千差万别,各具特色,但有一点是共同的,即:各个法律实践过程(从立法到司法)都需要遵循严格而合理的法律程序,并且每个环节或过程都是为了实现法律正义。很显然,法治的核心价值意义就在于:确信法律能够提供可靠的手段来保障每个公民自由地合法地享用属于自己的权利,而免受任何其他人专横意志的摆布。因之,以法治为关键性变项的法制现代化,便蕴涵着两类相互关联的判定标准:一类是法制现代化的实证标准,它表现为法律的形式化,或称工具合理性;另一类是法制现代化的价值标准,它集中地体现为法律的价值合理性。

二、法制现代化的实证标准

从实证意义上探讨法制现代化的标准,关键在于对法律的形式化的理解。按照 M. 韦伯的看法,形式主义原则是一切近代法律的重要特征,而一切前近代社会的神权政治,其法律形态的最大特点就是关注实质性原则。传统的中华帝国的世袭制统治形式,决定了它的法律具有反形式主义和父系家长制的特征。在古代中国,"尽管形式上行政书记官和司法书记官是二者分离的,但实际上行政和司法并没有真正的分离,在世袭制中,官员自费雇用随员为他代行行政工作和次要的政务职责,惩罚部门甚至在行使强力惩戒时都没有任何专门的规定。最重要的是司法世袭制这一内在特征,它以伦理为取向而与形式法不同,总是寻求实质的公正。因此,在这里没有正式的先前案例汇集,因为法律形式主义受到排斥。"②而在现代社会中,始于古罗马时代的法律形式化进程获得了长足的发展。法律实体基本上是由一些抽象的规则组成的协调体系,通常是人们有意制定的。依法施行行政管理,就是将这些抽象规则用于实际事例;行政管理过程旨在制约组织在法律规定的界限内理性地追求利益并遵守形式化的原则。服从统治的人是以自愿加入协议的组织的成员身份而服从命令,他服从的只是这一组织的法律,只是一种非人格的秩序,而不是服从统治者本人,因而个人对执掌权力者的服从义务,也限于法律秩序所承认的范围以内,亦即理性所界定的范围

---

① [德]A. T. 默克尔,《法治国的观念和形态》,《法学译丛》1983 年第 5 期。
② [德]M. 韦伯:《中国宗教》,参见苏国勋:《理性化及其限制——韦伯思想引论》,上海人民出版社 1988 年版,第 154—155 页。

之内。①

在我们看来,法律的形式化意味着确证法律权威的原则,意味着从立法到司法的每一个法律实践环节都必须遵守法定的程序,意味着将国家权力纳入法律设定的轨道并且不同机关的权力均由法律加以明文规定,也意味着社会主体在这一有序化的法律体系中获得最大限度的自由。因之,法律的形式化之实质乃是法治原则的确证与实现。具体来说,法律的形式化具有以下若干表现形态:

其一,法律的形式化要求法律规范的严格性。法律规范表现了掌握国家权力的统治阶级意志,受到有组织的国家强制力的保护,这是一切法律规范的内在本质属性和特征。为了使这一本质特征得以现实化,它就必须外化为逻辑形式上严格明确的具体规则。在大多数情况下,这种规范需要借助于逻辑分析的手段加以展开,通过具体的解释技术,以适用于个别案件。法律规范的逻辑意义上的严格性、确定性,是法律理性化的体现。诚如马克思所指出的:"法律是肯定的、明确的、普遍的规范。在这些规范中自由的存在具有普遍的、理论的、不取决于个别人的任性的性质。"②

第二,法律的形式化要求法律体系的完整和谐性。在法律的运动发展中,每一个国家的个别法律规范都不可避免地组合为一个完整有机的法律规范总体结构。法律规范的总体结构反映了构成它们基础的社会关系的结构性,也表明构成法律规范体系的各个要素之间的相互联系及其内部的和谐一致性。"在现代国家中,法不仅必须适应于总的经济状况,不仅必须是它的表现,而且还必须是不因内在矛盾而自己推翻自己的内部和谐一致的表现。"③法律规范体系绝不是杂乱无章的东西,而是一个结构谨严、层次分明、内在联系紧密的有机整体。在这个有机体中,各个要素不仅互相联系着,而且都具有各自不同的法律属性和职能,发挥着各不相同但又相互影响的作用。能否达到这样的要求,往往成为衡量、评价立法活动质量和效率乃至法制现代化的重要指示。按照韦伯的看法,法律体系的概念具有特殊的内涵。它是指一种特殊的法律思想模式,即受到罗马法的形式法律原则影响而发展出的现代西方法律体系。公元 6 世纪罗马皇帝查士丁尼下令编纂的《国法大

①〔德〕M. 韦伯,《经济与社会》,伯德米斯特出版社,纽约,1968 年版,第 218—229 页。
②《马克思恩格斯全集》第 1 卷,人民出版社 1956 年版,第 71 页。
③《马克思恩格斯全集》第 37 卷,人民出版社 1971 年版,第 488 页。

全》，为现代西方法律提供了标本。法律的体系化是在法律思想成熟阶段上出现的现象。它"表征着一切经过分析得出的法律判断的统合，这些法律判断以统合的方式构成逻辑清晰的、内在一贯的、至少在理论上是非常严密的法规体系。显而易见，一切可以想见的实际情况都必须逻辑上被包含在其中，以免它们的秩序缺乏有效的保证"。①

其三，法律的形式化还要求司法过程的程序性。司法过程实际上是通过法律的适用这一中介环节，把法律规范的抽象设定和普遍要求，转化为社会成员的具体单个的行为。司法的任务在于把一般法规应用于特殊情况下的具体事实，从而使司法判决具有可靠的预测性。这一情形被韦伯称之为司法形式主义。在他看来，"司法的形式主义使法律体系能够像技术使合理性的机器一样运行。这就保证了个人和群体在这一体系内获得相对最大限度的自由，并极大地提高了预言他们行为的法律后果的可能性。程序变成了以固定的和不可逾越的'游戏规则'为限制的、特殊类型的和平竞争"②。因之，司法的程序性不仅是法律形式化运动的组成部分之一，而且是衡量法制是否成为现代形态的重要尺度。它同传统法制的司法非程序化是大相径庭的。

其四，法律的形式化同时也意味着法律的效益化。法律的效益化是法律形式主义运动的一个必然结果，反过来又成为法律形式主义运动的重要根据之一。形式合理性建立在制度、功能和效益的基础之上。法律形式主义运动要求通过立法活动制定出来的法律能对社会生活产生实际的影响，从而表明法律是有效益的。以形式合理性为基础的法律效益化，是现代法制与传统法制的重大区别之一。这是因为，法律的效益状况反映了法律的权威性程度，它是通过法律实施后的社会效果来确证法律自身的价值。法律的高效化是法制社会的必然表现，而法律的低效化则从一个侧面表明人治主义居于主导地位，法律的权威性未能得到社会成员的高度认同，社会成员及其组织没有形成对法律的依赖感，因而也就不能自觉地以法律来规范自己的行为。

三、法制现代化的价值标准

在法制现代化的问题上，需不需要引入价值判断？这是一个颇为

① ［德］M. 韦伯，《经济与社会》，伯德米斯特出版社，纽约，1968 年版，第 656 页。
② ［德］M. 韦伯，《经济与社会》，第 811 页。

复杂且又争议颇多的问题。韦伯理想类型学方法论的一个重要特征就是所谓"价值无涉"或"价值中立性"。他认为，价值判断属于主观性的范畴，乃是个人主观情感作用的产物，它不是经验学所要解决的问题，因为他所要解决的是"应当是什么"的问题，而不是"实际上是什么"的问题。然而，一门经验科学并不能教人应该做什么，或者在特定的情况下想要做什么。"确实，在我们的科学中，个人的一些价值判断倾向于对尚未被明确承认的科学观点发生影响。这些价值判断带来了长期的混乱并导致了对科学论点的各式各样解释。"①诚然，科学认识需要了解主观行动的动机，这就必然要涉及价值问题，但是在这里，价值的本质并不在于真实的事实性，而是其有效性。因之，在科学认识中，无法绝对排斥价值方法的运用。而这里重要的则在于研究者要保持价值中立的态度，而不要作出价值判断。

从上述立论出发，韦伯把合理性行动区分为两类，即工具合理性（形式合理性）和价值合理性（实质合理性）。而法制现代化则是工具合理性（形式合理性）的一种表征或体现。这是因为，在韦伯看来，形式合理性是关于不同事实之间的因果关系判断，主要被归之于手段和程序的可计算性，因而是一种客观的合理性。而价值合理性或实质合理性则是关于不同价值之间的逻辑关系判断，主要被归之于目的和后果的价值，因而是一种主观合理性。这种主观的合理性常常具有非理性的因素。不过，这种价值合理性在一定程度上与自然法的价值理想相联系，因而具有革命的性质，往往成为打破传统、推进社会理性化过程的动力。②然而，韦伯更多强调的是工具合理性或形式合理性，认为资本主义的合理性乃是一种工具的合理性或形式的合理性。现代法律体系和行政管理之所以是高度合理的，就在于它是纯粹形式的。韦伯把价值合理性或实质合理性归之于前资本主义法律文明和社会秩序的本质特征，而把工具合理性或形式合理性视为资本主义法律文明及社会秩序的本质特征，这表明他是一位社会实证主义者。这样，韦伯就把工具合理性与价值合理性、形式合理性与实质合理性对立起来。其实，二者之间是有联系的。价值合理性（实质合理性）通过工具合理性（形式合理性）表现出来，工具合理性（形式合理性）必须以价值合理性（实质合

① ［德］M. 韦伯，《社会科学方法论》，自由出版社，纽约，1949 年版，第 54 页。
② ［德］M. 韦伯，《经济与社会》，伯德米斯特出版社，纽约，1968 年版，第 26 页。

理性)为其存在的根据和前提。韦伯之所以造成价值合理性与工具合理性、实质合理性与形式合理性之间二律背反,这同他的所谓的"价值中立"的立场及方法论原则是分不开的。实际上,所谓"价值中立"或"价值无涉",不过是"海市蜃楼",是不可能存在的。

法制现代化的历史实践证明,法律不仅建构于非人格的关系之上,法律是无感情的,它是以形式上正确合理的程序制定出来的,因而成为每个人行动的一般模式,从而使人的行为及其后果具有可预测性;法律也是对价值基本原则的阐释、维护和实现,诸如正义、平等、自由、安全、利益等等。韦伯用形式的、工具的合理性之命题来解释现代法制的构建及其现代化进程,他的法律现代化或理性现代化思想所关注的是形式问题,而不是价值问题,这势必要引起后人的诘难。著名的批判理论家J.哈贝马斯强调反映价值原则的交往行为之意义。他指出,与韦伯所谓的"有目的——理性的行为"不同,"交往性行为是定向于主观实际地遵循与相互期望联系的有效性规范"。① 以前的社会学家们只是谈理性结构的工具——目的性。其实问题不仅如此,理性结构也体现在交往行为的媒介性质以及调解冲突的机制取向等等方面。很显然,哈贝马斯的批判理性观所强调的与其说是形式,毋宁说更是价值,并由此构建了从新石器社会到现代文明历史进程中法律成长的一般理论模型。② 在这一模型中,法律的价值问题显然被赋予重要的地位。每一个相对确定的法律进化阶段,都以特定的价值体系来支持。而在相当现代型文明法制的阶段中,固然形式化理性有其独特的意义,而且价值的或实质性的理性体系成为构建现代法制的重要基础,它往往与理性的自然律以及道德原则相联系。

因此,法制现代化不仅具有形式的理性化的特征,而且具有实体的理性化之特质。从实体意义上来讲,作为与传统型人治主义相区别的现代法治主义,必须以其深厚的合理的理性化的价值体系为出发点和归宿。它同诸如自由、平等、主体权利相联系。我们完全可以说,不与自由、平等、主体权利相联系的法治乃是徒有空名的。自由作为一种价值取向,集中体现了社会主体对自身价值、尊严、地位及责任和使命感的执着期待或追求,反映了主体的一种特定的目标、目的或方向。法律

① [德]J.哈贝马斯,《交往与社会进化》,张博树译,重庆出版社 1989 年,第 121 页。
② [德]J.哈贝马斯,《交往与社会进化》,张博树译,重庆出版社 1989 年,第 161—162 页。

是实现社会主体自由的重要手段。不与自由相联系的法律，就丧失了其应有的价值意义。真正的法律乃是以自由为基础并且是自由的确认和实现。这是理性化的现代法律的一个重要价值评价尺度。此外，反映一定价值取向的平等，首先是特权的对立物。特权反映了一种金字塔式的森严的等级关系，人与人之间的关系是不平等的、利益是不等价的。与特权观念相联系的法律体系，必然是确认不同等级人们的不平等的法律地位，极力维护专制君主至高无上的独尊地位必然是以人治来取代法治，法随君出，罪刑擅断；必然是"重刑轻民"，在刑事规范中体现重刑主义、酷刑主义、报复主义的特点。然而，平等的观念表明，在社会活动和社会交往中，社会主体凭据的不是自己的血统、地位、财产多寡等等，而是自己的才能、智慧和主观能动性。与平等观念相联系的法权体系，必然是确立公民在法律面前一律平等的原则；必然是重视法律在调整社会生活中的地位和价值，严格依法办事；必然是注重对社会关系的平权型的、横向的法律调整，充分发挥社会主体的自主独立性和能动性。再者，在价值取向上，传统的人治主义与现代法治主义的一个重大差异就在于对主体权利的不同态度。一般来说，法治主义重视个人权利，并且强调法律是对权利的确认和保障，而人治主义则相反。二者的差异性渊源于不同的社会经济条件，从一个侧面反映了两类不同价值取向的经济文明体系的法权要求。

法制现代化的价值意义就在于保障和促进公民的权利，并且要创造一个正常的社会生活条件，使个人的合法愿望和尊严能够在这些条件下实现。正是在这个意义上，现代法制精神强调法律对国家权力的有效制约。这就是说，法治的对立面是使用不确定的绝对的权力。这种权力实际上具有专断的性质。要约束这种不确定的权力，就必须借助法律。这种对国家权力的法律限制，正是为了更充分有效地保护社会主体的自由权利，进而促进整个社会的积极进步。因之，对于维护社会主体的权利并且促进这一权利的实现来说，法制现代化的价值尺度有两个基本的要求。第一，对于公民个人来说，只要法律没有明文禁止的，都可以作为。这一原则意味着社会主体的自主性、自由权利和尊严，是法律文明成长的重要坐标之一，也是法律的真正价值所在；意味着必须运用法律形式，系统地明确地切实地确认主体的权利，形成一个有机的权利体系；还意味着必须运用法律手段，切实保障社会主体的权利，不能保障公民自由权利的法律，不是一部好的法律；也意味着当社会主体的自由权利遭到不法侵害时,他们有权得到国家机关的法律救济,进而恢复权利。第二,对于国家及政府来说,只有法律明文规定或允许的,才可以作为。这一原则的内在要求是:严格按照法律的规定,确立不同国家机关权力之间的分工及制约关系,并使之制度化、形式化;国家权力的内容、行使范围、运行方式等,都必须由法律明文加以规定,超越法律规定而行使的权力,是非法的,无效的;任何公民个人对于非法行使的权力及其所造成的后果,都有权力依照法定程序,提出控诉,并要求作出某种赔偿;限制国家权力的价值目标,正是为了有力地保障公民的自由权利,绝不能使限制权力本身产生对公民权利的更大的侵害。上述两个原则是相互联系、相辅相成的,它们有机地结合为一个整体,成为判定一个国家法制现代化程度的价值标准。

四、两类评价标准之间的关系

作为法制现代化实证标准的法律形式主义,是现代法制区别于传统法制的直接的外部标志。法制现代化的历史运动首先就表现为法律形式主义的扩展与广泛化。离开法律形式化来谈论现代化,那是不可思议的。所以,无怪乎韦伯对形式合理性之表征的形式主义法律,给予多么大的关注! 但是,现在的问题在于:法律的形式化或形式主义法律的基础是什么? 对此,韦伯的回答是:"近代合理的资本主义不仅需要生产的技术手段,还需要一种可靠的法制制度和一种依据于正式规章的行政管理制度。如果没有它们,一种不正常的、阴暗的、投机的和单纯的营利为目的的资本主义便可能会产生,但却不会产生个人首创的、具有固定资本和计算精确性的合理经营里。"[①]这种具有形式合理性特质的法律根源于资本主义利益。资本主义利益为受过正规法律专门训练的法官阶级在法律和行政管理方面居于优势地位开辟了道路。尽管韦伯从总体上排斥价值合理性对于资本主义法律文明起源的影响,但是他的上述分析表明他并不绝对否认被人们视为合理性尺度的价值基础因素对于近代法律的作用。并且,他的研究也启示我们从更广阔的范围和背景来思考法制现代化标准的内在底蕴问题,从而提出这样一个重要问题:在确认工具合理性与价值合理性对于法制现代化都具有

---

① [德]M.韦伯,《西方文明的独特性》,引自《文明的历史脚步——韦伯文集》,上海三联书店 1988 年版,第 12 页。

重要作用的前提下，二者孰为优先？韦伯显然突出了形式合理性的优先地位。而在我们看来，形式合理性固然重要，但价值合理性则更为关键，后者构成了前者的思想基础、价值目标和评价尺度，因而优先于前者。

对此，一些思想家在他们的著述中曾经作过探讨。在帕森斯看来，价值、制度和政治是社会系统的三个最重要的功能方面或分化层次。价值是社会系统中的行动规范取向的模型，它规定行动的主要方向，而无需参照具体目标或更具体的情境或结构。社会系统的成员共同坚持的价值取向系统可作为分析社会系统本身的结构与过程的主要参照基点。当制度化的价值系统内化为个人的个性时，就足以驱动经济生产，完成无数的工业化劳动，并且使制度调整以及与这一过程有关的政治结构合法化。在现代社会中，作为个性的信仰的价值，其根据之一便是他们与社会的其他人的关系。这是一个权利与义务的网络，在这个网络中，个人的价值信仰将个人卷入他的社会情境，而且这种网络包括个人的价值是否与他人共享，它成为社会成员行动的合法性的基础。社会的价值规定实现集体目标的态度的主要框架，可以力争的主要目标类型以及与此类目标有关的合法的能动性的程度。制度的模式根据社会系统价值基础被合法化。①贝尔对现代资本主义的文化矛盾作了精辟的分析，认为现代社会是一个不协调的复合体。经济、政治和文化三个领域各自拥有相互矛盾的轴心原则：掌管经济的是效益原则，决定政治运转的是平等原则，而引导文化的是自我实现的原则。由此产生的机制断裂，就形成了 150 多年来西方社会的紧张冲突，现代社会日益丧失了合法性，因之必须来一个大修复。在这个大修复过程中，与资本主义社会的出现而产生的法律的程序性，应当获得新的目标和方向，即公众家庭的创设。"公众家庭的主张是基于对社会中合法事物（有充分根据的价值）再次陈述的需要。"②公众家庭需要一部新的人权法案，它试图将法律和道德融合在一起，协调公正与效率之间的矛盾，消解个人与社会之间的紧张关系，寻引新的方向。

按照我们的看法，作为法律形式主义基本要件的法律规范之严格性、法律体系之完整和谐性和司法过程之程序性，绝不是为了追求外观

---

① [美]T. 帕森斯《现代社会的结构与过程》，梁向阳译，光明日报出版社 1988 年版，第 155 页。
② [美]D. 贝尔，《资本主义文化矛盾》，赵一凡等译，三联书店 1989 年版，第 340 页。

的美感,而是蕴含着独特的价值目标,它们应当成为实现人的价值、保障人的尊严的手段。在法制现代化的历史进程中,社会主体设计法律体制的目的,应当是要创造人的全面发展的法律条件。如果法律剥夺了公民的自由权利或者使这一自由权利形同虚设,那么,即使这种法律如何获得形式上的完满,也是缺乏价值根据的。因之,形式化法律的意义就在于它通过调整个人与社会之间的关系,赋予社会主体以一定权利并使之承担相应的义务(这里的前提是主体权利的赋予和保障),从而建构理性化的社会价值体系,推动社会的进步。

(原文刊于《社会学研究》1992 年第 3 期)

传统与现代性:中国法制现代化的历史逻辑

法律发展问题研究所关注的重点,乃是社会变化与法律变化之间的相互作用关系,特别是社会变化对于法律制度的影响。在现代社会,法律发展具有特殊的涵义,它意味着从传统型法制向现代型法制的历史变革过程,这个过程乃是法制现代化的过程,是从人治型的价值规范体系向法治型的价值规范体系的转型过程,因而是一个法制的创新过程。之于我们,法律发展是指当下中国社会及其法律的历史变革。伴随着社会由传统向现代的转变,中国法制也在经历着由传统法制向现代法制的时代迈进。正是在这一过程中,充分展示了中华民族法律文化复兴的历史趋势。不过,这一进程交织着许多矛盾。其中,传统与现代性的关系,是一个十分复杂且至关重要的问题。认真地思考并解答这个问题,对于揭示中国法制现代化进程的历史逻辑及其时代走向,无疑是大有裨益的。本文以 1840—1949 这百余年间的法制变革进程为背景,力图对这方面的问题作出初步的回应。

一、法律传统与法律现代性之意义解构

合理地解释法律传统与法律现代性这两个概念的内涵,是把握中国法制现代化历史运动规律的理论前提之一。随着社会不断衍化,法律传统逐渐成为一种历史文化力量,它具有深厚的社会基础,存在于普通民众的法律意识、心理、习惯、行为方式及生活过程之中,因而与一个

社会的机体密不可分。在某种程度上，法律传统成了社会成员信仰或认同的载体。法律传统作为这样一种社会历史惯性机制，不仅构成了一个新社会法律发展的历史起点，影响着当下社会法律发展的各个领域，进而与当下社会法律生活交融在一起，而且制约着一个社会法律文化的长期发展进程，有形或无形地左右着该社会法律的未来走向。

因之，法律传统的社会价值意义在于：第一，它具有凝聚的功能。由于某一特定社会的法律传统出于同一源头，因而使生活在这一传统下的社会成员，形成了从种族学意义上讲是共同的或相似的民族法律文化心理，这种民族法律文化心理体现了世代相传的亲缘意识，从而强化了社会成员彼此之间的认同感，起到了凝聚社会的作用。第二，它也具有规范的功能。社会调整机制是多种多样的。由于法律传统往往表现为世代相传的习俗与行为惯例，因而在一定条件下，它可以起到规范社会成员行为的功能。尽管法律传统的规范性不具有国家强制性，但是由于在法律传统中，凝结着社会成员对往昔法律现象、经验或祖先的某种程度的崇敬，所以人们往往会以法律传统为参照系统来指导自己的行为。因此，法律传统的规范作用，常常以无形的方式表现出来。第三，法律传统还具有评价的功能。人的行为是否具有合理性，社会的评价尺度是多样化的。由于法律传统是指导和规范人们行为的一种范型，因而它的评价作用是不言而喻的。不过，这种评价带有道德经验性的色彩。亦即是说，作为评价尺度的法律传统，是人们在长期交往过程中积累起来的生活经验和交往惯例的集合体，因而它通常具有伦理的性质。它借助于某些流传下来的共同道德原则，对人们行为的合理性进行道德判断。所以，它往往与其他评价尺度相得益彰，相互补充。

当然，法律传统与传统法律是两个既相区别又相联系的概念。法律传统体现了从过去沿袭、传承到今天并依然发挥作用的某种法律精神与文化。但是，传统法律则通常是指在过去特定时间限度内客观存在着的法律文化，而在现代条件下它作为一个整体已经不复存在。不过，法律传统并不是抽象的捉摸不定的东西，它无疑包涵了传统法律文化的诸多因素。传统法律文化精神在其历史流变过程中，往往凝结为一种特定的法律传统。因此，法律传统在一定条件下成了传统法律的替代品。据此，本文在理论分析过程中，更多地注意到法律传统与传统法律的相通性。

现在我们来探讨法律现代性概念的规定性。首先，法律现代性是一个历史变革的概念。从广泛的意义上讲,法律现代化的进程乃是一种从传统法制向现代法制的历史更替过程。这种历史性跃进,导致整个法律文明价值体系的巨大创新。它所反映的是从前现代社会向现代社会转变这一特定过程中法律文明创新的激动人心的画面。它是一个包含了人类法律思想和法律行为各个领域变化的多方面进程。法律现代性体现了一种不同于传统法律的新型法律精神。

其次,法律现代性是一个民族性的概念。人类法律文化本来就是一个具有不同价值体系的多样化的法律精神之聚合体。诚然,法制现代化确实是从西方起步的,但法制现代化并非马克斯·韦伯所断言的那样是西方文明的独占品,它在每个国家总会有自己民族的诸多特性。因此,绝不能把法律现代性片面地理解为西方社会所固有的特性,也不能把法制现代化等同于"西方化"。法律现代性是共性与个性相统一的概念,是具有浓厚民族风格,体现特定民族精神的概念。

二、传统法律文化与现代法制相容的历史可能性

传统法律文化与现代法制二者之所以能彼此相容,这首先是由于传统法律文化本身的可选择性。"传统之中包含着某种东西,它会唤起人们改进传统的愿望。"①一种法律传统之所以有其历史存在的合理性,原因之一就在于它是该社会诸方面条件和因素的法权要求之体现。在这种传统中,凝聚了该社会人们调整行为以及制度安排的丰富历史经验,因而具有历史定在性。法律传统作为历史上世代相传的法律调整经验之积累,经受了历史时间的长久考验,其中有些部分继续存续下来并且用社会时间证明其存在的合理性乃至优越性。② 任何法律传统内部蕴藏着的丰富的经验材料以及规则,并不是任意积累而成的,也不是一连串杂乱无章的偶然选择行为的产物,而是有着深厚的历史根基。正因为如此,它本身为后来的人们提供了各种历史选择的可能性。

中国有着悠久的法律文化传统。古代中国的法律世界,丰富多样

---

① [英]E·希尔斯,《论传统》,傅铿、吕乐译,上海人民出版社1991年版,第286页。

② 西塞罗在《论共和国》一书中认为,罗马宪法优越于那些由一人创立的国家的法律,因为它"不是建立在一个人,而是许多人的聪明才智之上。它不是在一代人之内,而是经历了几个世纪的漫长时期,许多代人的努力才建立成的,因为从来没有一个人具有如此伟大的天才,以致可以无所不知;如果不是实际经验的帮助和时间的考验,在任何时期所有人的集体力量也不能为未来提供所有必要的规则"。《络布古典丛书》,伦敦,1923年,第113页。

且自成一体。从形式意义上看，它表现为法律分化程度较低的诸法合体的法律结构体系。在这里，不存在法律分类现象，而是民事法与刑事法、实体法与程序法浑然一体。不仅如此，在古代中国法律历史运动中，法典编纂事业异常活跃。中国古代立法之活跃，法典之繁多，体例之复杂，体系之详备，恐怕在世界法律文明史上也是鲜见的。这大概也是中华法系绵延经久的重要原因之一。而且，这种重视成文立法的传统。时至今日，依然成为当代立法者们的历史参照，从而在新的时代条件下延续下来。此外，再从实体价值上看，古代中国法制表现为以宗法为本位的熔法律与道德为一炉的伦理法律价值体系。在古代中国，体现儒家伦理精神的法律，乃是一个建构于"天人合一"的深厚道统基础之上的以王道精神相标榜的、通过家庭本位和君权主义表现出来的系统。在这个系统中，"天人合一"是古代伦理法律的深层指导原则和存在的根据，因而构成该系统的终极依托；"内圣外王之道"是实现"天人合一"法律理想的行动方式，它表现为礼治主义、泛道德主义和人治主义。并且，传统法律的这一价值特性，得到了体现实践理性精神的古代法哲学的理论证明与支持。很显然，这一法律价值系统，深刻地影响着生活在这一历史条件和地域空间范围的广大中国人的法律心理与行为，制约着他们的法律态度及其对法律的认同感，从而铸造着具有特殊意味的民族法律精神品格。今天的人们尽可以对传统法律的价值取向进行这样或那样的评价和选择，但是，一个不容争辩的事实是：在迅速走上法制现代化道路的现代中国，传统法律精神依然以特定的方式影响今天中国人的法律生活。况且，传统法律的价值系统本身，确实存在着许多有待人们去开拓的历史遗产，诸如对现行法律的道德评价，解决纠纷的自治方式，建立秩序的责任体系，等等。这些都可以成为完善现代法律调整机制的历史借鉴。

其次，传统法律文化与现代法制彼此相容的现象，反映了社会及法律发展的客观需要。正是这种需要，决定了承继法律文化传统的历史必然性。现代社会的急剧变化，造成了法律传统的种种压力，加剧了法律的传统性与现代性之间的冲突。但是，尽管如此，法律传统却显得更加必要，因为一个社会无论其发展变化多么迅速，它总是无法摆脱与过去的纽带关系，也不可能与过去的历史完全断裂。社会的历史联系是客观存在的，并且是社会本质属性的一种体现，它不是单凭法令就可以创设或中断的。一个社会如果不在某种最小的程度上保持与过去的纽带联系，就不成其为社会。当然，这种纽带的强度与作用因不同社会的具体条件而有所差异。秩序性与组织性是社会的基本属性之一。因之，这种纽带关系反映了社会对一定秩序状态的要求。尽管法律传统不是形成和巩固社会秩序的唯一机制，但它却是一种重要的社会凝聚机制，有时它的职能是其他机制所无法替代的。虽然不能说没有法律传统，社会秩序便无法形成，但至少可以讲，离开一定的法律传统，社会秩序的内在历史根基是不牢固的。因为缺乏民族法律文化心理的支持与认同，无论现行社会秩序受到现行法律规则的怎样强化，它也是脆弱的、不稳固的。法律要适应现代生活的发展而加以变革、创新与完善，也同样离不开对历史上存在过的并且一直延续下来的法律传统经验的借鉴与吸收。因此。社会秩序及法律发展的客观需要，是在现代社会中继续"保留"法律传统的内在根据与缘由。

在中国法制现代化的历史进程中，尽管法律文化不断受到挑战，但是由于社会生活发展的客观需要，加之传统法律文化的巨大惯性力量，它依然潜移默化地通过各种方式继续发挥功用。在近现代中国，之所以出现家族制度的"重建"现象，其根本原因在于家庭制度赖以生存的基础是农业经济。只要中国以农业立国，家庭制度就必然有它生存的空间和历史存在的必然性。在农业自然经济条件下，村社共同体自成一体，在它们内部有相对独立的自组织系统，村社家庭共同体通常由一个家庭的首领或尊长来代表，由他来沟通与协调家族共同体内部的种种人际关系。在一定条件下，这种家庭共同体还行使着一定的行政或司法的功能。所以，只要存在自然经济，就必然存在着对家庭制度的某种需要，因为这种制度是建立和发展乡村社会生活的一种可行的必要的机制。在近代中国社会，尽管乡村自然经济受到了剧烈的震荡，但它并未完全解体，整个经济生活呈现出自然经济和商品经济并存的二元格局。这种二元化经济体系的长期存在，就决定了家族机制及其种种变型系统存在的历史必然性——诚然它并非是一种合理性。家族体制的存在与发展，亦使调解机制在解纷过程中的功用愈发重要。当然，传统法律文化系统中，调解机制的发达，体现了儒家伦理法律的中庸精神，反映了民众的厌讼心态，这种心态通常又与儒家"无讼"观念的长期熏陶密切相关。但是，从更广泛更深刻的意义上讲，这种机制乃是传统乡村自然经济体系所衍生出来的法权要求，是传统的家族共同体内部关系的一种衡平方式。只要自然经济存在,就必然产生对调解机制的客观要求。当然,我们不能由此而断言,在存在调解机制的地方,就必然存在着自然经济体系。现代中国法律系统亦保留了一套调节民事关系的调解规则。这种保留,从立法意图上讲,并不是为了满足自然经济的法权要求(尽管在现代中国农村,还客观地存在着自然经济或半自然经济),而是因为调解机制反映了社会各阶层对于法律自治的某种需要,反映了广大民众力图通过自身努力来排解纷争进而公平交往的心理要求。毫无疑问,现代调解机制与传统调解机制在性质、功能、范围、方式、目的等等方面,亦大相异趣了,决不可同日而语。不过,这种对传统解纷方式的某种程度的认同与接受,充分表明了法律传统的生命力。

三、传统法律文化因素在现代留存的时代限度

以上我们论述了传统法律文化的某些因素在现代化过程中得以继续传承的历史根由。由此可以看出,"传统如此重要,其影响如此之大,以致人们不可能完全将它忽略掉"①。否认传统在发展现代化进程中的作用,这不仅仅是一种天真幼稚和幻想,而且是一个历史性的偏颇。它将使我们在促进现代法律发展过程中付出代价,而这种代价有时往往是难以弥补的。但是,现在的问题在于:传统法律文化因素在现代法律变革进程中的存留与影响力,是否有一个限度?回答是肯定的。

在中国法制现代化的历史中,传统法律文化与现代法制的相互排拒性,是显而易见的。这是因为,古代中国法律文化作为一种独特的把握世界的方式,有着自己固有的制度规范和价值取向,体现着独特的民族法律心理和经验。以人身依附为条件的自给自足的自然经济,以父家长为中心的宗法社会结构,以皇帝的独尊为特征的专制皇权主义和以儒家为正宗的意识形态体系,构成了传统法律文化机制的固有格局。这种机制与现代法制是判然有别的。这种差异性本身,便构成了传统法律文化因素对近现代中国法制变革进程影响的时代限度。

具体来讲,首先,从社会基础看,在古代中国社会生活中,农业是决定性的生产部门,它构成中国古代社会经济系统的主干。历代皇朝向来"以农立国",重农抑商也就成为帝国统治的基本政策。由这种社会经济结构所决定,中国古代社会是家族主义的一统天下。宗法家族制

---

① 〔英〕E·希尔斯,《论传统》,傅铿、吕乐译,上海人民出版社1991年版,第10—11页。

度是一种内在封闭的、拥有相对自治权力的社会系统。家庭体系维护了古代社会生活的超稳定结构，并且制约着古代政治生活的法制方向。然而，与传统法律文化的社会基础不同，现代法制则是建立在商品经济和契约关系的社会构架之上。商品经济是一个川流不息的价值体系。在商品经济关系中，"人的依赖纽带、血统差别、教育差别等事实上都被打破了，被粉碎了(一切人身纽带至少都表现为人的关系)"①。现代商品经济与发达的契约关系是相联系的。这种关系意味着公民权利意识的发达，意味着人与人之间的平等，意味着社会人际关系的理性化和法律化。因此，从身份社会向契约社会的转型，是一个历史性的进步。正是在这种转变的基础上，建构了现代类型的法制。

其次，从模式特征来看，古代中国法制结构的一个重要特点，就是所谓"重刑轻民"。历代法典实质上就是以刑法规范为核心的诸法合一的体系。因之，历朝刑事法律都很完备。这是古代世界其他法律文明系统所无法比拟的。而民事法律则缺乏独立的地位，民事规范往往依附于刑事法律规范，民事制裁被纳入刑事制裁的轨道之中，在诉讼程序方面刑事审级高于民事审级，因而刑法规范成为调整民事关系的基本手段。与传统法制的模式特征不同，现代法制则具有形式化的特点。法律的形式主义运动具有以下四种表现形态：(1)法律规范的严格性。现代法律规范具有逻辑上的严格性和明确性。(2)法律体系的完整和谐性。现代法律规范体系绝不是杂乱无章的东西，而是一个结构严谨、层次分明、内在联系紧密的有机整体。(3)司法过程的程序化。司法的任务就在于把一般法规应用于特殊情况下的具体事实，从而使司法判决具有可靠的预测性。(4)法律的效益化。通过立法活动制定出来的法律能对社会生活产生实际影响，从而表明法律是有效益的。

再次，从法律价值取向上看，以宗法伦理理性为核心的古代中国法律制度，充分反映了儒家伦理精神对法律生活的深刻影响。儒家伦理化的法律精神乃是一种"信念伦理"(韦伯语)。这种信念伦理在法律生活中的落实，便是伦理规范的法典化或法律的伦理性。在古代中国伦理法律中，道德律几乎成为法律的化身。很显然，古代法制的泛道德主义必然导致对法律的不信任，进而动摇法律在治理国家中的重要地位。这也为法律世界中的人治主义提供了根据。与传统法律的泛道德主义

---

① 《马克思恩格斯全集》第 46 卷(上)，人民出版社 1979 年版. 第 110 页。

与人治主义传统相左,现代社会则高度重视法律的作用,确证法律的权威性,进而走向法治社会。现代法治社会的特点是:社会生活的统治形式和统治手段主要是法律;国家机关不仅运用法律,而且其本身也为法律所支配;法律是衡量国家及个人行为的标准。法治要通过一系列的具体过程体现出来。这些过程尽管千差万别,但有一点是共同的,即各个法律实践过程(从立法到司法)都需遵循严格而合理的法律程式,并且每个环节或过程都是为了实现法律正义。因之,现代法制的核心价值意义就在于:确信法律提供可靠的手段来保障每个公民自由地合法地享用属于自己的权利,而免受他人专横意志的摆布,充分发挥社会主体的自主独立性和能动性。

四、传统法律文化的创造性转换

对于走向现代法治社会的中国来说,如何协调好法制转型中的传统性因素与现代性因素,进而实现传统法律文化的创造性转换?这确乎是一个重要的时代课题。

总观中国法制现代化百余年的历史进程,我们可以看到,中国传统法律文化转型过程的主要特点是:第一,外来影响与内部因素的相互作用。西方法律文化的冲击,无疑是引起中国法制变革的重要动因之一。然而,西方法制的内部精神无法也不可能深深地嵌入中国法制变革过程之中。这就决定了西方法律文化对中国的冲击力是有限的。对西方法律文化传统的继受,并不能保证它沿着固有的方向发展,也不会自动地带来本土法律文化的变迁。这不仅是由于本土社会经济政治诸方面条件的制约,而且也要受到继受者的继受能力和素质的影响。

促进传统法律文化向现代转型的主要动力来自于中国社会内部本身的诸因素之间的矛盾运动。特别是处于变化状态的经济条件,形成了中国法制变革的运动能力和运动方向。进入19世纪以后,近代中国的商品经济获得了较大的发展,尤其是在沿海通商口岸。商品经济的发展,必然要求一定的法制制度与之相适应,从而引起法制的重构。在当下中国,社会主义市场经济的大潮波澜壮阔,汹涌澎湃。在这一新的经济文明体系的影响下,一个全新的具有中国特色的社会主义法制现代化模式正在逐步形成。这就揭示了一个很深刻的思想:中国法制的变革,必须建构在市场经济的深厚土壤之上。这是中国法制变革的最为持久、强大的力量。

第二,激烈的反传统运动和强烈的民族主义情感的奇妙结合。在近代西方文明的激荡下,中国传统法律精神面临着空前的巨大压力。儒家主流思想因其保守与僵化,而日益与现代生活脱离,甚至成为反动政客的精神工具。在这样的条件下,大多数追求真理的爱国知识分子把对儒家的反抗视为自己的历史天职。于是,儒家传统处于一种持久的危机状态之中。应当看到,在近现代中国法制变革过程中,激烈的反传统背景下的法制创新与强烈的民族主义是奇妙而复杂地结合在一起的。自1840年鸦片战争中国闭关自守的大门被打破之后,中国法制的成长就成为世界发展变革浪潮的一个有机组成部分。早期那种关于中国是"体现文明本身的中心王国"的世界秩序观念,已经被舶来的外域文化所打破。中西方法律文化的冲突,孕育和生长着传统法律文化的危机气氛。国际资本主义对中国司法主权的侵犯和掠夺,①导致中国与西方列强的尖锐民族矛盾。因之在1840—1949年这一百余年间的早期法制现代化过程中,民族主义情绪的激荡始终是一个重要的特点。近现代中国法制现代化的一个基本目标,就是争取法律主权,获得民族独立。

第三,法制变革过程中的形式与实体之间的"二律背反"。近现代中国百余年的法制变革浪潮,的确使中国社会的法律世界发生了很大变化。但是,由于中国社会转型的特殊性,法制变革在传统与现代性这两级之间的徘徊也是显而易见的。从实际意义上讲,近现代中国法制变革所带来的变化是显著的。随着西方法律文化的广泛传布,中华法系的固有格局被打破,诸法合体、重刑轻民的传统法律构架逐渐解体。这种变化并非量的简单增长,而意味着某种质变。在清末修律运动中,统治集团按照大陆法系的法律结构模式来修订法律,通过大规模的立法活动,初步形成了以公法与私法为主体的新的法律结构体系。这一新的法律模式在民国时代又得到了进一步完善。迄至南京国民政府时期,建立了所谓"六法全书"体系。法律模式改造的效果应当说是明显的,因为通过这一改造,传统中华法系的大一统法律结构消失了,而代之以法律分化程度较高的法律模式,从而使中国法律体系至少在表面上开始走上现代化的道路。

①费成康,《中国租界史》第四章,上海社会科学院出版社1991年版。

然而，从价值意义上看，情况则比较复杂。诚然，传统儒学精神及法律文化遭到空前挑战与攻讦，体现现代精神的法律文化在变革浪潮中逐渐萌发、兴盛起来，与传统不同的新的法律价值开始形成。但是，儒家伦理法律精神广为传扬，深入人心，成为社会成员的行为规范与内心信念，凝结成为独特的中华文化心理结构。这种传统的精神力量之所以如此强大顽固，并未因帝制被废而自行消弭。它内在地嵌入中国法制现代化的历史过程之中，产生"抽刀断水水更流"的功能效应。在中华民国南京国民政府时期，以法典编纂为主要形式的法律创新规模是相当浩大的，但是支撑这一法律系统的价值体系则是大可怀疑的。国民党政府公开倡导"国家社会本位"的法律原则，否定个人本位的法律精神，并以此指导整个立法和司法工作。这种类型的法律价值体系，无疑给中国法律现代化的历史进程投下深重的阴影。这表明，要创设一种新的法律价值体系远非易事，它往往比从形式上建构起一个法律系统要更加困难。这种形式与实体、实证与价值之间的深刻矛盾，既反映了近现代中国法律现代化进程的基本特点，也制约着这一进程的基本走向。

显而易见，在实现中国法制现代化的过程中，对传统是不能扔弃的，必须进行转换。但是，这种转换绝不意味着在传统法律框架内作某种局部的简单改变，而是从根本上进行修正或创造性转换，使之与法律的现代性相协调。为此，就必须具备一系列条件，其中主要有：

（一）从动力基础方面看，完成由传统法制向现代法制的转变，无法绝对地摆脱传统的影响而人为地制造文化断裂。倘若这样做，那只能是一种理念上的虚构。但是，问题的关键在于：重构新型的现代法制系统，绝不是在过去小农式的自然经济轨道上的滑行，而是要适应市场经济要求对传统法律文化进行创造性根本性改革和革新。在这个意义上，那种脱离经济生活条件的转型而单纯追求传统的创造性转化的观念，是我们所不能苟同的。

（二）从对待西方法律文化的态度来看，中国传统法律文化与西方近代法律文化是在不同文明条件下生长起来的两种法律精神的载体形态。随着西方法律文化的渗透而形成的中西方两大法律文明系统的冲突，其根源在于商品经济与自然经济的价值对立。因此，从这个意义上讲，西方法律文化对古老中国法律传统的冲击，在客观效果上是一种历史的进步，因为，它不自觉地打破了古代中华法系的封闭结构，充当了改变中国传统法制的不自觉的工具。但是,绝不能由此而把中国传统法律文化的创造性转换视为"西化"的过程,因为每个民族、每个国度总有反映本民族本国度生活条件的法律精神以及作为这一精神载体的法律制度。对中国传统法律文化进行创造性转换,乃是中国人在本国的历史条件下所进行的一场法律变革运动,有其特殊的历史轨迹,也必然带有鲜明的民族特点,从而走上独特的发展道路。即便在进入所谓"全球村"时代以后,世界变得更加相互依赖,法律发展中的共同性日益增多;但是,世界法律现代化进程并不是由此而变得呆板划一,而是更加多样化。中国法律发展的特殊性,恰恰显示了中国法律现代化的世界性意义。

(三)从主体角度来看,作为一场意义深远的法制变革运动,中国传统法律文化的创造性转换能否达到预期目的,很大程度上取决于社会主体必须首先实现现代化。一个先进的现代法律制度要获得成功,取得预期的社会效果,必须依赖于操作这些制度的人的现代素质,即人的价值观念、行为模式、思维模式、情感意向和人格特征的现代化。一个国家的人民只有从心理、态度和行为上与法制现代化的历史进程相互协调,这个国家的法制现代化才能真正得以实现。因此,从这个意义上讲,中国传统法律文化的创造性转换以及法制现代化进程,也是一种精神现象,是人的法律价值观和行为方式由传统向现代的转变过程。社会主体力图走出传统的法律世界,挣脱传统法律观念的精神束缚,获得新的法律价值观念,从而向新的法律世界前进。只有在人的现代化背景下,才能形成中国法制变革的内在推动力,才能赋予中国法制现代化运动以真正的意义和生命,并持久地支持这一伟大的法制创新进程。

(原文刊于《中国社会科学季刊》[香港]1993年5月号)

中国法制现代化面临的四大矛盾

当代中国正处于一个伟大的历史变革过程之中。随着中国社会的转型,当代中国法制也同样面着从传统型法制向现代型法制的创造性转换。作为一个客观的历史进程,中国法制现代化充满着许多复杂的矛盾关系。认识与解读这些矛盾关系及其特征,把握这一伟大的法律革命的发展走向,乃是当代中国法学界面临的重大时代课题。

一、传统与现代性

传统与现代性作为一对难解的纽结,贯穿于中国法制现代化的整个过程之中。在中国法制现代化的历史长河中,传统法律文化与现代法制的相互排拒性,是显而易见的。这是因为,古代中国法律文化作为一种独特的把握世界的方式,有着自己固有的制度规范和价值取向,体现着独特的民族法律心理和经验。以人身依附为条件的、自给自足的自然经济,以父家长为中心的宗法社会结构,以皇帝的独尊为特征的专制皇权主义和以儒家为正宗的意识形态体系,构成了传统法律文化机制的固有格局。而现代化的法制则是建立在市场经济和契约关系的社会架构之上的,它以规范的严格化、体系的完整和谐化、司法过程的程序化和法律实现的效益化为自己的模式特征,它以确证法律的权威性、确信法律能提供可靠的手段来保障每个公民的自由和权利作为自己的价值取向。因此,传统型法制与现代型法制是判然有别的。这种差异性本身,便构成了传统法律文化因素对当代中国法制变革过程影响的时代限度。

但是,另一方面,一种法律传统之所以有其历史存在的合理性,重要原因就在于它是该社会诸方面条件和因素的法权要求之体现。在这种传统中,凝结了该社会人们调整行为以及制度安排的丰富历史经验,因而具有历史定在性。因此,它本身为后来的人们提供了各种历史选择的可能性。甚至在情感意义上,它也可以成为后来的一些人依恋乃至崇敬的对象。中国传统法制乃是一个以宗法为本位的熔法律与道德于一炉的伦理法律价值系统。在这个系统中,"天人合一"是传统伦理法律的深层指导原则和存在的根据,因而构成该系统的终极依托;"内圣外王之道"是实现"天人合一"法律理想的行动方式,它表现为礼治主义、泛道德主义和人治主义。并且,传统法律的这一价值特征,得到了体现实践理性精神的古代法哲学的理论证明与支持。

很显然,这样的法律价值系统,深刻地影响着生活在这一历史条件和地域空间范围的广大中国人的法律心理与行为。制约着他们的法律态度及其对法律的认同感,从而铸造着具有特殊意味的民族的法律精神品格。今天的人们尽可以对传统法律的价值取向进行这样或那样的评价和选择,但是,一个不容争辩的事实是:在迅速走上法制现代化道路的现代中国,传统法律精神依然以特定的方式影响今天中国人的法律生活。况且,传统法律的价值系统本身,确实存在着许多有待于人们去开掘的历史遗产,诸如对现行法律的道德评价,解决纠纷的自治方式,建立秩序的责任体系,等等。这些都可以成为完善现代法律调整机制的历史借鉴。更为重要的是,法律文化传统在现代生活中的存留,实际上反映了现代社会及其法律发展的客观需要。一个社会无论其发展变化是多么迅速,它总是无法摆脱与过去的纽带关系,也不可能与过去的历史完全断裂。这种纽带关系反映了社会对一定秩序状态的要求。法律传统的内在价值,就在于它能在很大程度上满足这种要求。虽然不能说没有法律传统,社会秩序便无法形成,但至少可以讲,离开一定的法律传统,社会秩序的内在历史根基是不牢固的。因为缺乏民族法律文化心理的支持与认同,无论现行秩序受到现行法律规则的怎样强化,它也是脆弱的,不稳固的。因之,对于走向现代法治社会的中国来说,如何协调法制转型中的传统性因素与现代性因素,进而实现传统法律文化的创造性转换,这确乎是一个重要的时代论题。

二、工具理性与价值理性

"工具理性"与"价值理性"是马克斯·韦伯运用理想类型学方法分析合理性行动的概念系统。他把合理性行动区分为两类,即工具合理性(形式合理性)和价值合理性(实质合理性),强调法制现代化乃是工具合理性的一种表征或体现,而价值合理性则是前资本主义法律文明和社会秩序的本质特征。这样,韦伯就把工具合理性与价值合理性、形式合理性与实质合理性对立起来了。

其实,在法律现代化进程中,工具理性与价值理性是有机结合、密不可分的。一方面,法律必须建构在非人格的关系之上,法律是无感情的,它是以形式上正确合理的程序制定出来的,因而成为每个人行为的一般模式,从而使人的行为及其后果具有可预测性,这就是韦伯所称的"工具合理性"或"形式合理性"。法律的工具理性意味着确证法律权威的原则,意味着从立法到司法的每一法律实践环节都必须遵循法定的秩序,意味着将国家权力纳入法律设定的轨道并且不同机关的权力均由法律加以明文规定。另一方面,法律也是对一定的价值基本准则的阐释、维护和实现,诸如正义、平等、自由、安全等,具有韦伯所称的"价值合理性"或"实质合理性"。作为与传统型人治主义相区别的现代法治主义，必须以合理的理性化的价值体系为出发点和归宿，不与自由、平等、正义及主体权利相联系的法治，乃是徒具空名而已。现代化法制的价值意义就在于保障和促进公民的权利，并且要创造一个正常的社会生活条件，使个人的合法愿望和尊严能够在这些条件下实现。因此，法律的价值理性作为工具理性的思想基础、价值目标和评价尺度，对法律的工具理性具有优先性。法制现代化乃是一个以工具合理性为历史先导而价值合理性优先的法制创新过程。

在当代中国，法制现代化是建立在深刻的价值基础之上的，它集中表现为对公平与效益关系的合理解决。毫无疑问，在当代中国法制转型过程中，法律应当把提高效率、发展生产力作为自己的主要职能。社会主义的根本任务是解放和发展生产力。当代法律调整的重要课题之一，乃是运用授权性规范来调动社会主体的积极性，赋予主体以广泛的法律权利，允许主体在具体的社会经济生活中拥有广泛的行动方案的选择自由，保障主体的合法利益，以便促进经济效益的提高，推动生产力的发展。离开了这一点，法律发展就会偏离轨道。但是，应当看到，在中国法制现代化进程中，法律的一项重要时代使命乃是促进共同富裕，实现社会正义。社会主义制度从根本上区别于资本主义制度的，不仅在于它能够带来生产力的解放和发展，进而满足人民日益增长的物质和文化需要，而且在于它能够带来社会正义和社会平等，进而消除两极分化，促进社会的共同富裕。社会正义涵盖了社会主义的价值理想，构成了社会主义价值系统的终极依托。因此，处于转型期的中国法制，必须始终关注和解决社会公正或社会正义问题，要把实现社会正义作为提高效率，发展生产力的价值目标。为了有效地实现社会正义，当代中国法律调整的迫切任务，就在于确认和保护社会主体在机会和手段选择过程中的平等权利；设计一套理性化的程序规范，强化法律的利益调控职能，促进社会利益需求与实现的平衡发展；通过一定的法律机制，解决或缓解社会收入分配不公的现象，以保证社会变革进程的健康发展。

三、自治与权威

时下流行着一种看法，即中国市场经济体制的建立过程，是一个分权化的过程，是政府的功能弱化的过程，应当建立一个"相对无为"的政府。不容否认,长期以来,在我国,脱离客观存在的社会经济发展水平而建立了个高度集权化的计划经济体制。在这一体制下,国家对经济生活实行了一元化的全面直接控制,并且这种控制的经济性、法律性因素比较薄弱,主要诉诸直接的行政命令控制手段,企业丧失了独立自主的法律权能,市场在资源配置中的基础性地位难以确立,从而导致政府权力的无限扩张,阻碍了社会生产力的发展。因之,在中国法制现代化进程中,充分发挥社会主体的自主性、创造性及自治功能,建立一个全新的政府行为模式,就成为当代中国经济改革与法律发展的重要目标之一。社会主义市场经济的广泛发展,首先就意味着社会主体自身的飞跃,主体在社会生活中的自治地位明显提高,主体的自主性逐步得到了确立。这一时代特点反映到法律价值系统中来,就表现为社会主体的自由和权利在法律现实中的比重明显增长,表现为以法律为基础的具有高度自治性的现代市场经济体系的建立和完善。

但是,现在的问题是:扬弃旧的政府行为模式,扩展社会主体的自治权能,丝毫不意味着国家及政府功能的弱化,也绝不表明现代化的政府机制是相对无为的。中国是一个东方大国,社会经济发展很不平衡,这就需要有一个充分行使公共管理功能的强大国家的存在,需要依靠政府的强有力的正确有效的调控干预,需要政府自觉地担负起正确地引导经济、社会与法律发展的时代重任。16 年的经济改革把当代中国社会推进到了一个新的历史阶段,极大地解放了社会生产力。但在向新体制转轨过程中,社会运行过程亦出现了一些值得关注的"失范"现象,政府权威日渐下降,法律及政策制定和执行过程效率偏低,国家及政府对社会经济生活的调控能力日益减弱,社会公正问题远未得到切实有效的解决。这种状况若再继续发展下去,势必将严重地妨碍社会主义市场经济新秩序的形成,妨碍良好有序的社会结构的确立,从而使这场深刻的社会变革过程付出沉重的代价。因此,当我们向新体制过渡,选择和建构新的国家功能模式时,一定要从自己国家的实际出发,充分考虑到自己国家的经济、政治和社会的特点以及自己民族的文化背景和历史传统。只有植根于自己国家的国情和能够应付各种挑战的国家功能模式,才是有生命力的。所以,在中国,不断成长、日益壮大的现代市民社会诚然能够为现代法制的形成提供可靠的社会基础,但是仅仅依靠市民社会的自发机制还远远不能满足现代法律生长的现实需要。拥有强有力的国家能力和现代政府系统,则是中国实现法制现代化的必要条件。对此,我们需要有足够的自觉意识。

四、国际化与本土化

从广泛的意义上讲,法制现代化所反映的是从前现代社会向现代社会转变这一特定过程中法律文明创新的激动人心的画面。它是一个包含了人类法律思想和法律行为各个领域变化的多方面的进程。这个进程或是因内部诸条件的成熟而从传统走向现代,或是因一个较先进的社会对较落后的社会的冲击而导致的变迁。但不管是哪一种变革型态。法制现代化无疑是一个创新的过程,它体现了一种不同于传统法制的新型法律精神,蕴涵着世界文明进步大道上的基本法律准则。所以,毫无疑问,在当代中国法制转型过程中,对于那些反映社会管理及现代市场经济运行一般规律的外域法律文化的有益因素,应当加以继承和采纳,以便使当代中国的法制与世界法律文明的通行规则接轨沟通。闭关自守,盲目排外,只能导致法律文明进步张力的丧失,甚至某种危机。

但是,中国法制现代化的国际化趋势,绝不等于西方化。诚然,法制现代化确实是从西方起步的,但是法制现代化并非韦伯所断言的那样是西方文明的独占品。由于世界各国的经济、政治和文化发展水平是不一致的,它们的国家形态和政治体制方面也有差异,每个国家又有其特定的历史发展,习惯和民族特点,况且这些国家所处的地理环境、自然条件、人口状况等也不尽相同,这些复杂的因素,势必会使全球法制现代化的历史进程呈现出五彩缤纷、丰富多样的特点,在每个国家总会有自己民族的诸多特性。因此,绝不能把中国法制现代化片面地理解为西方社会所固有的特征,也不能把这一时代进程与"西方化"相提并论。

中国法制现代化是共性与个性相统一的概念,是具有浓厚的民族风格、体现特定民族精神的概念。由于中国法律发展从传统走向现代的历史起点、过程、条件以及主体选择与其他国家是各不相同的,因而法制现代化的基本共同标准在中国的具体表现,不能不打上特定的印记,从而具有特定发展过程的诸多具体历史特点。中国法制现代化是中国人在本国的历史条件下所进行的一场法律变革运动,有其特殊的历史运动轨迹,具有独特的发展道路。即使在进入所谓的"地球村"时代以后,世界变得更加互相依赖,法律发展中的共同性日益增多;但是,世界法制现代化进程并不是由此而变得呆板划一，而是更加多样化。中国法律发展的特殊性，恰恰显示了中国法制现代化的世界性意义。

（原文刊于《探索与争鸣》1995 年第 3 期，
转载于《新华文摘》1995 年第 6 期）

国际化与本土化：法制现代化的时代挑战

法制现代化是人类法律文明的成长与跃进过程，这种历史性的跃进，导致整个法律文明价值体系的巨大创新。法制现代化是一个世界性的普遍现象，但同时又存在着多元发展的多样化模式。这是全球法制现代化进程中的一条基本规律。实际上，这一规律所反映出来的乃是法律发展中的国际化与本土化的关系问题。也就是说，在法制现代化进程中，确乎存在着体现人类法律文明共同属性的普遍性的构成要素，而这些构成要素为国际社会所认同，并且反映在世界各国的法律制度之中；然而另一方面，法制现代化在不同民族或国度中不可避免地有其各自的表现形式，那些普遍性的共同构成要素的实现方式显然要打上鲜明的民族印记，从而独具个性特征。因此，在法制现代化进程中，如何协调与解决国际化与本土化之矛盾关系，这不仅是一个重要的时代论题，而且也是各国法律发展共同面临的一个跨世纪的挑战。

一、法律发展的全球意识

法制现代化不是孤立封闭的法律现象，也不是某一个国家或某一个地区的个别态势，而是一个开放式的国际性的法律发展过程。这一革命性的进程，深刻地改变了人类法律生活世界的面貌，推动着各民族、各个国家和各个地区的法律文化的交流与融合，从而促进了人类法律文明的成长与飞跃。因此，法律发展的国际化，这是当代世界法制现代化进程中一个十分突出的时代趋势。

所谓法律发展的国际化，主要是指在法律文化的传播与交流过程中，各个主权国家的法律制度蕴涵着世界法律文明进步大道上的共同的基本法律准则，使各国的法律制度在某些方面彼此接近乃至融合，进而形成一个相互依存、相互联结的国际性法律发展趋势。① 由此可以看出，法律发展国际化的主要特征是：其一，法律文明的共同性因素是法律发展国际化的基础和前提。人类的法律文明是社会主体在特定的社会历史条件下创造和累积起来的，体现着不同的民族或国度独特的法律精神、概念和规则。每一种法律文明形式与实体、意义与价值，都自成一个特殊的系统。然而，处于不同的时间与空间条件下的法律文明系统之间无疑存在着某些共同性的因素。随着人类社会交往的增进与扩大，潜藏在不同法律文明系统背后的共同性因素，必然要以各种方式和途径显现出来。在这些多样性的法律文化模式下，确乎存在着某种共同的普遍性的东西。尽管一种法律文明与另一个种法律文明在许多方面都显现出差异性，但它们之间的相似之处却往往也是显而易见的。之所以如此，原因之一就在于人类居住的世界无疑存在着许多相同的特质，不同民族或国度下的人们都会遇到一些共同性的自然的与社会的问题（尽管表现形式有差别）。而为了解决这些问题，生活在不同国度中的社会主体创造出相应的调整规则，积累了有价值的调整经验。这无疑体现了人类法律实践的普遍性的历史规则，反映了人类的法律智慧和对理性的追求。② 正是这一点，构成了法律文化交流与交往以及法律发展国际化的基础和前提。

其二，法律文明的交流与传播是法律发展国际化的主要媒介机制。每一种法律文明系统都是自成一体的。而造成法律文明多样性和相对一体化的重要原因之一，就在于一定法律文明圈中存在着独立的文化隔离机制。这种法律文明的隔离机制是使一定地域或国度的法律文明成为独立形态的基本要素。一个法律文明圈的形成，没有一定的隔离机制是显然不可能的。从文明发生学意义上讲，法律文明的隔离机制最初是与地理环境相连结的。所以在法律文明的比较研究中，人们总是力图把一定的地理环境看做是构成法律文明差异性的中介。但是，一定的法律文明系统一经产生，就会在内外各种因素影响下发生超越原生地理环境的深刻变化。特别是随着交往的增多及其复杂化，不同

① 孙笑侠先生给法的国际化下的定义是，它是指"法顺应国际社会的法律合作、交流、融合乃至局部统一的趋势，这是人类共同活动和共同理性对法制的要求"。参见孙笑侠：《法的现象与观念》，群众出版社 1995 年版，第 26 页。

② 万斌先生认为，任何历史类型的法律，都有其产生的必然性，因而也都程度不同地凝结着人类的智慧和创造，具有全人类的价值。参见万斌：《法理学》，浙江大学出版社 1988 年版，第 164 页以下。

的法律文明系统之间必然要打破地域的界限,进行各种形式的交流与沟通。诚然,在这一过程中。异质的法律文明系统有可能产生相互撞击和冲突。不过,法律文明要发展,就必须冲破原有的民族界限,参与到其他法律文明系统的发展过程之中,形成相互依存、相互促进、相互包容、相互融合的格局。一个开放式的交互性的法律文明系统,才是富有生命和活力的有机系统。而闭关自守,盲目排外,必然导致法律文明进步张力的丧失。① 多样化的法律文明之间的日益扩展的交流与沟通,势必会推动那些法律文明共同性要素的广泛传播与接受。这样,就逐渐汇聚成为法律发展国际化的历史潮流。

　　法律移植是法律文明交往与传播形式中的一种特殊情形。据说,法律移植是一种十分古老的现象,早在公元前 17 世纪前后一些古老的法典中就似乎存在了。② 但是,无论法律移植的远古形式如何以及它后来是怎样发展演变的,这一特殊的法律文明交流与传播形式的本质性意义,就在于它是一个国家或地区主动地、有选择地自愿采纳和接受其他国家或地区法律的过程。很显然,法律移植同主体一定的有意志有目的的活动是密切联系在一起的。它表明,一定社会的主体根据对本国或本地区社会生活条件及其需要的认识,主动自觉地选择外域国家或地区的法律或某些制度,直接或间接地移入本国相应的法律的创设过程之中,使之成为本国法律的有机组成部分。③ 由于社会生活是千变万化、复杂多样的,也由于主体对移植法律的社会需求、具体层面、实现机制等等的把握是不尽相同的,因而常常会出现移植法律时有的实际

① 刘作翔先生认为,文化虽然是民族的,但文化却是没有国界的。各民族就是在广泛的文化交流中通过各种文化的冲突、竞争和筛选,寻找适合于本民族发展的文化形态。参见刘作翔:《法律文化论》,陕西人民出版社 1992 年版,第 113 页以下。

② 英国学者阿·沃森从埃什南纳法令、汉谟拉比法典以及“出埃及记”这些人类古老的法律典籍中,发现了在遥远的时代就存在着法律移植。参见《法律移植论》,《比较法研究》1989 年第 1 期。

③ 有的学者分析说,文明的传播过程表明,一个国家或社会在主动地、自愿地吸收和内化其他文明中的因素时,总是在这样两种条件下进行的:一是吸收那些能够与本社会或本文明相互融合的因素。这些因素虽然为这个国家或社会所吸收,但并不一定为那个国家或社会所吸收,这证明两类社会之间具有某种共同的特征。二是吸收那些具有一般性和普遍意义的因素,这些因素既可以为这些国家或社会所吸收,也可以为那些国家或社会所吸收,也就是说,这些因素具有某种一般性特征或共性。参见严立贤:《发展理论与不发达国家的现代化》,《中国社会科学》1988 年第 5 期。郝铁川先生关于近代中国对大陆法系选择的分析,进一步确证了上述原理的有效意义。他认为,作出这一选择的深层原因在于中华法系与大陆法系具有自身内在的许多相近因素。这一例证亦进一步表明法律文化的传播与接受以及法律移植是有条件的,是有限度的。参见郝铁川:《论近代中国对大陆法系的选择》,公丕祥主编:《法制现代化研究》第 2 卷,南京师范大学出版社 1996 年版。

效果与主体的预期目的如愿以偿地实现了,有的则如水中捞月般地落空了;或者表现为有的虽然暂时地实现了,似乎是达到预期的结果,但往后又引起了与初始的目的完全相反的结果。因此,法律移植既有其客观的方面,又具有明显的主观性。这就使法律移植的过程呈现出令人捉摸不定、扑朔迷离的色彩。但是,无论是哪一种情形,有一点则是确定无疑的,即:法律移植在客观上促进了人类法律文化的交流与沟通,进而一定程度上推动了法律发展的国际化趋势。

其三,法律制度一定意义上的趋同性是法律发展国际化的时代走向。随着社会经济文化的发展,交往的日益频繁,历史上存在的国家、民族以及地域间的堡垒,会越来越打开,从而法律文明的历史个性逐渐减弱。在法律文化的交流与传播过程中,各个民族或民族国家的法律制度之间相互沟通,相互渗透,相互吸收,从而逐渐成为一个协调发展、趋于接近的法律格局。① 这是当代世界法制现代化进程的客观趋势。法律发展的趋同性态势主要表现为:法律创制的程序与技术的相似性,诸如,立法技术,法律语言,法律规范的要素与分类,法律渊源及其表现方式。法律体系的结构与形式,以及法律系统化的方法,等等;法律适用与执行机制方面的相似性,诸如,执法与司法机构的设置,法律适用的程序,法律解释方法,法律效力范围的确立依据,法律的恢复机制,法律职业的分立化,等等;某些法律价值准则方面的相似性,诸如,对法律正义的理性的追求,对法治国原则的信仰,对人权的法律确认与保障的重视,等等;国内法与国际法之间的有机协调,这在民商法与经济法领域表现得尤为突出。如此等等。这充分表明,当代法制现代化进程愈益显示出法律文化上的相互认同、协调合作的发展走向。当然,这绝不是世界法律大同主义,也丝毫不意味着统一的共同的世界法时代正在到来。实际上,当代世界的法律发展与主权国家的推动是分不开的。协调和解决不同民族、不同国家、不同地区的法律制度的冲突,正在成为各国政府的共同行动。而这一事实本身恰恰表明法律发展的国际化趋势并没有能够淹没主权国家的自主独立性,法律发展的国家主权因

---

① 有的学者敏锐地指出,国际社会法律的协调性和趋同化,反映了当代全球法律发展的基本走势。它表明不同国家的法律,正在适应国际交往日益发展的需要,相互吸收,相互渗透,从而趋于接近甚至趋于一致。参见李双元主编:《中华法商论丛(第一集)·现代法学论集》,湖南师范大学出版社1995年版,第1页;李双元:《二十世纪国际社会法律发展基本走势的展望》,《湖南师范大学学报》1995年第1期。

素在一定意义上得到了进一步的强化。因此,无论是马里旦的"世界政府论",①还是凯尔逊的"国际法律共同体"的观念,②抑或罗迪埃的"世界法律统一主义"③的浪漫理想都是不切实际的幻想。不过,法律发展的国际化趋势乃是世界各国都无法回避的。

二、法律国际化的内在机理

法律发展的国际化走向不是一蹴而就的,而是一个长期演进的历史产物。它经历了一个从地区范围内的法律共同性到跨地区的法律协调发展再发展到法律国际化的发展阶段。这一历史性的趋势所体现出来的乃是人类法律文明交融与创新的激动人心的法律场景,是法律变革进程从民族国家走向国际社会的时空超越。因而,这一时代走向具有深刻的历史必然性。从内在方面看,法律发展的国际化体现了人类社会对法律自身价值的普遍认同与信仰。尽管世界法制现代化的进程在不同民族或国度中的表现形式和实现程度是不一样的,但是这一进程的价值取向却是相对一致的,亦即从人治型的价值规范体系向法治型的价值规范体系的革命性转变。诚然,在不同社会,人们对法治的价值内核之理解是有差异的。诸如,德国学者的"法治国"(Rechtsstat)概念与英国学者的"法治"(rule of law)观念,就存在着明显的差异性。④但是,现代法治的核心价值意义则是相通的,即:确信法律能够提供可靠的手段来保障每个公民自由合法地享用属于自己的权利,而免受任何其他人专横意志的摆布。法制现代化进程无疑反映了法治价值增进的趋势。⑤ 这是人类社会共同的法治理想与理性追求。法律发展国际化趋势的最深厚的价值底蕴即在于此。

从外在方面看,法律发展的国际化进程的社会根源则来自于社会交往规则特别是现代市场经济运行秩序的共同的法权要求。现代社会

---

① [法]J·马里旦:《人和国家》,霍宗彦译,商务印书馆1964年版,第48页。

② [奥]H·凯尔逊:《法与国家的一般理论》,沈宗灵译,中国大百科全书出版社1996年版,第357页以下。

③ 参见[奥]H·凯尔逊:《法与国家的一般理论》,沈宗灵译,中国大百科全书出版社1996年版,第357页以下。

④ 戴西区分了欧洲大陆的法治观念与英伦三岛法治观念之特征及其彼此的不同。这是很有趣的。参见M·P·戈尔丁:《追溯既往立法与法治的恢复》,公丕祥主编,《法制现代化研究》第1卷,南京师范大学出版社1995年版,第88页以下。

⑤ 葛洪义、卢鹏,《论法律的发展》,《法制与社会发展》1996年第3期。

处于日新月异的变革过程中。人类的社会活动远远超越了狭隘的民族的、地域的范围,而变得更加相互依存,相互关联。以信息革命为主导的科技革命,正在迅速地改变着人类的生存与交往方式,把全球社会联结成为一个信息整体,从而强化了社会发展的全球意识。而随着工业化进程加快所产生的日益突出的全球性问题(诸如生态环境危机、资源危机,等等)以及战争与核恐怖对人类的威胁,这使得国际社会愈益认识到要协调各国的行动,以解决面临的共同问题。特别是现代市场经济的大潮,把世界各国逐渐卷人国际经济一体化的轨道之中,各国经济的相关性与互动性因素不断强化。[1] 在这种情形的强有力的推动下,法律发展跨越了主权国家的疆域而愈益显现出国际化的强劲势头。

上述法律发展的价值的与社会的基础之普遍性意义,无疑表明法律发展的国际化的出现,这是不以人的主观意志为转移的客观进程,充分体现了人类在由必然向自由飞跃的征途上法律文明成长的历史足迹。罗马法的产生、复兴及世界化的历史进程,就确证了这一点。我们知道,罗马法以私法闻名于世,而罗马私法是在罗马氏族公社解体过程中同时发展起来的。虽然古代罗马法是在古代世界出现的,但是它一经产生以后,便以其独特的价值取向和法权要求,对世界范围内的法律变革与法律发展产生巨大而深刻的影响。首先,罗马法是人类法律文明演进历程中法治传统和法律理性主义的始作俑者。它确立了一整套世俗的市民社会中推行的法治观念与制度安排,诸如确认了统治者必须遵照法律治理社会的原则。创造了私法优先的法律观念,强调私法中的权利本位和意思自治,等等。[2] 德国学者科尼特尔在分析罗马法世界性影响的原因时认为,一部古代制订的法律能对现代民法典产生如此巨大的影响,这一现象从本质上来说,有多方面原因。把那些与欧洲传统的特殊性相联系的原因撇在一边,其主要原因在于:罗马人对法的发现方式是理性的方式,这一方法由具有普遍约束力的规范所组成,并且可以用逻辑方法来推算和检验,这种思维风格已成为西方国家法律发展的标志,罗马法在内容上要实现的理想和价值评价,譬如私法上公民权利平等、公民人身自由、诚实信用原则、公平的理想、财产所有权的保护、合法占有的保障,等等,这些价值观念直到今天还深深地影响着

---

① 李双元、蒋新苗、蒋茂凝:《中国法律观念的现代化》,《法学研究》1996 年第 3 期。
② 杨振山,龙卫球:《论罗马法的成就对人类的基本贡献》,《罗马法·中国法与民法法典化》,中国政法
大学出版社 1995 年版,第 16 页以下。

现代化社会及其法律制度；罗马法的各种规定和它解决问题的方法，是从当时的实际问题中直接归纳出来的，并且以追求法律关系的公正和理性的调整为目标。① 其次，罗马法集中反映了商品生产者社会的法权要求，最早提供了商品经济运作的最基本法律原则、概念和规范架构。商品经济是现代社会与现代法律赖以存在和发展的基础。从古代社会中产生出来的罗马法反映了简单商品生产的基本要求。在古罗马社会，尽管那里的商品经济还深受自然经济的束缚，但简单商品交换已经有了较大的发展和相当的繁荣。这不仅表现在已经产生的货币流通上，而且也表现在独立的同生产相分离的商业的存在上。在简单商品经济中，个体生产者在经常的波动和背离中，基本上按照耗费在自己产品上的社会必要劳动量，用自己的产品换取别人的产品。可是，通过这种商品交换，也就在这些生产者之间间接地实现了所生产出的产品的一定分配。罗马法规定了所有人依法享有对于物的占有、使用和处分权，交易主体地位平等。意思自治和契约自由，藉以调整一般的社会经济关系。但是，随着罗马帝国的崩溃，罗马私法逐渐丧失了往日的荣耀。不过，由于罗马法反映了商品关系的法律要求，因而在没落的时期，罗马帝国的法学家所完成的完美的体系，不是封建法，而是罗马法，即商品生产者社会的法律。这就是说，罗马法的本质属性是调整商品关系的，所以罗马法的调整方法是确认独立的人格权、财产自主权和签订合同的自由权，从而带有反封建的特性。正因为如此，随着封建生产关系的逐渐瓦解和资本主义生产关系的兴起，罗马法奇迹般地得到了复兴。

罗马法文化的广为传扬，在很大程度上改变了现代世界的法律发展图式。在大陆法系国家，法律的发展到处都是以罗马法典为基础的。② 无论是1804年的法国民法典，1889年的西班牙民法典，1896年的德国民法典，1942年的意大利民法典，还是1855年的智利民法，1898年的日本民法典以及1916年的巴西民法典，等等，都是因袭罗马法而编纂出来的。即便在普通法系领域，为了私法（特别是其中关于动产的

---

① ［意］罗尔夫·科尼特尔，《罗马法与民法的法典化》，《罗马法·中国法与民法法典化》，中国政法大学出版社1995年版，第47页以下。
② ［美］艾伦·沃森：《民法法系的演变及形式》，李静冰等译，中国政法大学出版社1992年版，第134页以下。

那一部分)的进一步发展,也不是不参照罗马法的诸原则。① 进入现代社会以来,罗马法对现代法律(尤其是民法)的发展依然产生重大的影响。在当今欧洲的法律统一化运动中,共同的罗马法传统对于欧洲联盟成员国统一它们的民商法律,无疑起到了重要的作用。如同在欧洲一样,当代中国的民法制度也都在不同程度上受到了罗马法传统的影响。② 总之,罗马法的复兴及其世界化的进程表明,"罗马法对于世界文明最伟大的贡献就在于,它向世人表明,以不同民族及其不同发展阶段都能够接受的常识为基础,建立一套法律体系是完全可能的"。③ 这种法律文明的常识实际上正是不同的法律文明传统中所蕴涵着的共同性因素。罗马法之所以能够发展成为一世界性的全球化的法律,一个重要的基本的原因就在于它集中地反映了这种法律文明的基本常识,体现了世界法律文明的共同精神,凝结着人类法律调整的共同经验与价值追求。

三、法律的国际化等于西方化吗?

现代化理论的研究者们认为,现代化过程本身对于西方国家与非西方国家是有着不同意义的。对于西方世界来说,现代化是一种主动的自我扩张和发展的过程;而对于非西方社会而言,现代化则是一个被动的外来冲击进而他化的过程,是引进和接受西方价值观念、文化形态与制度规范的西方化过程。④ 按照这一理论的逻辑,法制现代化的过程就是法律的西方化过程。非西方社会内部无法生成法制现代化的因素和条件,只有依靠西方法律文化的冲击和传播,才能使自身社会的法制逐渐走上现代化的道路。因此,法律文化的交流与传播的过程,就是西方法律价值观念和制度安排得以传播并被非西方世界接受和采纳的过程;在这一过程中显示出来的法律发展国际化的趋势,就是法律发展西方化的过程。很显然,这种理论逻辑是不能成立的。在这里,我们需要做一番辩证的历史的分析。

从全球角度看,法制现代化确实是从西方起步的。罗马法成为现代西方法制的历史先导,它具有普遍性的世界意义。西方法制的现代

---

① 梁治平:《英国普通法中的罗马法因素》,《比较法研究》1990 年第 1 期。
② 江平:《罗马法精神在中国的复兴》,《罗马法·中国法与民法法典化》第 1 页以下。
③ 劳森:《罗马法西方文明的贡献》,《比较法研究》1988 年第 2 期。
④ 严立贤:《"现代化理论"评述》,《社会学研究》1988 年第 2 期。

化也不是一个国家、一个地区的个别现象,是具有世界化的趋向,是一个世界性的历史进程。西方法制的现代化与西方商品经济和政治革命的发展,处于同一个历史过程之中。经过数百年的历史演变,形成了具有现代特点的西方民主和法制,产生了以宪法为核心的西方法律体系,出现了诸如英国1689年《权利法案》、美国1787年联邦宪法、法国1789年《人权宣言》、1804年拿破仑法典和1896年德国民法典等等对建构现代化西方法制具有重大的导向作用的重要法律文献,使西方法制走在世界法制现代化进程的历史前列。由于近代西方法律文化是建立在商品经济基础之上的,因而当它向以农业文明为基础的非西方社会传播时,必然要与非西方世界的法律文化发生撞击。西方法律文化在非西方社会中的传播与冲击,从本质上讲,体现了先进工业文明对落后的农业文明的征服,这种征服必然表现出自己固有的特点。因此,从法权意义上看,它势必要用近代的体现商品经济规律的法律关系逐渐取代体现自然经济规律的法律关系体系,从而瓦解了非西方社会法律文化赖以存在的基础,并且把非西方社会的法律纳入西方式的轨道之中。从十九世纪后半叶以来,在西方法律文化的冲击和影响下,在广大亚非拉国家出现了一股所谓"泛西方化"浪潮。它是西方列强凭借经济的军事的优势向非西方的广大地区强行推广自己的法律文化、制度结构和价值体系,其结果是非西方国家被迫或逐渐自觉地按照西方法制模式,改造传统的法律制度,以西方化的形式实现自身的现代化,从而促进非西方国家的地区的法律制度更新,把人类的法律世界逐渐作为一个整体联系起来。

现在的问题在于:如何评估西方法律文化对非西方社会的冲击及其对世界法律发展进程的影响?这是一个十分复杂的问题。对此,马克思认为,野蛮的征服者总是被那些他们所征服的民族的较高文明所征服,这是一条永恒的规律。"不列颠人是第一批发展程度高于印度的征服者,因此,印度的文明就影响不了他们"。[①] 他分析了不列颠在印度的统治及其后果,指出:"英国在印度要完成双重的使命:一个是破坏性的使命,即消灭旧的亚洲式的社会;另一个是建设性的使命,即在亚洲为西方式的社会奠定物质基础"。[②] 在晚年笔记中,马克思对穆斯林人

① 《马克思恩格斯全集》第9卷,人民出版社1961年版,第247页。
② 《马克思恩格斯选集》第2卷,人民出版社1972年版,第70页。

对印度的征服和英国人对印度的征服这两种类型又作了进一步的比较分析。印度的信德地区于 711 年被穆罕默德·卡西姆征服以后,在被征服国家的全部土地中,卡西姆只夺取了被推翻的罗问的领地另加荒地,以这两种土地为基础,把土地赐予僧侣和慈善机构首先是寺院作为不可侵犯的私有财产;过去在信德实行的一切民法都完全保留;涉及财产、契约、债务等等的一切诉讼,仍像以前一样,由村长会议根据成文法,更多的是根据习惯法,通过仲裁审理。[①] 很显然,穆斯林人对印度法律基本上采取认同、沿用的态度。这种恢复"先前的制度"的做法,"都是完全自然的"。[②] 但是,英国殖民者的态度则不同。本来人们认为,英国人向全体印度人颁布法律并在可能的范围内治理印度人,都应该按照印度人自己的法律进行。但是,英国人却完全不顾及这一点。1793年,孟加拉总督康沃利斯勋爵突然在参事会上通过了《关于承认印度柴明达尔永为世袭土地所有者的法案》,并且要求立即发生法律效力。该法律承认柴明达尔从今以后占有他们所要求的一切,是该地区全部土地的世袭所有者。由于这一法律的生效,农民便绝对地依附于地主,以致很少敢于采取法律手段(向民事法庭控告柴明达尔)为自己说话。因此,"这样一来,康沃利斯和皮特便对孟加拉农民实行了人为的剥夺"。[③] 由此可见,上述两种截然相反的做法,充分证明一种较低的文明必然被另一种较高的文明所征服;尽管有的时候这种较低的文明表现了征服者的民族的文明,但它最终要被它所征服的民族的较高级的文明所同化。

显然,按照马克思的看法,西方文明对非西方文明的冲击,乃是一种历史的进步,因为这是渊源于商品经济的新型文明体系对传统的村社制度的古老文明体系的挑战。正是在这一冲击和挑战的过程中,非西方国家逐渐走上资本主义化或西方化的道路,从而跨入"世界历史"的行列,这是不以人的善良的主观情感和意志为转移的客观历史进程。同样地,西方法律文化对非西方传统社会及其法律文化的冲击,无疑有

① 《马克思恩格斯全集》第 45 卷,人民出版社 1985 年版,第 271 页。
② 《马克思恩格斯全集》第 45 卷,人民出版社 1985 年版,第 273 页以下。在晚年历史学笔记中,马克思注意到蒙古帝国的国家制度总的来说是模仿中国的,这里产生的是中国式的文化。这是因为,中华帝国的文明程度要高于蒙古帝国的文明程度,所以蒙古帝国很快被中国同化了。参见《马克思历史学笔记》第 1 册,红旗出版社 1992 年版,第 137 页以下。
③ 《马克思恩格斯全集》第 45 卷,人民出版社 1985 年版,第 287 页。

着重要的意义。一方面,西方法律文化在非西方世界的广泛传播,导致了西方与非西方法律文化之间的剧烈撞击。这是两种价值体系的冲突。这是因为,近代西方法律文化与非西方社会传统法律文化是在性质上截然不同的法律文明体系,二者比较起来,前者具有明显的历史进步性。在西方法律文明的冲击下,建构于农业文明基础上的非西方法制必然要发生重大的变迁。因之,在这个意义上,西方法律文化对非西方世界的冲击,乃是一种历史的进步,因为它充当了改变非西方社会传统法律的不自觉的工具。另一方面,由于西方法律文化根源于商品经济文明,其法权体系的基本价值取向是法治主义,因而它在一定意义上反映了人类社会法律发展的共同性趋势。尽管这一法律架构是在西欧特殊的社会历史条件下生成和发展起来的,但是这种法律类型确乎包涵着一些人类法律调整的丰富经验和合理的规范设计,因之在西方法律文化向广大的非西方国家和地区传播的时候,它们能够被这些国家和地区所接受和采纳,从而融入世界法制现代化的进程之中,成为人类法律文化的共同财富。

当然,我们绝不能由此而得出非西方社会的法制现代化是一个西方化过程的结论,也不能把法律发展的国际化等同于西方化。这是因为,西方法律文化在非西方社会的传播与影响,同西方资本主义的世界性扩张处于同一个历史过程之中,因而常常伴随着血腥的暴力与战争。这就使西方法律文化对非西方社会的冲击过程具有强力的性质,往往使非西方法律文化系统面临巨大的危机。西方法律文化在非西方社会生活中的渗透,不过是整个西方文明压迫非西方文明的组成部分之一。西方法制乃是西方殖民者征服非西方国家和地区的重要工具。西方国家力图通过法律文化的传播,逐渐地将非西方国家和地区的法律纳入其体系之中,使非西方国家和地区的法律发展处于依附于西方法律文化的过程。在一定程度上,这也是当今许多非西方第三世界国家和地区法律未能实现现代化的重要原因之一。但是,非西方的第三世界国家的法制现代化是不可能在一个封闭的独立轨道上展开的,而应从本国的国情、传统、需要和条件出发,在同外域法律文化的交流过程中,逐渐摆脱依附西方法制的发展格局,从依附发展走向自主发展,使之成为法律发展国际化进程中的时代强音。

不仅如此,西方法律文化对非西方社会的冲击,诚然在一定程度上可以改变非西方社会法律文化的发展道路,但绝不是非西方社会法律文化历史转型的唯一的动力，更不意味着"西方中心"论。非西方社会有其确定的社会组织系统以及法律文化体系，它扎根于本民族本国度深厚的社会土壤之中，因而有着自己相对独立的道路和方式。西方法律文化对非西方社会的冲击，固然可以改变非西方社会法律文化的某些方面或领域，却不可能消弭非西方社会法律文化的固有特征。在这方面，马克思关于东方法律文化发展道路的看法之微妙变化，是很值得我们关注的。在十九世纪五十年代期间，马克思具有某些东方社会"欧洲化"的思想倾向，认为英国在"亚洲造成了一场最大的老实说也是亚洲历来仅有的一次社会革命"，①把西方的冲击看做是引起传统的东方社会变化的基本因素。但是，到了晚年，马克思则更多地从东方社会内部去探寻东方法律文化的变革轨迹，指出："使用一般历史哲学理论这一把万能钥匙，那是永远达不到这种目的的，这种历史哲学理论的最大长处就在于它是超历史的"。② 马克思通过人类学著作对于东方社会有了进一步的了解以后，便十分注意把东方社会同欧洲社会的历史进程严格区别开来，强调东方社会发展的道路的特殊性。尽管马克思看到了东方社会土地所有权系统在西方文明的冲击下所形成的土地私有权运动，但是他明确地认识到东方农村公社土地私有权运动的根本动因来自于该社会内部诸因素的相互作用，指出"除了外来的各种破坏性影响，公社内部就有使自己毁灭的因素，土地私有制已经通过房屋及农作园地的私有渗入公社内部，这就可能变为从那里准备对公有土地进攻的堡垒"。③ 尽管马克思深刻地揭露了东方村社制度的封闭性和孤立性，但是他同样意识到，只要"吸取资本主义制度所取得的一切肯定成果"④就可能发展并改造农村村社的古老形式，而不加以破坏，这样就可使这种农村村杜成为"俄国社会新生的起点"。⑤ 尽管马克思认识到东方法律文化的发展进程不可避免地要受到外来因素的影响，但是他明确指出，东方社会法律文化系统要获得自由发展的正常条件，就"必须肃清从各方面向它袭来的破坏性影响"。⑥ 尽管马克思发现从前资本主

---

①《马克思恩格斯全集》第9卷，人民出版社1961年版，第148页。

②《马克思恩格斯全集》第19卷，人民出版社1963年版，第131页。

③《马克思恩格斯全集》第19卷，人民出版社1963年版，第450页。

④《马克思恩格斯全集》第19卷，人民出版社1963年版，第451页。

⑤《马克思恩格斯全集》第19卷，人民出版社1963年版，第269页。

⑥《马克思恩格斯全集》第19卷，人民出版社1963年版，第269页。

义类型的法律文化体系向资本主义类型的法律文化体系之转变,从历史意义上讲乃是一种进步,体现了法律发展的一般规律,但是他更加关注法律文化发展的一般规律在多大程度上适用于特殊社会的法律发展进程,指出东方社会法律文化有其独特的运行路线,诸如俄国这样的国家有可能"不通过资本主义制度的卡夫丁峡谷"①而通过无产阶级革命进入社会主义社会。马克思的上述见解启示我们,法律的国际化不仅不等于法律的西方化,而且也不能淹没法律发展的独特民族个性;法律发展的国际化趋势,固然蕴涵着西方法律文化的合理性因素,但同时也凝结着广大非西方国家和地区长期积累传承下来的优良法律传统,因而是西方与非西方法律文明的有机融汇。

四、法律本土化之奥秘

法律发展的共性绝不是对法律发展个性的排拒,法制现代化进程中的国际化趋势丝毫不意味着对法律本土化或民族化的消弭。相反,法制现代化是共性与个性相统一的概念,是具有浓厚民族风格、体现特定民族精神的概念,是一种民族的、本土的、文化的现象。在不同的国家和地区,法律发展从传统走向现代化的历史起点、过程、条件以及主体选择是各不相同的,因而法制现代化的基本的共同尺度和普遍性因素,在不同的民族或国度,不能不打上特定民族或国度的印记,从而具有特定的发展过程的诸多具体历史个性。因之,尽管法制现代化的世界性特征在某种意义上是西方法律文明的历史产物,但是随着社会的进步与发展,非西方世界的法律发展及其现代化依然有其内在自身的根据。法律发展的国际化与法律发展的本土化,乃是同一个过程的不可分割的两个侧面。

文化是人类社会实践活动的产物。在不同的自然与社会条件下。社会主体实践活动的方式与结果是不一样的,因而文化也是多样化的。诚然,人类社会实践活动面临的条件往往有其共同的方面,从而使其活动结果的文化具有诸多相同的特性;但是,这些共同性的特征在社会的进程中往往表现着自己不同的重点,并在各自的文化体系中起着相应的作用。美国学者巴姆曾经对西方、印度和中国三大文化体系的共同特征及其差异作过比较研究。在他看来,意志和理性是这三大文化体

---

① 《马克思恩格斯全集》第 19 卷,人民出版社 1963 年版,第 451 页。

系中的两个共同特征,但是其表现形式在不同的文化体系中则是有所不同的。就意志而言,欧洲人把放任意志理想化,印度人把削弱意志理想化,而中国人则把顺其自然理想化。也就是说,欧洲人主张鼓励欲望,印度人主张禁止欲望,中国人则主张容忍欲望;欧洲人鼓励能动性,印度人鼓动默从,中国人两种都需要,互相轮流欧洲人把进步的存在理想化,印度人把永恒的存在理想化,中国人把现实的存在理想化;欧洲人致力于改变事物,印度人把改变当做虚幻,中国人则以自然的态度去经过改变,等等。就理性而言,虽然这三大文化体系都具有理性主义的性质,但是侧重点显然是不同的。比如,欧洲人把理性理想化,印度人把直觉理想化,中国人侧重理解;欧洲人把实在论的存在理想化,印度人把主观主义的存在理想化,中国人则把供人分享的存在理想化。① 巴姆的上述分析尽管有某种独断论的因素,但他对三大文化差异性的解释却是令人深思的,并且强调认识不同文化体系之间的差别是非常有用的,特别是今天当人们生活在因交往的发达而变得缩小的地球上需要介入一种更为完整的世界性文化体系,认识这些差异性则是非常有益的。

有趣的是,美国华盛顿大学法学教授格雷·多西则从法律文化角度对希腊——罗马、印度和中国这三种古代法律文明作了一番比较分析。他着重考察了这三种法律文明体系关于秩序安排方面的异同关系。在希腊——罗马人那里,社会和法律的规定性秩序与人类意愿无关,它是客观和普遍的自然秩序的一部分,只有通过正确运用人类理性来发现;印度人则强调实在秩序的建立与维持有赖于社会个体对自我欲望的约束和控制,它要通过人的直接体验来发现,而不是通过理智的认知与探求来获得;而对于中国人来说,感知到的世界只要合乎秩序就是真实,社会成员追求的乃是至高的善为本体的全面和谐的现世秩序,因而对于感觉到的现象之间的有效联结和对于每个人在所有生活境遇中相宜的情感态度的感受力,构成了统治权威和秩序安排的基础。多西的上述分析与巴姆的见解虽然涉及的领域不一样,表达方式亦有不同,但他们对于三大文化体系各自内在精神的把握是大体一致的。由此,多西把这三种法律文明体系的秩序安排观念从差异性上升到法哲学的高度去加以反思,认为社会合作性的需求乃是所有人类社会法律

---

① [美]Archie J·马姆:《世界三大文化体系主要特征比较》,《社会科学》1989年第1期。

文明秩序赖以建立的共同的内在根据,因此,法律文化的世界观所关注的是组织和维护人类合作的所有形式;但是,每一种特定的法律文化都有其特定的秩序安排方式,因为人类总是生活在他们信其所是的世界里面,一种秩序安排方式的有效性,就在于生活在这个文化世界中的人类个体相信这种秩序安排是有效的,任何人都无权把一种社会和法律的规定性强加给其他不曾分享这种秩序建立于其上的文化信仰的人身上。① 很显然,尽管多西的法律文化观具有某种文化相对主义的意味,但是他清醒地发现不同的法律文明体系赖以存在的根基是不一样的,正因为如此,人类法律文化的发展进程才显现出多样化的特征。随着社会的演进,这种多样性愈益突出。法律的本土化或民族化乃是人类法律世界的基本存在方式。任何有关法律发展普遍性的主张都是有限定的,而不是绝对的,无条件的。因此,多西确信,从上述立场出发,将会开启一条通向人类和平共处而非不断冲突的未来之路。

那么,究竟如何具体把握构成法律发展本土化或民族化的内在根据呢? 首先,法律发展的本土化来源于法律赖以存在的社会结构的特殊性。一切法律进化与发展过程,只有理解了与之相适应的社会生活条件和社会结构之特点,并且从中被引申出来的时候,才能理解其底蕴。那些不依赖于个人的意志的社会生活条件和社会结构形式,乃是法律发展的现实基础。这些现实的社会条件与社会结构形式,并不是法律现象所能创造出来的,恰恰相反,它本身正是法律发展的根源和基础。而不同的法律文化体系是以不同的社会结构形式为前提和基础的。不同的社会结构形式则体现着不同的社会关系结合方式。社会关系反映了在一定社会历史条件的作用下社会成员相互作用的方式,是一种潜在的社会交往状态。社会成员不同的结合方式以及在这一过程中所形成的社会关系之特点,往往会形成不同的调整方式和秩序体系。在古代西方,社会成员是作为国家成员,作为自由和平等的私有者而存在的,每个个人都拥有自身的相对的独立性,社会则是由这些独立的个人所组成的,因而人与人之间、人与社会之间的关系更多地表现为理性化的契约关系。西方法律文明与秩序体系正是在这样的基础上建立发展起来的。而在传统的东方,从法律文明形成的时候开始,血缘亲属关系在社会关系体系中就占有十分突出的地位,以至于它对东方社会结

---

① 梁治平主编:《法律的文化解释》,三联书店 1994 年版,第 240 页以下。

构及村社制度的形成具有决定性影响。在这一以浓厚的血缘关系为主导的社会网络中，个人与个人、个人与社会之间是以牢固而狭窄的宗法血缘关系的形式结合起来的，宗族组织结构系统更成为社会生活的基本单位。因此，在这一社会条件下，习惯法机制便成为社会及法律调整的基本规则和调节手段。而这些对东方法律文明体系独特性的形成，无疑具有直接的作用。就法律发展而言，法律从传统型向现代型的转变，其基础正是社会关系与社会结构的转型。诺内特和塞尔兹尼克所描述的从压制型法到自治型法再到回应型法转变的法律发展行程，本质上乃是社会结构类型转换的表征，亦即从前官僚制向官僚制再向后官僚制转型的法律表现。因之，不同的社会结构必然产生不同的法律文明体系。这是法律发展本土化的最深厚的渊源。

其次，法律发展的本土化还来源于社会主体交往行为的特殊性。如果说社会结构及其社会关系是静态的潜在的交往形态，那么，社会主体的交往行为则是动态的现实的交往形式。而在不同的文化体系中，社会主体交往行为的方式和特点是有差异的。这就是说，文化是社会生活的符号表征，它往往影响社会成员关于什么是应当的、什么是对的和错的、适当和不适当的等等观念，从而制约着社会成员的行为方式。诚然，在人类社会中，确实存在着关于真善美的普遍的共同的价值信念。但是，在不同的文化氛围中，这些共同的价值准则的表现方式却是有差别的，进而对人的行为产生影响。而行为是人同法律打交道的唯一领域。社会主体交往行为方式的特殊性，势必会对法律的生成以及法律机制产生直接或间接的影响。这里以解决纠纷的方式选择为例。我们知道，处在一定社会条件和社会关系中的个人，在一定的社会活动和社会交往中，与他人及社会结成了一定的联系，但同时也存在着一定的矛盾，不可避免地产生一定的利益纠纷。社会成员选择什么样的方式解决彼此的纠纷和争端，这恰恰体现了社会成员的价值选择。正是这种选择，导致了相应的法律文化的生成。不同的行为选择，必然产生不同的解纷机制。而不同的解纷机制则反映了文化的差异性。法律人类学的研究表明，尽管西方社会与非西方社会在解决争端的实践中都面临着共同的问题，但是由于这些社会的文化背景不同，生活在不同文化条件下的社会成员必然选择不同的解决纠纷的方式和规则。在西方社会，人们更多地选择通过法院诉讼来解决争端的方式；但在非西方社会，比如中国，人们则宁愿选择非诉讼的调解方式来解决纠纷。这些不同的行为选择,乃是主体价值观念的反映。并且,在长期的历史进化过程中,社会主体不断反复的行为选择,逐渐形成了各具特色的解纷机制和解纷文化。① 因此,受文化的制约的社会主体交往行为的独特性,反映了一种文化的世界观,它潜藏在人们日常的社会生活过程之中,进而对一定社会的法律文化产生影响。

再次,法律发展的本土化也来自于社会"集体意识"的独特性。"集体意识"的概念,是由迪尔凯姆在研究个人与社会之间的关系时所提出的一个概念分析工具。按照他的理解,所谓集体意识,是指一般社会成员共同的信仰和情感的总和,这一总和形成了一个具有自己生命的特定体系。集体意识虽然是由于个人意识中的情感和信仰而存在,但它却有别于个人的意识,它是与特定社会相伴而生的,并且承上启下,世代相传。它是社会的精神象征,有着自己的特性、生存环境和发展方式。一个社会的法律制度乃是集体意识的表现形式之一。在机械关联的社会里,刑事法能够揭示人们的集体意识,因为它通过惩罚增多这一事实本身,表现了集体情感的力量、外延和特性;而在有机关联的社会里,尽管个人自由意志表示在法律生活中占据重要地位,个人间自由缔结的契约起着日益增大的作用,但是这个契约的因素是社会结构的派生物,甚至源自现代社会中集体意识的状态。② 迪尔凯姆的"集体意识"的概念也以其他的概念术语表达出来,诸如马克思的意识形态概念,卢卡奇的阶级意识概念,曼海姆的社会知识概念,弗罗姆的社会特性概念,等等。集体意识之类的概念实际上是社会的客观必然性在广大成员中的内在化,为社会成员所普遍认同,成为社会成员的价值准则和行为评价尺度,并且在此基础上通过规范化制度化的方式物化为法律制度,从而为社会成员的行为提供一定的样式,指明一定的方向。不同的社会文化环境,必然形成不同的集体意识,而不同民族或国度的集体意识,则又外化为不同的法律文化体系。韦伯在分析西方形式主义法律的独特性问题时,把新教理性主义视为形式法的渊源和本体,强调必须循此路径去揭示西方法律文明及其现代化特有的轨迹。同样地,在他

① 布莱克引证说,在当今美国的中国城,中国人与非中国人之间的纠纷导致诉讼的可能性要大于中国人之间发生的纠纷。参见[美]D. J. 布莱克:《法律的运作行为》,唐越等译,中国政法大学出版社1994年版,第92页。

② 参见[法]雷蒙·阿隆:《社会学主要思潮》,葛智强、胡秉诚、王沪宁译,上海译文出版社1988年版,第345页以下。

看来,中国之所以缺乏可信赖的理性化的形式主义法律,必须从植根于中国人的伦理中并且为官僚阶层所特别倚重的那种态度里寻找原因。从这里出发,韦伯展开了他对中国法律文明内在精神义理的深刻分析,认为儒教理性主义体现了一种与近代理性法律精神截然相反的价值取向,亦即强调适应现世而淡化对现世的理性改造,注重宗法秩序而忽视个体自由,注重实质公道而排拒形式法原则,这就成为中国社会及法制现代化的观念障碍。尽管韦伯的这一看法显然带有"西方中心论"的倾向,但却敏锐地发现了一个民族的精神与价值信念对本民族法律的深刻影响。因此,从这个意义上讲,历史法学派关于"法律是民族精神之体现"的命题,还是有其合理性因素的。民族集体意识与精神情感,乃是该民族法律生成、运动与发展的内在命脉。这是法律发展本土化的生命力之所在。

　　总之,法律发展的本土化有其内在的深厚的根基。它决不因法律发展的国际化趋势而丧失自己存在的历史地位。相反,随着社会的发展,法律发展的本土化趋势愈益强劲。在当代,早先的泛西方化运动正在让位于非西方化浪潮。这是一个全球性的法律文化回归时代,是即将来临的全球性法律文化复兴之新世纪的前奏曲。这一时代浪潮的基本表征就是亚非拉广大地区普遍展开的非西方化的法律创新运动;这一进程的本质乃是发展中国家法律的再现代化或法律的内在现代化。这就是说,广大发展中国家正在重新以适合自己国情的方式进行法制现代化建设,而不再是盲目地仿效西方的法律模式;这些国家试图从自己的法律文化传统根基中寻找到一个法律精神支撑点,以此作为嫁接、移植外域先进法律文化、推动法制现代化的本根和依托。这一切都表明了非西方国家法律传统的复兴趋势和对西方法律文化霸权主义的离心作用;它预示着一个超越泛西方化潮流所造成的全球法律发展一体化模式的法律多元化或本土化时代正在来临。即便在进入所谓"全球村"时代以后,世界变得更加相互依赖,法律发展中的共同性日益增多;但是,世界法制现代化进程并不是由此而变得高度一体化,而是更加多样化。法律发展的特殊性,恰恰显示了法制现代化的世界性意义。最具有民族性和本土化特质的法律,也最具有全球性和国际化。塞缪尔·P·亨廷顿断言未来世界政治的中心轴乃是所谓西方与非西方之间的冲突以及非西方诸文明对西方文明的挑战。① 这显然潜藏着鲜明的政治动机。不过,它却从另一层面上提示我们必须充分注意到冷战结束后世界法律文明发展的多样化、民族化和本土化及其深远影响。

五、法制现代化的多样性统一

从法哲学的意义上讲,法律的国际化与本土化之矛盾揭示了法律发展的一个基本定则,即:法制现代化是一个法律发展的多样性统一的进程。人类社会的法律文化是多彩多姿的。在世界法制现代化的历史长河中,不同民族或国度的法律文化,在不同的条件的作用下,总是循着特定的路程发展演化。在同一个社会形态之内,不同国家的经济、文化和思想水平是不一致的,它在国家形态和政治体制方面也有差异,每个国家又有其特定的历史发展、习惯和民族传统特点,况且这些国家所处的地理位置、自然条件、人口状况等等也不尽相同,等等。这些复杂的因素,势必会使法制现代化运动呈现出五彩缤纷、丰富多彩的特点。各种人类共同体的法律类型,都是由具体法律制度、具体的法律体系和具体的法律学说及心理所连结而成的运动之网。作为这面运动之网上的每一个国度的法律制度乃至法律意识,都独具个性,从而形成各式各样的特殊的法律现象。尽管在法制现代化的过程中,在不同的法律系统之间常常会有相似之处,但这种相似性并不能淹没掉一个具体的法律系统的个性色彩。正因为如此,法制现代化运动才呈现出这般丰富多姿。诚然,随着社会经济文化的发展,交往的日益频繁,历史上存在的国家、民族以及地域间的堡垒,会越来越打开,从而使法律发展的历史个性逐渐减弱。但是,法制现代化的历史进程表明,虽然法律文化的交流与融汇日益增进,但全球法制现代化的历史运动并没有因此而变成呆板划一的群体的堆积。随着文明的进展,法制现代化的进程的内容只会愈来愈绚丽多彩。这是毋庸置疑的客观趋势。因此,我们只能深入研究各种不同的人类共同体(民族、国家及地区)法制发展的特殊进程,才能深刻地揭示不同类型法制现代化系统的特殊本质。

但是,另一方面,在法律发展进程中所形成的富有个性的具体的法律制度及其体系之间,又不可能是处于互不相关、绝对排斥的状态,而

---

① See Samuel P・Huntington, *The Clash of Civilization?*, Foreign Affairs, Vol 72, No. 3, Summer 1993, pp. 22 - 49.

必定会构成一个"总体"。在多样性的法制现代化运动中,存不存在统一性? 在形形色色的法律现象背后,有没有共同的必然的法律发展的运动规律? 这是马克思主义法律发展观同各种非马克思主义法律发展观的根本分歧之一。科学的法制现代化理论的重要使命之一,就在于从法律发展进程的多样性中寻求统一性,从千差万别的具有偶然性的大量具体法律发展现象中,探求法制现代化运动的普遍规律。因此,所谓法制现代化历史运动的统一性,就是指法律发展进程是"一个具有许多规定和关系的丰富的总体"。① 在这里,法制现代化运动的多样性是统一性的基础。因为一般只能寓于个别之中,并且通过个别来实现。离开了法制现代化历史运动的统一性,其结果只能使法律发展进程的一般规律成为超越时空的神秘的力量,从而成为捉摸不定的虚幻之物。但另一方面,法制现代化运动的统一性又是多样性的必然表现。对法制现代化运动的认识。又不能简单地停留于法律发展进程多样性这一层面上,而应当深入下去,从纷纭复杂、繁复多样的法律发展运动多样性的表象背后,揭示出制约整个法制现代化运动的一般规律。不然的话,我们就只能会把法制现代化的历史运动长河,看做是一个充满一大堆偶然现象的杂乱无章的时间序列。

法制现代化的历史运动之所以会呈现出多样统一性的特点,主要是由于一定社会上层建筑中的其他现象都以特定的方式,在不同程度上影响、作用于法律发展的进程。正因为如此,在法制现代化的历史行程中,法律制度呈现出千姿百态、迥然相异的面貌,从而表现了法制现代化进程具有多样化的特征。但是,这种多样性与统一性并不是截然分立、互不相容的,它们之间是"同一个东西的两极"的关系。② 法律发展进程与上层建筑其他现象的相互作用,"是在归根到底不断为自己开辟道路的经济必然性基础上的相互作用",经济条件归根到底还是"唯一能使我们理解这个发展进程的红线"。③ 这是法制现代化历史运动多样性统一的最深刻的根据所在,只有在此基础上,我们才能理解法制现代化的历史运动为什么会产生那些不同点和相似点,也才能揭示制约各种特殊的法律发展进程的特殊规律,并从中加深对支配法制现代化历史运动一般规律的把握。总之,法制现代化运动的多样性统一是全

① 《马克思恩格斯全集》第 46 卷(上册),人民出版社 1979 年版,第 38 页。
② 《马克思恩格斯全集》第 20 卷,人民出版社 1971 年版,第 558 页。
③ 《马克思恩格斯全集》第 39 卷,人民出版社 1974 年版,第 199 页。

球法律发展的基本历史定则。我们必须在既尊重各民族各国度法律发展的个性,又符合人类法律发展的共性的基础上,确证世界法制现代化进程的普遍性价值。只有这样,我们才能从全球的角度及世界的范围,体味、洞察中国法制现代化的历史地位和世界性意义。

（原文刊于《法学研究》1997 年第 1 期）

全球化与中国法制现代化

当代中国法律正处于一个革命性的变化过程之中。这场伟大的法律革命不是一个早上醒来的突发奇想,而是一系列复杂因素促成的产物。外来法律文化的影响是这一变革的重要催化剂。在世纪之交的历史时刻,当代中国的法律变革与正在扑面而来的全球化趋势交织在一起,构成了一幅颇为奇特的互动画面。全球性的经济活动,不仅极大地改变了世界经济的发展格局,而且促进了一种新的经济交往规则的历史性生成。[①] 在全球经济交往的过程中,法律生活世界正在出现全球性重构的趋势,中国的法制现代化运动已经逐步地而且越来越深地卷入了全球化进程,——尽管在有的情况下常常表现得被动一些。全球化与中国法制现代化之间的关联,已经或正在成为中外法学界和法律界关注的对象。本文研究的重点,在于试图分析新的全球发展因素或条件对世纪之交的中国法制现代化运动所产生的历史性影响,进而确证当代中国法律发展的范式选择。

一、如何看待外部的挑战?

在这里,我们有必要先从一种长期流行的关于法制现代化的模式分类说起。从 20 世纪 60 年代以来,在现代化理论研究中,一种主导的观念是按照现代化最初的动力来源之差异,区别出内发型与外发型这两种现代化模式。所谓内发型,是指社会现代化的最初动力产生于本社会内部的现代化类型;所谓外发型,是指社会现代化的最初动力来自

---

① See [Demmark] Bruno Amoroso, *On Globalization—Capitalism in the 21st Century*, St. Martin's Press, Inc., 1998, pp. 52 - 53.

于社会外部严峻挑战的现代化类型。根据这样的看法,西欧国家是内发型现代化模式的典型代表。与内发型现代化不同,外发型现代化国家内部缺乏有利于现代化进程生成的自发性因素,或者这些因素及条件较为薄弱,难以形成推动社会自身现代化的内在张力与动力。这些国家通常是指非西方国家的大批后来进入现代化进程的国家与地区。在这种情况下,外来的、早生的现代化国家的影响与扩张,就成为那些后生的现代化国家走上现代化道路的最初动因。由于早生的内发型现代化进程开始启动之际,世界上尚无任何先例存在,因而西欧国家的现代化便具有原创的特征,并且成为那些晚生的现代化国家实现现代化的样板。广大的非西方国家和地区只有把自己纳入国际社会的轨道之中,才能获得现代化进程生长的动力性因素和条件。①

由上述的模式范型演绎而来,在法律发展或法制现代化问题上,便出现相应的模式划分。内发型法制现代化模式,是指由社会自身力量产生的内部创新、经历漫长过程的法律变革之道路,是因内部条件的成熟而从传统法制走向现代法制的转型发展的过程。尽管这一过程充满着许多激荡风云的重大社会变革事件,但从总体上看,却是一个自然演进的自下而上的渐进变革的过程。近代商品经济的发达,是推动西方近代理性化法制形成与发展的内在动力;而新兴的市民阶级则成为西方法律发展的主体推进力量。在这一过程中,政府所起的作用是极为有限的。比之内发型法制现代化,外发型法制现代化则是因一个较先进的法律系统对较落后的法律系统的冲击而导致的进步转型过程。②由于它是在外部环境影响及外域法律文化的冲击下而走上法制变革道

---

① 参见[美]约瑟夫·R·斯特拉耶:《欧洲国家形成的历史经验》,载[美]C. E. 布莱克编:《比较现代化》,杨豫、陈祖洲译,上海译文出版社1996年版;[以色列]S. N. 埃森斯塔德:《殖民地和传统政治制度对后传统社会和政治秩序发展的影响》,载[美]C. E. 布莱克编:《比较现代化》,杨豫、陈祖洲译,上海译文出版社1996年版;[美]奈特·毕乃德:《现代化与近代初期的中国》,载[美]C. E. 布莱克编:《比较现代化》,杨豫、陈祖洲译,上海译文出版社1996年版。

② 马克斯·韦伯曾经发出一个著名的设问:为什么工商业资本主义文明兴起于西欧而不是别的地方?为什么现代化理性法律亦首先出现在西欧而不是其他地区?为什么东方社会及中国没有走上西方现今所特有的理性化即现代化道路?参见[德]马克斯·韦伯:《新教伦理与资本主义精神》,于晓、陈维刚等译,三联书店1987年版,第4—5页。昂格尔承继韦伯的学术风格,提出了这样的问题:后封建时期的欧洲为什么及如何发展出那样一种独一无二的法律秩序?参见[美]昂格尔:《现代社会中的法律》,吴玉章、周汉华译,中国政法大学出版社1994年版,第41页。很显然,在上述问询的背后,蕴含着一种确定的理论指向,即法制现代化在它未从欧洲传遍全世界之前,只有可能产生于近代西欧,而不可能首先兴起于东方。

路的,因而往往有着相对确定的时间起点。比如,俄国的法制现代化与18世纪的彼得大帝改革和1860年亚历山大二世废除农奴制的改革相联系;日本法制现代化进程以1868年的明治维新为起点;中国法制现代化进程的起点与20世纪头十年的晚清修律运动是密切相联的;土耳其的现代法律发展则始于20世纪20年代奥斯曼帝国的解体和土耳其共和国的建立,等等。这种类型的法制变革的历史动因,乃是对外来挑战和刺激的一种自觉的有意识的回应。①

长期以来,如上述的现代化及法律发展的模式分类似乎已经成为一种思维定势,被频繁地加以引证与运用,以致于成为一种所谓的"霸权话语",或是成为一个无可置疑的逻辑分析架构的预设前提。按照这样的模式范型,西方世界与非西方世界的法制现代化进程被纳入"内发与外生"、"原创与传导"、"冲击与反应"、"主动与被动"之类的二分架构而加以考察和描述,进而制造了全球法制现代化进程中的"先行者"与"后来人"的历史神话。按照这样的范式分析,中国法制现代化属于外发型法制现代化的范畴,因为中国法律变革的历史动因不是内部因素和条件的矛盾运动,而是来自外部世界的挑战,来自外域(主要是西方)法律文化的冲击与影响,中国的社会变革及其法制现代化运动,不过是对外部冲击的一种回应。实际上,20世纪的中国社会变革与法制现代化运动是一个相当复杂的过程,它是一系列复杂因素综合作用的历史产物。一方面,从19世纪末20世纪初以来,西方法律文化深刻地影响着中国法律世界的发展格局。法律专门化蔚成大势,传统的诸法合体的法律体系被诸法分立的法律体系所代替;民权意识与身份意识相对峙,并逐步纳入法律系统之中,成为法律制度的重要内容之一;司法与行政相分离,司法独立体制在一定程度上开始形成。这些无疑都打上了西方法律文化的印记。至于各个法律部门中的法律原则、编纂体系、规范要件等等,也都或多或少地印上了西方法律文化的痕迹。因此,在19世纪中期到20世纪中叶的一百年间,从政体形态到司法体制,从法

---

① 美国著名历史学家 John King Fairbank 提出的"冲击——反应模式"(impact response model),代表了相当一批学者观察包括中国在内的非西方国家社会变革与法律发展进程的学术取向。参见[美]费正清:《伟大的中国革命》(1800—1985),刘尊棋译,国际文化出版公司1989年版,第79页以下;[美]费正清编:《剑桥中国晚清史》(1800—1911)上卷,中国社会科学院历史研究所编译室译,中国社会科学出版社1985年版,第229—235页;[美]费正清:《美国与中国》(第4版),张理京译,世界知识出版社1999年版,第132—134、146—158页。

律编订到法律实施,中国法制的每一步发展,几乎都在不同程度上反映了西方法律文化的冲击和影响。随着 1949 年中国人民大革命的胜利,中国法制建设进入了一个新的历史时期。在建国以后的一段很长的时间内,苏俄法律文化对中国法制建设产生了重大而深远的影响。从立法体制到司法制度,从法学理论到法律实践,中国法律生活世界的几乎每一个领域都打上了苏俄法律文化影响的烙印。因之,从这个意义上讲,外域法律文化(主要是西方)的冲击与影响,无疑是引起中国社会变革与法制现代化的重要动因之一。时下正在展开的经济全球化进程,深刻地改变着全球法律生活的基本面貌,重新塑造着每一个国度或民族的法律架构。在这一全球性重构的时代进程中,中国既有的法律系统必将发生显著的变化,固有的法律价值准则也将面临着新的挑战,现行的法律机制有待调整与革新,以期适应正在发生剧烈变化的全球经济与社会环境。看不到或者绝对排斥全球化趋势对中国法制变革进程的影响,这显然是历史的片面。① 对于那些反映全球市场经济运行规律、体现人类法律文明前进方向的外域法律文化的有益因素,无疑应当加以吸收和采纳,以便使当代中国法律发展与全球法律文明的通行规则接轨沟通。闭关自守,盲目排外,只能导致法律文明进步张力的丧失。

　　然而,另一方面,应当看到,外域法律文化对中国社会与法律发展的冲击力是有限的。中国早期法制现代化进程中的一个普遍现象,就是西方法制输入以后,往往被扭曲,法律的形式与精神之间呈现出分裂、背离的状态。这表明在中国确乎存在着一个法律文化土壤问题。如果运用区域系统分析方法来探讨在近现代中国法制现代化过程中各个地区的具体情况,也许会发现沿海地带的法律文化与腹部地带的法律文化之间存在着明显的差异。与腹部地带不同,由于沿海地带特别是一些通商口岸,与新兴的全球海洋文明发生着日益广泛的接触与联系,加之沿海地区的经济以商业为主导,因而沿海地区社会居民的价值观念在相当程度上受到西方的影响,沿海地区的法制特别是在法律实

---

① 李林先生考察了全球性进程对当代中国立法的影响,探讨了在全球化背景下中国立法发展需要进一步解决的若干问题,提出了当代中国立法发展的观念更新问题。这是颇具见地的。参见李林,《全球化背景下的中国立法发展》,载胡元梓、薛晓源主编:《全球化与中国》,中央编译出版社 1998 年版。

施方面,既含有中国的又含有西方的主权与惯例的因素。① 更进一步地来讲,推动中国法制转型的原因是多方面的,西方法律文化的冲击并不是唯一的终极的原因,甚至不是主要的原因。众多的文献分析表明,到了19世纪初叶,传统中国社会与法律尽管在质的方面没有发生明显的改变,但由于晚清社会内部经济政治等等条件的变化,古老的中华法系已经开始了一个缓慢的历史变迁过程。在这样的社会条件下,西方法律文明开始输入中国,进一步冲击了已经开始发生缓慢变化的法律系统。这就是说,当西方法律文化传入近代中国时,尽管中国社会尚不具备实现法制现代化的条件,但是变化的基础已经开始确立。西方法律文化的冲击,进一步加速了中国社会及法制的发展进程。因之,中国法律从传统向现代转变的革命性进程,乃是内部因素与外来影响相互作用的历史产物。它有其固有的特殊轨迹,是一系列复杂因素综合作用的结果。西方的冲击不过是这个综合动力体系中的一个组成部分而已。尽管它是很重要的力量,但它终究要通过内部的复杂变量发生作用。正是中国社会内部因素和外部条件的综合作用,形成了中国法制变革的运动能力和运动方向。

很显然,绝对夸大外域(主要是西方)法律文化对中国法制现代化进程的影响,忽视或否认中国社会条件自身变化的主导性作用,这是有失偏颇的。那种用外发型法制现代化模式来界定和确证中国法制现代化运动的模式特征,把中国社会变革以及法制现代化运动归之于外域法律文化激荡的产物,这显然是西方中心主义的历史独断论。② 处于全球化进程中的当代中国法制现代化,是在特定的时间和空间条件下所

---

① 美国学者 P. A. 柯文主张要从中国社会的内部生活系统中来寻找近现代中国社会变革的动因,并且提出了著名的"中国中心观"。由此,他强调要具体考察西方文化对近现代中国社会变革进程影响的区域差异状况。参见[美]P. A. 柯文:《在中国发现历史——中国中心观在美国的兴起》,林同奇译,中华书局1989年版,第142—144页。

② 按照弗兰克的看法,在许多西方学者那里,往往运用一些西方社会所具有的特征,来界定缺乏这些特征的非西方世界,藉以证明这些非西方国度不具备自身走上现代化道路的条件,只有借助于外力才能进入国际社会的轨道。这些西方学者往往运用"内因论"来解释所谓西方对于世界其他地区的优势和霸权,认为欧洲的兴起是一种奇迹,这种奇迹应归因于所谓欧洲特有的而其他地区缺乏的独特性质。这种看法浸透着欧洲中心论的偏见和自负,歪曲了我们对西方之外的世界现实的全部感知,也歪曲了我们对欧洲和西方自身的现实主义感知,还妨碍了我们对体系化的全球整体的认识,而正是这个整体世界决定了东方与西方、南方与北方以及其他所有部分的各自不同却并非孤立的现实。参见[德]贡德·弗兰克:《白银资本——重视经济全球化中的东方》,刘北成译,中央编译出版社2000年版,第37—57页。

发生的法制创新运动,具有独特的历史传统和社会条件。在这一变革进程中所建构和发展起来的法律制度,应当在全球化时代的挑战面前,保持自身独特的个性。唯有如此,中国法制现代化运动才具有赖以生存和演进的深厚基础。

二、确立法律发展的自主品格

中心与边缘,这是一对含义多样且复杂的范畴。从社会学意义上讲,人们通常强调每一个社会结构都有一个中心圈,中心圈不是一个简单的空间区位现象,而是一个价值观念的王国,是主宰社会的符号中心和价值观念中心;中心圈也是一个行为的王国,是某种制度的行为机构,以各种方式影响着每一个社会主体。处在中心圈之外的,构成社会结构的边缘状态;边缘状态中的社会主体成为中心体制和中心价值的局外人。中心与边缘之间的关系,常常成为衡量社会类型的重要尺度之一。在前现代社会,社会成员很少受到中心价值的影响;但在现代社会,边缘参与程度很大,与中心价值的联系更为直接,中心的顶峰不再那么高了,边缘的距离也不再那么远了。① 从经济学意义上看,人们更多地运用中心与边缘这对范畴来指谓不同国度在世界经济体系中所处的地位。按照依附理论的解释,在世界经济体中占据优势的地区,称为中心区的国家;在这类国家中,一个强有力的国家机器的定位,总是伴随着一种民族文化,这一现象一般被称为一体化。这样,世界经济体系就划分为中心国家与边缘地区。根据一系列衡量标准,诸如各种经济活动的复杂性、国家机器的实力以及文化的完整性等等,在中心与边缘之间还存在着半边缘地区,这是一个世界经济体不可缺少的结构性要素,是不断扩张的世界经济体中地缘政治变化的结果。中心地区、半边缘地区和边缘地区在世界经济体系中分别担当着不同的社会经济角色,构成了世界经济体中的等级关系。②

至于从法学上来解释中心与边缘之关系,则显得更为复杂一些,一个方便的可资参证的概念是法系。人们通常把法系称之为法律家族或

---

① 参见[英]爱德华·希尔斯:《中心与边陲》,沈青译,《国外社会学》1988 年第 1 期。
② 参见[美]伊曼纽尔·沃勒斯坦:《现代世界体系》第 1 卷,罗荣渠等译校,高等教育出版社 1998 年版,第 463—464 页。

具有某种共同法律文化渊源的法律共同体之集合。① 其实,一种法律文化体系之所以能够演变成为一种跨国度跨民族跨地区的法律系统,其基本原因在于在这种法律文化体系中,存在着一个得到广泛认同的法律文化的中心国度,该中心国度的法律文化具有本源性和衍生性,它的价值准则与制度规范成为其他国度法律的"蓝本"或依归。这样,在一个法系内部,便自然地存在着中心国度与边缘地区(姑且借用这一概念表达)之间的文化关系。然而,倘若从法律发展或法制现代化的视角来解构中心与边缘这一对范畴的内在义理,我们也许会发现,这里的中心与边缘之涵义已经远远超出了有关法系的类比诠释之意义限度。实际上,这对范畴所要表征的乃是在全球法律发展或法制现代化进程中自主与依附之间的历史关系(在这里,我们要时时小心,谨防掉入"西方中心主义"的泥淖之中)。有的学者试图从全球化的角度来重新界定现代化之内涵,主张把现代化看做是一个囊括了所有国家与民族的全球性变革过程,并据此对全球性现代化进行了描述。② 在这一全球性的视野中,西欧成为现代化的先行者,广大非西方国家则是现代化征途上疾步前行的后来人;在这一全球性现代化的历史进程中,16世纪的西欧处于原初的中心地位,成为全球性现代化的中心地区或中心国度,而非西方国家则成了边缘或半边缘地区。由此,按照这一分析范式,16世纪的西欧乃是全球法制现代化进程开端阶段的中心地区,这一时期西欧的法律发展样式具有全球性的普遍意义,成为后起的、外发的非西方国家法律发展的样板或原型。这一分析视野甚至得到了经济学的总体上的(并非全部)进一步证明和支持。沃勒斯坦反复强调,16世纪对于欧洲和世界来说是至关重要的。正是在16世纪中,某种建立在资本主义生产方式基础上的欧洲的世界经济体开始出现。这一时期占支配地位的意识形态,不是自由企业制度,也不是个人主义或科学主义,或自然主义或民族主义,而是国家统制主义即国家利益至上;这一时期世界经济体的鲜明特征是:经济决策主要面向世界经济体的竞技场,而政治决

① 有的学者把法系称为"法的家族"或"法圈",认为构成不同法系的决定性的要素乃是各个法律秩序和这些法律秩序所构成的整个群体具有的样式。参见[德]K·茨威格特、H·克茨:《比较法总论》,潘汉典等译,贵州人民出版社1992年版,第121、129—139页。有的学者则把法系看做是具有某种共性或共同传统的一些国家或地区法律的总称。参见沈宗灵:《比较法研究》,北京大学出版社1998年版,第61页。

② 参见孙立平:《全球性现代化进程的阶段性及其特征》,《社会学研究》1991年第1期。

策则主要面向体系内部的有法律控制的较小组织——国家（民族国家、城市国家、帝国）；这一时期欧洲世界经济体内部存在着多方面的差别，诸如世界经济体的中心地区与其边缘地区之间的差别，中心地区内部各国之间的差别，以及中心地区内部各国内部的各地区、各阶层和城乡之间的差别，进而形成一种不平衡发展的多层次结构。并且，这个世界经济体处于不断变动的过程之中，随着这一过程而发展的国家体系则经历了三个霸权周期，产生了三个霸权国家，即17世纪中期的荷兰、19世纪中期的英国和20世纪中期的美国，由此中心地区与边缘地区也就发生相应的变化。[1] 很显然，在这一理论分析架构中，全球性进程或世界经济体系的原初的中心地区仍然在西欧。[2]

不过，并非所有的经济学家都赞同西欧地区处于近代早期全球社会经济发展进程中心地位的看法。弗兰克试图对1400年以来全球化进程中的东西方关系进行全新的思考。他认为，从15世纪到19世纪前这四百年的全球经济时代，并不是欧洲时期，而是亚洲时代，中国则是这个亚洲时代全球经济体系的中心。他的新著《白银资本》所要论证的恰恰是：直到19世纪之前，"中央之国"实际上是世界经济的某种中心。分析1400年到1800年间世界经济的结构与发展，"我们可以看到，作为中央之国的中国，不仅是东亚纳贡贸易体系的中心，而且在整个世界经济中即使不是中心，也占据支配地位"；"表明中国在世界经济

---

① 参见〔美〕伊曼纽尔·沃勒斯坦：《现代世界体系》第1卷，罗荣渠等译校，高等教育出版社1998年版，第79—128页；《现代世界体系》第2卷，罗荣渠等译校，高等教育出版社1998年版，第44—45页。

② 美国著名历史学家斯塔夫里亚诺斯试图打破欧洲中心论的框架，以新的全球视角重写世界历史。他以1500年为分析叙述的时空单位，认为1500年是人类历史上的一个重要转折点，此前的历史是各个种族集团与社会彼此隔离的生存与发展的历史，欧亚大陆的若干文明体系平行而独立地发展着，——尽管相互联系和影响依然存在；而1500年前后，即从哥伦布、达·伽马和麦哲伦的远航探险开始，人类的各个种族集团与社会才第一次发生了直接的交往，欧亚大陆诸文明之间的平行独立的发展状态逐渐为新兴的西方促成的全球性一体化状态所取代，这种一体化状态在19世纪时发展到了顶点，转而导致前所未有的世界性霸权，20世纪的历史实质上是一个反对世界霸权进而寻求新的世界平衡的历史。由此，这位历史学家又以第三世界的历史进程为研究对象，考察了1400年以来全球性一体化进程中西方世界与非西方世界的相互关系，揭示了这一进程中的中心地区与边缘地区的历史性互动。尽管这位学者力图摆脱欧洲中心论的羁绊，并且具有全球性的眼光，但是在他那里，全球性一体化进程的原初中心地区依然是在1500年前后的西欧，并且把自那时以来的全球历史归之于对西方世界中心霸权不断发起挑战的历史。参见〔美〕斯塔夫里亚诺斯：《全球通史——1500年以前的世界》，吴象婴、梁赤民译，上海社会科学院出版社1992年版，第54—60页；〔美〕斯塔夫里亚诺斯：《全球分裂——第三世界的历史进程》，迟越、王红生等译，商务印书馆1995年版，第2页以下。

中的这种位置和角色的现象之一是,它吸引和吞噬了大约世界生产的白银资本的一半"。① 然而,弗兰克强调,论证中国在历史上的世界经济中的"中心"地位,并不是简单地用中国中心论来取代欧洲中心论。"相反,本书最核心的'科学'论点是,过去和现在一直有一个全球经济,在本书所考察的历史时期实际上没有什么中心,在可预见的未来很可能也没有什么中心。根据本书所提供的史实,可以断定,直到 1800 年为止,欧洲和西方绝不是世界经济的中心,如果非要说有什么'中心'的话,客观地说,不是处于边缘的欧洲,而是中国更有资格以'中心'自居"。② 可见,在弗兰克的笔下,从 1400 年到 1800 年全球社会与世界经济的中心地区并不在西欧,而在亚洲,更确切地说是在中国;这一时期的西欧属于边缘地区的范畴,原本认为是边缘地区的中国则成为全球经济活动的中心地区。由此看来,根据弗兰克的分析与结论,全球化的历史进程也许要重新描述。弗兰克命题之意义,并不在于用中国中心论来取代欧洲中心论,而是通过对全球化历史进程中一个特殊阶段的深入考察,打破了长期以来在现代化与发展理论研究中所蔓延的欧洲中心主义或西方中心论的神话,启示我们要用历史的辩证的眼光来看待全球化进程中的中心地位与边缘地区之间复杂的历史关系。这一分析视野对于我们揭示全球法制现代化进程的内在机理,把握中国法制现代化运动的模式特征,无疑是大有裨益的。

考察中国法律文明的演进历程,我们可以看出,中国在全球法律发展历史进程中的地位,经历了一个复杂的变化过程,——而这种地位和角色的转换,往往与国力的兴衰息息相关。在 19 世纪之前,中国乃是世界上人口最多、最富饶、在许多方面文化最先进的国度。这种国力的兴衰,形成了文化传播和认同的单向性。这就是说,中国本土文化体系有着强大的同化功能,在外域文化的挑战面前,扮演着主动者的角色而非处于受动者的地位,因而能够把外来文化纳入本土化的系统之中。伴随着文化上的优势,在欧亚大陆的贸易往来中,中国在全球经济格局中基本上居于主导地位。国家的繁荣昌盛支持了文化上的优越感,从而使古代中华法系具有世界性意义。中国的中心地位,强化了中国法

---

① 参见[德]贡德·弗兰克:《白银资本——重视经济全球化中的东方》,刘北成译,中央编译出版社 2000 年版,第 19—20 页。

② [德]贡德·弗兰克:《白银资本——重视经济全球化中的东方》,刘北成译,中央编译出版社 2000 年版,第 26 页。

律文明对外域法律文明的影响力。唐帝国时期,就在东亚和中亚建立了中国的宗主势力范围。帝国的法律制度,也控制了东亚诸国的法律文化走向,形成了一个以中国为核心的包括日本、朝鲜等东亚国家在内的中华法系,从而使东亚未能发展起西方自罗马帝国崩溃后所出现的法律文化多样性图式。那时到过中国的西方人,都盛赞中国文明的优越与进步。19 世纪中叶之后,中国开始衰落,中国的世界中心地位开始被西欧取代。此时的西欧在近代工业革命的强劲推动下,在世界经济体系中日益取得支配地位,而中国在这个新兴的世界体系中则处于边缘化状态。这种全球地位的转换,导致法律生活世界的巨大变迁。西方列强凭借武力和商品,强行打开中国的大门,迫使中国开始了由朝贡制度向条约制度的大转变。古老的传统文化,第一次以被动的姿态迎受着西方文明的尖锐挑战。处于世界体系边缘地区的中国法律生活,开始了由自主发展向依附发展的转变,法律发展日益丧失了独立演进的品格,法律文明的自然历史进程开始发生断裂。最能反映这一情形的是晚清修律。这一法律变革运动是在近代西方法律文化东渐、传入乃至挑战的情势下所采取的一种回应姿态,是晚清统治集团运用法律手段应对国家与民族危机的一个被动之举。在近代西方商业文明强行打开国门、迫使中国订立不平等条约以后,采纳西方法制,改造固有法制,以期中外通行,振兴国力,成为统治者的基本价值选择。刘坤一、张之洞在著名的"江楚会奏"中强调:"盖立国之道,大要有三:一曰治,二曰富,三曰强。国既治则贫弱者可以力求富强,国不治则富强者亦必转为贫弱。整顿中法者,所以为治之具也。采用西法者,所以为富强之谋也。"①很显然,"江楚会奏"所传达的信息是很明白的:近代西方之富强与其法制密不可分,而欲使中国富强,必须采用西法。于是,整顿中法,采用西法,成为国家繁荣富强之根本,因而也就成为从边缘向中心转移的基础。而采用西法的基本目标,乃是努力做到使法律规则能够中外通行,消弭中法与西法之间的鸿沟,进而确立中西法律之间对话或交流的共同语言系统。由是,根据清帝上谕,在沈家本、伍廷芳的主持下,一场以兼采西法为特征的清末修律活动大规模展开。清末修律大抵上按照大陆法系的模式,对中国传统法律体系进行结构性改造,从而导致了古老中

① 朱寿彭编:《光绪朝东华录》第 4 册,中华书局 1984 年版,总第 4737 页。

国法律系统的历史性重大变化,催生了一个具有西法特点的中国法律体系之形成。这一以采用西法为特征的大规模法律改革的历史性后果之一,就是使中国法律文明的成长进一步融入全球法律体系的重构过程之中,进而也加剧了中国法律发展的边缘化趋势。

这一历史事例给今天的人们提出了这样一个尖锐的问题:在全球性法制现代化进程中,中国的法律生活逐渐融入全球法律体系之中,怎样才能继续保持独立自主的品格,避免出现依附发展或边缘化的情形?在当今的全球化时代,经济的全球化强化了权利和市场这两个孪生方面的力量。这一进程使世界经济愈益成为一个单一的市场经济,这必然要求各国的法律制度趋向一致。从一国的角度来看,法律改革成为吸引外国投资者的一种途径。文化的全球化,也是推动权利和市场两个方面的一股重要力量。信息技术革命使今天的通讯如此之便捷,以至于人口、资本和思想的跨国界交流变得更加容易,从而有可能建立一个更具国际性的有关法律改革的知识体系。[①] 很显然,这一以全球化进程为基础的新的法律与发展运动,确乎具有复杂性和迷惑力。它在反对种族主义和西方中心论的同时,极力强调全球规则的重要性,主张发展中国家的法制改革应当同全球性市场规则体系的基本要求相一致,应当有利于吸引国际投资者。在这一情况下,倘若广大发展中国家不能有效地维护国家与民族利益,一味追求全球规则的普适性及其对本国法律发展的引导作用,就有可能坠入新的依附发展的陷阱。因之,对于正在走进全球化时代的当代中国来说,捍卫民族国家的法律主权,谨防全球化名义下的新的法律殖民主义,确立在全球法律体系中的自主地位,防止和避免法律发展的边缘化趋势和依附性,走出一条符合本国国情和条件的自主型法制现代化的道路,依然是一项重要而艰巨的历史性任务。

三、主权国家的功能取向

当代全球范围内的信息与通讯技术的革命性变化,全球网络的逐步形成,电子商务活动的大规模展开,正在把各个市场主体带入一个"无疆界的市场";全球资本的广泛自由流动,几乎脱离世界上任何国

---

① 参见[美]戴维·M·杜鲁贝克:《法律与发展:过去与现在》,李力译,载公丕祥主编:《法制现代化研究》第4卷,南京师范大学出版社1998年版,第375—376页。

家政府的管制,国家对资本市场的控制力日渐薄弱;跨国公司的跨地区跨国度的大规模活动,随心所欲,无所不能,主权国家政府的作用随之相形见绌,如此等等。全球性经济活动所造成的经济无国界化趋势,似乎愈演愈烈,以至于产生了"国家属于谁"的疑虑,有人开始构造"全球统治"的幻想。因此,如何看待国家与政府在全球化与法律发展进程中的作用,这直接关乎我们怎样建构一个具有中国特色的法制现代化模式。

纵观全球法律发展进程,我们可以清楚地看到,无论在西方社会还是在东方社会,国家与政府在社会变革与法律发展进程中的作用都是不可替代的,——尽管在不同的国度和地区,其表现形式有所不同。长期以来,许多学者在研究西方社会及法制现代化进程的模式特征时,一般认为西方社会及法制现代化是一个自下而上的过程,这一过程首先是从民间开始,而且在相当长的一段时间里,主要限于民间,亦即市民社会的推动作用,政府在其中所起的作用极为有限。然而,实际情形远非这么简单。在西方(主要是西欧),市民社会的出现标志着社会经济生活获得了相对独立的发展过程,但市民社会的形成却有一个历史的"蛹化"过程。在前近代西方社会,市民社会与政治国家之间具有高度的同一性,二者之间没有明确的界限,政治国家就是市民社会,反之亦然。市民社会的每一个领域,都带有浓厚的政治性质,一切私人活动与事务都打上了鲜明的政治烙印。近代世界的特点是抽象的二元论。随着商业、财产、劳动方式及同业公会等等市民社会构成要素日益获得独立存在和发展的意义,市民社会开始同政治国家相分离。同这种分离相适应,政治国家也得到了发展。市民社会与政治国家之间的分离,遂使整个西方世界发生了深刻的变化,进而形成了以法律形式主义为表征的近代西方法治体系的建立与发展。近代西方社会的二元结构,使国家的职能发生了显著的变化,"守夜人"成了近代西方国家社会职能的形象化表述。尽管国家与政府开始从社会的微观经济生活领域退出,不再直接干预企业及市场主体的经济活动,但这丝毫不意味着国家也不再过问法律发展领域,相反,创制与执行法律成为国家与政府维护自由经济发展的基本职责。不过,从近代西方法律的形成过程来看,这一时期的国家,既不是典型的封建主义国家,也不是近代资本主义的国家,而是专制主义国家。西欧专制主义国家是一种特殊类型的国家形式,是民族利益的共同体。在中世纪晚期,民族国家适应社会的需要逐步建立起来。到 16 世纪初,君主专制的民族国家政体几乎成为西欧的普遍政体形式。近代早期的西欧专制君主为了战胜教权,战胜封建领主,就必须运用法律形式反映当时正在兴起的近代市民阶级的经济需要,发展工商业,以便与新兴市民阶级结成反对教会,反对封建等级制的联盟。在这一时期,欧洲一些专制国家的政府利用集中统一的立法权力,展开了较大规模的商法典和海商法典的编纂工作,诸如 1561 年丹麦海商法典、1673 年法国商法典和 1681 年海商法典,等等。特别是这一时期的许多专制君主对继承罗马法怀有浓厚的兴趣。那些熟读罗马法的法学家应国王之邀在各国政府中担任行政和司法职务,他们运用罗马法的原则与精神,积极支持君主扩充权力,强化统治基础,进而成为推动罗马法复兴与发展的重要力量之一。随着中央集权的进一步加强,罗马法也成为在司法实践中法官断案的最有权威性的准则,甚至国王的许多律令也大都渊源于罗马法。正是在这一过程中,一个理性的形式化的近代法律逐渐成长和发展起来。① 如果说在西方,法制现代化的过程与国家与政府的推动密切相关,那么,这一情形在东方国家表现得尤其明显。在传统中国,国家与社会之间不仅存在着彼此分别的情形,而且更表现为一种相互依赖、内在同一的状态。进入近代以来,国家与社会之间的关系呈现出新的历史特点。一方面,随着经济生活的变动,外国资本主义广泛深入中国市场,使民族经济遭遇到新的巨大的压力,日益动摇着传统的社会经济结构,封建自然经济开始解体,新的经济结构开始形成。正是在这一过程中,经济生活日益开始摆脱国家的直接控制和干预,而成为一个相对自主性的领域。这一情形在清末民初表现得十分明显,以致于出现中央政府财政能力的极度衰弱。与此相适应,基层社会生活的自治化趋势也愈益强劲,地方自治成为这一时期社会政治生活发展的一个明显特征。② 另一方面,国家本身也在发生变化,并且通过多种方式或途径来影响社会发展及法

---

① 韦伯认为,专制主义国家的官吏理性主义,是推动西方现代法律理性化的一支重要力量。"它所关心的是系统地制订法典和使法律趋于一致,并主张将法律交由一个力争公平、地方均等之升迁机会的受过合理训练的官僚体系来执行。"参见[德]马克斯·韦伯:《儒教与道教》,洪天富译,江苏人民出版社 1993 年版,第 174 页。

② 参见朱英:《转型时期的社会与国家——以近代中国商会为主体的历史透视》,华中师范大学出版社 1997 年版,第 53—63 页;[美]费正清主编:《剑桥中华民国史》第 1 部,章建刚等译,上海人民出版社 1991 年版,第 111—128,225—269 页。

制变革的进程。在漫长的历史演化过程中,中华帝国形成了稳定的完整的政治机构,拥有经过精心设计的官僚体制和各个专职部门,并且按照固有的规则和习惯来加以管理。组成这一机构的官员,依据其身份和地位获得自己的价值存在,机构内部具有精细而严格的等级分工。这样一个政治系统得到了儒家政治伦理的支持,也得到了普通百姓的认同,从而由此获得合法性基础。但是,进入变革时代以来,这种政治架构的合法性日益受到怀疑,政治权威日趋衰微。这种脆弱的权威失落的政治机构,使它无法充任彻底实现社会及法制现代化的重荷:既不能从根本上打破传统法制的桎梏,也不能创设与传统法制不同的新型社会及法律机制。当然,我们绝不能由此而绝对排却国家与政府在推进近现代中国社会变迁与法律发展进程中的能动作用。事实上,近现代中国的每一次社会及法制改革运动,都有赖于适当类型的政治架构的推动。所不同的是,每一种类型的政治架构的价值取向是不一样的。社会主义中国的诞生,为国家能力的增强和新型的具有高度权威性的政治架构之创设,奠定了坚实的基础,进而为走进一条具有中国特色的法制现代化道路,开辟了广阔的前景。国家与政府对中国法制现代化进程的功能性影响主要在于:一是建立强有力的国家机器,保障法制改革的顺利进行;二是根据变革目标的需要,建立法律机构,编纂成文法典,建构现代化的法律体系;三是组织和动员社会资源参与法律变革过程,以期形成法制现代化的社会支持系统。

因此,全球法制现代化的历史实践充分表明,拥有强有力的现代国家能力和现代政府系统,是民族国家实现法制现代化的必要的基本的条件,即便在进入全球化时代之后也是如此。这里特别需要提及全球化背景下政府与法律发展之关系问题。我们知道,时下广泛流行的全球化理论的重要思想基础,乃是李嘉图的自由贸易思想、弗里德曼的货币主义和哈耶克的新自由主义。这些学说的核心是市场自由化。"为使市场自由发挥其益处,不仅私有化和市场自由化是必要的,国家也应该尽可能远离经济事务,不要去干预经济。经济学的这种观点可以概括为放松管制。放松管制意味着国家不断放弃原本用来干预市场的法律和规定。放松管制和私有化、市场自由化已经成为有关市场问题的信条。这'三重性'已成为所有重要工业发达国家制定经济政策的指针。"①在当今全球经济生活中,这种理论已经或正在变为现实。无论工业发达国家,还是发展中国家,都难以逃避这些思想的影响。当代中国的社会经济变革是在新的全球环境中展开的,全球范围内的新自由主义思潮必然对这一变革进程产生这样或那样的影响。我国有的学者认为,中国市场经济体制的建立过程,是一个分权化的过程,是政府功能弱化的过程,应当建立一个"相对无为"的政府;当代中国的法律发展与法制现代化是一个自发成长的自然进程,有赖于社会内部因素的逐步生成和本土化进程的积累与发育,外在的公共权威对这一进程是无能为力的。因之,在学术思想领域,一方面是新保守主义或本土化思潮的日趋活跃,另一方面则是对新自由主义的认同取向方兴未艾,其典型表现就是所谓"哈耶克现象之复苏"。尽管这两股思潮歧见颇深,但其价值取向则是相得益彰的:前者倡导独立于国家生活之外的民间的市民社会之建构,后者则崇尚"自生自发的秩序";而这二者的共同之处在于主张排拒或减少国家与政府对社会经济生活及法律发展的作用与影响。

实际上,尽管经济全球化进程使民族国家的国家主权受到威胁,削弱了一个民族国家推行经济政策和社会福利政策的能力,甚至影响到民族国家的法律活动;但是,民族国家并未因此而失去存在的价值,这一新的全球化浪潮并不涉及一种制度变化,也不涉及一种现代社会基本结构的变化,它所表明的乃是经济与国家之间依赖关系的新变化,尤其是各个经济行为主体选择权力的明显增长。② 在全球化的条件下,主权国家的作用依然是必不可少的,并且是无法取代的。"与康采恩、卡特尔和犯罪作斗争,需要国家的力量,因为国家的力量可以得到大多数公民意志的支持。"③在当代中国,建立现代市场经济体制,抛弃旧的政府行为模式,扩展社会主体的自治权能,建设现代法治国家,绝不表明市场经济条件下的政府是相对无为的,也丝毫不意味着国家权能及政

---

① [德]格拉德·博克斯贝格、哈拉德·克里门塔:《全球化的十大谎言》,胡善君、许建东译,新华出版社 2000 年版,第 20 页。

② 参见[德]狄特玛尔·布洛克:《全球化时代的经济与国家——从民族的国民经济到全球化的世界经济》,载张世鹏、殷叙彝编译:《全球化时代的资本主义》,中央编译出版社 1998 年版,第 100—117 页。

③ 参见[德]汉斯-彼得·马丁、哈拉尔特·舒曼:《全球化陷阱——对民主和福利的进攻》,张世鹏等译,中央编译出版社 1998 年版,第 308—309 页。

府功能的弱化。① 中国是一个东方大国,社会经济发展很不平衡,这就需要有一个充分行使社会公共管理职能的强大国家的存在,需要依靠政府的强有力的正确有效的调控干预,需要政府自觉地担负起正确引导市场经济发展和推进法制现代化的时代重任。在全球化的环境中,当我们向新体制过渡、选择和建构新的国家功能模式时,一定要从自己国家的实际出发,充分考虑自己国家的经济、政治和社会的特色以及自己民族的文化背景和历史传统。只有植根于自己国家的国情和能够应付各种挑战的国家功能模式,才是有生命力的。所以,在中国,不断成长、日益壮大的现代市民社会诚然能够为现代法制的形成提供可靠的社会基础,但是仅仅依靠市民社会的自发机制,还远远不能满足现代法制成长的现实需要。拥有强有力的国家能力和现代政府系统,乃是推进中国法制现代化进程的题中应有之义。而自 1978 年以来中国现代化法制的重建与发展过程,就雄辩地证明了这一点。

四、全球法律机制重构与中国的选择

全球化是一个历史过程。当 15—16 世纪前后全球化浪潮开始出现的时候,东西方法律文明大体上按照其固有的历史逻辑各自平行独立地发展。尽管这两大法律系统彼此存在着一些相互影响,但就总体来看,它们是各自封闭、相互隔绝的。时下正扑面而来的新的全球化浪潮,虽然在一定程度上促进了全球经济与社会活动的一体化,引发了全球法律发展进程的重构,但是这一全球性进程并未(也不可能)导致"全球政治共同体"和"全球市民社会"的建构,也不会形成全球法律文明的统一大家庭,相反在某种程度上正在加剧全球性的分裂,强化法律发展的本土化趋势。

如前所述,在社会经济生活领域,全球化重构进程的意识形态基础乃是所谓新自由主义。这一理论学说突出强调市场的力量,主张废除

---

① 有的学者在分析后发展的国家在现代化起步时的矛盾情形时指出:"一方面,它得运用权威推行现代化改革,另一方面又得适时地建立一种新控制体系(法制),这就意味着自己去削弱自己的权威。"参见[美]兰比尔·沃拉:《中国:前现代化的阵痛——1800 年至今的历史回顾》,廖世一等译,辽宁人民出版社 1989 年版,第 4 页。其实,摆脱这一两难境地的重要选择,便是建立一种强大而稳定的、具有广泛社会权威的政治架构及其中央政府,以便维持社会的稳定和秩序,推动法制现代化的历史进程。关于这一点,有的学者提出了所谓"政府主导型的法制现代化"的概念,认为在当代中国法制改革过程中,政府的作用不仅不能削弱,而且应该加强。参见蒋立山:《中国法制改革和法治化过程研究》,《中外法学》1997 年第 6 期。

对经济活动的种种限制,把竞争看做是一种无所不包的信条,认为国家的基本职责就在于通过反对垄断来维护市场竞争秩序,倡导市场主体着眼于全球范围思考并且首先要在全球范围行动,以适应新的全球竞争时代的挑战。"竞争信条的信徒们坚信,以竞争为基准的市场经济是对于世界范围内经济与社会所面临的各种问题与挑战的唯一有效答案。他们的信仰不仅覆盖了发达国家,而且扩展到世界所有国家、所有地区、所有公司企业。因此,他们设想,让非洲国家与非洲公司大规模参与自由市场,是解决非洲大陆日益增长的贫困化与社会政治风波的有效答案。对于拉丁美洲国家,他们也提出了同样的建议。"①在竞争信条的驱动下,全球性的市场经济体系得到了进一步加强,但与此同时,国与国之间(尤其是南方与北方之间)以及国家内部的贫富鸿沟在明显扩大,从而加重了以"边缘化"为特征的经济与社会的排拒现象。这一新的全球化浪潮,在给人类带来经济增长的同时,也造成了文明社会的整体进步、人类大多数的基本权利和国家主权的新的危机。因此,人们对全球化进程的忧虑乃至批评是完全自然的。在新自由主义思潮以及全球经济重构的促进下,各国的法律生活正在发生深刻的变化。法律的全球化(the Globalization of Law)开始成为一个时髦的命题。据说一个国家的法律越来越国际化,国家间的法律与统治也变得更加重要,并且开始渗透到以前封闭的一国法律领域之中。欧洲旧大陆的法律发展模式已经开始新的转化,北美的法律领域正处于重构进程之中,而广大发展中国家在全球化的刺激下正在加快法律改革的步伐,以期适应新的全球经济与政治环境。因此,在这一全球性法律发展进程中,法学家的主要任务就是要在新的全球背景下,对法律发展与社会进程的相互关系进行比较研究。这是马克斯·韦伯在一个世纪前想做的事,今天的后来者应当紧随其后。②

显而易见,如何评价新的全球化浪潮对全球法律发展以及当代中国法制现代化进程的影响,就成为一个需要认真对待的问题。首先需

---

① 参见里斯本小组:《竞争的极限——经济全球化与人类的未来》,张世鹏译,中央编译出版社 2000 年版,第 74 页。

② See David M·Trubek, Yves Dezalay, Ruth Buchanan and John R·Davis, *"Global Restructuring and the Law:The Internationalization of Legal Fields and the Creation of Transnational Arenas"*, Global Studies Research Program Working Paper Series on the Political Economy of Legal Change, No. 1.

要指出的是,经济全球化在很大程度上意味着对全球市场经济发展的确证,意味着世界各个国家与民族的生产方式的某种趋同,意味着某种形式的"全球市民社会"共同价值准则体系的重构,同时也意味着在这个充满竞争(有时是恶性的过度的)的全球舞台上各个国家与民族必须相互依存、相互协调、相互合作以及一定程度的相互妥协。因此,全球性经济重构进程需要有一个全球性的法律框架与之相平衡,需要有一个体现全球市场经济发展要求的交往规则系统,也需要有一个权利与义务之间对等平衡的全球秩序体系。处在全球化进程中的每一个国家、地区和民族以及公民,都必须确立全球发展意识,平等地自主地参与全球性行动,共同制定和形成全球性的行为准则(而不应由某个或某几个国家主宰全球规则的制定和形成过程),必要时建构一种受到全球调控的"全球社会契约"。① 在这种情况下,全球法律发展就是一个主权国家协调行动、共同参与的积极进程,而不应当是一个争夺中心地位、制造边缘地区的霸权过程。全球性法律框架的建构,乃是一个尊重国际惯例、尊重民族文化的互动过程,而不应当是一个反映西方中心主义和民族沙文主义要求的分裂过程。在这种情况下,当代中国法制现代化运动的基本要求,乃是有条件地参与全球法律重构的历史进程。亦即是说,一方面,对那些反映全球市场经济运行规律和人类共同价值的基本法律准则及其制度架构,加以确认并且切实遵行,对相关国内法律进行必要的修改,以与国际准则接轨;另一方面,在全球法律框架与机制的形成过程中,要坚定地捍卫国家主权与民族利益,坚决排拒那些损害国家主权与民族利益的制度规范,充分意识到正在日益分化的世界对于全球法律重构的深刻影响,抵制全球化进程中的法律霸权。

与此同时,应当清醒地看到,正在席卷而来的新的全球化浪潮,绝不会给我们带来一个"世界大同"的乌托邦,而是使人们更加关注国际社会以及国家内部的社会公正问题,更加认识到国际规则本土化之必要性。首先,社会正义应当成为全球法律重构与当代中国法制现代化的价值目标。全球化经济发展趋势不仅扩大了发达国家与发展中国家

① 里斯本小组在分析经济全球化对人类文明社会未来发展的影响时,提出了架构一个建筑在一体化发展逻辑基础之上的全球社会契约以及全球调控协作机制的详细构想。参见,里斯本小组:《竞争的极限——经济全球化与人类的未来》,张世鹏译,中央编译出版社 2000 年版,第 157—202 页。

之间的贫富差距,导致了南部贫困国家的分裂,而且加剧了国家内部社会福利体系的危机,即使在一些富裕的北部国家内部,贫困与落后现象也与日俱增。① 因此,开展全球范围内的反贫困斗争,已经成为摆在每一个国家面前的一项艰巨任务。在这一时代背景下,重构全球法律机制,必须贯彻社会公正或社会正义的基本要求。而这个问题对于当代中国的法律发展来说,显得尤为重要。社会主义市场经济是公有制与市场经济之间的有机耦合这一模式最能体现社会主义的价值理想,即一方面带来生产力的解放和发展,进而满足人民日益增长的物质和文化需要;另一方面带来社会正义与平等,进而消除两极分化,促进社会的共同富裕。在全球化背景下建构中国市场经济体制及其法律体系,必须充分考虑社会主义的理性要求。社会正义涵盖了社会主义的价值理想,构成了社会价值系统的终极依托。社会经济生活与法律发展进程中的一切现象与行为,都必须在社会正义的法庭面前,接受评判。在效益与社会正义的序列中,应当坚持社会正义优先性原则。为了有效地实现社会正义,当代中国法律调整的迫切任务,就在于确认和保持社会主体在机会和手段选择过程中的平等权利,建立一个公正有序的市场竞争规则体系;设计一套理性化的程序规范,强化法律的利益调控功能,促进社会利益需求的平衡发展;通过一定的法律机制,解决或缓解社会收入分配不公现象,保障社会变革进程的健康发展。

其次,国际规则本土化应当成为当代中国法制变革的范式选择。全球法律的发展进程,实际上是法律变革进程从民族国家走向国际社会的时空超越。在这一历史进程中,各个主权国家的法律制度必然要体现全球法律文明进步大道上的共同的基本法律准则,由此而逐步形成一个相互接近、相互认同、相互联结的全球法律机制和国际准则。这一全球法律机制和国际准则,乃是生活在不同国度中的社会主体所创造的调整规则和所积累的调整经验之有机聚合,体现了人类法律实践的普遍性的历史定则,反映了人类的法律智慧和对理性的追求。但是,这一共通性的全球法律机制和国际规则,在社会历史发展进程中往往表现着自己不同的重点,在不同的国家与民族生活中有着不同的表现形式,并且在各自的文化体系中起着各自不同的相应的作用。因此,在

---

① 参见[德]格拉德·博克斯贝格、哈拉德·克里门塔:《全球化的十大谎言》,胡善君、许建东译,新华出版社 2000 年版,第 58—59 页;里斯本小组:《竞争的极限——经济全球化与人类的未来》,张世鹏译,中央编译出版社 2000 年版,第 60—65、74—77 页。

这里就存在着一个国际规则本土化的问题。① 在当代中国法制现代化进程中,国际规则本土化起码有两个基本要求:一是在移植国际规则和外域法律制度时必须充分考虑到本国的国情条件。中国的法制现代化是中国人在本国的历史条件下所展开的一场法制变革运动。它总有体现本民族本国度生活条件的法律精神以及作为这一精神载体的法律制度。在国际规则本土化的过程中,必须从中国国情的具体实际出发,根据对本国社会生活条件及其需要的认识,或是通过一定的程序机制和创造性转换的法律实践,能动地将国际规则转化为本国的具体制度规范设计,或是理性地选择外域国家或地区的法律或某些制度,直接或间接地移入本国相应的法律的创设过程之中,使之成为本国法律的有机组成部分,而绝不能原封不动地套用国际规则来调整现实的社会生活关系,或是照抄照搬别国的经验和模式。只有立足于本国的实际情况,对国际规则和外来的法律发展经验和模式进行具体的辨析,我们才能走出一条具有中国特色的法律发展道路。二是充分注意到传统的价值意义,将整合国际规则与弘扬固有传统结合起来。人们通常认为,传统乃是人类在往昔历史岁月中创造的各种有意义的现象之复合体,这种复合体出于同源,从过去延续到现在,因而构成一条时间之链。同样地,法律传统是某种代代相传的法律现象以及这些现象发展所体现的连续性。在社会的演进过程中,法律传统逐渐形成为一种历史文化力量,积淀在普遍民众的法律意识、心理、习惯与行为方式之中,因而在很大程度上成为社会成员信仰或认同的载体。中华民族有着悠久的法律文化传统。在中国法制现代化的进程中,尽管固有法律传统不断受到挑战,但是由于社会生活发展的客观需要,加之法律传统存在的巨大惯性力量,它依然潜移默化地通过各种方式继续发挥着作用。一个社会无论其发展变化是多么迅速,它总是无法摆脱与过去的纽带关系,也不可能与过去的历史完全断裂。法律的今天与昨天的历史联系是客观存在的,并且是法律发展本质属性的一种体现。法律传统内部蕴藏着的丰富经验材料以及规则,并不是任意累积而成的,也不是一连串杂乱无章的偶然选择行动的产物,而是有着深厚的历史根基。正因为如此,它本身为后来的人们提供了各种历史选择的可能性。甚至在情感意义

---

① 有的学者指出,"与国际接轨"成为许多国家的共同口号。但是,各国在接纳和遵守这些普遍的国际准则时,始终没有忘记其本国的传统和特征,而是将国际准则与本国传统结合起来,使国际准则本土化。参见俞可平:《合理的悖论》,《人民日报》2000 年 4 月 27 日。

上,它可以成为后来的人们依恋乃至崇敬的对象。况且,法律传统的价值系统本身,确实存在着许多有待人们去开掘的历史遗产。因此,整合国际准则与确证传统价值,并不是截然对立的两极,而是水乳交融在一起的。作为一个历史的连续过程来说,古老的中华法律文明必将在全球化的时代进程中,以某种新的形式获得延续,进而在一个新的法律系统中发挥新的功用,焕发出新的青春活力。

五、总结

在本文的结尾部分,我们有必要对本文所叙述的内容作一简要的回顾与归纳,以便进一步突出本文研究主题之重要意义。中国法制现代化问题,是一个正在引起学术界更多关注的重大学术论题。在人类正在步入全球化时代的时候,这一论题确有从新的学术视野进一步加以讨论之必要。本文的研究旨在审视新的全球化重构过程,已经或正在给当代中国的法制现代化进程带来哪些新的问题与新的挑战,反思全球化背景下当代中国法律发展的内在机理,以期探讨世纪之交中国法制变革的发展趋向,确证中国法制现代化进程的全球性意义。

本文首先对现代化理论研究中广泛流行且作为问题思考之前提的现代化模式学说提出质疑。依据这一模式理论,中国法律发展不是一种内发型的法制现代化,而是属于外发型法制现代化的模式范型,因为中国的法制现代化进程不是源自内部社会生活条件的逐渐成熟而自下而上地渐进展开,而是在外域(主要是西方)法律文化的冲击下由政府主导推动的一个自上而下的突变过程。笔者认为,上述的模式理论充满着西方中心主义的偏见,指出应当对中国法制现代化进程中的外来冲击与内部取向这一矛盾关系进行辩证的思考,一方面要看到外部冲击造成了中国法制变革的广阔背景和巨大压力,另一方面更要看到本国内部现实生动的生活场景和社会条件才是推进中国法律发展的内在动力。

其次,笔者借用依附学说的"中心"与"边缘"这一概念工具,来考察在全球法律发展进程中中国法律系统所处的历史地位。我认识到,中国法律发展与全球法律发展是一个历史性的互动过程。前近代时期的中国法律居于当时的全球法律发展进程的中心地位,而到了19世纪中叶之后,这一中心地位逐渐地被西方所取代。中国的法律系统通过"采用西法"的体系化改造而融入西方法律系统主导的全球法律发展进程之中。在全球化时代的法律重构进程中,当代中国的法律发展面临着新的严峻的挑战。捍卫法律主权,反对新的法律殖民主义,防止中国法律发展的"边缘化"趋势,已经成为中闻法制现代化进程中一个不容忽视的重大问题。

再次,文章分析了全球社会变革与法制现代化进程中政府的功能问题。在一个所谓"没有国家的市场"以及"国家属于谁"竟会成为问题的全球化时代,政府与法律之间的关系,重新成为人们关注的对象。本文的看法是很明确的,即:民族国家依然是全球化进程的基本单位,"全球市民社会"并没有减弱主权国家的社会与法律责任,政府的主导与推动乃是当代中国法制现代化的深厚动力。

最后,作者探讨了新的全球化浪潮对全球法律重构和中国法制现代化进程的深刻影响。作者认为,时下正扑面而来的新的全球化浪潮,虽然推动了全球性法律重构的进程,但并没有给人类带来法律的"大同世界",多元化的法律文明体系依然有着广泛而深厚的全球基础和强大的生命力。笔者对在全球性法律重构进程中当代中国法制现代化的历史性抉择进行了初步探讨,坚信一个既与全球法律文明大道相沟通又具有浓郁的民族法律文化特色的中国法制现代化道路,一定会出现在世界的面前。

(原文刊于《法学研究》2000 年第 6 期,
转载于《新华文摘》2001 年第 3 期)

法制现代化的分析工具

一、绪言

时下的中国法学界愈益频繁地使用法制现代化的概念,借以揭示我们这个时代的法律发展及其变革进程的本质性特征。这确乎是一个令人欣慰的学术现象。在现代的学术话语系统中,法制现代化与法律发展具有相通的内涵意义,都是表征法律从传统走向现代的变革过程。所以,本文往往交替地使用这两个概念。当然,无论是法制现代化抑或是法律发展,这两个概念都是"舶来品"。从世界范围来看,可以说早在 17、18 世

纪就开始出现研究法制现代化问题的著述。不过,当时问题的实质乃是关
于法律变迁与发展的思考。随着近代工业文明在西方的兴起,人类社会生
活领域发生了巨大的深刻的变化。在这一过程中,法律也经历着一个从传
统型向现代型的历史发展。对这一法律转型的研究成为近代思想家尤其
是 19 世纪欧洲学者关注的重大课题。① 然而,法制现代化思潮的真正兴
起,应当说是 20 世纪后半叶的事情。这一思潮的发源地主要是在美国,后
来波及世界其它地区。当时这一思潮的名称也不尽统一。有的称之为"法
制与现代化"研究。比如,美国耶鲁大学法学院于 20 世纪 60 年代末 70 年
代初在全美发起组织了一个"法律与现代化"的研究项目(Program in Law
and Modernization),许多著名学者如 Richard Abel,Marc Galanter,David M.
Trubek 以及 Thomas C. Heller,Rosser H. Brockman 等人参加了这一项
目,并撰写了有关的专题论文。也有相当部分的学者用"法律与发展"研究
(Studies in Law and Development)来指称这一新的学术运动。

应当看到,这一思潮的兴起有其深刻的时代背景,在很大程度上乃
是第二次世界大战后经济的、政治的、社会的诸多因素总合的产物,也
是这一时期出现的现代化理论研究在法学领域中的回响。随着殖民帝
国主义的崩溃,第三世界如何加快民族经济的发展,已经成为一个世界
性的新问题。然而,第三世界的发展问题绝不仅仅是一个纯粹经济的
问题,而是一个涉及政治、文化、社会结构、法律制度以及历史传统诸方
面领域的广泛课题。② 甚至在一定意义上可以说,第三世界的民族经济
能否取得成就和进步,在很大程度上取决于制度安排和社会成员的价
值观念。因此,这一时期的许多学者试图用"现代化"这一概念来统摄
战后第三世界国家的发展问题。而现代化理论从一开始就确立了基本
的目标,即探求不同文化背景下由传统社会向现代社会转化的共同特

---

① 有的学者把马克思也纳入现代化理论家的行列,认为马克思不仅分析了西方社会的现代化进程及其原
  因,而且探讨了北欧社会的性质及其进入现代化的历史可能性与条件。尽管这个理论本身还有缺陷,但
  它却是非常引人入胜的,它使马克思关于历史发展的某些最深邃的见解闪耀出迷人的光亮,并且也许还
  有助于矫正某些流行的现代化模式。参见[以色列]什洛莫·阿维内里:《马克思与现代化》(1968 年),载
  [美]塞缪尔·亨廷顿等:《现代化:理论与历史经验的再探讨》,张景明等译,梅俊杰校,上海译文出版社
  1993 年版,第 3—25 页。阿维内里的看法是有一定道理的。本文在叙述过程中,将会时常论证马克思的
  法律发展思想。
② See Harry N. Scheiber, *Law and in the Light of Dependency Theory*, Law and Society Review,
  Vol. 114,No. 3, 1980, p. 725.

征,以揭示现代化进程的普遍意义。① 在法学领域,较早用现代化的概念范式来研究法律转型问题的是美国学者 M. 格兰特。他在 1966 年发表的《法律的现代化》一文中,以西方法律为参照系来寻求传统型法律与现代型法律之间的区别,从 11 个方面界定了现代法律的特征。按照格兰特的看法,现代法律的诸方面特征在不同程度上构成了 19 世纪工业社会法律制度的特征,其基本精神在 20 世纪的法律发展中仍然延续下来。② 此后,一个以发展中国家法律变革为主要研究对象的法律与现代化理论或法律发展学说运动逐步展开。一些主要大学的法学院专门设置了有关法律与发展的教学和研究计划,许多教授也着手从事单个的法律与发展研究课题,有的学者甚至走出书斋,来到第三世界的一些国家担任政府法律顾问,指导这些国家以西方国家(确切地讲是美国)的法律制度为蓝本,改造传统的习惯法体系,编纂成文法典,以期推行法制改革。而这些活动及其计划项目,得到了美国政府及其福特基金会(The Ford Foundation)、国际发展署(The Agency for International Development)以及受到福特基金会资助的国际法律中心(The International Legal Center)等机构和团体的大力支持③。因此,有的学者认为,法律与现代化或法律与发展研究运动基本上是一种美国式的

---

① 丁学良认为,现代化理论研究明确了两个目标:第一,重点是探讨经济发展的非经济环境;第二,考虑的不是现代化的独一性而是普遍性问题,亦即不同文化背景下向现代社会转型的共同特征。参见丁学良:《"现代化理论"的渊源和概念构架》,载《中国社会科学》1988 年第 1 期。应当看到,西方学者在使用"现代化"这一概念时还有明显的价值观偏见和意识形态语调,因而他们在观察已经实现现代化和正在走向现代化的各式各样国家的历史阶段时带着某种色彩,并且导致对发达国家与欠发达国家之间关系的性质的错误看法。参见[印]A. R. 德赛:《重新评价"现代化"的概念》,王红生译,载罗荣渠主编、[美]塞缪尔·亨廷顿等:《现代化:理论与历史经验的再探讨》,上海译文出版社 1993 年版,第 26—45 页。有的学者也明确支持,不能将"现代化"与"西方化"相等同。尽管非西方社会在表面上采用了西方的某些形式与发明,但决不意味着这些社会西方化了。参见金耀基:《从传统到现代》,中国人民大学出版社 1999 年版,第 104—108 页;[尼日利亚]詹姆斯·奥康内尔:《现代化的概念》,载[美]西里尔·布莱克编:《比较现代化》,杨豫、陈祖洲译,上海译文出版社 1996 年版,第 33 页。

② See Marc Galanter, *The Modernization of Law*, in M. Weiner, ed., *Modernization*, New York, Basic Books Press, 1966, pp. 153 - 156;并参见朱景文:《比较法导论》,中国检察出版社 1992 年版,第 149—150 页。

③ See John Henry Merryman, *Comparative Law and Social Change: On the Origins, Style, Decline & Review of the Law and Development Movement*, The American Journal of Comparative Law, No. 3, 1977, pp. 457 - 458.;并参见姚建宗:《法律与发展研究导论》,吉林大学出版社 1998 年版,第 93—103 页;朱景文:《比较法社会学的框架和方法——法制化、本土化和全球化》,中国人民大学出版社 2001 年版,第 625—629 页。

学术现象,具有浓厚的美国式的风格①。

在美国涌动的法制现代化思潮浸透着鲜明的"西方中心主义"色彩。这一时期的许多学者正是以这一范式来总揽对法律发展问题的研究,强调世界各国的法律发展存在着一个确定的固有的模式,存在着一条每个国家的必由之路,而西方法制正是人类法律发展的最高阶段,代表着各国法律成长的共同走向。由此,他们论证第三世界国家法律体系和法律文化的非现代化方面,以便与现代法律形成鲜明的对照;他们寻求改变第三世界国家法律体系的具体方法,向这些国家推销西方法典与法律经验,以便使这些国家的法律走上现代化,从而把法制现代化或法律发展看做是第三世界国家法律体系移植西方法制进而逐步"西化"的过程。但是,进入20世纪70年代以后,西方世界社会矛盾日益加深,使人们对西方世界的制度架构和价值观念产生怀疑。加之,原先以西方法律为模本的一些第三世界国家的法制改革相继破产,这也加剧了人们对第三世界国家移植西方法制这种做法的忧虑。在这种情况下,一批学者对20世纪60年代的法律与发展运动及其法制现代化研究范式提出挑战和批判性反思。D·杜鲁贝克和M·格兰特在1974年合作撰写的一篇文章宣布为期十年左右的"法律与发展运动"已经死亡。② 在这些学者看来,西方法律制度仅仅是通过错综复杂的历史进程而出现的一些特殊的调节与安排,这些制度只有放在这些国家特定历史条件下才能够加以理解、加以评价,而绝非处于法律进化的高级阶段。第三世界移植西方法制,必须首先理解本国的条件、传统和需要。③ 有的学者从文化的独特性出发,认为尽管许多非西方国家向西方借用法律,但这些法律仅仅是形式上的,因而是虚假的。这是因为,采

---

① See John Henry Merryman, *Comparative Law and Social Change*: *On the Origins*, *Style*, *Decline* & *Review of the Law and Development Movement*, The American Journal of Comparative Law, No. 3,1977,pp. 478－479.;See Harry N. Scheiber, *Law and in the Light of Dependency Theory*, Law and Society Review, Vol. 114, No. 3, 1980, p. 729.

② See D. Trubek and Marc Galanter, *Scholars in Set-Estrangement*;*Some Reflections on the Crisis in Law and Development Studies in the United States*,Wiscons in Law Review,No. 4,1974;Elliot M. Burg, *Law and Development*;*A Review of the Literature* & *A Critique of Scholars in Self-Estraingement*,The American Journal of Comparative Law, Vol. 25,1977;并参见[荷]布赖恩·Z·塔马纳哈:《法律与发展研究的教训》,谢海定译,吴玉章校,载夏勇编:《公法》第2卷,法律出版社2000年版,第125—127页。

③ 参见[美]D·杜鲁贝克:《论当代美国的法律与发展运动》(上),王力威译,载《比较法研究》1990年第2期。

用现代的西方法律制度,固然可以满足对法典化的一时需要,却脱离了本国的文化土壤。"所以,出现了这种矛盾的怪事:非洲和亚洲的热情建国者,在许多方面是反对西方的,却拒绝他们自己的法律传统而从进口的奢侈品中建立法律制度"。①

随着全球化进程的加快,有的学者认为,一场不同于20世纪60年代的新的法律与发展运动正在到来。这一所谓新的法律与发展运动从一开始就同经济全球化进程交织在一起。"两个颇受关注的事物的合力推动新的法律与发展运动:在国家层次上实行人权保护的需要(权利方面)和重建法律以促进全球性市场经济的运行效率的需要(市场方面)。这两个方面都需要法制。"经济的全球化强化了权利和市场这两个孪生方面的力量。这一进程使世界经济愈益成为一个单一的市场经济,这必然要求各国的法律制度趋向一致。从一国的角度来看,法律改革成为吸引外国投资者的一种途径。文化的全球化,也是推动权利和市场两个方面的一股重要力量。信息技术革命使今天的通讯如此之便捷,以至于人口、资本和思想的跨国度交流变得更加容易,从而有可能建立一个更具国际性的有关法律改革的知识体系。② 很显然,如何看待全球化背景下的法制现代化或法律发展进程,已经成为一个重要问题摆在我们面前。

方法论问题,是建构一门学科的原则或"指令舱"。③ 我们研究法制现代的进程及其后果,需要遵循一定的方法论原则,或者说要借助于一定的分析工具。从广泛的意义上讲,法制现代化属于法社会学发展论的范畴。法社会学发展论所要探究的乃是社会发展与法制进步之间的互动关联结构,它所要建树的正是确立法律成长的一般模型。许多思想家在进行这一理论探索时,首先关注的是分析问题的工具即方法论问题。对于法制现代化或法律发展研究来说,最具典型意义的乃是类型学的分析范式。这一研究范式的基本特征,是选择能够代表某一类

---

① 参见[美]L·M·弗里德曼:《法律制度——从社会科学角度观察》,李琼英、林欣译,中国政法大学出版社1994年版,第258—260页。

② 参见[美]D·M·楚贝克:《法律与发展:过去与现在》,李力译,载公丕祥主编:《法制现代化研究》第4卷,南京师范大学出版社1998年版,第375—376页。

③ 经济学家十分重视方法论在经济学中的作用,认为这一作用在于它为我们是接受还是拒绝一个研究纲领提供了标准,也帮助我们在区分精华和糟粕时有章可循。参见[英]罗杰·E·巴克豪斯编:《经济学方法论的新趋势》,张大宝、李刚译,经济科学出版社2000年版,第4—5页。法学家们也是如此。在他们看来,法学乃是一门实证科学,需要借助于归纳或演绎的逻辑方法,对法律规范进行解释,从而使法学认识或法律解释具有客观性。参见杨仁寿:《法学方法论》,中国政法大学出版社1999年版,第24—46页。

社会法律关系本质特征的因素或要素,以便进行对比分析;这一研究范式的主要代表人物,是F·滕尼斯、E·迪尔凯姆和韦伯,特别是韦伯建立了细密严整的类型学的工具系统。① 构成韦伯方法论主要特质的,乃是所谓的"理想类型"(ideal type)。② 韦伯突出个体社会行动分析的价值意义,把个体社会行为划分为四种类型,即有目的的理性行为、有价值的理性行为、富有激情的行为和习惯行为。在他看来,近代社会的运动方向是现代化,而理性化的进程则是同有目的的理性行为相吻合的。③ 因此,以对个体社会行为的分析为基点,韦伯建构了理想型的方法论原则。这种理想型方法论所关注的焦点,是从传统社会向现代社会转变这一特定的过程,选择两组相辅相成的要素类型概念加以比较分析。在韦伯的心目中,理想型是一种借以比较和评价经验事实的尺度。"当它们被当成比较和衡量现实的概念工具来使用时,对研究具有很高的价值,对解释的目的具有高度的系统价值。"④从这一理想型原则出发,韦伯按照个体服从法律秩序的动机,把法律秩序区分为四种类

---

① F·滕尼斯通过比较"公社的联系"(或曰"乡土社会")与"社团的联系"(或曰"法理社会")这两种不同类型的社会联系形式及其法权关系特征,考察了法律文化从由习俗和传统占主导地位向由法律占主导地位的历史演变过程,指出:"法律作为生活的反映,经历着从公社的联合到社团的协作的进步。"See Ferdinand Tonnies, Community & Society, The Michigan State University Press, 1957. ;E. 迪尔凯姆通过考察"机械的关联"和"有机的关联"这两种类型的社会系统及其相应的两类法律,揭示了从刑事法向恢复原状法或合作法转变的法律变迁的过程。参见[法]E. 迪尔凯姆:《社会学研究方法论》,胡伟译,华夏出版社1988年版。

② 迪尔克·克斯勒认为,对于韦伯来说,方法论问题一直是他优先予以重视的东西。韦伯原创性地构建了"解释社会学"的概念原则和工具系统。尽管"理想类型"的方法不是韦伯的发明创造,但在韦伯那里,这一方法论原则获得了全新而系统的阐发。按照韦伯的看法,"理想类型"是一个"创生的概念",即它是从一组被看做是属于某种"文化意向"的原初要素品质的集合中生发出来的;它自身不是一个假设,但是却可以为假设的形成指示方向;它作为一种"启发手段"指导着经验研究,同时它构成解释个人自己的或他人的社会行动的可能观点,它主要用于对经验—历史的真实的"系统化";因此,借助理想类型解释和说明历史现象,其结果支持着的是一个永无止境的"再诠释的过程"。[德]迪尔克·克斯勒:《马克思·韦伯的生平著述及影响》,郭锋译,法律出版社2000年版,第209—238页。丁学良在论及韦伯的方法论系统时指出,在韦伯那里,所谓"理想类型",是从一定的角度出发,对现实中某类成分的抽象化,这类成分从不以纯粹的形式存在于现实之中。因此,"理想类型"不是一个描述性的概念,并不对应于某个经验客体,它也不是规范性的概念,这里所谓的理想并不具有道德上更可取的含义。实际上,"理想类型"是一种"概念"上的纯净体。参见丁学良:《韦伯的世界文明比较研究导论》,载《中国社会科学》1987年第1期。

③ J·哈贝马斯认为,"在社会学经典作家中,唯有马克思·韦伯与历史哲学思想的前提和进化论的基本构想作了彻底决裂,但他依然想把旧欧洲社会的现代化理解为世界历史的合理化进程的产物。"参见[德]J.哈贝马斯:《马克思·韦伯的合理化理论》(一),王容芬译,载《国外社会学参考资料》1985年第3期。

④ See Max Weber, *The Methodology of the Social Science*, The Free Press, 1949, p. 97.

型,即富于情感和激情的秩序、与价值有关的秩序、宗教性的秩序以及由利益决定的秩序。而由利益所决定的法律秩序与一定的理性目的相联系,所以是一种理性的法律秩序,构成了现代型法制的重要特征。法律的现代化或理性化是根据形式的合理性准则调节社会活动,社会关系和社会结构的合理化的产物。[①] 显然,尽管韦伯的类型学方法论带有独断论的痕迹,但是对于考察法律发展与社会进步之间的关联来说,却有助于把纷繁的经验事实纳入一个有序的概念工具系统中来,以便对处于两个不同时代的法律经验事实进行对比,确定它们之间的差异性或相似性,并且给予因果性意义的阐释。因此,韦伯的模型确实提供了探讨法制现代化问题的概念分析工具。

因此,运用历史唯物主义法理学方法论原则,批判地承继类型学方法论的有益因素,深入探讨法制现代化运动的诸多矛盾关系,无疑具有重要的学术价值。这是一个重要的方法论选择。这一分析工具是一种研究作为社会现象的法律发展进程的范畴体系。它的主要特点是:第一,这一范畴体系绝不是感性具体的简单罗列,也不是法律发展这一现象外部特征的形式主义概括,而是深刻地把握法律发展现象本质属性的科学的逻辑规定。第二,这一范畴体系是历史关系的产物,它们的规定性是从对法律发展的现实过程中抽象出来的最一般结果的综合,从而对解释有关法律发展现象的资料提供思维上的方便。第三,这一范畴体系是从研究者所关心的问题出发,把特定的诸要素从法律发展进程的现实中加以升华而形成的一种思维类型,因而运用这一范畴体系来考察客观事物,便具有发现的功能。构成这一范畴体系的主要概念工具有:传统与现代、线性与非线性、普遍性与特殊性、连续性与断裂;外发与内生、历史形态与逻辑模式、整合与分化、国际化与本土化;依附与自主,形式与价值、制度化与行为关系;国家与社会、同质与异构,等等。在这里,我试图着重解构传统与现代、外发与内生、依附与自主、国家与社会三种主要的概念分析工具,以便提供一种理解法制现代化问题的基本的知识基础。

二、传统与现代

现代化作为一个世界性的历史进程,乃是从传统社会向现代社会的转变和跃进。法律是一种历史性的现象。伴随着社会由传统向现代的

---

① See Max Weber, *Economy and Society*, Bedminster Press, New York, pp. 215 - 245.

转变,法制也同样面临着一个从传统型向现代型的历史变革。这个转化、变革的过程,就是法制现代化的过程。然而,这个转变的过程又有其质的规定性,即这是一个向现代型法治社会的历史创造性的变革过程,是从人治型的价值——规范体系向法治型的价值——规范体系的转换过程。因此,完全可以这样说,法制现代化是一个规范与价值统一的法律变革过程,是一个法律文明价值体系的巨大创新进程。

可见,要理解法制现代化的本质性意义,首先就必须运用传统与现代这一对概念工具来阐释法制现代化进程中的复杂关系。C. E. 布莱克在论及传统与现代的概念功能时指出:"'传统'与'现代'是两个相对的概念,在这里,我是在特定意义上使用它们。对于西欧各国而言,传统体制就是中世纪的那些体制,现代性对传统的挑战发生于 12 至 18 世纪。我们在所有其他社会中,也都可以发现这种尚未受到现代性挑战的比较传统的阶段。在那些最不发达的社会里,传统阶段一直持续着并长驱直入 20 世纪。在率先建设现代化的那些社会中,由于现代性的挑战主要来自内部,因而转变过程徐徐展开,延续了几个世纪。但在后来建设现代化的社会中,这种挑战越发来自于外部,因而转变来得更迅速、更突然。当然,那些仍处于传统状态的社会各自不同,有的已经老到圆熟,有的还仅仅是部族。但其共同点在于:它们实际上已构成了从历史中演进而成的特殊体质模式的背景,这种特殊的体制模式适应现代性的功能并且赋予每一现代化社会以自己的特性。"①在这里,布莱克通过对传统与现代这一范畴意义相对性的解构,阐释了借助这对概念工具所获得的对于社会转型过程的全新认识。安东尼·吉登斯也很重视传统与现代这一概念工具的运用。他在研究近代早期绝对主义国家体系这一现代国家的最初形式的形成机理时,并不像通常的许多学者那样首先考察作为这一国家体系产生背景的欧洲封建主义(尽管其中的某些因素对现代国家的形成来说至关重要),而是主要对现代国家与传统国家作发生学上的对比,以便解释现代性的诞生。他认为,如果不这样的话,就会忽略现代国家的独特性。因此,他说:"我的意图毋宁说更具类型学和比较研究的色彩。在指明不同的现代国家如何来源于各式各样的传统国家的过程中,我想做的是要去阐明早些时候业已提及的现代性之

---

① [美]C. E 布莱克:《现代化的动力》,段小光译,四川人民出版社 1988 年版,第 12—13 页。

连贯性的某些关键要素。"①可见,吉登斯力图按照类型学的方法论原则对比现代国家与传统国家的差异关系,揭示现代国家或国家的现代性的独特表现。这反映了"传统——现代"的二分框架在当代社会科学领域包括法学学科中持久的生命力。20世纪60年代美国法律与发展运动的学者们,把现代化理论简单地应用于对法律发展的研究,制造了"传统——现代"的两分法,借以概括不同类型的法律。这就造成了传统法与现代法在界限上的模糊性,含有某种独断论的因素,并且与"西方中心主义"内在关联。在这里,我们一方面要摒弃这种独断式的西方中心论的传统与现代之两分法,另一方面也应在唯物史观的基础上,对传统与现代的概念工具之有益成分加以采纳与适用,以反映现代法律的创新意义。法制现代化是一种连续性的且变革性的过程,因而它是一个动态性的概念。因此,借助于"传统——现代"这一类型学的概念工具探讨法制现代化的历史进程,我们有必要着力研讨如下的若干问题:一是如何认识传统法律与现代法律的本质性区别?二是怎样看待从传统法律向现代法律的历史转型?三是如何估量法律传统创造性转换的历史可能性及其条件?

在这里,我们首先来关注当运用传统与现代这一概念工具来审视法律生活世界时,呈现在我们面前的会是一幅什么样的画面。在这方面,我们有必要再来看一看韦伯的研究图式,因为正是这位20世纪杰出的思想家较早地经典性地分析了传统法律与现代法律的历史差异性。② 韦伯按照理想类型学的方法论原则探讨了传统社会与现代社会之间的区别。不仅如此,他又循此原则,根据统治合法性,把社会统治类型分为三种。其一是传统型。这种统治形式笃信自古以来就存在的秩序和权力的神圣性,从而受到风俗习惯的制约。这种统治最纯粹的形式是宗法家长制统治,它所要求的是臣民对主人的效忠与服从,个人的忠心乃是安排职务和根据等级阶梯晋升的根据。因而在这种统治形

① 参见[英]安东尼·吉登斯,《民族——国家与暴力》,胡宗泽、赵力涛译,三联书店1998年版,第105—106页。
② 人们普遍认为,马克斯·韦伯是"现代性"即20世纪社会的最伟大的社会学家。尽管他早在1920年就去世了,但是他把自己超常的敏锐头脑用于分析世界史背景下的现代社会,他的著作无与伦比地揭示了我们这个时代关键的社会和文化趋势及其造成的各种问题。韦伯把他的理论体系中的核心概念之一"合理化"用于法律社会学研究,区分了法律的实质合理性与法律的形式合理性,从而说明西方文明遗以及代西方理性法律独特的演化过程。参见[英]迈克尔·H·莱斯诺夫:《二十世纪的政治哲学家》,冯克利译,商务印书馆2001年版,第4,6—29页。

式中,法律是没有什么地位的,而人治却成为基本的价值尺度,权力的行使必须以被统治者习惯上服从的程度以及心理承受上的限度为限。其二是克里斯玛或魅力型。这种统治形式的基础是被统治者确信统治者具有某种超凡的品格、个人魅力及英雄气概,这些能力与其说是后天获得的,不如说是大自然、神和命运赐给他的。在这种统治形态中,统治者不是依据法律进行统治,而是凭借本身的超群的品质和人格魅力来吸引追随者,从而进行有效的统治。其三是法理型。这种统治类型以理性为基础,并且依据法律来进行管理社会的活动。在这种社会中,法律具有至高无上的地位,因为法律代表着一种大家所遵循的普遍秩序,人们服从命令乃是出于对法律的信守。所以,无论什么人,都要受到法律的制约,在法律面前人人平等;个人对掌权者的服从,仅仅限于法律秩序所承认的范围之内。因此,法理型社会是理性的、法治的社会。① 韦伯还对传统型社会和法理型社会的法律特征作了具体的分析。按照他的看法,传统型统治的法律特征是:(1) 缺乏现代行政管理的官僚体制,行政人员没有明确的职权范围;(2) 上下级之间没有合理的等级制度,决定事务的权限不明确、不固定,有时依据先例,有时统治者派员决定或个人亲自干预;(3) 没有基于自由契约的任用制度和法规化的晋升、奖惩规划;(4) 行政人员缺乏专门技术训练,委任人员无视实际工作能力;(5) 各级行政人员无固定薪酬;(6) 任何法律和法规不可能经由立法程序而制定,在实践上可能会有创新的内容,但即使是这部分内容也须在古已有之的文献记载或先例中找到根据,并宣称这种根据被统治者个人的圣明的睿智再度发现,才有可能取得合法性地位。

与传统型统治不同,法理型统治乃是现代社会的统治形式。在现代社会中,法律生活的基本面貌是:(1) 法律具有至高无上的地位,这是一种以法律为根据进行管理的社会;(2) 法律规范基于有利权衡或价值合理性(或二者兼而有之)经由协议或强制来建立,它要求这种统治类型的组织成员都要服从其权力;(3) 法律实体基本上是由一些抽象的规则组成的协调体系,通常是人们有意制定的;(4) 依法实施行政管理,就是将这些抽象规则运用于实际事例,行政管理者制约组织在法律规定的界限内理性地追求利益并遵守形式化的原则;(5) 服从统治的

---

① See Max Weber, *Economy and Society*, Bedminster Press, New York, p. 283;参见苏国勋:《理性化及其限制》,上海人民出版社 1988 年版,第 188—210 页。

人是以自愿加入协议的组织的成员身份而服从命令，他服从的只是这一组织的纪律，只是一种非人格的秩序，而不是服从统治者本人，因而个人对执掌权力者的服从义务，也限于法律秩序所承认的范围以内，亦即理性所界定的范围之内；（6）无论领袖、官员抑或普通民众，都要受到法律的制约束缚，领袖和官员一方面自身要服从这一非人格的法律秩序，另一方面他们的任何决策和命令也要受到这一秩序的辖制。①

　　韦伯的分析深刻地揭示了传统型法制与现代型法制之间的历史差异性及其功能表现。实际上，法制现代化是人类法律文明的成长与跃进过程。人类文明史的发展进程，在一定意义上可以看做是法权关系的变革与转型的过程。前现代社会的法律形态，建立在人的依赖关系的基础之上。在这种社会氛围中，个人缺乏应有的独立性，人的依赖关系成为其物质生产的社会关系的共同特征。所以，这种法律形态所注重的是社会等级和人身依附，法权关系的核心要素不是权利本位而是义务本位，法律调整的基本特点是以确认等级依附关系为基本的价值目标。然而，法制现代化却是文明社会法律发展进程中的一场深刻的革命。② 之所以如此，就在于它所反映的是从前现代社会向现代社会转

---

① See Max Weber, *Economy and Society*, Bedminster Press, New York, pp. 138 - 203；参见［德］马克斯·韦伯：《论经济与社会中的法律》，张乃根译，中国大百科全书出版社 1998 年版，第 225—244、304—305 页。

② 美国法学家伯尔曼曾经专门分析了法律革命的逻辑特性。他认为，第一，法律革命这个词不仅用于指新法制借以产生的最初暴力条件，而且也指法制得以确立所需要的整个时期。第二，一个全方位的法律革命，不仅涉及创设新的政府形式，而且也创造了新的社会和经济关系结构，新的社会共同体的视野，新的法律结构以及新的一套普遍价值和信仰。第三，每次法律革命都标志着该次革命所取代或根本改变的旧法律制度的失败。在这里，旧法的失败有双重含义：一是指这些旧法实际上被取代或者被根本改变；二是指旧法不能及时地回应社会生活中正在发生的变化，因为及时变革是所有面临不可抗拒变革压力的法律革命获得生命力的关键，而旧法在变革的压力面前丧失了回应的能力和动力。如果已经预见到变革不可避免并在既存的法律秩序之内进行必要的根本性变革，那么可以认为会避免这些社会革命。第四，法律革命力图打破秩序与正义之间的平衡矛盾。秩序与正义是法律制度的两面。维护秩序与实现正义，则是法律制度的内在矛盾。秩序本身存在着一种内在的紧张关系，即个人权利与社会共同体福利之间的紧张关系。然而，法律革命的历史含义则是冲破法律制度凝聚力的急剧的、打破连续过程的和激烈的变革。它要从根本上改变旧的法律制度的本质和结构，打破现存的法律秩序，从而建立起一种新的法律秩序，确定起一种新的法律正义标准及其运作机制，从而给新的社会生活系统提供有效地规范与制度支持。第五，社会革命构成了一种巨大的能量释放，这种释放自然摧毁了许多过去的东西，但也创造了新的未来。同样地，每次法律革命都可以这样看待：与其说它造成了破坏，不如说它促成了转变；每次法律革命都不得不与过去妥协，但也成功地产生了一种新法律，这种新法律体现革命为之奋斗的许多主要目标。实际上，新法律最终体现革命目标的程度标志着革命的成功程度。参见［美］伯尔曼：《法律与革命——西方法律传统的形成》，贺卫方、高鸿钧、张志铭、夏勇译，中国大百科全书出版社 1993 年版，第 23—26 页。

变这一特定的阶段中法律变革的激动人心的画面。它不仅要摆脱人对人的依赖关系,而且要积极创造条件,摆脱人对物的依赖性,社会生活"表现为自由结合、自觉活动并且控制自己的社会运动的人们的产物。"①它根除了那种表现为与个人隔绝的虚幻共同体的传统权力,建立起尊重人的价值、维护人的尊严、确认人的个性的价值机制,社会成员的广泛自由和权利在法律上得到确认和保障。

在法制现代化的变革进程中,传统法律与现代法律的历史差异性是显而易见的。以法治为依归的现代法律,乃是形式合理性与价值合理性之有机统一。一方面,它表明法律的程序合法性乃是法制权威的确证机制。形式合理性构成了现代法律的基本标志。它的具体表现形态是:(1)国家权力运行的法治化。现代法治要求把国家权力纳入法律的轨道之中,权力能够收到法律规则的有效制约。(2)行政与司法的分离。现代社会结构的分化日益加剧,这一过程在法律上的表现之一乃是行政权与司法权彼此分离,实行司法独立。(3)法律规范的严格性。现代法律规范具有逻辑上的严格性和明确性。(4)法律体系的完整和谐。现代法律规范体系绝不是杂乱无章的东西,而是一个结构严谨、层次分明、内在联系紧密的有机整体。(5)司法过程的程序化。司法的任务就在于把法律的一般设定应用于特殊情况下的具体事实,从而使司法判决具有可靠的预测性。(6)法律的效益化。通过立法活动制定出来的法律能对社会生活产生实际的影响,从而表明法律是有效益的。另一方面,现代法律是建立在深厚的价值基础之上的。在一个现代法治的社会里,法律不仅应当保障和促进公民的权利,而且要创造一个正常的社会生活条件,使个人的合法愿望和尊严能够在这些条件下实现。因此,现代法律的核心价值意义就在于:确信法律能够提供可靠的手段来保障每个公民自由地、合法地享用自己的权利,对权利本身的限制,乃是防止权利遭到更大的侵害的重要环节或条件;通过一个公正合理的程序机制,来保证分配正义的实现,而当出现利益分配不均衡甚至严重失调的状况时,能够恢复社会主体的应有权利,实现社会正义;充分发挥社会主体的自主独立性和能动性,使社会主体获得较大的选择自由。很显然,比之现代法律,从总体上看,传统法律不仅缺乏形式合理性以及程序正义机制,而且也缺乏以自由、平等、权利和社

---

① 《马克思恩格斯全集》第 49 卷,人民出版社 1982 年版,第 195 页。

会正义为要素的现代意义上的实质合理性。因此,从传统法律走向现代法律,乃是法律文明史的必然趋势。

需要指出的是,传统与现代不仅仅具有两极对立、互相排斥的一面,还有其相辅相成并在一定历史条件下相互促进、彼此共存的一面。C. E. 布莱克等人分析说,"在任何社会内,一切比较现代的特点都是由以前的特点变革而来的。特别是对参加现代化行列比较晚的国家来说,这些变革更有可能是在旧的形式继续存在的情况下发生的变化的结果,而不是由旧到新的直接变化的结果。当旧与新并存的时候,这种旧同原有的旧已经根本不同了。实际上,一个社会实现现代化的能力所受的限制只能来自两个方面即现代以前的形式和现代形式的生命力。传统的因素,比如英国的大宪章或日本的王位,可能是完全可以适应现代化的。"[1]20 世纪 60 年代的法律与发展运动把法制现代化或法律发展简单地分解为传统与现代的二元对立以及由前者向后者的变迁,并没有注意到各个不同社会在塑造本国命运的时候可以有许多的选择,并不存在每个国家的必由之路,也没有强调法律变革过程是千差万别的,不存在什么固定的模式。实际上,在法制现代化的进程中,传统与现代性是水乳交融在一起的。尽管传统法制与现代法制的价值取向是截然分别的,但是作为一个历史的连续过程来说,传统法制并未因其是历史上的东西而发生断裂,它在或大或小的程度上以某种新的形式获得延续,进而在一个新的法律系统中发挥新的功用。而现代法制的建构在一定意义上不可避免地向传统回归(尽管不同形式的"回归"的性质有所不同),从而进一步加强了传统。传统的回归现象,证明了法律文明多样性的历史必然性,而这种必然性在很大程度上源自于所谓"地方性知识"。美国学者吉尔兹认为,在对法律或者司法裁判进行比较研究时,应当特别注意一种植根于文化的集体智慧的能力。法学家在考察现有案例时,应当把它纳入特定的环境条件之中,正像人类学者将某一特定的地方观念纳入当地具体情况之中一样。因此,法律乃是一种地方性的知识。这种地方性知识不仅指地方、时间与相关问题,而且指特定的情调,因为特定事物的发生过程都有其地方性特性且与当地人对事物的想象能力相联系。法律意识则是这种特性与想象的结合。在吉尔兹看来,这一比较研究的重心并不在于

---

[1] [美]C. E. 布莱克等:《日本和俄国的现代化》,周师铭等译,商务印书馆 1983 年版,第 22—23 页。

发现不同法律在不同名义掩饰下的共同点,而在于探寻它们彼此之间的区别。由此,法律世界并不会衰退成为一个球体,也不会出现不断接近的法律统一,而会扩展成一个多状的形体。不论在不同法律传统之间,还是不同法律传统之内,这一情形都是如此。因而,吉尔兹不赞同诸如从礼俗社会向法理社会、从传统主义向理性主义、从机械的联系向有机的联系以及从身份向契约的转变之类的线性式的法律现代化模式,而是倾向于采用"法律多元主义"的概念,强调这一法律多元主义的阐释学旨在防止简单地把西方式的法典或法律方式引入第三世界的环境之中。① 法律的现代性,一方面意味着对法律的传统型的历史性否定和时代超越,这种否定和超越体现了法律发展过程的阶段性;另一方面,法律的现代性内在地包含有对传统法律文化中某些积极因素的肯定与传承,这种肯定与传承反映了法律发展过程的历史连续性。

打开世界法律发展的历史画卷,一部法制现代化的历程,乃是传统与现代性的矛盾运动以及法律发展的阶段性与连续性内在统一的历史法则的生动展现。我们知道,西方法制是率先走上现代化道路的,但这并不意味着法制现代化的过程是对传统法制的彻底无保留的否定。事实上,近代的宪法文献起源于中世纪的自由大宪章;作为封建君主制象征的国王或天皇体制,竟与现代立宪体制发生了奇妙的结合;分权与制衡体制早在古希腊、罗马时代就已经有了雏形;构成现代英美法系基础的普通法和衡平法,乃是中世纪的产物;现代西方的民法体系,恰恰渊源于古罗马的私法制度,罗马私法创造性地转换成为反映资本主义商品经济法权要求的《拿破仑法典》和《德国民法典》,如此等等。这种资产阶级法律发展进程中的前资本主义和非资本主义因素大量存在的现象,早已为许多学者所认识。马克思在分析罗马法与资本主义的关系时,看到了法的关系同社会经济关系的不平稳发展,指出:"这里要说明的真正困难之点是:生产关系作为法的关系怎样进入了不平衡的发展。例如罗马私法(在刑法和公法中这种情形较少)同现代生产的关系。"② 我们知道,罗马法虽然产生在奴隶社会,完善于封建社会,但它的本质属性是调整商品关系的,所以罗马法的调整方法是确认独立的人格

---

① 参见[美]克利福德·吉尔兹:《地方性知识——阐释人类学论文集》,王海龙、张家瑄译,中央编译
　　出版社 2000 年版,第 272—285 页。
②《马克思恩格斯全集》第 46 卷(上册),人民出版社 1979 年版,第 47—48 页。

权、财产自主权和签订合同的自由权,从而与封建社会的等级观念格格不入,带有反封建的特性。因而,随着封建生产关系的逐渐瓦解和资本主义生产关系的兴起,罗马法奇迹般地得到了复兴。正是在这个意义上,马克思认为,"罗马法虽然是与交换还很不发达的社会状态相适应的,但是,从交换在一定的范围内已有所发展来说,它仍能阐明法人,进行交换的个人的各种规定,因而能成为工业社会的法的先声(就其基本规定来说),而首先为了和中世纪相对抗,它必然被当做资产阶级社会的法来看。"①美国学者约瑟夫·A·熊彼特充分注意到资本主义同前资本主义过去的紧密联系,认为资产阶级社会的法制就像双面雅努斯,一个脸转向过去而另一个脸则朝向着未来。"当代的金字塔不是仅仅由资本主义的物质和法律构成的,而是由两个不同社会的物质,两个不同时代的法律构成的。"②在近现代中国法制的变革浪潮中,对传统的诘难,势必指向作为传统中国社会基础的家族制度及其宗法政治文化。然而,值得注意的是从清末法律到中华民国南京国民政府的立法活动,都或多或少存留了家族制度。《大清民律草案》一方面广泛吸收了大陆法系民法的主要精神,但另一方面又从传统中吸取力量,把中国固有的礼教民俗作为厘定亲属法编的主要依据。后来的《中华民国民法》对传统的家族制度加以改造,规定了"男女平等"之类的条款,使之与现代亲属法制精神相契合;与此同时,却又以新的形式,规定以血统及婚姻为主把亲属分为配偶血亲和姻亲,确认家长在家庭中的至尊地位;在遗产继承上嫡亲子女有优先权,但亦不以宗祧继承为前提;亲属会议协调处理家庭内部的纠纷,传统的家族制度由此得以弘扬。③

当然,在现代社会,法律传统的保留有限度,因为它是以自然经济条件和身份社会为自己存在的社会条件的,因此必须对法律传统进行

①《马克思恩格斯全集》第 46 卷(上册),人民出版社 1979 年版,第 198 页。

② 参见[美]约瑟夫·A·熊彼特:《帝国主义和阶级》,纽约,1955 年版,第 92 页。

③ 近现代中国法律发展进程中的传统因素的"复归"现象,体现了社会结构的某种连续性。这在整个东亚法律文化的范围内,都有类似的情形。韩大元认为,特定的生产方式是东亚社会发展的重要因素,法律制度的形成自然反映了这一经济条件的要求。由于东亚的古代社会以农业自给自足的自然经济为基础,以家族为单位,宗法等级制度占有主导地位,所以,传统经济体制的共同历史经验与经济发展进程中的共同背景,在客观上形成了法律体制结构上的相似性,造就了东亚法的社会机理。这种传统性因素在东亚法的发展与转型过程中依然累积下来。参见韩大元:《东亚法治的历史和理念》,法律出版社 2000 年版,第 11—12 页。

创造性转换。① 那么,是否存在着法律传统的创造性转换的历史可能性呢? 实际上,传统法律与现代法律彼此交融的现象,已经在相当的程度上确证了这一创造性转换的基础。而传统法律与现代法律之间之所以具有相容性,其原因首先在于传统法律本身的可选择性。传统之中包含着某种东西,它会唤起人们改进传统的愿望。一种法律传统之所以有历史存在的合理性,主要在于它是该社会诸方面条件和因素的法权要求之体现。在这种传统中,凝聚了该社会人们调整行为以及制度安排的丰富历史经验,因而具有历史定在性。法律传统作为历史上时代相继的法律调整经验之累积,经受了社会历史时间的长久考验,其中有些部分继续存续下来,并且用社会实践证明了其存在的合理性乃至优越性。正因为如此,它本身为后来的人们提供了各种历史选择的可能性,甚至在情感意义上成为后来的一些人依恋乃至崇敬的对象。② 其次,传统法制与现代法制彼此相容的现象,也反映了现代社会及其法律发展的客观需要。正是这种客观需要,决定了承继法律传统的历史必然性。现代社会的急剧变化,一方面造成了对法律传统的种种压力,加剧了法律的传统性与现代性之间的冲突;但另一方面,法律传统却因此而显得更加必要。这是因为,一个社会无论其发展变化得多么迅速,它总是无法摆脱与过去的纽带关系,也不可能与过去的历史完全断裂。

---

① 传统的创造性转换这个命题,是由林毓生较早提出来的。他在评价"五四"反传统现象时指出"五四运动"是整体性反传统主义。在"意蒂牢结"的层次上,整体性的反传统主义不允许任何传统成分得到正面的估价与理解。在"五四"激进知识分子那里,中国最基本的思想影响及于传统中每一成分,所以不打倒传统则已,要打倒传统,就非把它全部打倒不可。所以,整体性反传统思想,实际上犯了"形式主义"或"抽象主义"的谬误,它无可避免地把具体事实扭曲化了,简单化了。因此,需要树立传统的创造性转换的思想。参见林毓生:《中国意识的危机——"五·四"时期激烈的反传统主义》,贵州人民出版社 1988 年版,第 340—348 页。后来,李泽厚从另外一个角度提出了问题:我们今天的确要继承"五四",但不能重复"五四"或停留在"五四"的水平上。对待传统的态度也如此,不是像"五四"那样,抛弃传统,而是要使传统作某种转换性的创造。"参见李泽厚:《中国现代思想史论》,人民出版社 1987 年版,第 42 页。

② E. 希尔斯认为,"行动或信仰模式的悠久历史可能成为一种崇敬的对象。不是它的既定性,也不是其方便性,而纯粹是其悠久的历史便可使人们作出某种行动,接受某种信仰。习惯法本身就能激起人们对先例的敬意,而其裁定原则要求人们的遵从行为不是出于崇敬之情。古老性的事实本身就被确认是合乎规范的。按照习惯法所作出的决定通常并不必需对过去某个特殊时代、行为或一代人的依恋,而必需有对这种先例的古老性的依恋。先例必然合乎规范是不言自明的,它历来就是如此,它也应该如此。"参见[美] E. 希尔斯:《论传统》,傅铿、吕乐译,上海人民出版社 1991 年版,第 275 页。

这种纽带关系反映了社会对一定秩序状态的要求。① 法律传统的内在价值,就在于它能在很大程度上满足这种要求。尽管法律传统不是形成和巩固社会秩序的唯一机制,但它却是一种重要的社会凝聚机制,有时这种机制的职能是其他机制所无法替代的。虽然不能说没有法律传统,社会秩序便无法形成,但至少可以说,离开一定的法律传统,社会秩序的内在历史根基是不牢固的。因为缺乏世代相传的民族法律文化心理的支持与认同,无论现行社会秩序受到现代法律规则的怎样强化,它也是脆弱的、不稳固的。即便进入全球化时代以后,传统并不丧失其独特的时代价值。② 传统的创造性转换有着现实的历史可能性,要使这种转换由可能性变为现实,就必须创设一系列条件。其中最为重要的是,应当适应现代市场经济条件的要求,对法律传统进行创造性革新,使之与法律的现代性相协调。而这一转换能否达到预期目的,在很大程度上取决于社会主体自身的现代化,亦即人的价值观念、行为模式、思维方式、情感意向和人格特征的现代化。③ 一个国家的公民只有从心理、态度和行为上与法制现代化的历史进程相互协调,这个国家的法制现代化才能真正得以实现。因此,从这个意义上讲,法律传统的创造性转换以及法制现代化的进程,也是一种精神现象,是人的法律价值观和行为方式由传统向现代的转变过程。

三、外发与内生

法制现代化进程的动因,是源自于社会自身力量产生的内部创新,还是来自于外部的冲击与影响所引发的变革运动,抑或其它? 这是我们

---

① E·希尔斯指出:"只要人类还需要规则、范畴和制度,只要他们还不能即兴地创造这些东西,或不是只在某个场合才需要它们,那么他们就将坚守着传统。"参见[美]E·希尔斯:《论传统》,傅铿、吕乐译,上海人民出版社 1991 年版,第 429 页。

② 苏力在论述法治的本土资源时,强调传统的历史与时代的价值意义,指出:"传统也并不是形成文字的历史文献,甚至也不是当代学者的重新阐述,而是活生生地流动着的,在亿万中国人的生活中实际影响他们行为的一些观念。"参见苏力:《法治及其本土资源》,中国政法大学出版社 1996 年版,第 14 页。金耀基在论及中国现代化与本土化运动问题时,认为以理性的传统文化为整体目标的本土运动,与现代化是相通的。参见金耀基:《从传统到现代》,中国人民大学出版社 1999 年版,第 125—130 页。

③ 吉登斯在谈到现代性的特征时指出,现代性也包括人们对世界的一系列态度以及关于实现世界向人类干预所造成的转变开放的想法。他特别提到信任或信用问题,认为它反映了人格的基本安全,乃是人的现代性的基本确证。参见[英]安东尼·吉登斯、克里斯多弗·皮尔森:《现代性——吉登斯访谈录》,尹宏毅译,新华出版社 2001 年版,第 69、83—84 页。

揭示法制现代化运动的规律性所需要回答的一个重要问题。因之,借助于外发与内生这一概念工具,无疑有助于达致上述目标。

长久以来,在探讨现代化最初的动力来源时,学术界似乎形成了一种定势或理论范式,即区分出内生型与外发型这两种现代化模式。现代化的过程是因内部诸条件的成熟而从传统走向现代,被称之为内生型现代化;这个过程是因一个较先进的社会对较落后的社会的冲击而导致的进步转型,即被界定为外发型现代化。由这样的分析范式演绎开来,在法制现代化问题上便出现相应的模式划分。即内生型与外发型法制现代化模式。

依据上述的分析框架,内生型法制现代化似乎属于原创式变革的范畴,而外发型法制现代化则大体归于传导式变革之列。[①] 在这种情况下,外来的早生的法律现代化国家的影响与扩张,就成为那些后行的现代化国家走上法制现代化道路的最初动因。由于早生的内发型法制现代化进程开始启动之际,世界上尚无任何先例存在,因而西欧国家的法制现代化便具有原创性的特征,并且成为那些晚生的现代化国家实现法制现代化的样板。由此之故,广大的非西方国家只有把自己纳入到国际社会的轨道之中,才能获得法制现代化进程生长的动力性因素和条件。[②] 其实,上述研究范式所体现出来的价值取向,早在韦伯那里就已经以高度理论化的形态出现。贯穿在韦伯著作中的一条主线,就在于确证西方文明的独特性,比较西方文明与非西方文明的历史差异性及其生成机制,探讨体现合理性、现代性的资本主义在西方社会兴起的历史必然性。因此,他研究近代以前的非西方社会及其文明,与其说是建构世界文明研究的理论逻辑系统,不如说更是作为一种反证,来强调现代化作为一种历史指向与进程产生于西方文明的唯一可能性。他所建立的现代化理论模式,始终围绕现代化为西方社会所特有这一命题而展开。[③] 韦伯把西方社会结构的独特性看做是理解形成西方现代化

---

① 参见罗荣渠:《论现代化的世界进程》,《中国社会科学》1990年第5期。

② 参见孙立平:《后发外生现代化模式剖析》,《中国社会科学》1991年第2期。

③ 日本著名社会学家富永健一认为,韦伯在研究传统社会时,无论是在他的宗教社会学还是权威社会学以及经济社会学中,总有一种对比西方社会与非西方社会的意识。现代的西方社会就是现代化社会。他选定非西方、前近代社会为研究对象的目的在于通过与西方社会前近代阶段的比较,探讨非西方社会现代化的可能性。也就是说,在韦伯著述的深层贯穿着现代化这一看不见的共通主题。参见[日]富永健一:《马克斯·韦伯论中国和日本的现代化》,李国庆译,《社会学研究》1982年第2期。

起源和发展机制的一把关键的钥匙，并且尤其突出法律在现代化的西方社会形成中的极端重要性。他认为，在构成现代化的西方社会发展动力的诸要素中，"具有毋庸置疑的重要性的是法律和行政机关的理性结构。因为，近代的理性资本主义不仅需要生产的技术手段，而且需要一个可靠的法律制度和按照形式的规章办事的行政机关。没有它，可以有冒险性的和投机性的资本主义以及各种受政治制约的资本主义，但是，绝不可能有个人创办的、具有固定资本和确实核算的理性企业。这样一种法律制度和这样的行政机关只有在西方才处于一种相对来说合法的和形式上完善的状态，从而一直有利于经济活动。"①在这里，韦伯把法律视为近代西方资本主义形成与发展的重要推动力量。与此同时，韦伯提出了这样的问题为什么资本主义利益没有在印度、在中国也做出同样的事情呢？为什么科学的、艺术的或经济的发展没有在印度、在中国也走上西方现今所特有的这条理性化道路呢？② 因此，韦伯所关注的不仅是理性主义及其法律为什么必然出现于西方，而且包括理性主义及其法律为什么不能够出现在东方。在韦伯那里，法律的理性化即现代化是西方文明的一种独特现象，法律的现代性是西方法律的独有品格，那些"仅仅存在于西方"的社会条件内在地推动了西方法制从传统向现代的逐渐转变；与之相反，尽管非西方世界及东方社会存在着某些有利于现代性法律生成和发展的因素或条件，但这些因素在本质上却是现代化和现代理性法律的对立物，因而非西方社会不可能像西方那样最早进入法制现代化的进程。韦伯的这一学术理论后来被昂格尔所传承。③

实际上，法制现代化是一个复杂的法律变革过程，在不同的民族、国度和地区，这一进程的动因、表征及后果是各不相同的。法律现代化进程的多样性是一个客观的存在。在这种多样性的背后，凝结着各个

---

① ［德］马克斯·韦伯：《新教伦理与资本主义精神》，于晓、陈维刚等译，三联书店 1987 年版，第 14 页。
② ［德］马克斯·韦伯：《新教伦理与资本主义精神》，于晓、陈维刚等译，三联书店 1987 年版，第 15 页。
③ 和韦伯一样，美国法学家昂格尔论证西方现代法律的独特性以及形成这一法律系统的社会条件的惟一性。他用"法律秩序"的概念来指称西方现代法律，认为这种法律秩序是在一些特殊的历史条件下形成的，即"法律秩序的产生是与现代自由主义社会的形成联系在一起的。"在现代西方自由主义社会以外，人们不可能再发现一个真正意义上的法律秩序存在的例证。多元利益集团与自然法理念在欧洲自由主义社会条件下特殊结合，奠定了现代法律或法治形成的坚实基础。这种特殊的条件和特殊的历史环境，是非西方社会所不存在的。参见［美］昂格尔：《现代社会中的法律》，吴玉章、周汉华译，中国政法大学出版社 1994 年版，第 41—59 页。

国度法律文化发展的固有逻辑。① 因此,法制现代化不是西方文明的独占品,在一定条件的作用下,非西方社会的法律是能够走上具有自身特色的现代化道路的。以现代化的最初动因为尺度而划分法制现代化的类型或模式,把内生型与外发型绝对化,实际上是与全球法制现代化的历史进程不尽吻合的。首先,就内生型法制现代化模式而言。在近代西方法律制度的形成过程中,西欧中世纪的市民社会革命无疑成为近代理性法的深刻的社会历史基础,造就了近代法律的主体架构。在这一时期,尽管封建性的习惯、国王的命令乃至贵族的习惯权利在社会调整系统中还占据重要的地位,但是法律的积极功能作用已经明显地体现出来,新的商法体系本身的出现,就意味着大规模商品交易活动和以新兴商人集团为主体的市民阶级对法律的迫切需求,同时也表明法律对社会经济变化的能动性反映与推动。尽管封建领主仍然支配司法过程,但由经过法律训练的官员作出专职裁判的做法已经得到重视,商事法院体系的形成表明了商人集团法律自主权的确立,依据城市特许状建立的城市组织系统,被划分为彼此间存在着制约关系的立法、行政和司法部门,司法的独特地位得到了确证,如此等等。这些从社会内部逐渐生成起来的因素或条件,提供了近代法律的深厚社会渊源。② 但是,近代西方法律并非在一个完全封闭的环境中形成和发展起来的,而是受到外来的许多因素的刺激或挑战,从而引发了进一步变革的过程。"对于世界本身来说,称其为新世界就意味着一种来自外部的挑战。③

---

① 作为美国的新一代华裔汉学家,王国斌试图通过比较中国与欧洲历史变迁的动力,来否定长期以来流行的西方中心主义分析框架。在他看来,各个非西方的社会,都具有其文化与历史的完整性;它们的文化与历史,都与欧洲的影响无关。因此,他主张各个民族国家的文明与文化是各不相同的,它们之间存在着多方面的差异,因而亚洲、非洲以及拉丁美洲社会都具有多元的特性。参见[美]王国斌:《转变的中国——历史变迁与欧洲经验的局限》,连玲玲译,江苏人民出版社 1998 年版,第 1—2 页。

② 参见[美]H·J·伯尔曼:《法律与革命——西方法律传统的形成》,贺卫方、高鸿钧、张志铭、夏勇译,中国大百科全书出版社 1993 年版,第 362—423 页。然而,与伯尔曼的观点明显不同,泰格和利维则试图运用冲突论的分析方法来解释近代西方法律的起源,认为法律变革是社会各阶级之间冲突的产物,作为近代资产阶级前身的早期商人阶级反抗敌视它的封建法律制度的斗争,推动了近代西方世界的法律变革。参见[美]M·E·泰格、M·R·利维:《法律与资本主义的兴起》,纪琨译,刘锋校,学林出版社 1996 年版,第 1—4、270—278 页。

③ 参见[英]马丁·阿尔布劳:《全球时代——超越现代性之外的国家与社会》,高湘泽、冯玲译,商务印书馆 2001 年版,第 21 页。诺斯明确地指出了地理大发现所带来的欧洲海外贸易扩张对欧洲本身发展的影响。他写道:"欧洲的扩张以及世界其他国家并入大西洋国家产生了两种基本的结果:从宗主国延伸来的制度和产权奠定了殖民地区的发展模式;贸易格局和生产要素(劳动和资本)的流动也有助于形成大西洋国家本身的发展格局。"参见[美]诺斯:《经济史的结构与变迁》,陈郁、罗华平译,三联书店 1991 年版,第 164 页。

在近代西方法律文明的成长过程中,最具有决定性的事件是 1492 年美洲大陆的发现。[1] 这一事件不仅宣告了近代时代的到来,而且向西欧社会展示出一种新的社会秩序的历史可能性。这一地理大发现,打破了西欧中世纪法律发展的封闭状态,刺激了欧洲人向海外的殖民扩张以及由此改善他们固有法律体系的愿望,促进了历史向世界历史的转变以及第一次全球化浪潮的形成。对此,马克思分析说,"各个相互影响的活动范围在这个发展进程中愈来愈扩大,各民族的原始闭关自守状态则由于日益完善的生产方式、交往以及因此自发地发展起来的各民族之间的分工而消灭得愈来愈彻底,历史就在愈来愈大的程度上成为全世界的历史。[2] 随着海外扩张的加剧,工业和商业获得了迅速发展,各国之间的商业竞争往往通过战争或保护关税的各种禁令来进行,从而促进了新的国际关系和国际法准则的形成与发展。不仅如此,海外贸易的发展,打破了最初的专营公司的垄断地位,促进了海外公司之间的自由竞争,这必然要求政府制定新的公司准则,进而推动了近代公司制度的变革。[3] 正是在这一时期,法院的权力获得了重要的意义;而在近代西方社会,当竞争的普遍化以及广泛细密的分工成为必要的时候,法院的权力达到了自己的最高峰。[4] 很显然,近代西方理性法律传统是在内外因素的综合作用下逐步发展起来的,绝非单纯的内部条件作用

---

[1] 法国启蒙思想家伏尔泰在比较东西方两大文明系统时得出结论说:"不论我们谈亚洲的哪一个文明国家,我们都可以说,它曾走在我们前面,而我们现在已经超过了它。"而欧洲开始超过亚洲的一个历史性转折是地理大发现及其后欧洲人的海外殖民扩张。在伏尔泰看来,近代早期的地理大发现,是人类文明史上的一个重大事件。它给东方与西方都带来了不可估量的深刻影响。伏尔泰以敏锐的目光分析这一重大历史事件在东西方民族与文化交往过程中的独特作用,指出哥伦布的"新大陆的发现,无疑是我们这个地球上的头等重要事件,因为在这以前,地球的一半对另一半一直是一无所知,迄今为止的任何伟大业绩在这一新的创举面前都相形见绌"。参见[法]伏尔泰:《风俗论——论各民族的精神和风俗以及自查理曼至路易十三的历史》下册,谢戊申、邱公南等译,郑福熙、梁守锵校,商务印书馆 1997 年版,第 107,7—27 页。吉登斯指出了地理大发现与绝对主义国家时代之间的内在关联,认为事实上,大多数伟大的航海发现以及对地球各大陆的主要地理形态的认知,都恰好发生在绝对主义国家体系的时代。从前的大型帝国,不管它们是否已达全球规模,它们都从未对全球有真正的认识,它们的知识基本上是"地方性知识";而自从地理大发现以后,历史上的人类才开始第一次生活在拥有"普遍性知识"的世界中。然而,如果没有西方"普遍主义"的创发,那么商业资本主义以及随后工业资本主义在全球的扩张,就不可能会发生。参见《民族——国家与暴力》,胡宗泽、赵力涛译,王铭铭校,三联书店 1998 年版,第 114—115 页。

[2]《马克思恩格斯全集》第 3 卷,人民出版社 1960 年版,第 51 页。

[3] 参见[英]亚当·斯密:《国民财富的性质和原因的研究》下卷,郭大力、王亚南译,商务印书馆 1974 年版,第 201—210 页。

[4] 参见《马克思恩格斯全集》第 3 卷,人民出版社 1960 年版,第 396 页。

的产物。

其次，就外发型法制现代化模式而言。应当看到，对于广大非西方国家来说，外来的（主要是西方）法律文化的冲击与挑战，无疑是促进这些国家的法制从传统走向现代的重要动力。马克思曾经分析过不列颠在印度的统治及其后果。他认为，"英国在印度要完成双重的使命：一个是破坏性的使命，即消灭旧的亚洲式的社会；另一个是建设性的使命，即在亚洲为西方式的社会奠定物质基础。"①显然，按照马克思的看法，英国人对印度的征服，从本质意义上看，是先进工业文明对落后的农业文明的征服，这种征服必须表现出自己固有的特点。从法权意义上讲，它势必要用近代的体现商品经济规律的法律关系体系逐步取代体现自然经济规律的法律关系体系，从而瓦解了印度的公社土地占有制。因此，西方文明对东方文明的冲击，乃是一种历史的进步，因为这是渊源于商品经济的新型文明体系对传统的公社制度的古老文明体系的挑战。正是在这一冲击和挑战的过程中，东方国家逐渐走上资本主义或"西化"的道路，从而跨入"世界历史"的行列。这是不以人的善良的主观情感和意志为转移的客观历史进程。所以，从历史主义的高度出发，马克思指出："的确，英国在印度斯坦造成社会革命完全是被极卑鄙的利益驱使的，在谋取这些利益的方式上也很愚钝。但是问题不在这里。问题在于如果亚洲的社会状况没有一个根本的革命，人类能不能完成自己的使命。如果不能，那么，英国不管是干出了多大的罪行，它在造成这个革命的时候毕竟是充当了历史的不自觉的工具。"②同样地，当我们反观近代西方法律文化对近代中国社会的冲击和影响的时候，就会发现，这一冲击无疑是引起近代中国法制变革的重要动因之一。这是因为，近代西方法律文化与中国传统法律文化之间有着深刻的历史差异性，前者是与商品经济文明体系紧密相连的，而后者则是自然经济文明体系的必然法律表现。因此，二者的矛盾冲突是不可避免的。在这一过程中，"天朝帝国万世长存的迷信破了产，野蛮的、闭关自守的、与文明世界隔绝的状态被打破，开始同外界发生联系。"③因此，我们不应当局限于狭隘的情感樊篱之中，而应当历史地辩证地肯定西方冲击的历史意义。从这个角度来讲，以费正清为代表的"冲击——反应

---

① 《马克思恩格斯全集》第9卷，人民出版社1961年版，第247页。
② 《马克思恩格斯全集》第9卷，人民出版社1961年版，第149—150页。
③ 参见《马克思恩格斯论中国》，人民出版社1997年版，第2页。

模式(impact-response model)有其历史的合理性。"①

　　然而,还应当看到,尽管外域的西方法律文化的冲击在客观上影响了广大非西方世界法律发展的历史进程,推动了非西方社会的法律变革浪潮,但是这一冲击及其影响毕竟是有限的,决不能把外来的冲击神秘化。② 西方法律文化对非西方社会的冲击,诚然在一定程度上可以改变非西方社会法律的发展道路,但绝不是非西方社会法律历史转型的唯一动力,更不意味着"西方中心主义"。如果说在19世纪50年代期间马克思还具有某些东方社会"欧洲化"的思想倾向,把西方的冲击看做是引起古老的东方社会变化的基本因素;那么,到了晚年,马克思则更多地从东方社会内部去探寻东方法律文化的变革轨迹,指出:"使用一般历史哲学理论这一把万能钥匙,那是永远达不到这种目的的,这种历史哲学理论的最大长处就在于它是超历史的"。③ 马克思通过人类学著作对东方社会有了进一步的了解以后,便十分注意把东方社会同欧洲社会的历史进程严格区别开来,强调东方社会发展道路的特殊性。尽管马克思认识到东方法律文化的发展进程不可避免地要受到外来因

---

① 按照费正清的"冲击——反应模式",在近现代中国历史发展进程中起主要作用的因素是西方文化的广泛入侵。从朝贡制度到条约制度的演变,就是这个过程的一个缩影。他强调,在考虑近现代中国社会变迁时,必须充分注意到外来的影响。外来的影响与冲击是导致中国社会变化的主要动因,而中国社会内部的变化或变革,不过是对外部冲击的一种回应。参见[美]费正清:《伟大的中国革命》(1800—1985),刘尊棋译,世界知识出版社2000年版,第104—122页;[美]费正清编:《剑桥中国晚清史》(1800—1911)上卷,中国社会科学院历史研究室编译室译,中国社会科学出版社1985年版,第229—235页;[美]费正清主编:《剑桥中华民国史》第1部,章建刚等译,上海人民出版社1991年版,第1—3页;[美]费正清:《美国与中国》,董乐山译,商务印书馆1971年版,第132—161页。不过,费正清的"冲击——反应模式"绝对夸大了西方文化对近现代中国社会变革过程的影响,这是有失偏颇的。

② 滨下武志在考察近代中国社会经济发展的国际环境时,认为要改变以往那种以欧美近代化(即现代化)对亚洲的冲击为基调来描述亚洲与西欧关系的观点与方法。因此依据这种观点与方法,西方列强被视为主动者或近代化的体现者,而亚洲则被视为被动者,即尚未达到近代化的对象。其实,欧洲与亚洲的接触,不仅仅是指欧洲对亚洲的冲击,而且欧洲本身也有一个面对来自亚洲的冲击的问题。从历史的角度来看,以中国为核心的与亚洲全境密切联系存在的朝贡关系即朝贡贸易关系,是亚洲而且只有亚洲才具有的惟一的历史体系。19世纪中叶以来形成的近代亚洲市场,并非是在近代资本主义使亚洲对外开放的过程中形成的,而仅仅是由于西欧加入上述亚洲市场及亚洲市场自身发生了变化,从而使得这个市场在世界市场里占有固有的位置,并作为一种历史的继承形态而得以存在。因此,必须抛弃"西方中心主义"的"冲击——反应论",代之以亚洲及中国社会内部思考的分析方法,重新描写从亚洲看到的对欧关系。参见[日]滨下武志:《近代中国的国际契机——朝贡贸易体制与近代亚洲经济圈》,朱荫贵、欧阳菲译,中国社会科学出版社1999年版,第4—10、29—30页。

③《马克思恩格斯全集》第19卷,人民出版社1963年版,第131页。

素的影响,但是他明确指出,东方社会法律文化系统要获得自由发展的正常条件,就"必须肃清从各方面向它袭来的破坏性影响。"①尽管马克思发现从前资本主义类型的法律文化体系向资本主义类型的法律文化体系转变,从历史意义上讲乃是一种进步,体现了法律发展的一般规律,但是他更加关注法律文化发展的一般规律在多大程度上适用于特殊社会的法律发展进程,指出东方社会法律文化有其独特的运行路线,诸如俄国这样的国家可能"不通过资本主义制度的卡夫丁峡谷"②而通过无产阶级革命进入社会主义社会。正是从上述认识出发,马克思批判了"西方中心主义"。由此,探讨近现代中国法制现代化的动因,也应遵循这样的方法论原则。中国法制变革乃至现代化的历史进程,有其固有的特殊轨迹,它是一系列复杂因素综合作用的结果。西方的冲击不过是这个综合动力体系中的一个组成部分而已,尽管它是很重要的力量,但这种力量终究要通过内部的复杂变量发生作用。正因为如此,中国法律有其固有的历史逻辑。③ 众多的文献分析表明,建立在自然经济、宗法关系和专制政体之上的传统中国法律文化,发展到 19 世纪初叶,尽管在质的方面没有发生明显的改变,但由于晚清社会内部经济的、政治的等条件的变化,古老的中华法系已经开始了一个缓慢的变迁过程。诚然,中华法系有着根深蒂固的社会基础和文化土壤,加之其结构的坚韧,要改变它的价值取向和法律系统,绝不是一件容易的事情。况且,在延绵数千年的历史长河中,中华法系作为一种法律定在,已经

① 参见《马克思恩格斯全集》第 19 卷.人民出版社 1963 年版,第 269 页。
② 参见《马克思恩格斯全集》第 19 卷,人民出版社 1963 年版,第 451 页。
③ 20 世纪 40 年代后半期,庞德应邀担任当时国民政府司法行政部顾问。他站在社会法理学的立场上,主张要从民族和国家的社会生活与历史经验中去探求法律存在与发展的缘由,要从中国的背景出发来考量现代法典,并且充分注重传统习惯和制度的价值所在——"传统习惯和制度的正当用途在于使法典贴近中国人民的生活"。他甚至认为,中国拥有关于民族习惯的传统道德哲学体系,这是一个优点,它有可能成为关系的调整和行为的规范可以形塑的理念体系,这样的伦理思想体系是法律秩序的有力支持;通过观念的因素,尤其是对于中国法典的解释和运用,也许可以赋予中国法典的真正的中国特征。由此,庞德说道:"当我呼吁中国的法学家通过研究活动,法官通过解释和适用活动而使法典成为中国法时,我的意思并不是说中国应当从法典起草和通过之时的立场退却,或在其历史制度的基础上开启新的起点,而是说中国法典的解释和适用不一定非要借鉴其他国家对现代法典的解释和运用,甚或受其重大的影响,应当谨记的是,它们是中国的法典,是适用于中国人民的,规范中国人民的生活的。进而言之,现代法律制度不止是由权威的法律规定和权威的技术组成的,也是由人民所接受的权威理论所组成的;换言之,这些权威理念即法律制度赖以存在的社会中为人民所接受的图景,它是选择法律推理方式、解释法律规定、适用法律标准和行使司法自由裁量权的起点。"参见[美]R·庞德:《以中国法为基础的比较法和历史》,王笑红译,载王健编:《西法东渐——外国人与中国法的近代变革》,中国政法大学出版社 2001 年版,第 78—89 页。

深深地影响着古代中国社会生活的各个领域,制约着古代中国人的法律意识。但是,一定法权体系是建构于一定社会经济基础之上的法律上层建筑。当社会经济条件发生变化的时候,法律上层建筑必然要发生相应的变化。明清之际已经孕育的资本主义萌芽,虽然遭到前清帝国统治集团的无情扼杀,但到了19世纪初叶,商品经济顽强地生长起来,它毕竟较之前朝在晚清社会经济系统中占有日益重要的地位。这就为近代的法制变革提供了条件。在这样的社会环境下,西方法律文明开始输入中国,进一步冲击了已经开始发生缓慢变化的法律系统。因此,19世纪西方法律文明的传入之所以会成为中国法制变迁的主要催化剂,而在此前漫长历史行程中西方文化的渗入并未撼动中国传统法律文化的基石,其原因固然与19世纪中后期西方文化与中世纪的西方文化不同有关,但更重要的还应溯源于19世纪中国社会与先前中国社会的明显差异性。正是这种差异性,导致不同时代的外来冲击产生不同的社会及法律后果。基于这一分析,我认为,当19世纪西方法律文化传入中国时,尽管中国社会尚不具备实现法制现代化的条件,但是变化的基础已经开始确立。西方法律文化的冲击,进一步加速了中国社会及法律的发展进程。所以,我们应当主要从中国社会内部去寻找法制现代化的动因或条件。从这个意义讲,美国学者P. A. 柯文所提出的"中国中心观"(China-centered Approach)有其明显的学术价值。①因此,我们研究非西方社会的法制现代化的历史进程,固然要看到外部冲击的作用与效应,但更重要的是要揭示推动广大非西方国家法制变革的主要根源与这些国家内部存在着的处于变化状态中的经济和政治条件。正是在这些条件的综合作用下,形成了广大发展中国家法制现代化的运动能力和运动方向。认识这一点,对于把握全球化时代的法律发展的主流趋势,无疑有着重要的价值意义。

---

① P. A. 柯文反对中国近代史研究中的"西方中心论",强调以中国自身因素为出发点来探究近代中国社会演化的内部动力。因此,针对费正清的"冲击——反应模式"取向之弊端,柯文提出了把中国历史的中心放在中国的所谓"内部取向"的理论。在他看来,既不低估西方在19世纪和20世纪对中国的作用,但也不夸大其作用,而是把这种作用置于中国历史的具体过程之中,给予恰当的有限的评价;中国社会演进的动力不是来自外部而是来自中国社会内部,要从中国自身来寻求变革的"剧情主线"。这一思想对于我们揭示中国法制现代化的动力机制具有重要的方法论意义。[美]P. A. 柯文:《在中国发现历史——中国中心观在美国的兴起》,林同奇译,中华书局1989年版,第42—174页。

四、依附与自主

从对内生型与外发型法制现代化模式及其取向的分析中,我们可以看到,在球法制现代化的历史进程中,不同的民族、地区或国度在这一进程中所处的地位或位置是各不一样的,甚至是不对称或不平等的;尽管每个国家的法律发展都处于世界法制发展的整体之中,但是它们所起的作用又是有所差异的,而制约或影响这种功能作用的因素是相当复杂的;然而,在历史转变为世界历史以后,人类社会的法律发展是一个在交往中所形成的互动过程,每一个国家的法制变革都会对其它国家产生影响,进而使全球社会的法律发展逐步连接成为一个整体。因此,如何看待民族国家在世界法制现代化进程中的位置与角色,就成为一个突出问题摆在我们面前。对于这一问题或现象的探讨,需要借助于依附与自主这一概念工具。在这里,我们有必要首先分析依附理论的基本观点。

在对 20 世纪 60 年代法律与发展运动的批判性反思中,依附理论逐渐应运而生。① 这一概念是在拉美讨论不发达与发展问题的过程中产生的,其意图在于纠正以往发展中国家发展问题的某些错误的认识。② 作为一种发展理论,依附理论强调非西方的不发达国家之所以不能很快地实现现代化,主要是由于西方发达国家通过不平等的世界政治经济关系格局控制非西方的广大发展中国家,使之依附于西方发达国家。"所谓依附,我们意指一种情景,在这种情景中,某些国家的经济为其它国家经济的发展与扩张所制约。在两个或多个经济之间的互赖,以及这些经济与世界贸易间相互依存的关系中,如果某些国家(优势国)能够扩张而且自足,而其它国家(依附国)之扩张与自主仅为优势国之扩张的反映,则这种关系一旦建立,就显现了'依附'的形式"。③ 因

---

① 有的学者认为,依附理论与现代化理论的直接对立表现在两个方面:一是坚决反对后者只从社会内部因素看非西方不发达社会的不发达问题,主张从西方发达国家对非西方不发达国家的控制和非西方不发达国家对西方发达国家的依附中解释非西方国家的不发达现象;二是坚决反对后者的"西化"模式,认为西方化过程实际上是一个被纳入不平等的世界经济体系的过程,它与依附过程是相互交织在一起的。参见严立贤:《发展理论与不发达国家的现代化》,《中国社会科学》1988 年第 5 期。

② 参见[巴西]特奥托尼奥·多斯桑托斯:《帝国主义与依附》,杨衍永、齐海燕等译,社会科学文献出版社 1999 年版,第 296 页。

③ [巴西]特奥托尼奥·多斯桑托斯:《依附结构的分析》,载萧新煌编:《低度发展与发展》,台湾巨流图书公司 1985 年版,第 171 页。

此,依附是一种限定性状况,在这种状况内所作出的选择不是完全自由的,由此也就规定了被支配的那些国家可能的发展限度和方式。① 这一学派的重要代表人物贡德·弗兰克在《拉美资本主义与不发达:智利和巴西的历史研究》(1967)一书中,试图从全球资本主义扩张的角度来探讨第三世界国家和地区的不发达现象,认为这种不发达现象起源于近代早期欧洲殖民者的海外商业扩张时期,正是在这一时期,非西方国家被纳入资本主义的世界体系之中,形成了剥削性的"都市—卫星城"关系等级链式的国际经济结构。② 劳尔·普雷维什则提出了以"中心—边缘"结构为特色的不平等交换论,认为在国际经济关系中长期存在着对边缘国家不利的倾向,主要的经济增长成果通过国际贸易转移到中心国家,因之在发达国家和发展中国家之间存在着严重的不平等关系。③ 普雷维什的"中心—边缘"结构模型被伊曼纽尔·沃勒斯坦纳入其著名的世界体系论之中,并且得到了独创性的阐发。沃勒斯坦对世界体系作了界定,指出:"世界体系是一个社会体系,它具有范围、结构、成员集团、合理规划和凝聚力。世界体系的生命力由冲突的各种力量构成。这些冲突的力量由于压力的作用把世界体系结合在一起,而当每个集团不断地试图把它改造得有利于己时,又使这个世界体系分裂了。世界体系具有有机体的特征,因为它具有生命期。在它的生命期中,它的特征在某些方面发展变化,而在另一些方面则保持稳定。人们可以依据该世界体系运行的内在逻辑来判定处于不同时期的世界体系的结构的强弱。"④按照沃勒斯坦的看法,在世界经济体中占据优势的地区,称为中心区的国家;在这类国家中,一个强有力的国家机器的创立,总是伴随着一种民族文化,这一现象一般被称为一体化。这样,世界经济体系就划分为中心国家与边缘地区。根据一系列衡量标准,诸如各种经济活动的复杂性、国家机器的实力以及文化的完整性等等,在中心和边

---

① 参见[巴西]特奥托尼奥·多斯桑托斯:《帝国主义与依附》,杨衍水、齐海燕等译,社会科学文献出版社 1999 年版,第 302—306 页。

② 参见[美]C. P. 欧曼、G. 韦格纳拉加:《战后发展理论》,吴正章、张琦译,张文魁译校,中国发展出版社 2000 年版,第 127—129 页。

③ 参见[阿根廷]劳尔·普雷维什:《我的发展思想的五阶段》,载[美]什杰拉尔德·迈耶、达德利·西尔斯编:《发展经济学的先驱》,谭崇台等译,经济科学出版社 1988 年版,第 179—181 页;[美]C·P·欧曼、G·韦格纳拉加:《战后发展理论》,吴正章、张琦译,中国发展出版社 2000 年版,第 137—138 页。

④ [美]伊曼纽尔·沃勒斯坦:《现代世界体系》第 1 卷,尤来寅、路爱国等译,高等教育出版社 1998 年版,第 460 页。

缘之间还存在着半边缘地区,这是一个世界经济体不可缺少的结构性要素,是不断扩张的世界经济体中地缘政治变化的结果。中心地区、半边缘地区和边缘地区在世界经济体系中分别担当着不同的社会经济角色,构成了世界经济体中的等级关系。①

依附理论以及以此为基础发展而来的世界体系论就是以结构主义方法论为指导,注意从世界各国的外部联系的角度来解释15世纪以来全球法律发展历史的统一进程,认为从西欧发端的商业资本主义海外扩张,不仅导致国际市场经济体制的初步形成,而且促进了各国法律文化的交流与传播,从而改变了世界法律发展格局。在这一过程中,以西方为代表的法律文化成为新的世界法律文化体系的核心(core),而广大的非西方世界则成为这个体系的边缘(periphery);居于中心的是特权民族,居于边缘的是从属民族,在中心与边缘之间还存在半边缘地区,而处在全球法律文化体系之边缘的地区则是边缘以外的地区(externalareas)。广大第三世界国家法律的主要特征是欠发展或欠发达,欠发展或"不发达的发展"是边缘地区国家法制的一种畸形发展状况。这一状况是由外部强加的,是西方资本主义在亚非拉的殖民扩张所造成的,是第三世界国家原有的法制和法律文化所扭曲的产物。② 因此,全球法律以及第三世界国家的法律发展,必须作为一个整体来加以考虑和处理。实际上,发展与欠发展仅仅是单独的普遍性进程的两副面孔,二者相互作用,相互制约。欠发达国家的法律发展在其内在特征方面,从根本上不同于发达国家的法律现实。它们在世界法律体系中的地位,也是各不相同的。所以,西方发达国家的法律发展史不可能为当代欠发达国家的法律制度提供一个发展的模式。

很显然,从法学角度上看,依附理论及其世界体系学说建构的"中心—边缘"这对范畴,反映了全球法制现代化进程中自主与依附之间的

---

① [美]伊曼纽尔·沃勒斯坦:《现代世界体系》第1卷,尤来寅、路爱国等译,高等教育出版社1998年版,第463—464页。

② 马克思和恩格斯在1848年发表的《共产党宣言》中指出:"资产阶级,由于一切生产工具的迅速改进,由于交通的极其便利,把一切民族甚至最野蛮的民族都卷到文明中来了。它的商品的低廉价格,是它用来摧毁一切万里长城、征服野蛮人最顽强的仇外心理的重炮。它迫使一切民族——如果它们不想灭亡的话——采用资产阶级的生产方式;它迫使它们在自己那里推行所谓的文明,即变成资产者。一句话,它按照自己的面貌为自己创造出一个世界……正像它使乡村从属于城市一样,它使未开化和半开化的国家从属于文明的国家,使农民的民族从属于资产阶级的民族,使东方从属于西方。"参见《马克思恩格斯选集》第1卷,人民出版社1995年版,第276—277页。

历史关系。按照"西方中心主义"的解释,在全球历史进程中,西欧成为法制现代化的先行者,广大非西方国家则是法制现代化征途上疾步前行的后来人;在全球性法制现代化的行程中,16 世纪的欧洲处于原初的中心地位,成为全球性法律发展的中心地区或中心国度,而非西方国家则成为边缘或半边缘地区。由此,按照这一分析范式,16 世纪以来西欧的法律发展样式具有全球性的普遍意义,成为后起的外发的非西方国家法律发展的样板或原型。然而,历史表明,在世界法制现代化的进程中,中心地区与边缘地区、自主发展与依附发展之间确实存在着一种动态的转换的历史关系。不同国家或地区在这一进程中的位置的变化,受到各种复杂因素或条件的影响,其中最具决定作用的乃是国力的兴衰。① 从近代到当今的许多学者都认为,在东西方的交往过程中,19 世纪以前的欧洲并非处于世界的中心地区,相反东方则占有优势或处于中心位置。当近代资本主义文明出现的时候,它的诞生地并不是在世界的中心地区,而是在世界的边缘地区。② 相反,在那个时代,世界的中心在东方。因此,那一时期的法律发展,在相当大的程度上乃是东方对西方的深刻影响,或者至少是相互之间的平等对话。③ 在 18 世纪的欧洲启蒙时代,许多思想家表现出对东方法律文明的浓厚兴趣,由此折

① [美]伊曼纽尔·沃勒斯坦:《现代世界体系》第 1 卷,尤来寅、路爱国等译,高等教育出版社 1998 年版,第 79—128 页;《现代世界体系》第 2 卷,尤来寅、路爱国等译,高等教育出版社 1998 年版,第 44—45 页。

② 近代资本主义的社会制度之所以首先出现在西欧,并非像韦伯所说的归之于新教伦理的作用,而只是由于西欧的落后,相对欠发达的欧亚大陆的西端之崛起,恰恰在于它的欠发达。从文明史的进程来看,这类现象是反复出现的。早在公元前 2000 年,在当时还是边缘地区的欧洲、印度和中国,而不是在古老的核心地区中东,就伴随着早期的社会变异而出现过一些新古典文明的兴起。那次的原因恰恰也是由于中东古代文明幸免于公元前 2000 年的入侵,而那些边缘地区却遭此横祸,从而为一个崭新的开端即新古典文明的出现扫清道路。此外,西方的罗马衰落以后,并未像情况相似的欧亚大陆其他地区那样一再出现帝国的复兴,而是反复长期地发生着蛮族入侵,终于无可挽回地摧毁了古典帝国的最后残余,从而为一切命运攸关的社会变异即资本主义的产生扫清了场地。在中世纪,演化出新的技术、新的制度和新的思路。因此,从古典文明、中世纪文明和资本主义文明在边缘地区的诞生来看,每一种社会制度趋于腐朽且被新的社会制度所淘汰的时候,率先发生转变过程多半不在中心地区的富裕的、传统的和板结的社会里,而是发生在边缘地区的原始的、贫苦的、适应性强的社会里。参见[美]斯塔夫里亚诺斯:《全球分裂——第三世界的历史进程》,迟越、王红生等译,商务印书馆 1995 年版,第 21—22 页。

③ 参见[德]贡德·弗兰克:《白银资本——重视经济全球化中的东方》,刘北成译,中央编译出版社 2001 年版,第 19—26 页。张西平认为,从 16 世纪到 18 世纪期间的西学东渐和中学西传,彼此之间的相互学习、相互尊重和相互倾慕,是那个时代的主流,那是一个会通的、平等对话的时代,但 1840 年以后,中西关系彻底颠倒了,平等的对话不再存在。参见张西平:《回到平等对话的原点上——对四百年来中西文明交流的探讨》,《光明日报》2001 年 9 月 18 日。

射出他们对待他们所赖以生活和行动的欧洲社会的基本态度。伏尔泰尽管没有亲自游历过东方诸国,但从当时大量的东方游记和叙闻中,从东方先贤的著作中,他清晰地看到了与西欧迥然相异的生动的东方形象,深切感悟到东方法律精神的内在价值,特别是对以儒家伦理为本体的中国法律文明给予了很高的评介。伏尔泰说过,中国这个庞大的帝国的法律和安宁建筑在既合乎自然而又最神圣的法则即后辈对长辈的尊敬之上,而这种尊崇同对最早在伦理大师孔夫子的尊敬合为一体。① 按照伏尔泰的看法,"在别的国家,法律用以治罪,而在中国,其作用更大,用以褒奖善行。"并且在古代中国,法律还与日常的习惯和礼仪方式结合起来,调节人们的行为,形成有机的社会秩序。② 当代法国著名汉学家安田朴指出:"伏尔泰与同时代的许多人一样赞扬了中国政府与风俗中的那些伦理与政治品质,而此类风俗和政府正是以此而超过了欧洲的制度和习惯。"③以魁奈为代表的重农派高度评价中国以农业为本的国策,把促进农业发展的中国的政治与法律制度视为符合自然规律、体现自然秩序的理想制度;而魁奈之所以如此推崇传统中国的法律文明,一个重要原因乃是现实政治斗争的需要。④ 以莱布尼茨、沃尔弗为代表的德国启蒙思想家,如同法国的伏尔泰、魁奈等人一样,对东方社会特别是中国抱有赞美的态度,把东方尤其是中国的治国与法律理念视为欧洲的典范,把中国政治法律文化的运作机理当做改进欧洲政治法律制度的主要楷模。⑤ 欧洲启蒙思想家对东方及中国法律文明的态度,反映了那一时代欧洲人心目中的东方法律形象。在那时欧洲的经济、政治、法律、社会与文化的许多领域中,都可以清晰地发现东方的影

---

① 参见[法]伏尔泰:《路易十四时代》,吴模信等译,商务印书馆1982年版,第595页。

② 参见[法]伏尔泰:《风俗论》上册,梁守锵译,商务印书馆1995年版,第217页。

③ 参见[法]安田朴:《中国文化西传欧洲史》,耿昇译,商务印书馆2000年版,第727页。

④ 德国学者利奇温分析说:"魁奈的热烈自承信仰中国,有一个明确的政治目标,他企图把分崩离析的法国帝制置于一个新而健全(即自然)的基础之上;并且希望这样的自承,在一个崇拜中国时代里得到更大的重视。"参见[德]利奇温:《十八世纪中国与欧洲文化的接触》,朱杰勒译,商务印书馆1962年版,第97页。

⑤ 莱布尼茨认为,如何协调和解决源自人的本性所产生的种种利害冲突,乃是治国者必须加以考虑的难题之一。而在这方面,中国人提供了解决冲突、保障公共安全、维护社会共同生活的基本准则和法规。"人们无法语言来描述:中国人为使自己内部尽量少产生麻烦,对公共安全以及共同生活的准则,考虑得何等的周到,较之其他国家的法规要优越得多。"中国人的这套公共准则和法规集中地体现为礼治规范。参见《〈中国纪事〉序言》,译载于[德]夏瑞春编:《德国思想家论中国》,陈爱政等译,江苏人民出版社1989年版,第5页。

响。也正是在那一时期,在欧亚大陆的贸易往来中,中国在全球经济格局中基本上居于主导地位。国家的繁荣昌盛支持了文化上的优越感,强化了中国法律文明对外域法律文明的影响力。中国的法律制度,控制了东亚诸国的法律文明走向,形成了一个以中国为中心的包括日本、朝鲜等东亚国家在内的中华法系,在世界法律文明格局中自成一体,独立演化。

但是,到了18世纪英国工业革命特别是19世纪欧洲的工业化进程以及那一时期海外殖民扩张的时代,以往欧洲人对亚洲的仰望发生了明显的转换。导致这一变化的一个重要因素,乃是近代欧洲革命之前的亚洲的经济实力是整个欧洲所望尘莫及的,而随着近代欧洲工业革命的进程,整个场景发生了剧变,欧洲开始越过亚洲。[①] 这一经济生活与实力的变迁,必然在法律生活领域中反映出来,集中地表现为法律殖民主义或法律帝国主义。[②] 法律殖民主义是19世纪中叶以后出现的一种全球性的社会与法律现象,是伴随着近代西方文明在广大非西方世界广泛传播而形成的一种法律文化霸权,它同西方资本主义的世界性殖民扩张处于同一个历史过程之中,因而常常伴随着血腥的暴力与战争。[③] 马克思在晚年人类学笔记中专门分析了19世纪西方殖民者对待殖民地法律的主要做法。他归纳出四种做法,即:第一,只要非欧洲法律对殖民者有利,就立即予以承认;第二,对非欧洲法律进行"误解",使之对殖民者有利;第三,用新的法律规定否定殖民地法律的某些规定;第四,用新的法律文件使殖民地的传统法律文明在实际上变形或

① 参见[德]贡德·弗兰克:《白银资本——重视经济全球化中的东方》,刘北成译,中央编译出版社2001年版,第33—39页。

② 20世纪下半叶以来,国际学术界流行着"文化帝国主义"的概念。有的将文化帝国主义定义为"运用政治与经济权力,宣扬并普及外来文化的种种价值与习惯,牺牲的却是本土文化";有的则将这一概念界定为"由帝国主义国家向他国输出支持帝国主义关系的文化形式,然后完成帝国的支配状态。"参见[英]约翰·汤普森:《文化帝国主义》,汤建三译,郭英剑校订,上海人民出版社1999年版,第4—15页。在全球法律生活中,同样存在着法律帝国主义的问题。

③ 19世纪晚期以来,许多欧洲的帝国主义者和殖民主义者奉行社会达尔文主义的原则,以此支持自己天生就比殖民地人民优越的观点。这些所谓"人类之主"以君主的名义,神气地四处散布,霸占领土,给当地的统治者发放带着羽毛的帽子,并宣布"白人职责"就是去开化地球的剩余部分。在1885年的柏林大会上,欧洲各强国在地上画了几条线,把世界瓜分成几大部分。当帝国主义意识到人类的其他剩余部分蕴藏着巨大的财富时,那些启蒙思想和田园牧歌式的观念便被抛弃得一干二净了。尽管许多民族起来为寻求独立而奋斗,但欧洲的坚船利炮总是能赢得胜利。参见[美]罗宾·科恩、保罗·肯尼迪:《全球社会学》,文军等译,社会科学文献出版社2001年版,第74—78页。

解体。①

人类正在进入全球化的时代。应当看到,全球化进程正在导致两种发展趋势或发展前途:其一是一体化的趋势,它反映在经济、政治、社会、法律、文化等等诸多领域;其二是多元化的趋势,全球性分裂的趋向正在开始出现。这是一个相辅相成的历史进程。这一发展走向,反映在法律领域,已经或正在形成两种彼此关联的情形。一方面是全球性法律的重构进程。在这一进程中,一些新的形式或变相的法律殖民主义倾向似乎开始泛起。与旧的法律殖民主义不同,新的法律殖民主义倾向往往藉口全球化以及法律的全球性重构来向广大发展中国家推销所谓全球通行的法律规则,强调全球规则的重要性,主张发展中国家的法制改革应当同全球性市场规则体系的基本要求相一致,应当有利于吸引国际投资者。另一方面是全球性法律价值认同的多样性趋向。20世纪90年代是一个全球性的法律文化的回归时代。广大发展中国家日益认识到,必须以适合自己国情的方式进行法制现代化建设,而不能盲目地仿效西方法制模式;为此,就必须从本国的法律文化传统中去寻找法律的精神基点,以此作为推进法制现代化和嫁接外域先进法律文化的依托。很显然,这是发展中国家的非西方化的法律创新运动。这一法律发展的多元化进程表明,非西方国家法律传统的复兴趋势正在形成,非西方世界对西方法律帝国主义或法律文化霸权的离心趋向日益高涨。与此同时,它也预示着一个超越泛西方化潮流所造成的全球法律一体化模式的多元化时代正在来临。

因之,处于这一复杂进程之中的当代中国,必须走出一条符合本国国情和条件的自主型法制现代化的道路。为此,就需要努力做到:第

---

① 马克思在剖析法国殖民者在阿尔及利亚的专横统治时指出,只要非欧洲的(外国的)法律对欧洲人有利,欧洲人就不仅承认——立即承认!——它,就像他们在这里承认穆斯林法律一样,而且还误解它,使它仅仅对它们自己有利,就像这里所出现的情况那样。可见,法国人的贪婪是十分明显的。为了满足贪婪的欲望,法国殖民者甚至直接把穆斯林的法律抛弃在一边,于1844年公布了新的法律,直接通过制颁法律来破坏习惯法的行为合法化。针对1873年法国国民会议通过的法律,马克思认为,1873年乡绅会议所关心的第一件事,就是采取有效的措施来掠夺阿拉伯人的土地。在这个可耻的议院中进行的关于在阿尔及利亚建立私有制的方案的辩论,企图用所谓永恒不变的政治经济学规律的外衣,来掩盖这种欺诈的勾当。在这种辩论中,乡绅对于消灭集体所有制这个目的的意见完全一致,所争论的仅仅是用什么方法来消灭它。因此,这是直接的掠夺!正因为如此,对神圣不可侵犯的财产十分温情的乡绅会议,才不加任何修改地通过了粗暴侵犯公社财产的法律草案,并且一定要在1873年当年就付诸实施。参见《马克思恩格斯全集》第45卷,人民出版社1985年版,第315—327页。

一,对于那些反映全球市场经济运行规律和人类共同价值的基本法律准则及其制度架构,应当加以确认并且切实遵行,对国内相关法律进行必要的修改,尤其需要根据本国的需要和条件,大胆探索,从事现代法律的自主创新。第二,高度重视民族的法律价值认同,积极推动国际规则本土化的进程,从本国社会生活条件出发,通过一定的程序机制和创造性转换的法律实践活动,将国际规则转化为本国的具体制度规范架构,使之融合于当代中国的法律生活世界之中,进而确立中国法制在全球法律体系中的自主地位。第三,面对着全球化时代以及新的法律殖民主义或法律帝国主义的挑战,要坚定地捍卫国家主权和民族利益,充分意识到正在日益分化的世界对于全球法律重构的深刻影响,排拒那些有可能损害国家主权与民族利益的制度规范,抵制全球化进程中的法律文化霸权,保持法律发展的独立自主的品格,防止出现依附发展或边缘化状况。

五、国家与社会

国家与社会的分析架构虽然在古代希腊的亚里士多德那里就曾经作过思考,①但是真正从学理意义上较为系统地论述这个问题,则是近代的事情。诚然,以洛克为代表的近代理性自然法学家创立了社会契约论,突出了近代国家与社会之间的不平衡关系,这似乎可以被认为是近代市民社会概念的发源地。②但是,在我看来,关于国家与社会的二分架构之经典阐释,则最初出现在近代政治经济学的著述之中,成熟于黑格尔,发展于马克思。他们的分析之重心在于揭示近代世界社会经济生活的结构性特征。马克思说:"'市民社会'这一用语是18世纪产生的,当时财产关系已经摆脱了古代的和中世纪的共同体。真正的资产阶级社会只是随同资产阶级发展起来的。"③马克思所理解的"市民社会"概念与社会的经济基础是同一个属性的概念,亦称之为"交往形式"。他指出,市民社会"这一名称始终标志着直接从生产和交往中发展起来的社会组织,这种社会组织在一切时

① 参见[英]马丁·阿尔布劳:《全球时代——超越现代性之外的国家与社会》,高湘泽、冯玲译,商务印书馆2001年版,第66—67页。
② 参见亚当·塞利格曼:《近代市民社会概念的缘起》,景跃进译,邓正来校,载邓正来、J. C. 亚历山大编:《国家与市民社会——一种社会理论的研究路径》,中央编译出版社1999年版,第51页。
③《马克思恩格斯全集》第3卷,人民出版社1960年版,第41页。

代都构成国家的基础以及任何其他的观念的上层建筑的基础。"因此,"在过去一切历史阶段上受生产力所制约、同时也制约生产力的交往形式,就是市民社会。""市民社会包括各个个人在生产力发展的一定阶段上的一切物质交往。它包括该阶段上的整个商业生活和工业生活。"①在古典政治经济学家那里,近代西方市民社会的出现,形成了政治国家与市民社会彼此分离的局面,国家与政府开始从社会的微观经济生活领域中退出,不再直接干预企业及市场主体的经济活动,社会经济生活受到那个无形的"看不见的手"的支配,因之国家的职能发生了显著的变化,"守夜人"成为近代西方国家社会职能的形象化表述。② 此后,这一概念工具被黑格尔运用于法哲学领域,分析近代市民社会的内在运行机理。③ 按照黑格尔的看法,市民社会属于客观精神发展的第三个阶段即伦理范畴,它是介于家庭生活与政治国家之间的一个特殊领域。从历史进程来看,近代市民社会的形成与近代商品经济与交换关系体系的建立是密切相关的。在这一经济体系中,对财富的追逐和对种种需要的满足,成了每个人行为的动

---

① 《马克思恩格斯全集》第 3 卷,人民出版社 1960 年版,第 40—41 页。

② 亚当·斯密关于"看不见的手"的命题及其内在意义,实际上是要表明国家与社会日益分离的历史条件下,社会对于国家具有优先性,国家是为社会服务的,这与重商主义的原理恰成背道而驰。在他看来,"个人的利害关系与情欲,自然会使他们把资本投在通常最有利于社会的用途。""用不着法律干涉,个人的利害关系与情欲,自然会引导人们把社会的资本,尽可能按照最适合于全社会利害关系的比例,分配到国内一切不同用途。"然而,"重商主义一切法规,必然或多或少地紊乱这自然而又最有利的资本分配。"由此,斯密提出了"自然自由制度"的概念,认为君主或政府应当遵循"自然自由制度"的要求行事,在奉行"自由放任"政策的同时履行好"守夜人"的角色职责。他的如下一段精辟的阐发,集中地反映了他的上述立场。即谓:"一切特惠或限制的制度,一经完全废除,最明白最单纯的自然自由制度就会树立起来。每一个人,在他不违反正义的法律时,都应听其完全自由,让他采用自己的方法,追求自己的利益,以其劳动及资本和任何其他人或其他阶级相竞争。这样,君主就被完全解除了监督私人产业、提高私人产业、使之最适合于社会利益的义务。要履行这种义务,君主们极易陷于错误;要行之得当,恐不是人间智慧或知识所能做到的。按照自然自由的制度,君主只有三个应尽的义务——这三个义务虽很重要,但却是一般人所能理解的。第一,保护社会,使之不受其他独立社会的侵犯。第二,尽可能保护社会上各个个人,使之不受社会上任何其他人的侵害或压迫,这就是说,要设立真正的司法机关。第三,建设并维持某些公共产业及某些公共设施(其建设与维持绝不是为着任何个人或任何少数人的利益),这种事业与设施,在由大社会经营时,其利润能补偿所费而有余,但若由个人或少数人经营,就决不能补偿所费"。参见[英]亚当·斯密:《国民财富的性质和原因的研究》下卷,郭大力、王亚南译,商务印书馆 1972 年版,第 199、252—253 页。

③ 邓正来对近代国家与社会关系的理论作了详尽的分析,并且把黑格尔的学说界定为"国家高于市民社会"的理论架构,以与洛克式的"市民社会先于国家"的理论架构相分别。参见邓正来:《市民社会与国家——学理上的分野与两种架构》,《中国社会科学季刊》1993 年春季卷。

力或激励因素。黑格尔清醒地看到了市民社会内部所客观存在着的种种矛盾,认为就个人权利而言,尽管市民社会并不消灭人的个性的权利,反而把个性权利解放了。但却进一步加剧了个人与普遍物的冲突。在市民社会中,个体利益本身是没有节制的,每个个人都在追求个人生活的福利,扩张自己的权利。所以,"市民社会是个人私利的战场,是一切人反对一切人的战场,同样,市民社会也是私人利益跟特殊公共事务冲突的舞台,并且是它的两者共同跟国家的最高观点和制度冲突的舞台。"①马克思站在唯物史观的立场上,批判地继承了黑格尔关于市民社会与政治国家相互关系分析的方法论原则,深刻地阐述了政治国家与市民社会彼此分离的历史进程、社会条件、表现形式及其历史后果,进而揭示了近代社会生活的本质性特征。在后来的思想史进程中,"国家—社会"的二分架构在社会科学的众多学科领域(诸如社会学、政治学、法学、历史学乃至国际关系理论等等)中得到了广泛的运用,获得了许多全新的理论发现。近些年来,这一方法论原则日益广泛地流行于我国学术界,开阔了人们的思考视野。②

　　社会是法律发展的基础。法制现代化运动在不同的民族和国家,有着不同的表现形式,而这些不同的发展形态则根源于相应的社会结构条件。因此,运用国家与社会的相互关系这一概念分析工具来探讨法制现代化问题,有助于我们揭示法制现代化的社会基础,认识不同的社会条件对于不同文明系统中法律发展进程的影响程度,进而对现代法律发展的社会机理获得一种整体性的把握。在这里,我们需要注意的问题是:(1)国家与社会之间的矛盾运动对现代法律的起源与发展的制约作用;(2)国家与社会的相互关系在东西方的表现形式及其对法律发展的影响;(3)国家与政府在法制现代化进程中

---

① 〔德〕黑格尔:《法哲学原理》,范扬、张企泰译,商务印书馆 1961 年版,第 201 页。
② 杨念群分析了"国家——社会"的概念工具对于中国社会史研究的学术价值,认为把这个概念系统从西方语境中抽取出来并被挪用到中国历史研究中时,并非完全贴近中国社会史的真实状态,但是应当看到,西方中国学界应用"国家——社会"框架开辟的地方史分析路径,仍为中国历史研究带来了焕然一新的感受。国家——社会的框架虽然没有在中国社会史界正式形成以方法论相号召的局面,但其切入角度却已开始广泛影响社会史个案研究的选题角度,近年来国内社会史选题倾向于风俗史、城市史及宗教社会史,可以说多少与此架构的传入有关。参见杨念群主编:《空间·记忆·社会转型——"新社会史"研究论文精选集》,上海人民出版社 2001 年版,第 27—29页。在当代中国法学界,梁治平较早运用了国家——社会的分析框架研究法律问题,出版了《清代习惯法:社会与国家》一书(中国政法大学出版社 1996 年版)。

的特殊功用。

我们首先来分析国家与社会的历史互动及其对法律发展的影响。国家与社会之间的关系是很复杂的。从历史发生学意义上讲，国家原本包含在社会的母体内部。随着历史的演化，国家逐渐脱离社会而独立出来，成为与社会相殊化的一种独特力量。① 国家从社会中脱离出来以后，便以社会普遍利益代表者的姿态自居，行使着社会的公共权力，以便建立起一种秩序来缓和社会矛盾，从而保障社会生活的正常发展。由于国家是以虚幻的代表普遍利益的政治共同体形式出现的，是同各种政治利益相脱离的，所以就有必要对特殊利益进行实际的干涉和约束。而国家干涉和约束特殊利益的重要途径和手段，就是制定和执行法律。国家借助法律的形式，建立起一种法律秩序，使其对社会的控制和管理合法化。因此，从这个意义上我们可以说，法律乃是国家与社会分离的产物。② 然而，在前资本主义时代，国家与社会之间具有高度的同一性，二者之间没有明确的界限，政治国家就是市民社会，反之亦然。市民社会的每一个领域，都带有浓厚的政治性质，一切私人活动与事务都打上鲜

---

① 恩格斯指出："国家绝不是从外部强加社会的一种力量。国家也不像黑格尔所断言的是'道德观念'的现实，'理性的形象和现实'。毋宁说，国家是社会在一定发展阶段上的产物；国家是表示：这个社会陷入了不可解决的自我矛盾，分裂为不可调和的对立面而又无力摆脱这些对立面，而为了使这些对立面，这些经济利益相冲突的阶级，不致在无谓的斗争中把自己和社会消灭，就需要有一种表面上驾驭社会之上的力量，这种力量应当缓和冲突，把冲突保持在'秩序'的范围以内；这种从社会中产生但又自居于社会之上并且日益同社会脱离的力量，就是国家"。参见《马克思恩格斯全集》第 21 卷，人民出版社 1965 年版，第 194 页。

② 昂格尔把国家与社会的分离解释为官僚法产生的两个重要的历史条件之一。在他看来，官僚法是由一个可辨认的政府所制定的规则性法律。它具有鲜明的公共性，而这一点并不是社会规则的普遍特点，而仅仅是国家与社会的分离已经确立的法律表现。按照昂格尔的看法，国家与社会的分离对于官僚法的产生具有决定性的影响。这是因为，只有在形成国家与社会之间的分离并且建立了可辨认的政府的地方，才可能产生公共规则与私人活动领域规则这两种行为标准的对立。国家从社会中脱离出来以后所行使的主要职能，就是对社会关系的有效控制。而体现国家这种支配性地位的属性，就在于国家能够制定公共规则。官僚法的公共性即在此。不过，对于同家与社会的区别来说，有两个重要的限定条件：一是尽管国家是社会生活的控制者，但从深远的意义上看，国家的特点和活动在很大程度上乃是由社会群体之间的权力关系所决定的；二是由国家与社会分离所开创的政府法律的新世界，造成了神圣的、世俗的权力所管不到的领域与依附于君主利益的领域之间的分裂。参见［美］昂格尔：《现代社会中的法律》，吴玉章、周汉华译，中国政法大学出版社 1994 年版，第 54—114 页。

明的政治烙印。① 在西方,自中世纪中后期以来,市民社会开始了同政治国家的分离过程,财产关系日益成为社会发展的主要因素,成为法律和国家的全部的或主要的内容。正是这种分离运动,为现代法律或形式主义法律的产生创设了社会基础。根据韦伯的分析,形式主义是一切现代法律的重要特征,现代法律关系和行政管理之所以是高度合理的,就在于它是纯粹形式的;作为整体的法律由一种抽象的有意识制订的规范系统所组成,司法的任务在于把这些规范应用于个别案件;任何实体意义上的法律都要以立法行为为基础,任何司法判决都要有严格的法律上的根据。② 应当看到,近代的国家与社会之间的分离以及由此产生的近代市民社会革命,标志着人类法律文明及其权利系统的历史性变革和进步。③ 在公法关系领域,它消除了以财产资格为前提的人与人之间的政治不平等,否定了中世纪的政治等级制,近代宪法和法律确认了公民在政治上和法律上的平等权利;在私法关系领域,近代社会与政治革命克服了中世纪一切法规中所固有的那种私权和公权的混合物,取消了所有权形式的二元性和不稳定性,确认了私有权无限性和排他性的私法原则。

---

① 在马克思看来,古代希腊和罗马国家或共和国是市民的真正的私人事务,是他们的活动的真正内容。"在这里,政治国家本身是市民的生活和意志的真正的唯一的内容。"中世纪的特点是现实的二元论,即政治国家与市民社会在现实运动过程中是彼此重合的。中世纪的市民社会与政治国家之所以存在高度的同一性,主要是因为中世纪的市民等级与政治等级是重要的。"中世纪的精神可以表述为下:市民社会的等级和政治上的等级是同一的,因为市民社会就是政治社会,因为市民社会的有机原则就是国家的原则。"而在亚细亚生产方式的条件下,自然形成的共同体是其存在的基本前提,只有个人占有,不存在个人所有,公社才是真正的实际的所有者,而专制国家作为最高的统一体,乃是公社财产关系的实际所有者或主体。参见《马克思恩格斯全集》第1卷,人民出版社1956年版,第284—355页;《马克思恩格斯全集》第46卷(上册),人民出版社1979年版,第472—478页。

② See Max Weber, *Economy and Society*, Bedminster Press, New York, pp. 656 - 657. ; J. 哈贝马斯认为,"韦伯称之为现代法律合理性的一个本质的特征的,首先是法律体系学。现代的法律,乃是法学家的法律。法律判决和公共管理已经通过受过法律训练的法官和专业官员职业化了,不仅法规的运用,而且法律的制定,都越来越强烈地与形式过程,从而也与法学家的专家理解水平联系在一起。这种情况,要求法律原理体系化,法律条文固定化。也就是说,要求法律内部要完全合理化,具有分析的、概念的、严格推论的、论证原则等的纯粹形式的标准。"参见《马克斯·韦伯的合理化理论》(二),王容芬译,载《国外社会学参考资料》1985年第4期。

③ 陈弘毅强调,由于现代性与个人主义、多元主义、合理化和市场化之间有着密不可分的联系,而且,由于权利现实与上述现代性的四个因素中的每一个因素之间的联系,因而在现代时期中,关于权利的论述是无法遏制的,而且几乎是不可缺少的。因之,权利观念从17世纪以来的兴起是历史的必然。参见,陈弘毅:《权利的兴起:对几种文明的比较研究》,载陈弘毅:《法治、启蒙与现代法的精神》,中国政法大学出版社1998年版,第138—139页。

但是，近代市民社会革命及其法律发展的局限性也是显而易见的。从法律的现象形态上看，构成现代法律制度的核心原则是形式主义的客观主义的法律观。按照一些学者的看法，法律形式主义仅仅从各种规则体系的联系上寻求一种演绎方法，而忽略了个人目标、政策和原则在法律制定和法律运用中的作用；仅仅注意到法律实践过程的抽象性和形式合理性，而忽略了支配或指导法律实践过程的观念、思想和学说。法律的客观主义把自己的视野仅仅关注在法律自身的范围之中，而没有注意到超越法律范围的某种潜在的社会力量或社会因素的影响力；这种 19 世纪法学家的观念，试图寻找一种基本的观念，但是历史研究已经反复证明，任何企望发现民主和市场的普遍的法律语言的企图，都不过是虚幻的。① 再从法律的价值取向上看，近代世界的市民社会与政治国家之间的分裂或分离，不仅改变了近代社会法律生活的面貌，而且改变了人的本质。既然市民社会与政治国家彼此分离，因此政治国家是从个人赖以存在的市民社会中分离出来的，是脱离市民社会的一种抽象。这样，人就不能不使自己在本质上二重化，人自身分裂为私人与公民。一方面，作为政治国家中的一员，他是作为一个公民过着共同的政治生活，在政治国家中人们作为公民在法律面前是平等的。但是正由于他是政治社会中的公民，他就成了想象中的主权的虚拟的分子。另一方面，作为市民社会中的一员，人是作为一个可以处在国家之外的，国家对于人也是一个漠不相关的异在之物，人们在市民社会中过着由私有制决定的具体的、利己的、彼此隔绝的私人生活，在这种私人生活中，人们是千差万别而绝非平等的。这种人的本质的二重化现象，反映在法权关系领域，集中体现为人权与公民权之间的严重对立。因此，人与公民、人权与公民权之间的二元对立，乃是近代政治国家与市民社会相分离的必然结果。② 进入现代社会以来，全球范围内的国家与社会的关系发生了深刻的变化。如果说近代的政治国家与市民社会存在着彼此分离甚或对抗的关系，那么到了现代之后开始出现某种彼此接近、相互促进甚至同一的现象。用美国学者昂格尔的话来说，这是从自由

---

① See R. M. Unger, *The Critical Legal Studies Movement*, Havard Law Review, No. 96, 1983, pp. 563 - 569.

② 马克思在《黑格尔法哲学批判》、《论犹太人问题》等著述中，对近代社会人的本质之二重化现象以及人与公民、人权与公民权之间的对立及其根源作了十分精彩的分析。参见《马克思恩格斯全集》第 1 卷，人民出版社 1956 年版，第 345—443 页。

主义社会向后自由主义社会的转变。后自由主义社会有两个明显的特点。其一,从前,政府公开干预被认为是国家合理性行为之外的领域;而现在,国家日益卷入公开的重新分配、规定和安排社会资源的过程之中,它变为了一个福利国家。其二,从前,国家与社会之间彼此分离,公权力与私权力之间界限明确,公法与私法之间各有其确定的调整领域;而现在,国家与社会逐步近似,公法与私法逐步混同,公共权力私人权利的界限在被打破,国家不再伪装成社会秩序的中立监护人,而私人组织则被认为是享有过去与专属于政府的那些权力的实体,社会乃是政府的集合体,而不是单纯的个人之间的联合。这样,国家就失去了不同于社会的现实条件和意识基础而成为一种合作国家。① 社会的变化必然引起法律制度的变化。公法与私法之间的边界日益模糊,公法私法化与私法公法化成为法律结构转型的基本走向;社会生活在很大程度上制约着法律世界,法律内容的不确定性迅速扩张,法律原则较之法律规范所起的作用日益明显;在法律观念上,人们力求实现从形式主义向目的性或政策导向的法律推理的转变,以及从关注形式公正向关心程序或实质公正的转变,追求实质的正义;因而,法律的普遍性与相对自治性遇到了严峻的挑战;以个人自由主义为核心的近代消极权利观正在让位于以政府积极作为为特征的积极权利观念,等等。许多学者称这一法律制度的转型为西方法律制度的合法性危机的表现。②

其次,我们再来分析一下东西方文明系统中国家与社会彼此关系的不同特点及其对法律生活的影响。社会与国家之间的分离与合一的往返运动,是一个普遍性的世界历史现象。但是,这种分离运动在不同的社会环境中的具体实现程度则是有很大差异的。这就导致了法制现代化的不同类型。在近代早期的西欧,随着商业、财产、劳动方式及同业工会等等市民社会构成要素日益获得独立存在和发展的意义,市民社会开始同政治国家相分离。"市民社会是在现代世界中形成的,现代

---

① [美]昂格尔:《现代社会中的法律》,吴玉章、周汉华译,中国政法大学出版社 1994 年版,第 180—181 页。

② [美]昂格尔:《现代社会中的法律》,吴玉章、周汉华译,中国政法大学出版社 1994 年版,第 166—187 页;[美]P. 诺内特、[美]P. 塞尔兹尼克:《转变中的法律与社会——迈向回应型法》,张志铭译,中国政法大学出版社 1994 年版,第 21—87 页;Gunther Teubner, *Substantive And Reflective Elements in Modern Law*, Law and Society Review, Vol. 17, No. 2, 1983,[德]J·哈贝马斯:《公共领域的结构转型》,曹卫东等译,学林出版社 1998 年版;夏勇主编:《走向权利的时代——中国公民权利发展研究》,中国政法大学出版社 1995 年版,第 5—9 页。

世界第一次使理念的一切规定各得其所。"①市民社会的出现,标志着社会经济活动领域从其它公共生活领域中脱离出来而获得相对独立的发展。正是这种分离运动,为近代西方法律的历史生成创设了社会基础。影响这一分离过程的关键性社会因素有两个方面,即城市自治制度的兴起和以商人集团为主体的市民阶级的独立存在。西欧中世纪城市不同于东方的一个独特之处,就在于它是单一的政治共同体,具有政治自主权,并且是法律上独立的行政区,作为法人团体起作用。② 中世纪城市制度及城市法所确立的理性、社团资格、权利平等、参与立法、客观的司法程序等等这些原则与观念,无疑促进了近代理性的形式主义法律的出现。而西欧中世纪城市的主体社会力量是市民阶级。相对说来,以商人集团为主体的市民阶级具有比较自觉的法权要求。对于经济利益的计算,使市民阶级特别关注经济活动的安全性、有序性和可预测性,关心商业交易活动的法律保障。因此,通过法律保护个人权利,便成为市民阶级的强烈愿望。反映商人集团利益的商法体系,也为近代法律形式主义运动的出现提供了条件。③ 很显然,近代早期的市民社会革命,构成了近代西方理性法律产生的最深厚的社会历史基础。

与西方社会不同,在传统的东方社会,尽管也存在着国家与社会之间的分离运动,但是这种分离是很有限的。在很大的程度上,国家与社会之间存在着相互依赖、内在同一的关系。对此,马克思曾经作过深刻

---

① [德]黑格尔:《法哲学原理》,范扬、张企泰译,商务印书馆1961年版,第197页。在黑格尔看来,"现代世界"或"现代的世纪"就是1500年以来复兴与重构的历史。现代社会的制度是以私法调节下的商品交换、政治国家与市民社会的分离等等为标志的。参见 Jurger Habermas, *The Philosophical Discourse of Modernity*, translated by Frederick G. Lawrence, The MIT Press, Combridge, Massachusetts, 1987, pp. 5 - 41.

② [美]昂格尔:《现代社会中的法律》,吴玉章、周汉华译,中国政法大学出版社1994年版,第166—187页;[美]P.诺内特、[美]P.塞尔兹尼克:《转变中的法律与社会——迈向回应型法》,张志铭译,中国政法大学出版社1994年版,第21—87页;Gunther Teubner. *Substantive And Reflective Elements in Modern Law*, Law and Society Review, Vol. 17, No. 2, 1983. ;[德]J·哈贝马斯:《公共领域的结构转型》,曹卫东等译,学林出版社1998年版;夏勇主编:《走向权利的时代——中国公民权利发展研究》,中国政法大学出版社1995年版,第5—9页。

③ 11、12世纪西欧商业资本主义的涌动与扩张,以及新兴的商人集团的广泛活动,推动了商事交往规划的革命性变化。以自治城市为基地的新兴商人集团具有较为自觉的强烈的法律要求。"城市的空气使人自由"这一原则,反映了城市市民的法律需要。当然,商人集团对法律的需求是有条件的,他们所需要的并不是由主权政府及其法院所发展起来的法律,而是在商人集团逐步发展起来的商事规则及其相应的法律机制。参见[德]马克斯·韦伯:《世界经济通史》,姚曾廙译,上海译文出版社1981年版,第280页;[美]昂格尔:《现代社会中的法律》,吴玉章、周汉华译,中国政法大学出版社1994年版,第65—68页。

的分析。在他看来,传统东方的村社体制与专制国家之间具有一种相辅相成、互为依托的共生状态。一方面,村社制度自成一体,脱离国家政治生活之外,对社会变革的反应迟钝;另一方面,在村社制度基础上形成了专制制度,这表明村社体制的自治性与独立性是虚幻的。这种性质和状态必然深刻地影响着传统东方社会法律调整机制的面貌和特点。在日常社会交往过程中形成的风俗习惯,具有法权的意义,并且由此发展成为一种村社内部自治调节的自然法律秩序,得到村社成员的普遍认同与接受,因而比起成文法来说具有更为直接的拘束力;村社共同体行使着广泛的社会职能,其中受到国家的托付,行使某些国家机构的职能,诸如行政管理、警察和司法等。① 当然,在东方家产官僚制国家的条件下,国家成文法的功能依然还是很明显的。因此,与西方的模式相比,传统东方社会的法律调整的基本品格是国家成文法与社会习惯规则的有机结合,是政府权能与民间参预的有机结合,也是人为秩序与自然秩序的有机结合。② 进入近代以来,东方的国家与社会之间的关系显现出新的特点。在中国,一方面,随着近代中国商品经济的发展,社会日益获得了相对自主发展的品格,经济生活日益开始摆脱国家的直接控制和干预而成为一个相对自主性的领域。这一情形在清末民初表现得十分显明,以至于出现中央政府财政能力的极度衰弱。与此相适应,基层社会生活的自治化趋势与愈益强劲,地方自治成为这一时期社会政治生活发展的一个明显特征。③ 另一方面,国家本身也在发生变

---

① 在中世纪的西欧,封建领主与国王之间存在着分权及彼此抗衡的关系。为了取得采邑所有者的身份,封建领主常常要向国王争取司法裁判权,而这种努力往往是成功的。但是,在传统的东方社会,农村公社承担警察和司法职权,参与广泛的司法诉讼活动,则是由于国家的托付、责成和规定,因之农村公社也就成为专制君主政治的社会基础。诚如马克思所指出的,"很难想像亚洲的专制制度和停滞状态有比这更坚实的基础,这一现象表明传统东方的国家与社会之间的内在一致性。参见《马克思恩格斯全集》第28卷,人民出版社1973年版,第272页。

② 梁治平以清代为例,探讨了习惯法与国家法之间的关系,认为习惯法乃是公民在长期生活与劳作过程中逐渐形成的一套地方性规范,它被用来分配乡民之间的权利和义务,调整和解决他们之间的利益冲突;因之习惯法对国家法具有补充之功用,在国家法所不及的地方,习惯法为民间秩序化奠定基础,而民间自动产生的各种惯行及关系样式,则直接构成国家统治的基础。参见梁治平:《论清代的习惯与习惯法》,载杨念群主编:《空间·记忆·社会转型——"新社会史"研究论文精选集》,上海人民出版社2001年版,第418—443页。

③ 参见[美]费正清主编:《剑桥中华民国史》第1部,章建刚等译,上海人民出版社1991年版,第111—128页;朱英:《转型时期的社会与国家——以近代中国商会为主体的历史透视》,华中师范大学出版社1997年版,第111—128、225—269页;胡春惠:《民初的地方主义与联省自治》,中国社会科学出版社2001年版,第4—17、22—30、100—123页。

化,并且通过多种方式或途径来影响社会发展及法制变革的过程。但是,就总体而言,近代中国的国家权威日益衰退,这为市民社会的发育与生长提供了一定的条件。因此,20 世纪上半叶的中国国家与社会之间的矛盾运动,尽管在一定程度上改变了传统中国的强国家、弱社会的情形,但是并没有形成现代国家与社会之间的有机互动格局,以至于出现国家能力衰退、社会肌体贫弱的复杂现象。这一状况无疑给近现代中国的法制现代化进程投下了深重的阴影。①

最后,我们需要探讨国家对于法律发展的作用问题。如同法制现代化离不开法律赖以存续的社会条件一样,国家及政府的推动对于法律发展及其变革进程同样是不可或缺的,并且具有多质性。当然,这在东西方社会同样有着不同的历史特点。在西欧中世纪晚期,同市民社会与政治国家的分离相适应,政治国家也得到了发展。这就是绝对主义的民族统一国家的形成与发展。与以往的国家形式不同,这种类型的国家是绝对主权与法律要素的结合,因而被称之为所谓"理性的国家"。它从一开始就对理性的法律系统抱有浓厚的兴趣,在近代西方理性的法律形式主义产生过程中起到了重要的作用。绝对主义国家的统治者根据社会发展的需要,纷纷制定法律和法令,促进法律的发展,藉以强化绝对主义国家的权威和合法性。传统罗马法是近代理性主义法律的基础,它在中世纪后期的复兴与发展,与绝对主义国家统治者的推动也是分不开的。而西欧近代早期专制君主之所以重视法律的创制,重视罗马法的传播与发展,实际上反映了君主自身的利益需要,也反映了近代资本主义生产关系对国家上层建筑的基本要求。但是,近代西方理性法律系统的建构,确乎与绝对主义国家的推动密不可分。安东尼·吉登斯认为,在 16、17 世纪发展起来的绝对主义国家体系与传统国家有着本质性的区别,传统国家的统治者依靠神圣的象征符号来获得合法性,而绝对主义国家则建立了世俗性的"主权话语",并且这种主权观与公民权联系在一起。绝对主义国家的某些普遍性特征包括:行政力量的集中和扩张;新的法律机构的发展;财政管理模式的交替

---

① 有的学者试用运用"国家——社会"的二分框架,以马锡五审判方式为个案,探讨从新民主主义司法制度到当代中国司法新传统的历史传承关系。参见强世功:《权力的组织网络与法律的治理化——马锡五审判方式与中国法律的新传统》,《北大法律评论》第 3 卷第 2 辑(2000 年),法律出版社 2001 年版,第 1—61 页。

运用。在绝对主义国家体制下,法律有了明显的发展:一是以非个人的方式适用于所有社会等级的法规日益增多;二是法律内容尤其是私有财产方面的变化,而罗马法的恢复在这些变化中起到了至关重要的作用;三是刑法和国家机器所运用的制裁方式的变化。① 与西方相比,东方国家与政府在法律转型及其变革进程中的作用更为明显。在东方社会,拥有强有力的政府系统,是那些原先不发达的国家尽快实现社会及法制现代化的必要条件,而政府的作用发挥到什么程度,往往取决于在政府中占主导地位的领导集团的价值态度、信仰与行动方式。在法制现代化的进程中,东方国家和政府的功能性影响主要在于:建立强有力的官僚体制和国家机器,保障法制改革的顺利进行;根据变革目标的需要,建立法律机构,编纂成文法典;动员和组织社会资源参与法律变革过程。② 正在席卷而来的全球化浪潮,深刻地改变了全球范围内的国家与社会之间的固有机制,跨国公司的大规模活动以及非政府组织的显著作用,以至于一部分人憧憬"全球政治共同体"以及"全球市民社会"的建构,并且

---

① 参见[英]安东尼·吉登斯:《民族—国家与暴力》,胡宗泽、赵力涛译,王铭铭校,三联书店 1998 年版,第 115—127 页。吉登斯的上述看法,在一定程度上受到了佩里·安德森著述的影响(尽管他并非完全同意后者的观点)。安德森自称试图运用马克思的观点来研究绝对主义国家的起源及其功能问题。在他看来,绝对主义国家是在封建贵族内部剧烈的分裂冲突中,随着商品关系的发展以及经济剥削与政治——法律强制基本联系的解体而逐渐产生的,而这一历史事实与罗马法的复兴处于同一个时代之中。从经济上看,接受罗马法适应了商业、制造业资产阶级的根本利益,是资本主义关系在城乡发展的标志;从政治上看,罗马法的复兴适应了那个时代改组后的封建国家的政制需求,而在欧洲范围内,采用罗马法的首要决定因素来自王室对加强中央权力的渴望,因为罗马法体系不仅包括规定公民之间经济交换关系的民法,而且包括规范国家与其臣民之间政治关系确证君主最高政治权力的公共法,前者是 jus,后者是 lex,而正是这个政治最高权力的理论原则深深地吸引并影响着文艺复兴时期的新君主政体。参见[英]安德森:《绝对主义国家的系谱》,刘北成、龚晓庄译,上海人民出版社 2001 年版,第 3—14 页。
② 绝大多数学者在论及东亚社会的现代化道路时,都有一个基本的共识,即政府在现代化进程中起着主导性作用。这被称之为"强政府"模式或手段。在这一框架下,政府的力量大大超过了社会组织的力量,使国家或政府权力的自主性大大增强,进而大大提升了国家能力。东亚国家运用政权的力量推动法治化进程,促进法律的现代化;也运用强制性的权力规制市场经济秩序,制定新的法律,调整所有权结构,提供和保持竞争,支持经济发展,维护社会公正。参见张蕴岭主编:《亚洲现代化透视》,社会科学文献出版社 2001 年版,第 26—28、279—289 页;陈峰君:《东亚与印度:亚洲两种现代化模式》,经济科学出版 2000 年版,第 113—120 页;青木昌彦等主编:《政府在东亚经济发展中的作用——比较制度分析》,赵辰宁等译,张春霖等校,中国经济出版社 1998 年版,第 53—64 页;胡鞍钢、王绍光编:《政府与市场》,中国计划出版社 2000 年版,第 25—29 页。

设计一种所谓全球调控的"全球社会契约"。① 实际上,时下正在展开的全球化进程,尽管使民族国家的国家主权受到了一定程度的削弱,扩展了市民社会的活动空间,但是它并不会给我们带来一个"世界大同"的乌托邦,决不意味着国家主权的衰落。② 拥有强有力的国家能力和现代政府架构,依然是广大发展中国家实现法制现代化的基本条件。

六、小结

（1）法制现代化是当代中国法学正在面临的一个挑战性的论题。本文主要探讨了法制现代化的分析工具或概念框架的若干方面。可以看出,运用类型学的方法论原则,乃是建构法制现代化分析工具系统的一个重要选择。在本文的叙述过程中,我着重阐述了传统与现代、内生与外发、依附与自主以及国家与社会这四对范畴及其在法制现代化研究过程中的应用。

（2）把传统与现代这个二分架构引入本文的研究对象,实际上揭

---

① 里斯本小组的研究报告指出,随着全球化时代的到来,一个全球市民社会正在出现,这个全球市民社会在三个方面发挥着作用:(1) 承当一种自身不断发展的全球性良知以及全球性道德意识的职能;(2) 参与确定全球的需求、愿望与目标;(3) 提供一种全球空间范围的革新的政治行为方式。由此,他们设计了诸如基本需要契约、文化契约、民主契约、地球契约等四个全球社会契约,以期回应国家主权危机的挑战。参见里斯本小组:《竞争的极限——经济全球化与人类的未来》,张世鹏译,中央编译出版社 2000 年版,第 26—32、174—198 页。然而,也有学者在对主权国家提出质疑的基础上,试图把主权的国际含义与主权的国内因素结合起来,重新反思现代国家的职能,以便消除国家与市民社会之间的紧张关系。参见[澳]J. A. 凯米莱里、J. 福尔克:《主权的终结?——日趋"缩小"和"碎片化"的世界政治》,李东燕译,浙江人民出版社 2001 年版,第 291—314 页。

② 有的学者认为,随着种种国家性的跨国联系的扩张,由横跨全世界的种种关系构成的整体远比各个民族国家社会的总和所包含的意义要丰富得多,在这种情况下,人们不难形成世界社会的概念。世界社会并不是作为民族国家之间的一种合约,而是作为由跨国界的种种联系产生出来的事物而存在的。因而,世界社会有可能成为以民族国家为基础而建立起来的社会组织的直接替代物。这一现象正在对民族国家理论提出挑战,正在促进世界国家的出现。从这个意义上讲,世界国家的发展与世界社会的成长是相平行的。参见[英]马丁·阿尔布劳:《全球时代——超越现代性之外的国家与社会》,高湘泽、冯玲译,商务印书馆 2001 年版,第 262—277 页;不过,一些学者强调,国家主权意味着在有限领土内进行统治的权力,以及政治权力在共同体内决定法律、规章和政策的框架并且相应进行管理。在思考全球化对民族国家的影响时,需要将主权与国家自主性(即国家拥有的独立地表达并实现其政策目标的能力)区别开来。尽管在全球化的背景下,国家的自主性权力有所变化,但并不必然得出结论说现代民族国家已经萎缩,或者说现代国家的主权已经从根本上被侵蚀掉了。参见[英]D. 赫尔德等:《全球大变革——全球化时代的政治、经济与文化》,杨雪冬等译,社会科学文献出版社 2001 年版,第 72—73 页。

示了法制现代化进程的本质性特征,因为从传统型法律向现代型法律的转变,建设现代法治国家,反映了法律发展及其变革的客观要求和基本目标。在这里需要注意的是,不能将传统与现代这个二分架构绝对化、凝固化,要看到二者之间的内在相容性以及从前者向后者创造性转化的历史可能性。而在当今的全球化时代,认识到这一点显得尤为重要。

(3) 内生与外发这一概念工具,旨在把握法制现代化的动力机理。本章不赞同以往和当代学术界流行的内生型现代化模式和外发型现代化模式的分类标准,认为法制现代化并不是某种或某些因素和条件单向作用的结果,而是各种因素和条件相互作用、彼此互动的产物。任何一个社会(无论是发达的还是欠发达的)的法律进步与发展,都是一个内部和外部环境共同作用的过程,而在其中,社会的内在的经济条件像一根红线贯穿在法制现代化的全部过程之中,它是法制现代化持久不竭的深厚动力。

(4) 关于依附与自主,这是依附学派与世界体系论的核心概念之一。本文的分析在于强调,当我们审视全球法制现代化的历史进程时,要打破"西方中心主义"的神话,一方面认识到西方与东方在全球现代化与法律发展中所处的位置有一个变化或互换的过程,不仅要看到近代以来西方的冲击及其优越地位,也要充分注意到从 16 世纪到 19 世纪以前这一时期东方对欧洲的冲击及其优势地位;另一方面更要认识到在当今全球化背景下推进中国的法制现代化,要始终谨防形形色色的法律殖民主义或法律帝国主义,重视国际规则的本土化转换,保持法律发展的独立自主性,防止法制现代化的边缘化趋势。

(5) 国家与社会这一分析工具所关注的是文明社会在其进步与发展的过程中发生的结构性变化以及这一变化所带来的影响和后果。因此,当我们运用这一概念框架去考察法制现代化的进程时,要特别注意探讨每一个文明国度的国家与社会的矛盾运动及其历史特点,从而把握不同国家的法制现代化进程的历史差异性,看到法制现代化模式与运行机理的多样性。由此,即可以认识到那种认为全球化进程必将导致"全球市民社会"、"世界国家"和"世界法"出现的看法,不过是海市蜃楼式的幻想。

(6) 在时下的国际法学界,关于法律发展或法制现代化问题的学术研究,正呈现出方兴未艾之态势。这是全球化进程在国际法学界的理论回响。对于当代中国法学界来说,进一步深化和拓展法制现代化的研究领域,乃是一项需要努力以赴的事业。

(原文刊于《中国法学》2002 年第 5 期)

全球化背景下的中国司法改革

一、问题的重要性

人类已经或正在进入一个全球化的时代。当今世界的全球化浪潮,已经或正在给人类社会文明的发展带来极其深刻的影响。

全球性的法律重构犹如一股汹涌澎湃的大潮,有力地冲击着各个主权国家的法律生活世界,重新塑造着世界的法律版图。各国的法律发展与全球化进程日益紧密地联系在一起(不管是自觉的抑或是不自觉的),形成了一个有机的互动趋势。

全球性法律文明的巨大变迁,必然对当代中国的社会变革、法律发展与司法改革进程产生新的日益复杂的冲击和影响。估量全球化进程给中国法律发展与司法改革所带来的新的问题与新的挑战,无疑是我们需要认真对待和深入思考的问题。

全球化是一个历史性的过程。人们对这一过程的描述,是各不相同的。我更多地倾向于认为,人类社会的全球化进程大体上经历了三个既相联系又相区别的阶段。第一个阶段约从 15 世纪开始到 18 世纪,这是全球化进程中的第一次浪潮;第二个阶段约从 19 世纪中叶到 20 世纪初叶,这是全球化进程中的第二次浪潮;第三个阶段约从 20 世纪 80 年代开始直到现在,这是全球化进程中的第三次浪潮。[①] 揭示这三个不同阶段的全球化背景下中国法律发展与司法领域

[①] 有的学者从概念上区分了两次全球化,即第一次全球化是现代早期(通常指 15—16 世纪前后)世界体系的逐步形成过程中出现的,而第二次全球化则是从 20 世纪后半叶尤其是 80 年代以来开始发轫的。参见[德]狄特玛尔·布洛克:《全球化时代的经济与国家——从民族的国民经济到全球化的世界经济》,张世鹏、殷叙彝编译:《全球化时代的资本主义》,中央翻译出版社 1998 年版,第 100—117 页。有的则把全球化的发展划分为三个阶段,即 1870—1914 年为全球化的第一个阶段,1945—1980 年为全球化的第二个阶段,1980 年至今为全球化的第三个阶段。参见胡鞍钢主编:《全球化调整中国》,北京大学出版社 2002 年版,第 16 页。

的变化轨迹,审视全球化进程对当代中国司法改革的深刻影响,这对于我们自觉地把握中国法律与司法发展的特点和规律性,是大有裨益的。

这里需要说明的是,在当代中国,司法的含义很广泛,不仅指审判活动,也包括行使检察权的行为。本文关注的侧重面,主要是法院的司法审判制度,或以法院为中心的司法体系。

二、第一次全球化浪潮与中国司法发展

第一次全球化浪潮大约发端于 15 世纪前后,到 18 世纪西欧工业革命蔚成风气。公元 1500 年通常被思想界和史学界看做是人类社会发展历史上的一个重要转折点。此前的历史,是东西方文明按照其固有的逻辑各自平行独立发展的历史(尽管这两个文明系统之间彼此存在着相互影响)。而公元 1500 年前后,亦即从哥伦布、达·伽马和麦哲伦的远航探险开始,东西方文明之间的平行独立发展逐渐被由新兴的西欧所促成的全球性的世界历史进程所替代。

新大陆与新航路的发现,日益扩大了交往与市场范围,并由此而逐步形成世界市场,从而大大推动了社会生产力的新发展。与此相适应,一种以形式主义法律为表征的近代法律系统在西欧社会逐步形成。在这一时期,法院的权力获得重要的意义。这是因为,随着贸易交往变得愈来愈重要,广泛细密的分工成为绝对必要,法院的权力便达到自己的最高峰。与此同时,工业和商业的进一步发展,推动了"纯粹私有制"运动的兴起,因而作为商品经济关系的典型法律表现形式的罗马私法,便立即得到恢复并重新获得威信。这种新兴的国际性的商业发展,无论在欧洲大陆,还是在英伦三岛,到处都是以罗马法典为基础的。

伴随着历史向世界历史的转变,近代西欧的理性主义法律与司法文化在全球范围内逐渐传播。当英国人在北美大陆建立了殖民统治之后,也给殖民地带来了近代的法制。[①] 然而,在 19 世纪之前,传统中国在很大程度上依然处于闭关自守的状态。中国法律与司法自成一体,经历着自主发展的历史行程,很少为外部世界所影响。

[①] 亚当·斯密指出:"此等殖民者,又随身带来了统治者的习惯,关于正常政府的观念,维持政府的法制的观念以及正常司法制度的观念。他们自然要把这些在新殖民地建立起来。"参见[英]亚当·斯密:《国民财富的性质和原因的研究》下卷,郭大力、王亚南译,商务印书馆 1974 年版,第 136 页。

在长期的自然演进过程中,中国法律形成了传统的独有特性。从形式意义上看,它表现为法律分化程度较低的诸法合体的法律结构体系。在这里,不存在法律分类与专门化的现象,而是民事法与刑事法、实体法与程序法浑然一体。因此,古代中国一体性的法典编纂事业之活跃,体例之复杂,体系之详备,恐怕在世界法律文明史上也是鲜见的。再从实体价值上看,传统中国法制表现为以宗法为本位的熔法律与道德于一炉的伦理法律价值体系,这是一种体现儒家伦理精神的法律,是一种建立在"天人合一"深厚道德基础之上的法律系统。在这里,"天人合一"是古代伦理法律的深层指导原则和存在的根据,因而构成这一法律系统的终极依托;"内圣外王之道"是实现"天人合一"法律理想的行动方式,它表现为礼治主义和泛道德主义。因此,在传统中国法律架构的统摄下,历史性地生成了中国固有的司法机理与制度。在传统中国的司法领域中,司法活动最为显著的特点,就是排拒形式主义司法的要求,极力追求和注重所谓"实质公道"原则。司法与行政并不是彼此分离的,而是内在结合的有机统一体,并且通过吏治体系加以制度性的强化,因而司法在很大程度上具有"内阁司法"的性质。裁判的依据并不仅仅是具有法律效力的规范,往往要考虑到神圣的传统、家族背景和个人品性,并且依据具体情况的不同而不同。在传统家族制的条件下,官吏不是根据形式的法律和一视同仁地来进行审判,而是按照神圣传统所能允许的原则和范围来审理案件。① 因此,传统中国司法体系不是形式主义的司法系统,而是一种以实体性公正为追求目标的伦理型的司法类型。

这种独具特质的司法制度处于一个自然的历史演进过程之中,形成了与西欧司法文明系统截然不同的司法发展类型。直到近代西方法律与司法文化传入中国之前,它并没有因全球化进程的启动而改变自己的成长轨迹,也没有因内部王朝的兴衰更替而动摇自己赖以存在的根基。相反,与 19 世纪之前中国在全球世界以及亚洲的中心地位相适应,传统中国的伦理型的法律与司法制度对外域法律与司法文明的影响不断增强,以至于发展成为一个以中国为核心的包括日本、朝鲜等东亚国家在内的中华法系架构下的司法文明系统,影

---

① 参见[德]马克斯·韦伯:《儒教与道教》,洪天富译,江苏人民出版社 1993 年版,第 122—124、174 页。

响了东亚诸国法律与司法文化的演进趋向。所以,在第一次全球化浪潮面前,传统中国本土化的法律与司法体系基本上处于主动者的自主地位。

三、第二次全球化浪潮与中国司法转型

从 19 世纪到 20 世纪初叶,人类社会经历了第二次全球化浪潮。以往那种孤立自在的民族生存状态被彻底打破,而被纳入一个整体化的彼此相互联系的发展网络之中,整个世界面貌发生了前所未有的变化。此时的西方世界在近代工业革命的强劲推动下,在世界经济体系中取得支配性的地位。[①] 伴随着 19 世纪以来西方世界的新一轮对外殖民扩张,在西方文化的冲击和影响下,在广大亚非拉国家和地区出现了一股所谓"泛西方化"浪潮。诚然,从 15 世纪到 19 世纪前这四百年的全球经济时代,中国在世界舞台上占有中心的地位。[②] 但是,19 世纪中叶之后,中国的世界中心地位开始被西欧所取代。西方列强凭借武力和商品,强行打开中国封闭的大门。中国在这个新兴的世界体系中日益处于边缘化状态。

这种全球地位的转换,导致法律生活世界的巨大变迁。在这一历史时期,近代西方法律与司法文化广泛传入中国社会。古老的自主发展的中国法律与司法文明,第一次以被动的姿态迎接着西方法律与司法文明的尖锐挑战,从而走上艰难的转型之路。近代中国法律与司法转型进程中所遭遇到的外来影响是多元的:既有古典自然法学派司法理论思潮的激荡,又有社会法学家们司法思想的影响;既有欧美法制与司法模式的冲击,又有以"脱亚入欧"为特征的日本法制与司法模式作为参照。

清末法制改革是在西方法律文化东渐,传入乃至挑战的情势下所采取的一种回应姿态,是按照传统文化与近代文化的双重标准所进行的一次法制改造工程。而这一改革的基本动因,除了晚清统治集团企望以此缓和社会政治危机之外,还在于清廷试图收回由"条约制度"所建立的领事裁判权的一种被动的努力。领事裁判权制度是近代中国沦

---

① 参见[美]伊曼纽尔·沃勒斯坦:《现代世界体系》第 1 卷,尤来寅、路爱国等译,高等教育出版社 1998 年版,第 79—128 页。

② 参见[德]贡德·弗兰克:《白银资本——重视经济全球化中的东方》,刘北成译,中央翻译出版社 2000 年版,第 19—26 页。

为半殖民地社会的历史产物,是中外不平等条约的司法表现。从法律特征上看,领事裁判权乃是一种"属人权"。按照领事裁判权,诸列强国家的国民在中国的活动和行为,皆不受中国的司法管辖,而只受本国领事的司法管辖;在少数设有会审公廨的租界内,外国领事等官员甚至曾经接管会审公廨,租界成为"国中之国"。[①] 因此,在领事裁判权制度下,外国列强肆意掠夺中国的法律与司法主权,近代中国的司法制度显现出浓厚的半殖民地色彩。这乃成为晚清政府所面临的沉重的外部压力。所以,清末法制与司法改革的动因之一,即在于通过"采用西法"来"整顿旧法",以期收回领事裁判权。[②]

在晚清预备立宪进程中,统治集团十分重视司法机构的设置和司法权力的运作问题。出使各国考察政治与宪政的诸大臣们,在考察期间很留意西洋诸国及日本政制中关于司法制度的安排构架。借鉴近代西洋模式,改革司法制度,已成为摆在晚清统治者面前的一项重要任务。1906年10月,清廷改革传统的官制,其中一项重要内容就是决定实行司法与行政的分立,将刑部改为法部,专管司法行政,将大理寺改为大理院,专管审判。[③] 其后,在沈家本的主持下,修订法律馆仿行日本的裁判制度,于1907年9月拟订出《法院编制法草案》,建立了四级三审制的近代型审判制度。该法后经宪政编查馆审核,并连同该馆编订

---

① 参见费成康:《中国租借史》,上海社会科学院出版社1991年版,第158、203页。

② 清末修律的主持人沈家本专门论及过晚清司法改革与收回领事裁判权之间的关联。在他看来,司法改革的一个重要目标,就是要实现司法与行政的分离,推行司法独立。列强攫取治外法权的重要口实,即在于认为中国司法审判不独立于行政。是谓"领事裁判权不过以彼之法绳彼之民。然英之于上海,德之于胶澳,华民讼案亦越俎代庖;近日本更大开法院于辽左。卧榻之旁岂容他人鼾睡,矧其为陪都重地耶。法权所在,即主权随之。以审判不同之故,予以口实,贻蔓草难图之祸"。沈家本以日本收回治外法权为例,来证明推行司法独立之重要性。即谓"日本开港之初,各国领事俱有裁判之权。逮维新以来,政府日孜孜于裁判统一,不数十年,卒使侨民服从其法律之下。论者谓,国力之骤张基于立宪,其实司法独立隐收其效"。参见李贵连:《沈家本传》,法律出版社2000年版,第242—243页。

③ 光绪三十二年九月十六日,庆亲王奕劻等在《奏厘定中央各衙门官制缮单进呈摺》中,陈述了司法与行政合一的诸方面弊端,进而指出:"立法、行政、司法三者,除立法当属议院,今日尚难实行,拟暂设资政院以为预备处,行政之事则专属之内阁各部大臣。故分之为各部,合之皆为政府,而情无隔阂,入则参阁仪,出则各治部务,而事可贯通。如是则中央集权之势成,而政策统一之效著。司法之权则专属之法部,以大理院任审判,而法部监督之,均与行政官相对屹,而不为所节制。此三权分立之梗概也"(参见故宫博物院明清档案部编:《清末筹备立宪档案史料》上册,中华书局1979年版,第464页)。同年九月二十日,清廷下谕:"刑部著改为法部,专任司法。大理寺著改为大理院,专掌审判"(参见故宫博物馆明清档案部编:《清末筹备立宪档案史料》上册,中华书局1979年版,第471页)。

的《初级暨地方审判厅管辖案件暂行章程》《法官考试任用暂行章程》《司法区域分划暂行章程》等，均经奏准，颁布施行。① 尽管权力的分立依旧以皇权为依归，但是一个新的司法体制毕竟已经诞生。

在辛亥革命时期制定的《中华民国临时约法》(1912 年 3 月)，按照近代西方的"三权分立原则"来安排国家司法体制，规定法院是国家的审判机关，由临时大总统及司法总长分别任命的法官组成；规定法官独立审判，不受上级官厅之干涉；建构了法官终身任职制度。规定法官在任中不得减俸或转职，非依法律受刑罚宣告，或应免职之惩戒处分，不得辞职。② 因此，伴随着第二次全球化浪潮的冲击，一个带有"西方化"色彩的司法制度开始出现在近代中国法律文化体系之中。

四、第三次全球化浪潮与中国法院改革

20 世纪 80 年代以来兴起的当代全球化运动，乃是人类社会的第三次全球化浪潮。在这一新的时代进程中，全球范围内的信息与通信技术的革命性变化，全球网络的逐步形成，正在把各个市场主体带入一个"无疆界的市场"。扑面而来的全球化浪潮，正在相当的程度上促进全球经济与社会活动的一体化进程，从而引发全球法律与司法发展进程的重构。

作为一个主权国家和正在重新崛起的世界大国，中国面临着应对全球化挑战的严峻课题，也在经历着重构法律与司法制度的历史性过程。从 20 世纪 80 年代中期开始，中国的法院改革即已开始酝酿。不过，那时的法院改革大体上涉及推行公开开庭、改进合议庭工作、注重审判工作监督、加强案例指导等方面。③ 进入 20 世纪 90 年代以来，中

---

① 参见谢振民编著：《中华民国立法史》下册，中国政法大学出版社 2000 年版，第 986—989 页；谭世贵主编：《中国司法改革理论与制度创新》，法律出版社 2003 年版，第 20—21 页。

② 参见中国第二历史档案馆编：《中华民国史档案资料汇编》第 2 辑，江苏古籍出版社 1991 年版，第 110 页。

③ 1988 年 6 月召开的第十四次全国法院工作会议，根据中共十三大精神，提出要搞好法院自身的改革，加强和完善法院自身的机制。会议指出，要改善执法活动，坚持依法独立审判，保证严肃执法；要克服"重实体、轻程序"的现象，认真执行公开审判制度；要切实改进合议庭工作，切实加强合议庭的责任；要强调当事人的举证责任，提高办案效率；要改革法院人事管理体制，从法官的录用、选任、考核、晋升、培训、奖惩、管理等方面，逐步建立具有中国特色的社会主义法官制度；要改革法院干部教育培训管理体制，建立多层次、正规化的法院干部教育培训体系；要改革和加强法院系统的司法行政工作，推进法院工作的规范化、标准化和现代化。很显然，这是在当时的历史条件下推进法院改革的第一个比较系统的设想与方案。

国的法院改革开始在更加广泛的背景下和更大的范围内逐步展开,由此形成法院改革的第一个阶段。在这一时期,法院改革的主要领域集中在审判方式改革方面。最高法院先后制定了《第一审经济纠纷案件适用普通程序开庭审理的若干规定》(1993年11月16日)《经济纠纷案件适用简事程序开庭审理的若干规定》(1993年11月16日)《关于审理刑事案件程序的具体规定》(1994年3月21日)《关于人民法院立案工作的暂行规定》(1997年4月21日)《关于民事经济审判方式改革问题的规定》(1998年7月6日)等规范性文件,积极推进审判方式改革。1996年,最高法院召开了全国法院审判方式改革工作会议,进一步提出了改革的目标、内容和基本要求。这一时期审判方式改革的主要内容包括:逐步改变职权主义的庭审模式,强调当事人举证,加强对证据的质证和开庭辩论,充分发挥开庭审理的功能;强化依法适用简易程序,及时处理一般经济纠纷;简化诉讼程序,减少诉讼消耗,以取得最佳的审判效果;加强调解工作,凡是能够调解的,当事人也愿意调解的,开庭前可以调解,庭上庭下也可以进行调解,等等。① 与此同时,在这一时期,法院人事制度改革也开始启动。② 其中,最具标志性意义的,乃是八届全国人大常委会第十二次会议通过的《中华人民共和国法官法》(1995年2月28日)。这部法官法从保障法院依法独立行使审判权、保障法官依法履行职责出发,对法官的职责、义务和权利、条件、任免等问题作了较为详尽的规定,从而拉开了当代中国法官职业化建设的序幕。③

1997年10月召开的中共十五大,提出了依法治国、建设社会主义法治国家的历史任务,并且强调要推进司法改革,从制度上保障司法机关依法独立行使审判权和检察权。1999年10月,最高人民法院颁布了《人民法院五年改革纲要》(以下简称《改革纲要》),当代中国的法院改

---

① 参见最高人民法院研究室编:《司法文件选》(1993年卷),人民出版社1995年版,第433—434页。
② 1992年12月召开的第十六次全国法院工作会议提出要推行法官制度改革,强调要抓好《中华人民共和国法官条例》(草案)在上海、哈尔滨两市部分法院及海南全省法院的试点工作,并逐步扩大试点范围。
③ 有的学者认为,《法官法》的制颁,标志着当代中国的法官管理模式正在发生历史性的变革。它反映了社会治理方式和治理结构对司法领域的深刻影响,体现了社会治理过程对司法职能的新要求。建立适应社会治理变革要求的法官管理制度,是中国法官制度变革的基本趋向。参见胡夏冰:《司法公正与我国法官制度的变革》,载张卫平主编:《司法改革论评》(第3辑),中国法制出版社2002年版,第75—105页。

革由此进入了第二个阶段。在这一时期,法院改革主要在内部层面上全方位展开。《改革纲要》第一次系统地阐述了法院改革的目标与原则,提出了三十九项具体的改革任务,涉及审判方式改革、审判组织改革、法院内设机构改革、法院人事管理制度改革、法院办公现代化建设、审判监督和社会监督机制、法院深层次改革之探索等七大领域,成为指导法院改革的重要文献。

五年来,当代中国的法院改革波澜壮阔,蓬勃展开。审判方式改革在前一阶段改革的基础上,重在完善运行机制,加强制度建设,成为当代中国司法改革进程中的一个最为活跃、效果较为显著的领域。[1] 诸如,推行立审分立、审执分立和审监分立等"三个分立",建立和完善审判流程管理制度,形成确保司法公正的审判运行机制;继续完善并且严格执行公开审判制度,不仅一审案件基本上实现了开庭审理,而且二审案件开庭审理的比例也在明显提高;建立民事诉讼证据制度和行政诉讼证据制度,深化民商事审判方式改革,行政审判方式改革亦日趋活跃;审判监督制度改革逐步展开,力图实现从无限申诉到有限申诉、从无限再审到有限再审的转变;此外,裁判文书的改革步伐明显加快,裁判文书愈益成为法院向社会展示司法公正的有效载体,等等。

审判组织改革力度明显加大。在当代中国,从 20 世纪 80 年代后半期开始,即已开始关注强化合议庭职能。到了法院改革的第二个阶段,规范审判委员会、院长、庭长与合议庭之间的关系,进一步完善合议制度,则成为这一时期审判组织改革的重心所在。这一改革的基本要求是:强化合议庭的审判职权,依法将案件作出裁判的权力交由合议庭行使,少数重大疑难案件才提交审委会讨论决定;庭长、院长个人无权决定对案件的裁决,更无权改变合议庭评议的结论;加强合议庭的力量,庭长、分管副院长直接参加合议庭担任审判长。[2] 从过去院长、庭长审批案件到由合议庭讨论决定案件,这一转变意味着审判权的历史回

---

[1] 关于当代中国审判方式改革的性质与特征,多数人用弱化职权主义、强化当事人主义来加以表征。张志铭则认为,中国审判方式改革所要解决的问题,主要是如何使司法民主化的问题,而非变更审判方式的问题。通过这一改革,可以看出中国正在通过司法民主化的进程,走向一种真正的现代职权主义审判模式。参见张志铭:《审判方式改革再思考》,载《法理思考的印迹》,中国政法大学出版社 2003 年版,第 290—296 页。

[2] 1998 年 12 月 2 日召开的全国高级法院院长会议进一步强调,要改变每个案件都层层审批的做法,逐步扩大合议庭和独任审判员的职权,逐步做到除重大、疑难案件由审判委员会讨论决定外,其他案件均由合议庭审判,逐步做到庭长、院长不审批案件。

归,意味着合议庭制度的价值确证,也意味着审判组织制度的现代化改造。因此,在合议制的长期实践与不断探索的基础上,最高法院颁行了《关于人民法院合议庭工作的若干规定》(2002 年 8 月 12 日),明确了合议庭的组成方式、基本职责、运行机制以及与审判委员会的关系等相关事项,从而优化了审判权资源的合理配置,巩固和深化了审判组织改革的成果。

法官人事制度改革从 20 世纪 90 年代初就开始逐步启动。但是这一改革进程中最具标志性意义的,乃是 2001 年 6 月法官法的修订和 2002 年 7 月召开的全国法院队伍建设工作会议。新的法官法不仅提高了进入法官队伍的门槛,而且建立了国家统一司法考试制度,规定只有通过国家统一司法考试,才具有担任法官的资格。全国法院队伍建设工作会议则鲜明地提出了推进法官职业化建设的任务,强调严格法官的职业准入,强化法官的职业意识,培养法官的职业道德,提高法官的职业技能,加强法官的职业保障,完善法官的职业监督,并且提出了实行法官员额制度、改革法官遴选制度、试行法官助理制度等具体措施。这确实具有战略性意义。这是因为,全球法治发展的历史告诉我们,法官职业化是建构现代法院制度的必由之路。司法领域范围的任何改革举措,如果不关注法官素质的改善和提高,那是很难取得效果的。而在现阶段中国社会的历史条件下,法官职业化建设任务的提出与施行,实际上意味着当代中国法院改革的深化,意味着法院改革愈益触及体制性层面,也意味着法院改革的任务更加艰巨复杂。

总的来看,《改革纲要》的制定和实施有力地推动了中国法院制度现代化的历史进程。①

进入新世纪以来,当代中国的法院改革面临着全新的境况和重要的战略机遇。加入世界贸易组织,不仅给中国带来了一个全新的国际政治、经济与法律环境,而且有力地推动着当代中国司法制度的创造性转换。2002 年 11 月召开的中共十六大,第一次全面提出并阐述了推进司法体制改革的历史性任务。由此,中国法院改革进入了第三个阶段。与前两个阶段的法院改革进程明显不同的是,这一新阶段的法院改革将更多地涉及体制性层面的问题。所以,十六大用司法体制改革(而不

---

① 有的学者明确提出,当代中国司法教革的目标,即在于建立现代化的司法制度或实现司法制度的现代化。参见王利明:《司法改革研究》(修订本),法律出版社 2001 年版,第 39—43 页。

是司法改革)来统摄当代中国司法领域的发展取向。它把保障在全社会实现公平和正义视为社会主义司法制度的本质性特征,进而强调要健全司法体制,按照司法公正的要求,完善司法机构的机构设置、职权划分和管理制度,进一步健全权责明确、相互配合、相互制约、高效运行的司法体制;强调要坚持司法独立,从制度上保证审判机关和检察机关依法独立公正地行使审判权和检察权;强调要改进司法管理制度,改革司法机关的工作机制和人财物管理体制,逐步实现司法审判和检察同司法行政事务相分离。① 很显然,处于新世纪新阶段的当代中国法院体制改革的历史性课题,就是要积极稳妥地推动从传统型法院制度向现代型法院制度的历史性转变,实现当代中国法院制度的现代化,建设具有中国特色的社会主义司法文明模式。

五、全球化与中国司法现代化

当代的全球化进程,在很大程度上意味着对全球市场经济发展的确证,意味着世界各个国家与民族的生产方式的某种趋同,因而决定着全球法律与司法重构的价值取向。如果我们反观全球化背景下的中国法院改革的总体状况,就会发现,这一改革始终注重遵循人类司法文明的共同价值准则,反映全球市场经济运行规律的基本司法需求。当代中国法院改革蕴涵着深厚的价值基础。"公正与效率"工作主题的提出,充分展示了中国法院改革的价值合理性,体现了人类司法文明发展的共通性价值指向。而这种价值合理性的物化的外在形态,则是司法的形式合理性或司法形式主义的历史性运动。② 这亦是中国法院改革的直接后果。

我们知道,司法过程实际上通过法律的适用这一中介环节,把法律

① 最高人民法院院长肖扬深刻阐释了中共十六大关于推进司法体制改革的基本思想,分析了当代中国现行法院制度存在的主要问题,即司法权力地方化、审判活动行政化和法官职业大众化,进而揭示了推进中国司法体制改革的内在必然性。他根据中共十六大精神,把当前和今后一个时期人民法院的司法改革归纳为以下八项:改革法院体制,改革法院的人财物管理体制,建立健全独立审判保障制度,改革和完善法院的司法行政管理与审判管理制度,完善诉讼程序制度,改革执行体制和执行工作机制,加强对司法工作的监督制度,完善法官制度。这就勾勒了一幅当代中国第三阶段法院改革的基本图景。参见肖扬:《实现社会公平和正义的保障——论推进司法体制改革》,《求是》2003年第9期。
② 有的学者论证说,中国法院制度现代化的重要任务,就是要在形式合理性要求下进行运作,因为形式合理性是现代法治中压倒一切并包容一切的问题。参见左卫民、周长军:《变迁与改革:法院制度现代化研究》,法律出版社2000年版,第196页。

规范的抽象设定和普遍要求转化为社会成员的具体单个的行为。司法的任务就在于把一般法律应用于特殊情况下的具体事实,从而使司法判决具有可靠的预测性。这一情形被马克斯·韦伯称之为司法形式主义。① 而司法形式主义恰恰是全球司法文明进步大道上的基本司法原则,是人类对司法理性的普遍性追求。

司法形式主义是现代司法文化与制度的内在要求,其实质乃是司法法治主义,它构成了现代法治与司法系统的运作基础。② 司法形式主义最重要的、最基本的要求,便是行政与司法的分离。在古代社会,统治者为了巩固社会政治秩序,一般都抱着垄断司法组织的倾向,并力图使这种垄断理性化。庞大的行政官僚组织系统与司法制度有着密切的关联,总是履行着一定的司法职能。随着传统社会向现代社会的转型,社会结构的分化日益加剧,司法的自主性调节机制获得了长足的发展。行政权与司法权彼此分开,实行司法独立,是现代法治与司法的基本要求。行政者的任务是贯彻立法者通过的法律规则,并且在不是他制定的法律规则所限定的范围内活动;而法官则是以完全不同于行政的方式从事自己的工作,通过对法律的解释与适用来处理各种纠纷,进而实现社会正义。因此,要把法律所体现的普遍精神具体融解和贯彻落实到个别案件的公正审理之中,就需要公正不阿、精通法律、维护法治尊严的法官。在中国法院改革过程中,一个重要的问题便是力图减缓或消除行政对司法审判活动的干预或影响,保持审判权的应有独立性。为此,国家采取了多方面措施,维护司法独立的原则与机制。诸如,《法官法》明确法官的权利之一是依法审判案件,不受行政机关、社会团体和个人的干涉,强调行政机关、社会团体或个人干涉法官依法审判案件的,应当依法追究其责任。又如,中共十六大明确提出要改革司法机关的人财物管理体制。这一改革目标的实现,必将有力地促进保障司法

① 马克斯·韦伯指出:"司法的形式主义使法律体系能够像技术合理性的机器一样运行。这就保证了个人和群体在这一体系内获得相对最大限度的自由,并极大地提高了预言他们行为的法律后果的可能性。程序变成了以固定的和不可逾越的'游戏规则'为限制的、特殊类型的和平竞争"。[德]马克斯·韦伯:《经济与社会》(上卷),林荣远译,商务印书馆1997年版,第656页。
② 郑成良认为,法律的形式合理化与法治主义之间有着内在的关联。在司法领域中,必须坚持形式合理性优先的原则。这是因为,对于司法者而言,这意味着他不可以合法性这个前提,去追求个案处理结果的实质合理性。因此,在实质合理性与形式合理性不能共存的条件下,必须优先满足形式合理性的要求,并放弃个案的实质合理性,以确保合法性实现。参见郑成良:《法律之内的正义——一个关于司法公正的法律实证主义解读》,法律出版社2002年版,第147—148页。

独立体制的建构与发展。

司法形式主义要求司法权的国家统一性。法律适用的过程，实际上是国家意志的现实化的过程，因而适用法律的权力应当统一而不应当分散。法官的行为是国家意志行为的缩影，任何个人非经法定授权都不得染指国家司法领域。司法权的专有性，要求司法活动必须遵循严格的法治原则。为了使案件有一个公正合理的审判，法官必须按照法律的规定来适用法律，而绝不能超越法律的界限。受到法律之外因素的影响。一种行为是否犯罪，一个案件的判决或裁定的作出，都需要具备充分的法律依据，而不应以法律之外的力量为转移。这一司法的法治主义精神，浸透在中国司法改革的过程之中。国家明确提出要恪守司法的法治主义原则，维护司法权的国家统一性，坚决反对各种形式的司法的地方保护。这反映了现代市场经济对司法活动的内在要求。这是因为，现代市场经济在本质上与司法法治主义密切相联。它必然要求确保法官的独立自主地位，使之服从具有非人格特征的法律秩序，凭据事实和法律来裁决其受理的案件；它必然要求建立统一完整、公正有效的司法空间，在这里各个市场主体都受到平等的司法保护，而不受地域、身份等因素的干扰。现代市场经济在中国的蓬勃发展，给当代中国的司法形式主义或司法法治主义运动开辟了广阔的天地。随着我国加入世界贸易组织，当代中国经济生活正日益融入全球市场经济体系的主流之中，这给推进司法改革、强化司法权威注入了新的生机和动力。

要做到适用法律的统一性与合法性，就必须实现司法过程的程序化。这是关乎司法形式主义或司法法治主义命运的重要问题之一。衡量传统司法制度与现代司法制度彼此区别的一个重要尺度，乃是司法的程序性。它不仅是司法形式主义运动的有机组成部分，也构成司法活动的基本要素和内在价值，因而是与传统法制的司法非程序化大相径庭的。在当代中国司法改革的进程中，关注司法的程序公正成为一个显著的亮点。① 早在 20 世纪 80 年代后半期，最高人民法院就明确指出要克服"重实体、轻程序"的现象，执行审判公开制度。此后，随着司

---

① 有的学者认为，当代中国通过诉讼制度的现代化改造，来保障程序公正。司法的中立性，诉讼程序的公开化，诉讼模式的对抗化，坚持直接审判原则。程序的多样性，案件管理的流程化，等等，构成了程序公正的保障体系。参见曾宪义：《司法公正与司法效率的保障机制研究》，载曹建明主编：《公正与效率的法理研究》，人民法院出版社 2002 年版，第 161—176 页。

法改革的逐步深入,强化程序观念、追求程序公正愈益成为改革的重要价值取向。持续十多年的审判方式改革的中心环节,便是以程序公正为依归。立案与审判、审判与监督、审判与执行这三个分立之主旨,即在于通过确保程序上的公正合理来实现实体上的公正。人们对程序性公正如此关注和重视,以至于把架构正当与公正的司法程序制度本身视为司法活动的固有价值,甚或强调程序公正对于实体公正的优先性。我认为,强调程序公正确实是当代中国司法观念的一个深刻转变。所以,当中共十六大提出要"完善诉讼程序,保护公民和法人的合法权益"的时候,我们完全有理由对当代中国司法改革的未来前景充满信心。

黑格尔说过,民族的宗教、政治制度、伦理法制、风俗以及民族的科学、艺术和技能,都具有民族精神的标志。人类社会的司法文化宝库绚丽灿烂。一定的司法文化与司法制度是在特定的时空条件下形成和发展起来的。不同的文明国度在其社会历史演进中,产生了各具特色的不同时代的司法文化传统。诚然,在全球化的背景下,现代化的司法制度之建构,意味着司法文明价值体系的巨大创新,包含了现代司法生活的多方面进展,因而是一个突破固有的制度而在司法领域显示出来的深刻变革。不管各个民族的法律与司法发展道路如何,它们都将被纳入一个新的法治与司法发展的轨道之中。但是,创设现代司法文化与制度,是一个具有浓郁民族色彩的司法体制与机理的转型过程,绝不意味着沿袭久远的民族传统精神与形式的历史性消逝。① 因此,对于当代中国来说,在外部世界提供的模式中找不到现成的答案,只能凭借自身基于本民族需要和条件的创造性行动,通过推进司法改革,来实现司法文化与制度的现代化改造。

应当指出,如上所述的司法形式主义蕴涵着特定的价值准则。它不仅意味着在法定的程序化过程中确证法律的权威,而且意味着通过公正合理的司法机制平衡利益关系,确立有机的秩序,实现社会正义。恰恰在这个问题上,现代西方法治与司法制度遇到了合法性危机。昂格尔关于从关注形式公正向关注实质公正的转变之分析,诺内特和塞尔兹尼克

① 比如,有的学者在论及时下中国的审判方式改革问题时指出,在现阶段,与其引入对抗制,不如实实在在地把职权主义的诉讼模式加以完善。更稳妥也是更现实的改革方案,是以现代的职权主义司法规范改造现行的种种制度,而不是引入那种迄今为止人们尤其是司法界还非常陌生的,也是与我们的传统以及相关体制之间凿枘不投的对抗制。参见贺卫方:《司法的理念与制度》,中国政法大学出版社 1998 年版,第 185 页。

关于从自治型法向回应型法的转型之探讨以及哈贝马斯关于法治与司法机制中价值因素的重申,都在相当的程度上反映了对于所谓西方后自由主义法治与司法变革的理论期待。与此相联系,在新的全球化浪潮的激荡下,西方国家的司法改革运动广泛兴起。这一改革的基本特点是:简化司法诉讼程序,使国民更加容易接近司法,便利公众寻求司法救济;降低诉讼成本,提高诉讼效率;对当事人主义进行适当的限制,保证法院公正地解决纠纷;发展调解制度,探索诸如替代诉讼的纠纷解决方式(ADR)的多元化解决纠纷机制,等等。① 这一改革旨在回应后现代社会和全球化时代对司法领域的挑战,扩张司法的社会容量。

也正是在这个问题上,似乎显示了中国法律传统的固有价值意义。中国传统法制与司法的形式合理性欠佳,程序正义机制较弱。韦伯认为,在古代中国,司法停留在非理性状态,依赖一种实在的个体化与恣意专断。所以,古代中国缺乏一种形式上受到保证的理性法律与司法。韦伯的分析固然有一定的道理,但他排却了传统中国法律与司法机理的"实质公道"原则之合理性因素,并据此断言,东方社会与中国的法律与司法不具备走上现代化道路的条件。这就不免有失偏颇。的确,传统中国法律与司法注重伦常,推崇名分,高扬宗族本位。这一价值取向与法制及司法现代化的发展道路是显然不协调的。但是,中国法律与司法传统的"实质公道"原则,特别注重秩序,强调个体在社会系统中的特定身份与角度,要求修已与安人的内在统一;作为这一"实质公道"原则表现形式的纠纷调解机制,反映了广大民众力图通过自身努力来排解纷争进而公平交往的心理要求,因而成为共同体内部关系的一种衡平方式。这一独特的解决纠纷方式及其价值理念,乃是走向现代化的法制与司法所不可或缺的。因为现代法治与司法不仅要注重人的独立自主和自由选择,而且要平衡协调个体自由与社会正义,通过特定的诉讼或非诉讼的司法机制追求社会公正,形成有机的社会秩序。因此,摒弃中国法制与司法的"实质公道"之宗法主义因素,承继有机的社会秩序观念及其解决纠纷的衡平方式,这依然是当代中国推进司法改革、建构现代化的司法制度的内在需求。

显而易见,当代中国司法现代化的历史进程,是根源于中国社会

---

① 参见齐树洁主编:《民事司法改革研究》,厦门大学出版社 2000 年版,第 349—357、365—374、388—417 页。

生活条件、反映中国社会需要的司法改革运动,不可避免地具有自己独特的表现形式与价值准则,体现着中国法律与司法发展的固有逻辑,有着鲜明的民族特色与历史个性。[①] 即使在全球化时代,这一司法革命所具有的形式与实质、历史与价值,依然凝结着民族的法律精神和"集体意识",因而保持着强大的生命力和旺盛的时代生机。

298

六、未来的召唤

现在有必要对本文叙述的内容作一简要的主旨性小结。

全球化进程已经成为我们这个时代的一个显著特征。这一进程需要有一个全球性的法律框架与之相平衡。在这一大的背景下,世界各国的法制与司法改革运动广泛兴起。当代中国正处于一个深刻的社会转型与变革过程之中。随着在当代中国建立社会主义市场经济体制的深入推进,反映现代市场经济法权要求的法律系统逐步得以确立;随着中国加入世界贸易组织,应对 WTO 规则的法律挑战的立法与司法措施也正在逐步得到落实。适应这一全新的时代要求,中国司法改革渐次启动,方兴未艾。

基于此,作者考察了全球化背景下中国司法改革的演进过程及其发展趋向。我们看到,中国的司法发展经历了一个从前近代社会条件下孤立的内向的自然演化过程到近代以来在全球化浪潮冲击下逐步纳入全球司法文明发展轨道的历史性转变过程,迄至今日,依然可以感受到这一冲击的深刻影响。我们同样看到,中国司法改革的生成与推进,不啻来自于外部世界的挑战与影响,亦与本国度本社会内部的诸方面条件或因素的激荡息息相关,这种内在性的因素决定着中国司法改革的运动能力与运动方向,铸造着这一改革进程的独特品格。在这里,一个重要的问题必然被提出:如何认识和把握全球化进程的外部影响与中国司法改革的内在条件之间的关系?

毫无疑问,全球化进程对中国法律发展与司法改革的影响是异常深刻的。尽管当第一次全球化浪潮兴起的时候,中国法律与司法文明依旧沿着自己固有的逻辑轨迹独立地发展,但是这种孤立的封闭的运动格局毕竟难以持久地维持下去。因而,当第二次全球化浪

---

① 有的学者强调,当代中国的司法改革仍然处于起步阶段。因此,围绕公正与效率进行的改革,首先要立足于中国的实际司法国情。参见万鄂湘:《从中美诉讼制度比较看司法公正与效率问题》,载《中国司法评论》2001 年第 1 卷,人民法院出版社 2001 年版,第 34 页。

潮伴随着武力和商品,强行冲开中国的大门以后,一场以采用西法为表征的大规模法制与司法改革便在晚清社会展开。这一改革的历史性后果之一,乃是具有西法特点的司法制度的建构,进而打断了中国司法的自主发展进程。当代全球化进程呈现出一体化的趋势,从而催发着全球性的法律与司法制度的重构。处在这一过程之中的中国司法改革,势必要反映全球市场经济体制的司法需求,体现全球司法文明发展的共通性因素,对固有的司法理念与司法机制进行现代化的革新与改造,以期适应迅速变动之中的全球经济、社会与法律环境。因此,善于抓住这一机遇,不失时机地推进司法体制改革,就显得尤为重要。我们既要看到全球化背景下中国司法改革进程中出现的新情况、新问题,又要看到已经或正在出现的有利于司法改革的各种因素或条件,把握创设现代化的司法制度的新机遇;特别是在眼前的矛盾和困难中看到中国司法改革与发展的长远希望。在严峻的挑战中明确奋斗的方向,保持与时俱进、奋发有为的精神状态,坚定地推进中国司法制度的现代化进程。

与此同时,我们要清醒地意识到,当代的全球化进程亦在呈现出多元化的趋势,全球性分裂的趋向正在开始出现。这是一个相反相成的历史进程。这一多元化的全球化进程,赋予中国司法改革以特有的历史品性。中国司法改革运动是在特定的时间和空间条件下所展开的司法制度的创新过程,具有自身独特的历史传统、生成条件、演进轨迹和发展趋向。因此,我们固然要正视全球化进程对中国司法改革所带来的冲击与影响,但更为重要的是要关注这一冲击与影响的实现方式、作用范围及其历史限度,关注这一冲击与影响是怎样内化为本民族创新司法制度的生机与活力。我们在充分借鉴人类司法文明发展的共同性丰富成果的同时,更要注意这些共通性的全球司法文明准则、机制和制度同本民族本国度的具体条件、因素及社会需要之间的耦合程度问题,发现实现这种有机转化的内在机理,而绝不能不顾实际条件以及需要与可能,一味地照抄照搬。中国司法制度的创造性革新,正在逐渐融入全球性法律与司法重构的过程之中。在这种情况下,如何保持中国司法改革与发展的自主性品格,就成为一个至关重要的问题。我们在强调司法改革应当与全球市场经济规则的要求相协调的同时,更要注意坚定地捍卫民族国家的司法主权,维护国家经济安全与国家利益,谨防司法改革与发展的边缘化趋势。①

　　总之,在全球化的背景下,我们要从中国的实际条件出发．积极稳妥地推进司法改革,努力建构一个既与人类司法文明的普遍准则相沟通,又具有鲜明中国特色的司法制度现代化模式,确立中国司法制度在全球司法发展进程中的自主地位,走出一条符合中国国情和条件的自主型司法现代化的道路。

（原文刊于《法律科学》2004 年第 1 期,
转载于《新华文摘》2004 年第 7 期）

全球化、中国崛起与法制现代化

一、问题的复杂性

　　伴随着当代全球化的时代进程,中国崛起现象成为国际社会广泛关注和热烈讨论的一个话题,而全球化与中国崛起的背景下的中国法制现代化的取向与趋势,亦在成为国内外学术界研讨的重要学术领域之一。在我看来,全球化时代的中国法学研究,首先应当关注当下中国的法制问题,而当代中国法制的变革、转型与现代化问题,构成了当代中国法律问题的核心要义。② 全球化时代的中国法制现代化进程波澜壮阔,呈现出诸多独特的历史品格,展示出蓬勃的生机与活力,迫切需要当代中国法学与法律工作者从全球的视野,深入研究全球化背景下中国法制现代化的理论与实践问题,从而在中国崛起的进程中,始终保持着对法律发展的中国模式与中国道路的自觉意识。

　　如同全球化进程一样,中国的崛起是一种历史性的现象。从公元 1500 年左右第一次全球化浪潮的"蛹动",中经 19 世纪末 20 世纪初第

---

① 在有的学者看来,中国的司法改革必须顺应全球化趋势,遵循 WTO 规则,进行制度选择和重构;但这种选择和重构,又需要高度警惕和敏锐,以便抵制"法律帝国主义"的侵略。参见钱弘道:《中国司法改革再思考》,载江平主编:《比较法在中国》2003 年卷,法律出版社 2003 年版,第 211—228 页。

② 邓正来先生突出地强调了当代中国法学参与全球化进程的特定意义,指出要从中国发出重思世界结构中的中国,建构中国关于自己和关于世界的法律理想图景。实际上,这一观点旨在于阐释全球化时代中国法学研究的中国与世界之互动取向。参见邓正来:《谁之全球化? 何种法哲学? ——开放性全球化观与中国法律哲学建构论纲》,商务印书馆 2009 年版,第 14—21 页。

二次全球化浪潮,到 20 世纪 80 年代开始的第三次全球化浪潮,迄今已经经历了五百年左右的历史行程。如果说第一次全球化浪潮中的中华帝国大致处于世界或亚洲的中心,而第二次全球化浪潮之时的中国已经被世界边缘化了,那么正是借助第三次全球化运动的汹涌浪潮,中国开始重新崛起了!许多观察家认为,中国充分利用了当代经济全球化的战略性机遇,就像其他历史上若干崛起的大国那样,成为"世界工厂",改革开放的革命性效应获得了空前的释放,因此,中国是第三次或当代全球化进程的最大赢家之一。美国高盛公司预测,至 2027 年,中国的经济规模将超过美国,到 2050 年,中国的经济规模将达到美国的两倍。当然,也有的人不大认同中国的崛起,认为当下的中国只是一个"表面巨人",尽管从远处看中国的一切似乎显得很强大,但是一旦从近处观察中国,所谓中国崛起的陶醉情绪就会很快消失。然而,无论人们对中国崛起持有何种看法,当代中国的综合国力之强大,作为一个负责任的发展中的世界大国,中国已经或正在崛起,这都已是一个无可否认的客观的现实。应当说,这是国际社会关于中国问题的主流话语。正是从这个意义上,我们对第三次全球化浪潮持有正面的积极的评价,——尽管这次浪潮对中国冲击的负面作用不容低估。

实际上,当代中国崛起的真正的标志性形象,乃是时下的国际金融危机中的中国现象。2008 年下半年以来,由美国次贷危机引发的金融危机席卷全球,不仅对实体经济造成了破坏性的影响,而且严重动摇了现行的国际金融体系乃至整个全球管理体系。为了化解这场金融风暴,摆脱全球治理危机,世界各国特别是诸多大国紧急行动起来,联手协调应对之策,2008 年 11 月的华盛顿 20 国集团(G20)金融峰会和 2009 年 4 月的 G20 伦敦金融峰会以及 2009 年 7 月的意大利拉奎拉 G8 峰会(实际上是 G8＋新兴国家峰会)相继召开。一个有趣的现象是,所谓"金砖四国"(中国、俄罗斯、印度和巴西)作为新兴大国的代表,不仅积极广泛地参与了这场国际金融危机的应对与治理的过程,而且对化解危机所表现出来的坚定信心与欧美诸国的低迷形成了鲜明的对比,因而被国际社会称之为正在兴起的"全球领袖"。而在这"金砖四国"中,中国的表现尤其受到关注和重视。人们广泛认为,正是在这场国际金融危机中,经过 30 年改革开放的中国的崛起,获得了一种全新的形象:自信、诚实、内敛和负责任。这种崭新的国家形象,既承继了韬光养晦、决不当头的基本国策,又展示了有所作为、担当责任的国家行为取向,积极地回应了当今世界面临的关系人类社会命运的重大挑战。

于是,许多政治家和学者似乎看到了这样一幅画面:中国统治世界的时代正在缓慢到来。比如,最近,英国伦敦经济学院亚洲研究中心研究员马丁·雅克在英国《泰晤士报》网站(2009 年 6 月 24 日)的一篇题为《货币、文化和孔子:中国的权力将覆盖全世界》的文章中认为,中国人不是从民族而是从文明的角度去认识自我的,民族国家是表层土壤,文明国家才是地质构成,正是后者给中国人带来了认同感;中国的崛起将改变先前遵循西方模式的世界,尽管这种情况不会很快出现;中国的崛起标志着一个截然不同的时代正缓慢来临,中国将对这个时代产生越来越深远的影响。因此,在这里我们面临着一个严肃的课题:如何估量中国崛起的文明意义?怎样看待全球化进程中的中国模式与西方模式?在中国崛起的历史进程中,中国的法制及其现代化将会呈现出什么样的时代面貌,换言之,如何观察中国法制现代化运动的未来前景?很显然,我们应当对这些问题做出必要的阐释。

二、中国的全球地位及其变动

在全球历史的演化进程中,东方与西方的关系及其在全球化历史运动中的地位,经历了一个复杂的变化过程。长期以来,国际学术界流行着一种观点,认为 16 世纪的西欧处于原初的中心地位,成为全球性现代化的中心地区,而广大的非西方世界则是所谓的边缘或半边缘地区。美国学者伊曼纽尔·沃勒斯坦在其代表作《现代世界体系》一书中,描述了世界经济体的中心与边缘的变动过程,认为伴随着世界经济体的不断变动而发展起来的国家体系,经历了三个霸权周期,产生了三个霸权国家,这就是 17 世纪中期的荷兰、19 世纪中期的英国和 20 世纪中期的美国,世界格局的中心与边缘随之发生相应的变化。① 在沃氏的心目中,东方在全球发展进程中的位置似乎不足为道,唯有欧洲或西方才是世界历史舞台上的经久不变的主角。与这种"西方中心主义"的主流观念不同,德国学者贡德·弗兰克试图对 1400 年以来全球化进程中的东方与西方的关系给出一个全新的解说。在《白银资本》一书中,弗

---

① 参见[美]伊曼纽尔·沃勒斯坦:《现代世界体系》第 1 卷,罗荣渠等译校,高等教育出版 1998 年版,第 79—128 页;《现代世界体系》(第 2 卷),罗荣渠等译校,高等教育出版 1998 年版,第 44—45 页。

兰克极力证明，从 15 世纪到 19 世纪前这四百年的全球经济时代，并不是欧洲时代，而是亚洲时代，中国则是这个亚洲时代全球经济体系的中心；直到 19 世纪之前，"中央王国"实际上是世界经济的中心，"表明中国在世界经济中的这种位置和角色的现象之一是，它吸引和吞噬了大约世界生产的白银资本的一半。"①因之，弗兰克的分析与结论，打碎了欧洲中心主义的神话，摧毁了"西方天然优越"论的历史依据。这样看来，按照弗兰克的看法，全球化的历史似乎要予以重新诠释。

然而，19 世纪以后，世界场景发生了急剧的转换。在近代工业革命与政治革命的推动下，西欧在世界经济体系中迅速处于支配性的地位，而此时的中国依然被围于自然经济和专制政体的樊篱之中，所以不可避免的，先前中国的优势地位被工业革命后的欧洲所取代，欧洲开始成为全球化进程的中心区域。随着 19 世纪以来西方世界的新一轮对外殖民扩张，中国不仅丧失了中心地位，而且逐渐沦入半殖民地的境况。19 世纪中期，西方列强凭借武力和商品，强行打开中国封闭的大门，中国在这个新兴的世界体系中日益处于边缘化状态。卡尔·马克思揭示了近代工业文明对中国的冲击及其产生的历史性后果，指出西方近代商业文明的入侵，使中国这个"最后一个闭关自守的、以农业和手工业相结合为基础的文明被消灭，"从而逐渐瓦解了旧有的小农经济的制度，也打破了传统中国闭关自守的封闭状态，"天朝帝国万世长存的迷信破了产，野蛮的、闭关自守的、与文明世界隔绝的状态被打破，开始同外界发生联系。"②

关于 19 世纪中国的世界地位的历史性转换，有的学者运用从朝贡制度到条约制度的转变这一概念分析工具来加以解释。在美国著名的中国问题研究专家费正清看来，在近代中国历史发展过程中起主导作用的因素是西方文化的广泛入侵。从朝贡制度到条约制度的演变，就是这个过程的一个缩影。朝贡制度是把儒家学说，即中国统治者具有伦理根据来行使他的政治权力的学说，应用到对外事务上。它象征着接纳"夷狄"来沐天朝的教化，是一种恩典和特权。因此，按照费正清的看法，与条约体系具有单方面的不平等的性质一样，朝贡制度这个古老的中国制度也是不平等的。对于儒家学者来说，"既然皇帝受命于天统

---

① 参见［德］贡德·弗兰克：《白银资本——重视经济全球化中的东方》，刘北成译，中央编译出版社 2000 年版，第 19—20 页。
② 参见《马克思恩格斯论中国》，人民出版社 1997 年版，第 125 页。

驭万民,他宜对一切'远方来人'表示仁慈的胸怀。而皇上的慈恩就理应由外来者的俯首恭顺来予以报答。""一旦外国人承认了天子独一无二的地位,仁慈的皇恩和俯首恭顺之间的关系就必然要在礼仪的形式上表现出来,分别表现为正式的赏赐和献礼。于是,献礼朝贡就成为中国朝廷的一项礼节,它象征着接纳夷狄来沐受中华文化。"①在历史的演进过程中,古代中国的朝贡制度虽然多有变化和反复,但是却一直沿用到 19 世纪初叶。但是,随着 19 世纪中叶清政府在鸦片战争中的失败,逐渐形成了不平等的条约制度。在这几十年的时间里,清政府与诸列强先后签订了一系列条约。在这一条约制度下,传统的朝贡体系彻底崩溃。西方列强的扩张,迫使以往那种以中国为中心的世界秩序观念,逐渐倒转过来,中国的传统秩序在与西方势力迎头相撞的过程中,遭遇到了空前的挑战与危机。在这一条约制度下,通过不平等的条约所建立起来的新的秩序结构,并不是中国自愿选择的,而是列强借助战争的手段和商品的入侵而强加给中国的东西,由此形成的新的社会秩序具有显明的不平等的性质。"虽然新的条约好像是在平等主权国家之间签订的,但实际上,它们是很不平等的,因为这违反中国的意愿被迫处于较弱的地位,只能听任西方的商业和随之而来的文化入侵。"②

更进一步的来看,中国的世界地位的这种倒转在法律生活领域也表现出来。19 世纪以前中国的世界中心地位及其对外部世界的影响力,在法律制度上得到了集中充分的体现。用费正清的话来说,与早期欧洲各民族通过外向扩张的方式膨胀发展不同,中国采取了"内向爆破"的方法,从而形成了独特的生产方式、社会生活与国家制度以及文化体系。这种"内向爆破"铸就了国家、社会和文化三者异常超绝的统一体,并且产生了不同于欧洲的两个主要结果:古代中国官僚制度的发达和古代中国文化与文明技艺的较早的繁荣昌盛。③ 这种"内向爆破"所产生出来的力量,一方面使古代中国的法律发展处于一个自然的演进过程之中,保持着自主型发展的独特品格,直到近代西方法律文化传入中国之前,它并没有因第一次全球化浪潮的启动而改变自己的成长轨迹,也没有因内部王朝的兴衰更替而动摇自己赖以存在的根基;另一

① [美]费正清:《美国与中国》(第 4 版),张理京译,世界知识出版社 1999 年版,第 147 页。
② 参见[美]费正清:《美国与中国》(第 4 版),张理京译,世界知识出版社 1999 年版,第 153 页。
③ 参见[美]费正清:《伟大的中国革命》(1800—1985),刘尊棋译,国际文化出版公司 1989 年版,第 4—7 页。

方面,使古代中华法系具有世界性意义,传统中国的法律文化对外域文明法律生活产生了很大的影响,以至于发展成为一个以中国为核心的包括日本、朝鲜等东亚国家在内的中华法系文明系统。所以,19世纪之前的绝大部分欧洲学者都对中华法律文化表达过向往与称颂之意。然而,条约制度在近代中国的逐步确立,深刻改变了中国社会与法律发展的历史进程。领事裁判权制度是中外不平等条约制度的法律表现,是在第二次全球化浪潮中近代中国沦为半殖民社会的历史产物。在领事裁判权制度下,外国列强肆意侵犯中国的法律与司法主权,中国法律发展的自然的自主的进程被打断。曾在晚清中国海关任职30余年的美国人马士,在《中华帝国对外关系史》一书中竟然荒唐地认为,中国法律制度的落后是外国人要求领事裁判权的主要理由,而外国人放弃这种司法特权的前提,就是中国法律与司法制度的改善。① 因之,晚清法制改革的一个基本要求,就是通过采用西法来整顿中法,以期收回领事裁判权;这场法制改革的基本策略,就是"将采西法,以补中法之不足,"②进而务期"中外通行"。③ 而这场十年法制改革的直接后果,则是带有明显的"西方化"色彩的近代法律制度的出现。这是第二次全球化运动的背景下中国法律制度的一次深刻转型。显然,19世纪之后中国的全球地位的转换,导致法律生活世界的巨大变迁,古老的自主发展的中国法律文明第一次以被动者的姿态迎接着西方法律文明的冲击与挑战,从而艰难地走上了转型与依附发展的道路。

然而,伴随着第三次全球化浪潮,特别是这场自20世纪30年代大萧条以来未曾遭遇过的全球金融危机的激荡,中国的全球位置与角色又在发生戏剧性的新变化。十年前,当亚洲金融风暴席卷而来之际,贡德·弗兰克在写作《白银资本》中文版前言时说道:"本书的新颖之处在于,通过分析证明,至少直到1800年为止,亚洲尤其是中国一直在世界经济中居于支配地位;直到1800年,具体到中国时直到19世纪40年代的鸦片战争,东方才衰落,西方才上升到支配地位。"他大胆地预言,19世纪以来中国的支配地位被西方所取代,这显然也是暂时的,从历史角度看,这仅仅是很近的事。因为世界现在已经再次"调整方向",中国

---

① 参见[美]马士:《中华帝国对外关系史(一八九四——一九一一年被制服时期)》,张汇文等译,上海书店出版社2000年版,第402页。
② 参见朱寿朋编:《光绪朝东华录》(第四册),中华书局1984年版,总第4754页。
③ 参见廖一中编:《袁世凯奏议》(上册),天津古籍出版社1987年版,第475页。

正再次准备占据它直到 1800 年以后一段时间为止"历来"在世界经济占据的支配地位,即使不是"中心"地位。弗兰克甚至认为,更重要的是,这次世界性衰退是一个多世纪以来第一次始于东方,然后向西方蔓延。因此,这次衰退与其说是表明东亚的暂时虚弱,不如说是表明东亚基本经济实力的增长——世界经济的重心正在转回到它在西方兴起前的位置。[1] 人们从应付国际金融危机的行动中,似乎看到正在发生权力自西向东的转移,并且发现今后若干年内很有可能看到全球经济中心平衡全面向亚洲倾斜,而中国正是这种中心转移的一个中心点。令人惊奇的是,弗兰克的预言正在变成现实。正当人们因国际金融危机的冲击而重新反思第三次全球化运动时,一种 G2 理论不胫而走。所谓 G2 理论,简言之就是美中两极理论,是指美中两国组成的国家集团联手协调共同治理世界。不管这种理论的炮制者的意图何在,G2 理论在一定程度上反映了当代中国的崛起及其在全球社会中的越来越重要的地位,国际社会愈益意识到中国在当代国际体系中的份量。

据有关人士考证,G2 的概念是由美国著名智库彼得森国际经济研究所的经济学家弗雷德·伯格斯腾首先提出来的。在 2008 年《外交》杂志夏季号上的一篇文章中,伯氏批评中国在世界体系中像一个无足轻重的小国,没有承担起应有的责任,因之他主张中美两国应该共同努力形成 G2 构架,共同领导全球经济体制。此后,美国一些政要和学者纷纷撰文,强调建立美中两极体制的重要性。哈佛大学经济历史学家尼尔·弗格森强调美中两国在经济层面的相互依存性,并且创造出"Chimerica"一词,呼吁召开 G2 首脑峰会。2009 年 1 月中旬,在奥巴马正式宣布就职美国总统的前夕,曾任卡特政府国家安全事务助理的布热津斯基,撰文向奥巴马政府建议采纳美中两极体制政策。而奥巴马总统在 2009 年 1 月首次与胡锦涛主席的电话会谈中就把美中关系定位为世界上最重要的关系。就连世界银行行长罗伯特·佐利克和世行首席经济学家林毅夫也在今年 3 月联合撰文,呼吁美中应联手制定 G2,带领世界走出经济困难,甚至断言"如果没有强大的 G2,G20 最终将会令人失望。"当然,G2 理论一出炉,便招来一片反对之声。政界和

---

[1] 参见[德]贡德·弗兰克:《白银资本——重视经济全球化中的东方》,刘北成译,中央编译出版社 2000 年版,第 20—21、23—24 页。

学者出于不同的目的,对 G2 理论进行质疑。① 目前,围绕 G2 理论的争论还在持续下去。

如何看待 G2 理论? 关于 G2 理论的评论与全球化背景下的中国法制现代化进程究竟有何关联? 这显然是需要说明的。应当看到,G2 理论甫一面世,便带有明显的政治功利主义色彩。鼓吹 G2 理论的人士宣扬美中两国共同领导世界体系,其背后暗含的是中国国际责任论。也就是说,作为正在崛起的大国,中国应当承担起应尽的国际责任,在发展中国家中扮演领导角色,正如美国在发达国家中扮演领导角色一样,美中两国要努力形成共同领导的全球两极体制,以便有效对付当前的国际金融危机以及诸如全球变暖、贸易扩张和国际金融体制改革这样重大的全球结构性的问题。很显然,撇开美中两国在政治制度、价值观、社会治理方式等方面的基本差异性以及美国对华长远战略问题不论,实际上,G2 理论将把中国拴在美国这辆战车上,因而使中国背负上与目前自身的国力状况不相适应的沉重的国际责任,而影响本国的现代化进程;同时也将会束缚住中国在国际舞台上的手脚,因而使中国在国际社会丧失更多的回旋余地。有的学者认为,G2 理论是给中国设的一个陷阱。这并非毫无道理。尽管如今的中国经济实力早已今非昔比,通过第三次全球化运动,中国赢得了加速发展的战略机遇,但是当代中国经济社会发展还是很不平衡的,国家现代化进程的制约因素依然错综复杂,时下的当务之急是继续保持经济社会健康发展的势头,加之初级阶段的特殊国情条件与发展的阶段性特征,都要求国家在制定政策时必须量力而行。因此,这就决定了当代中国必须继续实行韬光养晦、决不当头的既定方针。认识到这一点,是至关重要的。

当然,透过 G2 理论,我们可以清晰地看到,一方面美国实在不愿意放弃对国际秩序的主导地位;另一方面,当代中国确实拥有了在世界舞台上发挥更大作用的机会。谋求这种更大更重要的作用的发挥,绝不意味着某种强权而争夺势力范围,更不意味着去寻求霸权而成为霸权国家,而是要在这个千载难逢的重要战略机遇期,有所作为,善于担当。当代的全球化运动,确实给当代中国带来了诸多机遇,中国也成功地利用了这些机遇。因此,中国积极参与国际改革进程,有助于维护国家的

---

① 一个很有意思的现象是,反对或质疑 G2 理论比较起劲的是一些日本人士。他们担心倘若 G2 理论付诸实施,日本将有可能变成一边看美中脸色、一边决定国家方向的三等国家,因而主张打造美中日三国合作机制,即所谓 G3 体制。

核心利益。所以,在推进中国法制现代化的进程中,要着眼国家现代化全局,努力掌握法律发展的自主权,争取制定国际规则、改革国际体系的话语权,抵制全球化进程中的法律霸权,积极主动的同时又是有条件地参与全球性法律重构进程,以便更好地为国家现代化的战略目标服务。与此同时,要更加清醒地意识到,与当代全球化进程相反相成的多元化趋势,正在进一步演化与发展。这场国际金融危机亦充分表明,全球发展的多极化和多元化进程方兴未艾。作为新兴的发展中的大国,当代中国在参与全球性法律重构的过程中,要谨防全球化或全球共同治理名义下的法律帝国主义或新法律殖民主义,更加坚定地捍卫国家的法律主权,更加积极地维护国家利益,更加审慎地运用好在国际组织中的权力来实现国家的长期战略目标,从而更加有力地回应国际金融危机之后的新的全球化进程对中国法制现代化的挑战。

三、制度反思与制度优势

人们在反思这场大半个世纪未遇的国际金融危机的成因时,都试图从制度的角度加以总结分析。今年1月,在巴黎举行了"新世界,新资本主义"的研讨会,法国总统萨科齐、英国前首相布莱尔和德国总理默克尔等一批知名人士参加了会议,与会人士围绕当代资本主义的命运与前景展开了热烈的论辩。一些学者明确提出,盎格鲁—撒克逊式资本主义的主导地位已经终结。这就是说,过去30年间,自由市场经济的意识形态和制度体系一直主导着欧美政府的经济社会决策行为。在这种自由市场经济神话的背后,活跃着人们对自由市场经济制度的顶礼膜拜。当1980年当选美国总统的罗纳德·里根与此前一年当选英国首相的玛格丽特·撒切尔夫人携手推出新自由主义经济政策时,他(她)们的目标是要矫正从20世纪50年代至70年代30年间一直主导欧美社会经济生活的凯恩斯混合经济模式,重新确立亲市场意识形态的主导地位,展示自由市场经济的制度优势。美联储的十多年的掌门人艾伦·格林斯藩秉承自由市场的经济教条,极力推动金融创新。这一政策系统也确实产生了效应,维持欧美经济体近30年的繁荣。然而,在这繁荣景象的背后,却隐藏着巨大的金融与资产价格泡沫。与金融业规模大幅增长、金融创新竞相迸发相伴而生的,是全球宏观经济失衡以及愈益严重的金融风险。在美国,金融业债务总额从1981年占国内生产总值22%,上升至2008年第三季度的117%;在美国,金融业债务总额达到 GDP 的近 250%。随着华尔街金融泡沫的破灭，一场上个世纪 30 年代以来最深重、最广泛和最危险的金融风暴便席卷全球。人们看到，在治理全球金融危机的过程中，到处活跃着强大的政府的身影，"政府联手救市"成为这一时期流行广泛的时髦的术语。于是，许多评论家说道，一场金融崩溃与一次严重经济衰退结合在一起，势必将改变世界，——市场的正当性被削弱，美国的可信度受到损害，市场与金融自由化的时代已经结束。一些观察家注意到，随着政府发挥越来越大的主导作用，大量银行业活动将回归本国市场，"去全球化"（de—globalization）的趋势日益强劲，全球化进程受到重挫。甚至有的学者大胆地分析，这场全球金融危机以及随之而来的经济危机，是以资本主义自由市场经济为基础的经济制度与体制即将崩溃的深度表现，并且预示着新经济系统和新社会形态的出现，而伦敦 G20 金融峰会乃是新全球社会制度诞生的征兆和未来世界政府的萌芽。总之，无论是何种见解，有一点似乎是主导性的看法，即资本主义的制度优势已经或正在丧失。

当然，一些学者不大认同上述看法。他们认为，资本主义不会死亡，它只会更加强大。《大国的兴衰》的作者，美国耶鲁大学历史学家保罗·肯尼迪的看法是，自由主义既使人免于市场经济之前时代的束缚，也使人承受着金融和社会灾难的风险。自斯密时代以来，大多数明智的政府采取了防范措施，以防止公民完全无限制地追逐个人利益。然而，经过这场金融危机，资本主义的形式会有所改变，但不会消失。所以，保罗·肯尼迪的结论是资本主义有严重的缺点，但其他的制度更糟糕。[①] 诺贝尔经济学奖得主阿玛蒂亚·森持有类似的见解。在他看来，现在谈论资本主义的终结还为时尚早，今天的经济困局并不需要某种"新资本主义"，而是需要我们以开放性思维来理解有关市场经济能力范围及其局限性的旧观念。因此，与其说是资本主义的终结，不如说是资本主义的本质和变革的必要性。[②] 随着当下经济复苏迹象的出现，有的学者又在谈论资本主义将"浴火重生。"比如，美国耶鲁大学管理学院教授杰弗里·加藤认为，尽管人们对盎格鲁—撒克逊式的资本主义提出质疑，但是正在全速前进的盎格鲁—撒克逊风格的市场实际上或许

---

① 参见［美］保罗·肯尼迪：《读四大家的书，得知资本命运》，载英国《金融时报》2009 年 3 月 13 日。
② 参见［美］阿玛蒂亚·森：《亚当·斯密的市场从不独立运作》，载英国《金融时报》2009 年 3 月 11 日。

就是这个世界想要的。毕竟,正是这个体系承载了过去 30 年来的全球繁荣。加藤也意识到时下的美国无法充任经济复苏火车头的作用,但仍然坚持强调,世界仍然需要美国的领导以及盎格鲁—撒克逊式的资本主义。当然,为了保持再度获得的领导地位,领导世界朝着更稳定的方向前进,美国必须进行深层次的结构变革,严肃对待巨额赤字,并且设计出一个新的全球金融体系。① 在这里,尽管这些学者(以及也许还有更多的人们)都对资本主义制度充满信心与期待,但似乎都从不同的角度提到只有经过改革,资本主义才能以一种新的形式活下来。这就进一步凸显了现行资本主义的制度危机。

一个有趣的历史现象是,几乎与欧美推行新自由主义经济政策的同时,当代中国开始了市场化取向的经济改革,从传统的计划经济体制走向社会主义市场经济体制。也正是从那个时候开始,中国逐渐融入了正在蓬勃兴起的第三次全球化进程。同样是在 30 年后的今天,面对巨大的全球金融危机,以美国为代表的自由市场经济体制受到重创,美国的可信度受到损害,而中国的社会主义市场经济体制却经受了严峻的考验,中国的国际威信在上升。诚然,在过去数次全球经济衰退中,美国都发挥了复苏火车头的作用,而这次却很难通过自身的经济力量来引领全球经济复苏。但是,中国的情形则有所不同。在这场危机的背景下,中国经济依然保持 7% 以上的增长率,中国政府充满自信地表示有可能率先走出国际金融危机的低谷。国际社会普遍认为,如果有哪个国家能够发挥经济复苏火车头的作用,那么这个国家只能是中国。那么,究竟是什么原因使中国走上这一奇迹般的发展道路呢? 换言之,中国奇迹现象的奥秘何在? 答案在于中国本身的制度优势。

社会主义制度从根本上区别于资本主义制度的,不仅在于它能够带来生产力的解放和发展,不断满足人民日益增长的物质文化需要,而且在于它能够带来社会正义和社会平等,进而消除两极分化,实现共同富裕。邓小平揭示社会主义的本质时指出:"社会主义的本质,是解放生产力,发展生产力,消灭剥削,消除两极分化,最终达到共同富裕。"②很显然,在邓小平看来,社会主义的本质是解放和发展生产力与消除两极分化的有机统一,其最终目标就是实现共同富裕。社会主义市场经

---

① 参见〔美〕杰弗里·加藤:《美国仍然占上风——为何美国将率先走出此次危机》,载美国《新闻周刊》2009 年 7 月 25 日。

② 《邓小平文选》第 3 卷,人民出版社 1993 年版,第 373 页。

济是公有制与市场经济的有机偶合。这一模式集中地体现了社会主义的价值理想,把效率与公平内在地结合在一起。在社会主义市场经济条件下,社会正义涵盖了社会主义的价值理想,构成了社会价值系统的终极依托,是社会主义与资本主义相区别的一个重要标志。为了有效地实现社会正义,就必须运用国家的力量,加强宏观调控,加大"看得见的手"的调节力度,矫正市场的盲目冲动的趋向,制定切实可行的市场规则和企业行为规范,依法适度地干预市场经济生活,并且纠正各种违反市场经济运行规则的不正当行为,从而保证市场经济的健康发展。改革开放30年来,从总体上看,政府宏观调控的能力日渐成熟,调控机制亦日益健全,我们逐步找到了平衡协调公平与效率的法律和政策机制,既促进了生产力的发展,又维护了社会公平正义,进而稳健地推进了社会变革与转型进程。然而,在过去的十多年里,一些欧美国家尤其是在美国,自由市场的冲击力量,像潘多拉的盒子被打开一样,一发不可收拾。在金融创新的名义下,令人眼花缭乱的金融衍生产品充斥金融领域,犹如"大规模金融杀伤性武器"(传奇投资者沃伦·巴菲特之语),引发了过度投机和无止境的贪婪,埋下了巨大的金融风险,政府也放松监管,结果制造出如此大规模的经济与金融泡沫,酿成了这场自上个世纪30年代以来最危险的全球金融危机。这显然表明了制度问题的决定性意义。

因之,推进全球化时代的中国法制现代化,必须高度关注国家的组织力量与行动意志,悉心把握政府干预与市场调节之间的互动机理,合理平衡资本效益与社会正义之间的应有关系。在当代中国,建立现代市场经济,建设现代法治国家,不仅要有效满足市场与资本的效益需求,而且更要关切社会正义与平等,不仅需要保证市场的自由流动性,而且更加需要建立一个公正有序的市场竞争规则体系,不仅要能够自由选择,而且要注重规范引导,不仅要致力于给人们带来更多的财富,而且要能够有效地预防和战胜经济与社会风险,——在这里,我们所需要的不是那种仅仅利润最大化的自由市场经济体制,而是那种能够充分发挥政府的主导作用,把看不见的市场之手与看得见的政府之手有机结合起来并且带来公平与效率的社会主义市场经济体制。这就是中国的制度优势。

四、从"华盛顿共识"到中国模式

最近,英国《卫报》网络版(2009年6月23日)组织两位西方中国问题研究学者就中国最终是否会成为"西方化社会"问题进行辩论,题为"在中国迈向全球巅峰之际,西方统治地位的寿数将尽了吗?"因这一辩论发生在国际金融危机尚未消弭之时,并且事关当代中国的未来发展和中国法制现代化进程的前景,而引起了我的关注。总的来说,按照《当中国君临天下》一书的作者马丁·雅克的看法,在现代化的过程中,尽管中国受到了西方的影响,但是不存在中国成为"西方化"国家的可能性。因为中国是一个完全不同的国家,实质上是一个文明国家,中国人主要是从文明国家而不是从民族国家的角度去看待自己的。世界上的现代化进程是多种多样的,不只是西方的现代化这一种类型。将一切智慧归之于西方,这是西方极度傲慢自大的表现。其实,西方的主宰地位大约始于18世纪末,在这个过程中将渐行渐弱。中国的崛起将伴随着新价值观念的上升,这些新价值观念不会被西方价值观念压倒,而且肯定会与西方的某些价值观念发生冲突。与马丁·雅克的观点不同,《不祥之兆:21世纪的中国和西方》一书的作者威尔·赫顿则坚持西方优越论,认为"文明国家"论是一种空洞的概念,现代性只有唯一的一种形式,那就是西方的形式。西方的主宰地位是永恒的、经久不变的。所有非西方国家迟早都必须采纳西方的制度、做法和价值观,否则就会失败。中国的经济社会模式存在机能障碍,其经济发展至少在实行政治改革之前是不能持久的。应当看到,虽然这场辩论发生在两位西方中国问题研究学者之间,但是它具有相当的普遍性,在很大程度上反映了西方世界对中国的崛起现象的矛盾看法与复杂心态。这场辩论涉及现代化理论的一个基本问题,亦即人类社会的现代化是多样的,还是单一的? 西方社会的现代化模式,是否具有普世性价值? 中国的现代化进程,最终会走向"西方化"吗? 这一系列问题同样适用于对全球化背景下的中国法制现代化问题的思考分析。面对这些问题,我不禁想起大约一个世纪之前著名的韦伯命题和大约20年前的那个所谓"华盛顿共识"。就让我们沿着这个思考之路朝前走吧。

马克斯·韦伯一生的学术旨趣,似乎在于探讨体现合理性与现代性的资本主义在西方社会兴起的历史必然性问题。在《新教伦理与资本主义精神》(1905年)一书中,韦伯提出了这样一个著名的设问:"一个在近代的欧洲文明中成长起来的人，在研究任何有关世界历史的问题时，都不免会反躬自问：在西方文明中而且仅仅在西方文明中才显现出来的那些文化现象——这些现象（正如我们常爱认为的那样）存在于一系列具有普遍意义和普遍价值的发展中，究竟应归结为哪些事件的合成作用呢？"①他列出了一系列只存在于西方社会的文化现象，其中一种是所谓具有系统严密形式的法学或理性化的法律。韦伯认为，包括理性化的法律在内的这些文化现象，都是从西欧社会结构的特性中衍生出来的。由此，他把西方社会结构的独特性看作是理解西方现代化的起源与发展机制的一把关键的锁钥，并且强调西方社会结构的各个要素在西方社会现代化进程中所起的作用是不一样的，它们不具有同等的重要性。因之，韦伯又提出进一步的问题：既然这种社会结构中的所有方面并非都具有同等的重要性，那么，现代化的西方社会发展的动力又来自于哪些方面？回答是："在这些方面中具有毋庸置疑的重要性的是法律和行政机关的理性结构。因为，近代的理性资本主义不仅需要生产的技术手段，而且需要一个可靠的法律制度和按照形式的规章办事的行政机关。""这样一种法律制度和这样的行政机关只有在西方才处于一种相对来说合法的和形式上完善的状态。"②不仅如此，韦伯又一次发问道：这种理性化的法律从何而来？他认为，单独用资本主义利益还无法解释理性的法律在西方社会出现的必然性问题，因为这些利益本身并没有创造那种法律。那么，为什么资本主义利益没有在印度、在中国也做出那样的事情呢？为什么法律的发展没有在印度、在中国也走上西方现今所特有的理性化道路呢？对此，韦伯的看法是："在以上所有情况中所涉及的实际上是一个关于西方文化特有的理性主义的问题。"③在这里，韦伯一连三个逐次的设问与分析，不仅揭示了西方社会结构的独特性，突出了理性化的法律在现代化的西方社会形成过程中的特殊重要作用，而且更加深刻地触及了构成理性化法律的本体的西方理性主义的独特性问题，这就使得对于西方社会现代化进程的唯一性与特殊性问题有了更为透彻的理解。那么，这种西方理性主义的独特性究竟何在呢？按照韦伯的观点，有两种类型的合理性，一种是形式合理性，另一种是实质合理性。资本主义的合理性乃是一种工具的

---

① ［德］M·韦伯：《新教伦理与资本主义》，于晓、陈维刚等译，三联书店 1987 年版，第 4 页。

② ［德］M·韦伯：《新教伦理与资本主义》，于晓、陈维刚等译，三联书店 1987 年版，第 14 页。

③ ［德］M·韦伯：《新教伦理与资本主义》，于晓、陈维刚等译，三联书店 1987 年版，第 15 页。

合理性或形式合理性。形式主义原则是一切资本主义法律的重要特征,现代法律体系和行政管理之所以是高度合理的,就在于它是纯粹形式的。这种体现形式合理性的法律,是西方社会所特有的,它在其他地方还未曾出现过。而包括中国在内的东方社会秩序和法律文明的基本特征,乃是价值合理性或实质合理性,其法律形态的最大特点,就是关注实质原则或实质的正义。这就成为一种制约因素,决定了东方社会不可能像西方那样最早进入现代化进程。

从韦伯关于西方社会现代化起源以及理性化法律独特性的阐释中,我们可以看出,韦伯不但关注现代化、理性主义及其法律为什么必然并且只能出现于西方,而且关注现代化、理性主义及其法律为什么不能够出现或者不能够首先出现在东方,而后者乃是前者的一种反证,藉以说明现代化以及法律的现代化作为一种历史指向与进程,只能产生于或者首先产生于西方文明与西方社会的唯一可能性。韦伯所建立的现代化以及法律现代化的理论模式,始终围绕现代化以及法律现代化为西方社会所特有或者首先拥有这一核心命题而展开。在韦伯那里,法律的理性化或现代化,乃是西方文明的一种独特现象,法律的现代性是西方法律的独有品格,那些仅仅存在于西方的条件,推动了西方法制从传统向现代的转变。而传统东方及中国的法律关注实质正义而排拒形式法原则,这就成为传统中国法律走上现代化之路的滞阻因素。显然,韦伯的命题,突出了西方现代化及其法制现代化的唯一性,忽视了全球现代化及其法制现代化进程的多样性。这是"西方中心主义"的典型表现。实际上,现代化与法制现代化并不是西方文明的独占品。世界范围内的现代化与法制现代化进程是丰富多彩的,在这种多样性的背后,凝结着各个民族和国度文明成长与法律发展的固有逻辑,并不存在一个普适性的现代化与法制现代化模式,更不存在什么中国的现代化与法制现代化必然走向"西方化"的历史归宿。在当今的全球化时代,只要我们从本国的传统、条件和需要出发,就一定能够走出一条具有鲜明中国特色的现代化与法制现代化的道路。

一个世纪以来,韦伯的现代化理论模式,成为西方现代化学术领域的主流话语,主导着西方现代化理论的发展方向。特别是在第二次世界大战以后,兴起了作为"显学"的现代化理论思潮。在这一学术背景下,一个以发展中国家法律变革为主要研究对象的法律与现代化理论或法律发展理论,在美国政府的支持下逐步展开,并且蔓延欧美诸国。

有的学者甚至走出了书斋,来到一些发展中国家担任政府顾问,向这些国家推销西方法典与法律经验,指导这些国家以西方国家(确切地讲是美国)的法律制度为蓝本,推行法制改革,改造传统的习惯法体系,编纂成文法典,以便使这些国家的法律走上现代化。这些学者强调西方法律模式的普遍性意义,把法制现代化或法律发展看作是发展中国家法律体系移植西方法律而逐步"西化"的过程。进入 20 世纪 70 年代以来,以美国为代表的西方世界社会矛盾日益加深,社会动荡加剧,特别是越战的爆发以及美国在这场战争的失败,使人们对欧美世界的制度架构与价值观念产生怀疑。加之,原先以西方法律为模本的一些第三世界国家的法制改革相继破产,军人政变频仍发生,这也加剧了人们对发展中国家移植西方法律的忧虑。在这种情况下,一批学者对战后广泛流行的现代化理论以及法律与现代化运动进行批判性反思,试图从更为广泛的意义上,探讨现代化与法制现代化进程的多样性,认为一些发展中国家采用现代的西方法律制度,固然可以满足对法典化的一时需要,却脱离了本国的文化土壤。于是,法律多元主义思潮日渐兴盛起来。

然而,随着第三次全球化浪潮的兴起,新自由主义理论风靡欧美世界。这一理论学说突出强调市场的力量和市场的自由化,认为政府的职责就在于通过反对垄断来维护市场竞争秩序,主张废除对经济活动的种种限制。"为使市场自由发挥其益处,不仅私有化和市场自由化是必要的,国家也应该尽可能远离经济事务,不要去干预经济。经济学的这种观点可以概括为放松管制。放松管制意味着国家不断放弃原本用来干预市场的法律和规定。放松管制和私有化、市场自由化已经成为有关市场问题的信条。这'三重性'已成为所有重要工业发达国家制定经济政策的指针。"①在 80 年代的里根政府和撒切尔政府时期,新自由主义从理论转化为政策,无论是发达国家,还是发展中国家,都深受这一理论与政策的影响。加之国际货币基金组织和世界银行附加贷款条件,把向发展中国家提供贷款同推销新自由主义经济政策措施联系起来,进一步促进了新自由主义理论在全世界范围内的传播。正是在新自由主义理论的基础上,形成了所谓"华盛顿共识"(Washington Consensus)。据说,"华盛顿共识"一词是由前世界银行

---

① 参见[德]格拉德·博克斯贝格、哈拉德·克里门塔:《全球化的十大谎言》,胡善君、许建东译,新华出版社 2000 年版,第 20 页。

经济学家约翰·威廉姆森在 1989 年的一次会议论文中最先使用的，意指以华盛顿为基础的机构给拉丁美洲国家设计的各种政策建议的最低公分母，主要内容是：财政纪律、重新定位公共支出、税收改革、金融自由化、统一的竞争性的汇率、贸易自由化、对外国直接投资的开放、私有化、缩小干预范围、保护知识产权等十项政策清单。[①] 其实，所谓"华盛顿共识"，是一种以私有化、市场自由化与放松管制为主要取向的宣扬自由市场经济万能的意识形态。起初，这一共识与观念体主要影响拉丁美洲国家，后来又波及东欧与俄罗斯。在"华盛顿共识"的支配下，这些国家推行激进的市场化改革，甚至实施"休克疗法"，其结果造成了严重的社会经济灾难。但是，尽管"华盛顿共识"受到广泛的质疑，但是作为这一"市场原教旨主义"基础的新自由主义理论与政策并未受到太大的冲击，相反却保持着强劲的势头，直到最近的这场严重的国际金融危机，方才开始对新自由主义思潮进行彻底的清算。于是，人们普遍断言，全球范围内的金融危机预示着新自由主义理论的破灭，标志着自由市场模式的死亡。当然，有的人并不认可这一看法，认为市场资本主义是迄今为止人类发明的最好的经济制度，尽管它必须受到监督，保持公平。

近一个时期以来，人们在反思这场全球金融危机的成因时，不仅在深入分析自由市场模式的弊端，而且在认真地探讨中国发展道路的时代价值，"中国模式"愈益成为人们频繁使用的概念术语。其实，前些年间，许多学者就试图在全球化的背景下，对中国模式进行总体性的分析。当时有一个流传较广的概念，叫做"北京共识"（Beijing Consensus）。2004 年 5 月，美国高盛公司高级顾问乔舒亚·库珀·雷默发表了《中国已经发现自己的经济共识》一文，首次提出了"北京共识"的概念，藉以表征关于中国发展道路的新理念。在雷默看来，"华盛顿共识"的一个缺点就是没有关于其他国家该自己决定自己发展的建议；而"北京共识"也可以称为中国发展的新物理学，旨在于为人们思考中国正在发生的变化提供一个思想框架，有助于人们考虑后

---

① 参见邹东涛：《"华盛顿共识"与中国独特的发展道路》；常士闇：《两条道路的差异："华盛顿共识"与中国发展道路》，均载俞可平、黄平等主编《中国模式与"北京共识"——超越"华盛顿共识"》，社会科学文献出版社 2006 年版，第 410—411、374 页。又参见［英］戴维·赫尔德：《全球盟约：华盛顿共识与社会民主》，周军华译，社会科学文献出版社 2005 年版，第 3—6、12 页。

中国特色社会发展问题,研究中国模式问题即适合中国的发展道路。① 因之,所谓"北京共识",就是中国模式的理念。那么,如何界定中国模式? 在这方面,学界各说纷纭。我基本上赞同这样一种看法,即:所谓中国模式,就是在全球化背景下推进中国现代化的战略选择。② 至于中国模式的本质性特征,在我看来,关键在于把握保持社会活力与强化国家权威的关系。在当代中国社会变革的进程中,社会主体在社会生活中的自主地位明显提高。充分发挥社会主体的自主性、创造性及自治功能,保持社会进步的生机与活力,建立一个全新的政府行为模式,是中国现代化与社会变革的重要目标之一。社会主义市场经济的广泛发展,首先就意味着社会主体自身的飞跃,主体的自主性逐步得以确立。这一时代特点反映到法律价值系统中来,就表现为社会主体的自由和权利在法律现实中的比重明显增长,表现为以法律为基础的具有高度自治型的现代市场经济体系的建立和完善。然而,确证社会主体的自主性,扩展社会主体的自治权能,保持社会进步的活力,绝不意味着国家及政府功能的弱化。中国是一个东方大国,社会经济发展很不平衡。这就需要有一个充分行使公共管理功能的强大国家的存在,需要依靠政府的强有力的科学有效的调控干预。因之,邓小平谆谆告诫说,中央要有权威,改革要成功,就必须有领导有秩序地进行。③ 拥有以法治为基础的强有力的国家能力和现代政府系统,强化国家与政府的权威,是中国实现法制现代化、促进社会平衡发展的必要条件。④ 这是与新自由主义模式截然不同的中国模式的质的规定性。

进一步的分析表明,自 1949 年人民大革命胜利以来的 60 年间,特别是经过改革开放的 30 年的不懈探索,中国逐步实现了从高度集中的计划经济体制向宏观调控的市场经济体制的重大转变,开辟了

---

① 参见[美]乔舒亚·雷默:《为什么要提出"北京共识"?》,载俞可平、黄平等主编:《中国模式与"北京共识"——超越"华盛顿共识"》,第 5—10 页。

② 参见俞可平:《"中国模式":经验与鉴戒》,载俞可平、黄平等主编:《中国模式与"北京共识"——超越"华盛顿共识"》,第 12 页。

③ 参见《邓小平文选》第 3 卷,人民出版社 1993 年版,第 227 页。

④ 有的学者认为,中国之所以能够走自主的改革开放之路,关键在于中国拥有一个强而有力的政府,这是一个在矛盾极为尖锐复杂的社会转型时期,能够有效维持社会秩序、应对国内外的各种挑战、动员和组织社会资源、促进社会转型和社会发展的、有较高治理能力的政府。参见马德普:《渐进性、自主性与强政府——分析中国改革模式的政治视角》,载俞可平、黄平等主编:《中国模式与"北京共识"——超越"华盛顿共识"》,第 222—225 页。

不同于其他国家(包括西方国家在内)的现代化道路,形成了具有鲜明特色的发展模式。与此相适应,60 年来,通过渐进式的法制改革,中国法律正在经历着从传统型向现代型的深刻转型,逐步走上了现代化的道路,孕育着法制现代化的中国模式。在形成法律发展的中国道路的过程中,当代中国顺应全球化的时代潮流,吸收和采纳了反映市场社会运行规律的西方法律的有益因素,以便使中国法制与世界法律文明的通行规则接轨沟通。但是,中国的法制现代化运动并没有把西方的法制经验与模式奉为金科玉律,没有照抄照搬西方的法制模式,而是立足自身的历史传统与社会条件,努力实现从人治向法治的转变,有效地避免了法律发展的"西方化"之途。诚如邓小平所指出的,"我们的现代化模式,必须从中国的实际出发。无论是革命还是建设,都要学习和借鉴外国经验。但是照抄照搬别国经验、别国模式,从来不能得到成功。"①在全球化的进程中,只有从本国的国情条件出发,才能正确地把握中国法制现代化的运动方向,建构具有中国特色的法律发展模式。60 年来特别是 30 年来探寻中国法律发展模式的艰辛实践,历史性地生成了这一模式或道路的总体性特征,这主要是:作为强有力的执政党,中国共产党有效地实现对国家、社会与法律生活的领导,依法治国是党领导人民治国安邦的基本方略;强大的国家政权与权威型政府主导着法律发展的走向,保证了中国社会与法制变革的平衡有序推进;不仅重视形式正义,而且更加关注实质正义,社会公平正义构成了社会与法律价值系统的终极依托;强化能动主义的法权要求,法律成为社会变革与发展的有力工具;努力创造一个正常的社会生活条件,使个人的合法愿望和尊严能够在这些条件下实现;在法律调整机制中,政策法的地位与功能殊为突出,法律的创制与施行体现了鲜明的政策考量;在务实主义的法制改革路线指引下,可控地循序渐进地推动法律的变革与发展,等等。很显然,初见轮廓的中国法律发展道路或模式的上述总体性特征,在很大程度上反映了中国法律发展赖以存在的社会条件与历史传统。这恐怕是韦伯式命题所无法涵盖的,是法律与现代化运动的推动者不愿看到的,也是新自由主义经济社会与法律发展模式所无法替代的。

---

① 参见《邓小平文选》第 3 卷,人民出版社 1993 年版,第 2 页。

五、初步的小结

时下,人们日益关注后危机时代的国家发展与国家体系重构的问题。在这里,国家发展是关键,决定着国际体系转型与重构的走向,而重构国际体系则取决于国家发展的影响力,并且作用于国家发展过程。一些人在预言,以新自由主义为基础的美国模式将被以威权主义为基础的中国模式所取代。有的学者甚至强调,中国模式中的一些元素,不仅值得西方发达国家学习,更应为发展中国家所汲取,中国模式应当成为发展中国家的"样板"。对此,我们应当保持冷静客观的态度。一方面,就总体而言,面对这场罕见的金融危机的挑战,中国模式经受住了严峻的考验。在当代全球化浪潮中崛起的中国,正在更加自信地参与治理金融危机的进程。在一定意义上可以说,金融危机加剧了国际政治力量从西方向东方的转移,也加速了中国崛起为世界强国的步伐。中国崛起的时代进程,打破了全球化、现代化等于西方化的神话,颠覆了西方中心主义所秉持的经典教义,向世人展示了中国模式的固有价值,增强了中国模式的影响力和吸引力,以至于人们在说这场金融危机的"可能后果之一"便是中国模式的浮现,"北京共识"可能会被视为已经声名狼藉的"华盛顿共识"的替代路线。但是,另一方面,我们也应当清醒地意识到,危机之后的国际形势更加迷离复杂。当今全球正处于新一轮产业革命的前夜。金融危机充分暴露了全球治理体系的虚弱与全球产业结构的病灶。危机后的发达国家在改革与重建全球金融监管体系的同时,正在优化产业结构,加大技术创新力度,力图保持全球经济发展的中心地位,以期应对以中国为首的发展中大国的挑战,重新引领后危机时代的全球经济发展,掌握国家间竞争的未来主动权。就中国而言,崛起的进程势不可挡,但是制约中国崛起的国际国内因素错综复杂。特别是当代中国仍然处于社会主义初级阶段,国内的主要矛盾仍然是人民群众日益增长的物质文化需求与生产力总体相对落后的矛盾。从出口拉动型向内需主导型的经济转型道路漫长艰巨,根本转变经济发展方式和可持续发展的压力不断加剧,城乡之间的二元结构,以及地区之间发展的严重不平衡,等等,这些都不可避免地束缚了中国崛起与腾飞的翅膀。因之,我们在对中国崛起、中国模式、中国道路充满自信与信心的同时,更要具有浓郁的忧患意识,清醒地看到中国崛起进程中的制约因素,洞察中国模式运行过程中可能遇到的问题,意识到中国模式只能借鉴而不能复制,体味中国道路的艰辛与复杂,从而更加坚定锐意改革的决心,努力化解前进道路上的艰难险阻,为中国崛起注入不竭的动力。只有这样,才能不断增强中国模式的感召力、影响力和吸引力。

在当今的法律生活世界,全球性的法律重构进程在加快展开。后危机时代,全球经济与社会的一体化正在以新的形态和方式展示出来。甚至有人说,G20伦敦峰会似乎预示着政治全球化时代的来临。中国的崛起,为全球性法律重构进程提出了新的课题与议程,也对中国法律发展赋予了新的使命。因之,在全球化和中国正在崛起的背景下,推动中国的法制现代化进程,显然面临着更为艰巨的任务。其一,在全球性的行为规则和法律机制的成型过程中,作为一个负责任的和正在重新崛起的世界大国,中国必须进一步确立全球发展意识,关注全球性的共同利益,更加自主地参与全球性行动,塑造国际规范,创设国际制度,实施国际规则,由此而更加有效地捍卫国家主权和民族利益。其二,要超越法律发展问题上的"东方主义"和"西方主义"。① 在当代全球化进程中,既要自觉地关切国际规则的本土化,把握中国法律发展模式在全球法律体系中的自主地位,谨防全球化名义下的新的法律殖民主义,从而排拒法律发展问题上的"东方主义",坚持走自主型中国法制现代化道路;又要打破"西方中心主义"的桎梏,抛却对西方法律发展模式的依恋情结,从而清理法律发展问题上的"西方主义",从本国的法律国情条件出发,坚定地探寻法律发展的中国模式与中国道路。其三,处于全球化与转型社会进程中的中国法制现代化运动,呈现出一系列阶段性特征,诸如,法律地位的提升与法律权威的缺失并存,城乡二元法律结构的某种程度的深化,区域法律发展的不平衡状态,权利意识的高扬与权利诉求非理性表达的彼此交织,等等。直面与破解这些法律发展难题,乃是确立和完善中国法律发展模式所无法回避的重要且复杂的课题。因之,在当代中国,必须矢志不渝地推进务实渐进式的法制改革,有序地实施法律的制度创新,完善和优化法律发展的中国模式,遂而使中国法

---

① 这两个术语,是我应邓正来先生之邀,在2008年12月上旬复旦大学社会科学高等研究院举办的"全球化时代的中国社会科学"国际研讨会上第一次正式使用的。法律发展问题上的"东方主义",是指西方学者(以及东方学者)对东方社会法律生活面貌的描述,严重地歪曲了其描述的对象;而法律发展问题上的"西方主义",是东方文化人对西方法律形象的歪曲或误读。参见公丕祥:《全球化时代的中国法制现代化议题》,载《法学》2009年第5期,第83—87页。

律发展获得持久的革命性的动力。

（原文刊于《中国法学》2009 年第 5 期）

当代中国法治发展道路的内在逻辑

一、引言

孟德斯鸠曾经表达过这样一个意味深长的论断："为某一国人民而制定的法律，应该是非常适合于该国的人民的；所以如果一个国家的法律竟能适合于另外一个国家的话，那只是非常凑巧的事。"[①]这一论述实际上揭明了一个深刻的法理：一个国家的法律是在这个国家的社会生活土壤中生长起来的，必须同这个国家的社会条件和人民需要相适应。纵观文明社会法治发展的历史进程，我们可以看到，由于不同国家的经济、政治、社会和文化发展水平的差异性，以及历史发展、风俗习惯和民族特点的不尽相同，乃至这些国家所处的地理环境、自然状况和人口规模诸方面条件的迥然相异，必然会导致不同的法治发展道路。正因为如此，全球法治发展才显得这般丰富多样。

中国法律深深地植根于中国社会的土壤之中，有着源远流长、根深蒂固的民族品格，形成了具有独特表现形式和运动方向的发展道路。在当代中国，法治发展道路就是中国特色社会主义法治道路。这是中国共产党人在领导人民进行法治建设的艰辛探索过程中逐渐形成和发展起来的、符合中国国情实际的现代化的法治发展之路。它具有鲜明的时代特征，蕴涵着深刻的理论逻辑。因此，中共十八届四中全会决定在确立全面推进依法治国指导思想时，明确提出要"坚定不移走中国特色社会主义法治道路"[②]。习近平强调："在坚持和拓展中国特色社会主义法治道路这个根本问题上，我们要树立自信、保持定力。走中国特色社会主义法治道路是一个重大课题，有许多东西需要深入探索，但基本的东西必须长期坚持"[③]。本文拟对当代中国法治发展道路的内在逻辑

---

① ［法］孟德斯鸠：《论法的精神》（上册），张雁深译，商务印书馆 1961 年版，第 6 页。

② 参见《中共中央关于全面推进依法治国若干重大问题的决定》，人民出版社 2014 年版，第 4 页。

③ 参见习近平：《加快建设社会主义法治国家》，《求是》2015 年第 1 期。

作一初步的探讨,努力揭示中国特色社会主义法治道路的基本取向,藉以加深对全面推进依法治国、加快建设法治中国的根本遵循的理解和把握。

二、党的领导与依法治国的有机统一

中国共产党的领导是中国特色社会主义法治道路的根本政治保证,也是中国法治道路与西方法治道路的根本区别所在。① 在当代中国的法治发展进程中,作为掌握国家政权的最强大、最权威的政治组织,中国共产党的执政方式及其取向,对于建设中国特色社会主义法治体系,推动中国特色社会主义法治发展,产生着极其深刻而重要的影响。随着1949年新民主主义革命的胜利,中国共产党从领导人民为夺取全国政权而奋斗的党,成为领导人民掌握国家政权并且长期执政的党。由此,中国共产党的执政方式面临着新的重大的课题。在这里,一个重要的问题就是要正确认识和处理好坚持党的领导与推进依法治国的关系。新中国成立以来,在这个重大问题上经历了一个复杂的变化发展过程。

新中国成立之初,在新民主主义革命刚刚胜利的历史条件下,必须要强化党对国家和社会生活的各方面的直接有力的领导,对法治建设也是如此。当时从中央到地方对这个问题的认识是完全一致的。不过,中央也注意到党的领导与国家政权机关的活动方式还是有所区别的,不能加以混淆。比如,1951年9月,董必武在华北第一次县长会议的讲话中就曾经对党与政权机关的关系作过精辟的分析,强调党领导着国家政权,但这绝不是说党直接管理国家事务,也绝不是说党可以直接把党和国家政权看成是一个东西。在任何情况下,都不应当把党的机关的职能与国家机关的职能混同起来。他指出:"党对国家政权机关的正确关系应当为:一是对政权机关工作的性质和方向给予确定的指示;二是通过政权机关及其工作部门实施政策,并对它们的活动实施监督;三是挑选和提拔忠诚而有能力的干部(党与非党的)到政权机关中去工作。"②总的来看,在新中国成立之初的特殊的历史条件下,强化党对国家与社会生活的全面领导包括对法治工作的直接领导,是完全必

---

① 参见汪习根:《坚定不移走中国特色社会主义法治道路》,《人民日报》2014年11月6日。
②《董必武法学文集》,法律出版社2001年版,第110页。

要的。比如说新中国成立之初的司法改革运动,是新中国司法发展进程中的一个意义重大、影响深远的法治事件。通过司法改革运动,中国共产党对司法工作的领导地位得以巩固和强化。针对"三反"运动中所暴露出来的司法机关存在的政治不纯、组织不纯和思想不纯的问题,在研究部署司法改革运动时,时任政务院副总理兼政治法律委员会主任的董必武就特别强调,"我们应该认识到司法工作是国家政权的重要组成部分,是镇压反动派、保护人民的直接工具,是组织与教育人民群众作阶级斗争的有力武器。人民民主革命的胜利果实是经过艰苦斗争而得来的,我们必须珍惜它,爱惜它,必须在三反运动胜利的基础上,彻底改造与整顿各级司法机关,使各级司法机关从政治上、组织上、思想作风上保持与提高纯洁性"。① 因此,加强党对司法机关工作的领导,就成为司法改革运动的重要任务。在 1952 年 6 月 24 日的全国政法干部训练会议上,彭真在说及对法院进行组织整顿的具体措施时,强调进行司法改革,对法院进行彻底的改造与整顿,一个重要任务就是要加强党对司法工作的领导,并给各级人民法院调配一定数量的领导骨干。② 1953年 3 月 14 日,由彭真起草的政务院政治法律委员会党组向毛泽东并中共中央的报告,专门论及党的领导与司法工作的关系问题,强调要加强党对司法各部门的领导,从根本上健全司法制度,指出:"县以上各级党委,应加强对司法工作的领导和检查,并指定一个常委管理司法工作。司法机关负责同志应主动地及时地向党委反映情况,严格遵守请示报告制度,以取得党委的密切领导。党委讨论有关司法工作的问题时,应尽可能吸收司法部门的党员负责同志参加。"③同年 4 月 7 日,中共中央作出批示,原则批准政务院政治法律委员会党组的这个报告,并下发全党参照执行。④ 正是在这场司法改革运动之后,从中央到地方的各级党委反复强调党委要掌握司法工作的主动权,加强对司法工作的全面领导。

所以,在新中国成立之初的特殊的历史条件下,我们党作为一个刚刚执政的最强大的政治组织,切实加强对政权机关和法治建设的直接领导,不仅是必要的,也是可行的。随着国家政权的巩固和国家法治建

①《董必武法学文集》,法律出版社 2001 年版,第 121—122 页。
② 参见彭真:《论新中国的政法工作》,中央文献出版社 1992 年版,第 73—74 页。
③ 参见彭真:《论新中国的政法工作》,中央文献出版社 1992 年版,第 77 页。
④ 参见彭真:《论新中国的政法工作》,中央文献出版社 1992 年版,第 75 页。

设的进展,党委逐渐地从具体的事务中摆脱出来,而由专门的法治机关负责具体的法律与司法事务。比如,中共八大关于政治报告的决议特别提出死刑核准权问题。新中国成立之初,死刑的核准权是掌握在地委市委一级党委手上的。① 随着整个国家政权的巩固,中共八大强调,"需要处死刑的案件,应当一律归最高人民法院判决或者核准"。② 1957年7月15日,一届全国人大四次会议通过专门的决议,指出:"今后一切死刑案件,都由最高人民法院判决或核准"。③ 这就把体现中共八大关于政治报告的决议精神的党的意志上升为国家意志,使之成为具有国家法律效力的法律规范。这表明党充分认识到,不仅要加强党对司法工作的领导,同时也要注意改善党对司法工作的领导。这是非常宝贵的历史经验。当然到了后来,从1957年开始,随着反右派斗争的全面展开,法律虚无主义思潮广泛蔓延,把坚持党的领导与加强法治建设截然对立起来,认为加强法治建设是旧法观念的残余,是否定党对法治建设的领导。因此,在具体的法治实践中,强调全部的法治活动都必须坚决服从党委的领导和监督,党委有权过问一切案件。所以,党委审批案件的制度是在1957年反右斗争之后开始建立起来的,并且一直延续到粉碎"四人帮"之后。

以1978年12月中共十一届三中全会召开为标志,当代中国的法治建设进入了一个重建和迅速发展的历史新时代。1979年9月,中共中央发出了《关于坚决保证刑法、刑事诉讼法切实实施的指示》(以下简称《九月指示》)。以中共中央名义专门就刑法、刑事诉讼法这两部法律实施问题颁布文件,是非常罕见的,这充分反映了党对"十年动乱"结束后尽快恢复与重建国家法治秩序、加快法治建设进程的高度重视。《九月指示》第一次全面科学地确立了党对司法工作领导的基本原则和工作体制。④ 此后,中央多次发出文件进一步重申和强调《九月指示》的基本精神。因之,党的十八届四中全会在回顾总结新中国成立以来六十多年中国法治建设成功经验和深刻教训的基础上,科学揭示了党的领导与依法治国之间的内在关联,强调"党的领导和社会主义法治是一致

---

① 参见毛泽东:《严格限制镇压范围,控制捕杀批准权》(1951年4月2日),载中共中央文献研究室等编:《共和国走过的路——建国以来重要文献专题选辑》,中央文献出版社1991年版,第243页。
② 参见《中华人民共和国法规汇编》(1956年7月—12月),法律出版社1957年版,第14页。
③ 参见《中华人民共和国法规汇编》(1957年7月—12月),法律出版社1958年版,第296页。
④ 参见《三中全会以来重要文献汇编》(上),人民出版社1982年版,第259页。

的,社会主义法治必须坚持党的领导,党的领导必须依靠社会主义法治"。① 这对于我们准确把握坚持党的领导与推进依法治国之间的关系具有重要的指导作用。

首先,必须切实加强党对全面推进依法治国的领导。回眸中国特色社会主义法治发展的进程,我们可以看到,新中国成立以来特别是中共十届三中全会以来,作为执政党的中国共产党始终总揽法治建设的全局,并且主导着这场伟大的法治革命的发展方向。从 1978 年 12 月中共十一届三中全会提出社会主义民主制度化、法律化的重大法治方针,到 1997 年 9 月中共十五大提出坚持依法治国、建设社会主义法治国家的基本方略,从 2002 年 11 月中共十六大正式确立党的领导、人民当家作主、依法治国有机统一的重大法治原则,并且提出坚持依法执政的重大法治思想,到 2007 年 10 月中共十七大强调全面落实依法治国基本方略、加快建设社会主义法治国家,从 2012 年 11 月中共十八大将"依法治国基本方略全面落实"作为全面建成小康社会和全面深化改革开放的重要目标之一,到 2013 年 11 月中共十八届三中全会作出推进法治中国建设的重大战略抉择,再到 2014 年 10 月中共十八届四中全会在我们党的历史上第一次以中央全会的形式专门研究部署全面推进依法治国若干重大问题并作出相应的决定,中国特色社会主义法治发展所走过的不平凡的历程,鲜明地反映了作为执政党的中国共产党对当代中国法治发展的坚持不懈的高度关注和执著努力,进而历史性地确证了中国共产党的领导是中国特色社会主义法治建设的根本政治保证。因此,习近平指出:"坚持中国特色社会主义法治道路,最根本的是坚持中国共产党的领导。依法治国是我们党提出来的,把依法治国上升为党领导人民治理国家的基本方略也是我们党提出来的,而且党一直带领人民在实践中推进依法治国。"②

其次,必须切实改进党对全面推进依法治国的领导。在当代中国,作为执政党的中国共产党是国家生活和社会生活的领导核心力量。坚持党的领导,是中国特色社会主义法治建设的根本要求。这是确定无疑的。同时应当看到,中国共产党领导人民依据宪法和法律有效治理国家与社会、实施依法治国基本方略,必然要求党要改革

---

① 参见《中共中央关于全面推进依法治国若干重大问题的决定》,人民出版社 2014 年版,第 5 页。
② 习近平:《加快建设社会主义法治国家》,《求是》2015 年第 1 期。

和完善自身的领导方式和执政方式,坚持依法执政,在法治化的轨道上实现对国家和社会的领导。这既是依法治国的内在要求,也是依法治国的根本保证,从而标志着中国共产党的领导方式和执政方式的重大创新。依法执政与依法治国的内在一致性,要求把党的意志上升为国家意志,使之成为国家法律;要求通过法定程序实现对国家与社会生活的领导;要求运用法律机制设定国家权力运行结构,配置社会资源,调控社会利益关系,推进社会变革。很显然,这一重大的创新与转变对党自身提出了新的更高的要求。从执政意志来看,党要有自觉的法治意识与法权要求,形成执著的法治意志,矢志不渝地为建设法治中国而奋斗;从执政行为来看,党必须在宪法和法律的范围内活动,尤其要抓住领导干部这个"关键少数",着力增强党员干部的法治思维和依法办事能力①;从执政能力来看,党要善于运用法治思维和法治方式来实现自己的意志要求,努力以法治凝聚改革共识、规范发展行为、促进矛盾化解、保障社会和谐②;从执政机制来看,党要正确处理好法律与政策的关系,既充分发挥政策调整与治理的功能作用,又注意促进从政策向国家制定法的转变,并且把依法治国与依规治党有机衔接起来,努力形成国家法律法规和党内法规制度相辅相成、相互促进、相互保障的格局③。只有这样,才能使党的领导核心力量建立在坚实的法治基础之上,也才能更加卓有成效地加强和改进党对依法治国的领导。因此,习近平强调,"要改善党对依法治国的领导,不断提高党领导依法治国的能力和水平"。④

总之,在中国特色社会主义法治发展的进程中,党的领导与依法治国是内在结合、高度统一的,绝不能将二者割裂开来、对立起来。习近平深刻指出:"党和法的关系是一个根本问题,处理得好,则法治兴、党兴、国家兴;处理得不好,则法治衰、党衰、国家衰。"⑤中国共产党是中国特色社会主义事业的领导核心,处在总揽全局、协调各方的地位。社会主义法治必须坚持党的领导,党的领导必须依靠社会主

---

① 参见《习近平关于全面依法治国论述摘编》,中央文献出版社 2015 年版,第 118 页。

② 参见《习近平关于全面依法治国论述摘编》,中央文献出版社 2015 年版,第 110 页。

③ 参见习近平:《关于〈中共中央关于全面推进依法治国若干重大问题的决定〉的说明》,载《中国共产党中央委员会第十八届中央委员会第四次全体会议文件汇编》,人民出版社 2014 年版,第 85 页。

④ 习近平:《加快建设社会主义法治国家》,《求是》2015 年第 1 期。

⑤ 参见《习近平关于全面依法治国论述摘编》,中央文献出版社 2015 年版,第 33 页。

义法治。法是党的主张和人民意愿的统一的体现,党领导人民制定宪法法律,党领导人民实施宪法法律,党自身必须在宪法法律范围内活动,这就是党的领导力量的体现。党和法、党的领导和依法治国是高度统一的。①

三、强化政府推动与保持社会活力的有机统一

一定社会、地区或国度的法治发展,总有其自身特定的价值系统。这些特定的价值系统,随着文化的传播与相互影响,又会形成反映某些国度共同生活条件的法治发展类型。在急剧变化的法治发展进程中,这些不同的法治发展类型逐渐演化成为具有不同历史特点和不同变革道路的法治发展模式。

在法制现代化理论研究中,以政府在法制现代化进程中的功能状况为尺度,通常把法治发展类型划分为社会演进型、政府推动型和政府推进与社会演进互动型三种样式。社会演进式法治发展类型,主要是指由社会自身力量产生内部创新、经历漫长过程的法治变革道路,是因社会内部条件的成熟而从传统法制走向现代法治的转型发展过程。这种法治发展类型一般以英国、美国、法国等欧美国家为代表。一般来说,它是因社会内部条件的逐步成熟而渐进式地发展起来的。在英国、美国、法国等最早走上资本主义现代化道路的国家,在其创设和形成现代法治的过程中,尽管充满着许多激荡风云的重大社会变革事件,但从总体上看,却是一个自然演进的自下而上的渐进变革的社会过程。诚然政府对法治发展进程的影响不可忽视,但就总体而言,政府所起到的作用相对有限。政府推动式法治发展类型,是指因域外法律文化的冲击而在政府的强力推动下所导致的自上而下的法治成长与进步过程。这一类型通常以日本、俄国、新加坡等国家为代表。在这种类型法治发展的国度,政治变革往往成为法治发展运动的历史先导,政府发挥着主要的推动作用。由于这种法治发展类型的国家和社会内部,原先的商品经济因素较为薄弱,无法自发形成变革社会的主体力量,政府及现代政党作为有组织的社会力量便在法治发展进程中起到主导作用。政府推动与社会演进互动式法治发展类型,是指在各种内外因素的相互作用下,政府与社会形成自上而下和自下而上彼此互动的格局,进而推动

---

① 参见《人民日报》2015 年 2 月 3 日。

传统法制向现代法治的转型与变革过程。这种类型以中国为典型代表。政府推动与社会演进互动式法治发展模式既具有社会演进型法治发展模式的某些特征，又兼具政府推动型法治发展模式的相关属性，二者内在融合，形成独特的混合式的法治发展类型。在这里，一方面，从法治发展的启动机制来看，政府的能动的有效推动，往往构成启动法治改革运动的重要因素，因而成为推动法治发展的强大力量；另一方面，从法治发展的生成机理来看，国家与社会内部已经逐渐生成了法治变革的因素和基础，从而为法治变革运动的形成与发展提供了重要条件。所以，这种类型的法治发展进程，乃是政府推动与社会演进相互作用的历史产物。

在中国特色社会主义法治发展的进程中，必须正确认识和处理好强化政府推动与保持社会活力之间的关系。应当看到，充分发挥社会主体的自主性、创造性及自治功能，保持社会进步的生机与活力，形成法治变革与发展的内在力量，建设一个有机的法治社会，是当代中国法治发展的重要目标之一。法制现代化与法治社会是内在地结合在一起的。一个已经实现了法制现代化的国家，整体上来说必然是一个法治社会。中国法制现代化的历史性任务，就是要实现向法治社会的历史性转变。因此，推动当代中国法治发展的一项基础性工程，就是要加快建设和形成一个信仰法治、依法治理的社会。而这一目标任务的实现，离不开社会主体的能动作用的有效发挥。人类文明演进史不断地揭示着、证明着一个深刻而伟大的真理：一种新型法律文明的诞生，必然伴随着社会主体自身的革命。作为社会主体的人，是一定的法的价值系统的载体。在法治发展进程中，社会主体的自主性程度如何，往往是衡量法治发展的社会人类学指示器。在新中国成立后的相当长一段时间内，脱离客观存在的一定的社会经济发展水平，构筑了一个高度集权化的计划经济体制和一元化的社会统制模式，压抑了社会主体的积极性、主动性和创造性。这一情形反映到法治发展进程中，就是片面强调政府的主导作用，忽视社会主体的积极能动作用，滞阻了社会与法治发展的内生活力。社会主义市场经济的广泛发展和社会主义民主政治的深入推进，空前激发了社会生活的蓬勃生机，有力地推动着从事这一变革的社会主体自身的飞跃，社会主体的自主性逐步得到了确立，社会成员的首创精神和聪明才智有了充分施展的广阔天地。这一时代特点反映到法治发展进程中，表现为社会主体因素在法治发展中的比重不断增长,社会主体愈益成为推动法治变革与发展的重要力量,因而法治发展的社会内生动力系统得以逐步强化,法治社会建设日益释放出强大的潜能。所以,进入改革开放的历史新时期以来,邓小平多次强调,要把经济搞活,发挥地方、企业和职工的积极性。① 他把尊重人民群众的自主首创精神,调动人民群众的积极性,看做政治体制改革的重要目标之一,并且把它视为改革的一条基本经验,指出:"这些年来搞改革的一条经验,就是首先调动农民的积极性,把生产经营的自主权力下放给农民。农村改革是权力下放,城市经济体制改革也要权力下放,让他们参与管理,实现管理民主化,各方面都要解决这个问题。"②邓小平还把人民相信不相信、人民答应不答应、人民满意不满意,看做判断制度、路线和政策成功与否的基本尺度。

因此,在当代中国,法治发展的最深厚的动因基础,来自于社会主体的积极性、能动性和首创精神。全面推进依法治国、加快建设社会主义法治国家的一个基本要求,就是运用授权性规范确认社会主体的广泛社会自由,赋予他们广泛的社会权利,激发社会主体投身法治事业、推动法治发展的巨大热忱,使之成为当代中国法治发展进程的源源不竭的动力源泉。我们党始终把坚持人民主体地位、公民有序参与民主政治与法治建设作为促进当代中国民主与法治建设的一项重要原则,通过多种途径、机制与方式,在立法、执法、司法、基层社会自治等各个领域依法保障人民群众参与国家与社会治理的权利,积极鼓励和充分尊重基层群众在法治改革中的实践探索,加强重大法治改革举措的区域和基层试点,人民群众在法治改革与发展中拥有知情权、参与权、决策权和监督权。这是当代中国法治发展类型的制度优势所在,是中国特色社会主义法治不同于资本主义法治的根本区别所在,也集中体现了当代中国法治发展进程的自下而上的基本理路。因之,中共十八大报告把"必须坚持人民主体地位"作为夺取中国特色社会主义新胜利必须牢牢把握的八个方面的基本要求之一,提出要"最广泛地动员和组织人民依法管理国家事务和社会事务、管理经济和文化事业"③。十八届三中全会决定把"解放和增强社会活力"作为全面深化改革指导思想的

---

① 参见《邓小平文选》第二卷,人民出版社 1994 年版,第 362 页。
② 参见《邓小平文选》第三卷,人民出版社 1993 年版,第 180 页。
③ 胡锦涛:《坚定不移沿着中国特色社会主义道路前进为全面建成小康社会而奋斗——在中国共产党第十八次全国代表大会上的报告》(2012 年 11 月 8 日),人民出版社 2012 年版,第 14 页。

重要内容,强调要"让一切劳动、知识、技术、管理、资本的活力竞相迸发,让一切创造社会财富的源泉充分涌流,让发展成果更多更公平惠及全体人民"。① 十八届四中全会决定把坚持人民主体地位确立为全面推进依法治国必须遵循的原则之一,提出"人民是依法治国的主体和力量源泉"的重大命题,强调"必须坚持法治建设为了人民、依靠人民、造福人民、保护人民"②。习近平进一步指出:"我国社会主义制度保证了人民当家作主的主体地位,也保证了人民在全面推进依法治国中的主体地位。这是我们的制度优势,也是中国特色社会主义法治区别于资本主义法治的根本所在。""要充分调动人民群众投身依法治国实践的积极性和主动性,使全体人民都成为社会主义法治的忠实崇尚者、自觉遵守者、坚定捍卫者,使遵法、信法、守法、用法、护法成为全体人民的共同追求。"③这些重要论述,清晰地揭示了当代中国法治发展类型的主体力量、动力源泉和基本取向,为中国特色社会主义法治发展指明了方向。

应当看到,在中国特色社会主义法治发展的进程中,摒弃以往高度集权化的政府行为模式,扩展社会主体的自主性与自治权能,丝毫不意味着国家及政府功能的弱化,也绝不表明现代化的政府机制是相对无为的。一般说来,法制现代化的过程离不开一定的政治机构的启动,而这一情形在东方国家表现得尤为明显。事实上,近现代中国的每一次法制改革运动,都有赖于适当类型的政治架构的推动。所不同的是,每一种类型的政治架构的价值取向是不一样的。20 世纪最初十年内所展开的晚清法制改革运动,表明当皇朝面临深重的政治危机时政府所能起的作用是有限的。在近现代中国法制转型发展的历史过程中,国家与政府的行动方式是多种多样的。就其总体来说,主要有三种方式:一是建立强有力的官僚体制和国家机器。"只有运用国家机器的强大力量才能将那些极为有限的现代化基础条件动员和集中起来,以用于现代化的最关键的环节。同时,也只有通过国家机器的力量,才有可能有效地解决现代化初期后由社会解体与混乱所造成的种种社会问题。"④因此,能否建立一个相对独立于社会的强有力的政府体制和有能力的国家机器,直接影响着社会变革及法制转型的启动和进程。1949

---

① 参见《中共中央关于全面深化改革若干重大问题的决定》,人民出版社 2013 年版,第 3 页。
② 参见《中共中央关于全面推进依法治国若干重大问题的决定》,人民出版社 2014 年版,第 6 页。
③ 习近平:《加快建设社会主义法治国家》,《求是》2015 年第 1 期。
④ 参见孙立平:《后生外发型现代化模式剖析》,《中国社会科学》1991 年第 2 期。

年中华人民共和国成立，强有力的有权威的人民的中央政府得以确立，从而加快了中国社会变革和法制现代化的进程。二是根据变革目标的需要，建立法律机构，编纂成文法典，加强法治改革方案的顶层设计和组织推动。在近现代中国，每一次大的社会变革都伴随着相应的较大规模的政府创制法制的过程。三是动员和组织社会资源参与法律变革过程。如果说政府及其领导集团对于现代化的态度在很大程度上制约着近代以来中国法制现代化的历史过程，那么这种进程在相当大的意义上则取决于政府及其领导集团能否有效地动员和组织社会的各个阶级或阶层来参与这一变革过程，取决于法制现代化的社会支持系统的取向。

中国是一个发展中的东方大国，社会经济发展很不平衡，这就需要有一个在中国共产党的坚强领导下充分行使公共管理职能的强大国家的存在，需要依靠政府的强有力的正确有效的调控干预，需要政府自觉地担负起正确地引导和推动经济、社会与法治发展的时代重任。三十多年的改革开放把当代中国社会推进到了一个新的历史阶段，极大地解放了社会生产力。但是，在向新体制转轨的过程中，社会运行过程亦出了一些值得关注的"失范"现象，政府权威亟待加以强化，法治实施过程中的公正与效率问题较为突出，社会公正问题远未得到切实有效的解决。这种状况倘若再继续发展下去，势必将严重地妨碍国家治理现代化的顺利推进，妨碍良好有效的社会结构的重塑进程，妨碍当代中国法治发展进程的有效展开，从而使这场深刻的社会与法治变革过程付出沉重的代价。因此，当我们向国家现代化的目标奋力迈进，选择和建构新的国家功能模式时，一定要从自己国家的实际出发，充分考虑到自己国家的经济、政治、社会和法治发展的特点以及自己民族的文化背景和历史传统。只有植根于自己国家的国情和能够应对各种挑战的国家功能模式，才是有生命力的。因此，当中国改革开放面临严峻的形势之际，邓小平谆谆告诫说："中央要有权威。改革要成功，就必须有领导有秩序地进行。没有这条，就是乱哄哄，各行其是，怎么行呢？""我们要定一个方针，就是要在中央统一领导下深化改革。"①中共十八届三中全会决定强调，经济体制改革的核心问题是处理好政府和市场的关系，不仅要使市场在资源配置中起决定性作用，而且要更好发挥政府作用，建设

①《邓小平文选》第三卷，人民出版社 1993 年版，第 277—278 页。

法治政府和服务型政府；全面深化改革必须充分发挥党总揽全局、协调各方的领导核心作用，坚决维护中央权威，保证政令畅通。① 面对全面推进依法治国的历史性艰巨任务，中共十八届四中全会决定强调，"党的领导是全面推进依法治国、加快建设社会主义法治国家最根本的保证。必须加强和改进党对法治工作的领导，把党的领导贯彻到全面推进依法治国全过程"，要"健全党领导依法治国的制度和工作机制，完善保证党确定依法治国方针政策和决策部署的工作机制和程序。加强对全面推进依法治国统一领导、统一部署、统筹协调"。② 习近平进一步强调，各级领导干部的信念、决心、行动，对全面推进依法治国具有十分重要的意义。党政主要负责人要履行推进法治建设第一责任人的职责，统筹推进科学立法、严格执法、公正司法、全民守法。要抓紧对领导干部推进法治建设实绩的考核制度进行设计，对考核结果运用作出规定。要落实中共十八届四中全会就此提出的一系列制度安排，使其早日形成、早日发挥作用。③ 所以，在当代中国，不断成长、日益壮大的现代社会机制和社会主体力量能够为现代法治的形成与发展提供可靠的社会基础，但是仅仅依靠社会的自发演进机制还远远不能满足现代法治发展的现实需要。拥有强有力的国家能力和现代政府系统，则是中国实现法制现代化的必要条件。中国特色社会主义法治道路鲜明地体现了强化政府推动与保持社会活力之有机统一的时代品格。对此，我们需要有足够的自觉意识。

四、法治发展的变革性与连续性的有机统一

在现代社会，法治发展意味着从传统型法制向现代化法治的历史变革过程。这是一个变革的概念，它表明法治发展的本质性意义，就在于伴随着社会由传统到现代的转变，法律也同样面临着从传统型向现代型的历史更替。这种历史性的跃进，导致整个法律文明价值体系的巨大创新。

马克思指出："社会不是以法律为基础的。那是法学家们的幻想。

---

① 参见《中共中央关于全面深化改革若干重大问题的决定》，人民出版社 2013 年版，第 5、16、57—58 页。
② 参见《中共中央关于全面推进依法治国若干重大问题的决定》，人民出版社 2014 年版，第 33—34 页。
③ 参见《人民日报》2015 年 2 月 3 日。

相反地,法律应该以社会为基础。"①法治发展的进程,深刻反映了社会发展的法权要求;而法治革命的生成与发展,则在很大程度上体现了社会革命的支配性作用。新中国成立六十多年来,发生了两次深刻的社会革命以及与之相伴而生的两次法治革命。从 1949 年到 1956 年的当代中国第一次社会革命,在古老的中国大地上创建了社会主义国家制度及其国家治理体系。与此相适应,历史性地生成了当代中国第一次法律革命,旨在实现由半殖民地半封建社会的法律秩序向新型的社会主义法治秩序的革命性转变。1978 年 12 月中共十一届三中全会开启了当代中国改革开放的历史新时代,而改革开放实际上是 1949 年之后中国的又一次社会革命,"改革是中国的第二次革命。这是一件很重要的必须做的事,尽管是有风险的事"。② 由此,当代中国第二次法律革命应运而生,展开了从传统的计划经济体制下的法律架构向社会主义市场经济体制下的法治架构的转型发展。十八大以来,以习近平同志为总书记的党中央,从坚持和发展中国特色社会主义的战略高度,形成并提出了全面建成小康社会、全面深化改革、全面依法治国、全面从严治党的重大战略布局,这标志着当代中国第二次社会革命的深化发展。因之,全面推进依法治国、加快建设法治中国,构成了新的历史起点上的当代中国第二次法律革命的时代主旋律。从法律形式上讲,中国特色社会主义法治发展进程中的两次法律革命,实际上都是一场宪法革命。宪法既是社会革命的产物,又是法律革命的根本法基础。当代中国的第一次法律革命以"五四宪法"这一根本法的形式,确立了人民民主和社会主义这两大原则,明确规定了社会主义中国的国体与政体,第一次把社会主义民主政治制度上升为法律;第二次法律革命通过"八二宪法"及其修正案,在中国社会变迁过程中第一次确立了社会主义市场经济体制以及与之相适应的中国特色社会主义民主政治制度。因之,在一定意义上可以说,中国特色社会主义法治发展进程中的两次法律革命都是一场法律观念的革命。法律理念的变革是法治革命的灵魂。当代中国的第一次法律革命寄托了人民共和国的创立者们关于社会主义的自由、正义、平等和共同体的价值理想。而第二次法律革命则充分体现和确证了建设中国特色社会主义法治体系、建设社会主义法治国

---

① 《马克思恩格斯全集》中文第 1 版第 6 卷,人民出版社 1961 年版,第 291—292 页。
② 参见《邓小平文选》第三卷,人民出版社 1993 年版,第 113 页。

家的价值目标和社会理想,它要在中国大地上完成从传统的人治社会向现代的法治社会的真正的历史性转变,向着法治中国的宏伟愿景奋力前行。

不仅如此,法治发展还是一个连续的概念。法治发展不是渐进过程的中断,而是一条川流不息的法治长河。这就是说,认识法治发展现象,不能忘记基本的历史联系。在从传统法制向现代法治的历史跃进的过程中,无疑存在着对传统的突破和否定,但是这种否定在一定意义上是一种历史性的"扬弃"。实际上,现代法治的成长过程,包含着对传统法制的形式和内容的诸要素的肯定和保留。在法治发展的进程中,往往会出现这样的情形,传统社会与法制本身蕴含着现代社会与法治赖以生长的某些现代性因素,而在现代社会与法治中常常可以发现许多传统性的成分。所以,传统法制与现代法治之界分,便具有相对的意义。正因为如此,法治发展又是一个具有浓郁民族风格的现象。法治发展的普遍性、世界性的特征,绝不意味着沿袭久远的民族法律传统精神与形式的历史性消逝。实际上,法治发展的历史延续性特征,恰恰赋予各个民族在法治发展进程中自觉选择法治发展道路或模式的深刻必然性。对于非西方社会来说,在外部世界提供的法治模式中,是找不到现成答案的,只能凭借自身基于本民族需要和条件的创造性行动,进而实现民族法制的现代化改造。因之,法治发展是一个连续性的历史过程。作为一种历史文化力量,一定民族或国度的本土资源对法治发展进程产生着深刻的影响,因而铸就着法治发展的特定的民族或国度的印记。① 对于正在走向现代法治社会的中国来说,必须高度重视法治发展中的本土资源,协调好法制转型中的传统性因素与现代性因素,努力实现传统法律文化的创造性转换,保持法治发展深厚的民族风格。所以,习近平指出:"优秀传统文化是一个国家、一个民族传承和发展的根本,如果丢掉了,就割断了精神命脉。我们要善于把弘扬优秀传统文化和发展现实文化有机统一起来,紧密结合起来,在继承中发展,在发展中继承。""努力实现传统文化的创造性转化、创新性发展,使之与现实文化相融相通,共同服务以文化人的时代任务。"②习近平还强调在建设法治中国的历史进程中要充分汲取中华法律文化精华,指出:"我们的

---

① 参见朱苏力:《法治及其本土资源》,中国政法大学出版社 2004 年版,第 6 页。
② 习近平:《在纪念孔子诞辰 2565 周年国际学术讨论会暨国际儒学联合会第五届会员大会开幕式上的讲话》(2014 年 9 月 24 日),《人民日报》2014 年 9 月 25 日。

先人早就开始探索如何驾驭人类自身这个重大课题,春秋战国时期就有了自成体系的成文法典,汉唐时期形成了比较完备的法典。我国古代法制蕴含着十分丰富的智慧和资源,中华法系在世界几大法系中独树一帜。要注意研究我国法制传统和成败得失,挖掘和传承中华法律文化精华,汲取营养,择善而用”。①

在当代中国,法治发展的本土资源植根于深厚的法律传统之中。传统与现代性作为一对难解的纽结,贯穿于中国法治发展的整个过程。在中国法治发展的历史长河中,传统法律文化与现代法治的相互排拒性,是显而易见的。这是因为,中国传统法律文化作为一种独特的把握世界的方式,有着自己固有的制度规范和价值取向,体现着独特的民族法律心理和经验。以人身依附为条件的自给自足的自然经济,以父家长为中心的宗法社会结构,以皇帝的独尊为特征的专制皇权主义和以儒家为正宗的意识形态体系,构成了传统法律文化机制的固有格局。而现代化的法治则是建立在市场经济及其契约关系的社会架构之上的。它以规范的严格化、体系的完整和谐化、司法过程的程序化和法律实现的效益化为自己的模式特征;它以确证法律的权威性,确信法律能够提供可靠的手段来保障每个公民的自由和权利作为自己的价值取向。因此,传统法制与现代法治是判然有别的。这种历史差异性本身,便构成了传统法律文化因素对当代中国法治变革与法治发展过程影响的时代限度。但是,另一方面,一种法律传统之所以有其历史存在的合理性,重要原因就在于它是该社会诸方面条件和因素的法权要求之体现。在这种传统中,凝结了该社会人们调整行为以及制度安排的丰富历史经验,因而具有历史定在性。因之,它本身为后来的人们提供了各种历史选择的可能性。甚至在情感意义上,它也可以成为后来的人们依恋乃至崇敬的对象。传统中国的法律类型是一种信念伦理意义上的法律伦理主义。② 这种信念伦理在法律生活中的落实,便是伦理规范的法典化或法律的伦理性。它不是形式主义的法律,而是实质的伦理法——追求道德上正义性而非规范的法律。在传统中国,体现儒家信念伦理的法律伦理主义,乃是一个建构于“天人合一”的深厚道德基础

① 习近平:《加快建设社会主义法治国家》,《求是》2015 年第 1 期。
② 有些学者将中国传统法律的特征界定为“法律儒家化”或“儒家伦理法”。参见瞿同祖:《中国法律与中国社会》,中华书局 1981 年版,第 328—346 页;耕耘:《儒家伦理法批判》,《中国法学》1990 年第 5 期。

之上的以王道精神相标榜的法律价值系统。正是这些若干个层面，构成了传统中国法律伦理主义的深厚底蕴，确立了中国法律文明遗产的基本面貌，进而成为中国法治发展的连续性过程的内在机理。尽管传统中国的法律伦理主义系统中确实存在着与现代法治精神相悖的因素，但它的价值意义依然是很明显的。① 中共十八届四中全会决定把"坚持依法治国和以德治国相结合"作为全面推进依法治国必须坚持的一个重要原则。② 这充分体现了对中国传统法律文化的批判性继承。作为两种不同的治国理政的方式，法治与德治尽管有着明显的区别，但是在国家治理的过程中，二者的联系还是相当密切的，可以起到相辅相成的社会功用。"法律是成文的道德，道德是内心的法律。"③ 从历史的角度来看，在传统中国社会意识形态中，儒家主张"德治"，强调"德主刑辅"，而法家则崇尚"法治"，力主"事皆决于法"，因之形成了所谓儒法互补关系格局，对传统中国的法律系统影响深远。诚然，传统的儒家"德治"思想体现了儒家伦理的精神，对古代法律世界产生了深刻的影响。这种伦理精神在法律生活中的落实，便是伦理规范的法典化或法律的伦理性。在传统中国伦理法律中，道德律几乎成为法律的化身。传统法制的泛道德主义必然导致对法律的不信任，进而动摇法律在国家治理中的重要地位，与传统法律的泛道德主义相左，现代社会则高度重视法律的作用，确证法律的权威性，进而走向法治社会。因此，儒家的"德治"思想与现代法治精神是判然有别的。但是，随着社会的不断衍化，儒家的"德治"思想及其伦理法律精神作为一种观念的与法律的传统，逐渐成为一种历史文化力量，积淀在普通民众的法律意识、心理、习惯、行为方式及生活过程之中，因而与当下的社会有机体密不可分。在某种程度上，传统的儒家的"德治"思想及其伦理法律精神，作为一种行为评价尺度，深深融入社会主流价值观念体系之中，成为指导和规范人们行为的一种范型。这种评价尺度带有道德经验性的色彩。亦即是说，它是人们在长期交往过程中积累起来的生活经验和交往惯例的聚合体，因而它通常具有伦理规范的性质。它借助于某些流传下来的共同

---

① 有的学者指出，中国的现代化运动，不是否定传统，而是批判传统；不是死守传统，而是再造传统。参见金耀基：《从传统到现代》，中国人民大学出版社 1999 年版，第 162 页。

② 参见《中共中央关于全面推进依法治国若干重大问题的决定》，人民出版社 2014 年版，第 7 页。

③ 参见习近平：《在首都各界纪念现行宪法公布施行 30 周年大会上的讲话》（2012 年 12 月 4 日），人民出版社 2012 年版，第 8 页。

道德准则,对人们行为的合理性进行道德判断,进而与当下社会法律生活交融在一起,发挥着治理国家与社会的重要价值作用,有力地影响着当代社会法治发展的各个领域和法治文化的长期发展进程,有形或无形地左右着当代社会法治的未来走向。因之,"对一个国家的治理来说,法治和德治,从来都是相辅相成、相互促进的。二者缺一不可,也不可偏废"①。在推进国家治理体系和治理能力现代化的现时代,抛却传统中国"法治"与"德治"学说中的封建性糟粕,汲取这两个概念中的合理性精神,赋予其全新的时代内涵,深刻把握依法治国与以德治国之间相辅相成、相互促进的互动机理,把依法治国与以德治国有机结合起来,这无疑是一种治国方式的内在整合和时代选择。这亦告诉我们,面对着建设中国特色社会主义法治体系、建设社会主义法治国家的艰巨任务,我们应当深刻把握法治发展进程的基本的历史联系,在新的时代条件下,努力促进传统法律文化的创造性转换,推动优秀传统法律文化与现实法律文化的相融相通,进而实现中国特色社会主义法治发展的变革性与连续性的有机融合。

五、借鉴国际法治经验与立足本国法治国情的有机统一

中共十八届四中全会决定指出,全面推进依法治国,"必须从我国基本国情出发,同改革开放不断深化相适应","汲取中华法律文化精华,借鉴国外法治有益经验,但决不照搬外国法治理念和模式"。② 这一论述明确告诉我们,在建设中国特色社会主义法治的伟大事业中,必须正确处理好借鉴国际法治经验与立足本国法治国情之间的关系,把二者有机结合起来,从而深刻揭示了坚持和拓展中国特色社会主义法治道路的内在要求。

从广泛的意义上讲,法制现代化所反映的是从前现代社会向现代社会转变这一特定过程中法律文明创新的激动人心的画面。它体现了一种不同于传统法制的新型法律精神,蕴涵着世界文明进步大道上的基本法律准则。所以,在当代中国法治发展的进程中,对于人类法治文明的优秀成果,对于那些反映国家治理、市场经济运行和社会管理一般规律的域外法治发展的有益经验,无疑应当加以吸收和采纳,以便使当

---

① 参见《江泽民论有中国特色社会主义》(专题摘编),中央文献出版社2002年版,第337页。
② 参见《中共中央关于全面推进依法治国若干重大问题的决定》,人民出版社2014年版,第7—8页。

代中国法治发展与世界法治文明的一般准则和通行规则接轨沟通。"对外开放具有重要意义,任何一个国家要发展,孤立起来,闭关自守是不可能的,不加强国际交流,不引进发达国家的先进经验、先进科学技术和资金,是不可能的。"①特别是在当今的全球化时代,当代中国经济生活日益融入国际市场经济体制的主流,法治领域也同样面临着开放性与国际化的全新挑战。闭关自守、盲目排外,只能导致法治文明进步张力的消失。所以,习近平强调:"法治是人类文明的重要成果之一,法治的精髓和要旨对于各国国家治理和社会治理具有普遍意义,我们要学习借鉴世界上优秀的法治文明成果。"②

然而,一个国家的国情状况与特点,对于这个国家的政治、经济、社会、文化生活领域产生着重要影响。同样,一个国家的法治国情条件,在很大程度上决定这个国家的法治发展进程及其取向。习近平强调,"各国国情不同,每个国家的政治制度都是独特的",因而"世界上不存在完全相同的政治制度,也不存在适用于一切国家的政治制度模式"。③"我们有符合国情的一套理论、一套制度,同时我们也抱着开放的态度,无论是传统的还是外来的,都要取其精华、去其糟粕,但基本的东西必须是我们自己的,我们只能走自己的道路。"④在当代中国,坚持走中国特色社会主义法治发展道路有着深厚的国情基础。从政治方面看,法治国情的政治要素集中地表现为,工人阶级领导的、以工农联盟为基础的社会主义国家的国体和人民代表大会制度的政体,为中国特色社会主义法治发展提供了坚实的政治基础和根本准则,这就决定了中国特色社会主义法治发展在国家政治生活和国家政权体制中的基本地位;中国共产党的领导是中国特色社会主义的根本政治保证,必须始终坚持党对法治建设与发展的领导,依法服务党和国家的工作大局,则是中国特色社会主义法治的政治使命。从经济方面看,法治国情的经济要素主要在于把握国家经济制度性质及其类型。在当代中国,1978年开始的改革开放,致力于建立社会主义市场经济体制。经过三十多年的广泛而深刻的社会经济革命,一个具有社会主义特点的能够充分发挥

---

① 参见《邓小平文选》第三卷,人民出版社1993年版,第117页。
② 习近平:《加快建设社会主义法治国家》,《求是》2015年第1期。
③ 习近平:《在庆祝全国人民代表大会成立60周年大会上的讲话》(2014年9月5日),人民出版社2014年版,第16页。
④ 参见《习近平关于全面依法治国论述摘编》,中央文献出版社2015年版,第35页。

市场经济作用的经济体制已经形成。在社会主义市场经济条件下，公平与效率的关系，构成了社会价值系统中的一对矛盾。分析法治国情，推进法治发展，必须认识和处理好公平与效率这一对价值矛盾。从社会方面来看，当代中国仍然处于社会主义初级阶段，法治领域也带有初级阶段的明显特征，法治领域的基本矛盾表现为人民群众日益增长的法治需求与法治机构和法治队伍法治能力相对不足之间的矛盾。进入新世纪，当代中国社会发展显现出一系列阶段性特征，这必然对法治发展进程产生重要影响，进而对法治建设与发展提出相应的要求。因此，在新的形势下，深化法治改革，推动法治发展，就必须从社会主义初级阶段这个最大的实际出发。从文化方面来看，研究中国法治国情的文化要素，应当着力探求法律文化传统对当代中国法治发展进程的内在影响。法律文化传统有大传统与小传统之分。在传统中国，作为法律文化的大传统，在形式意义上表现为法律分化程度较低的诸法合体的法律结构体系，在实体意义上则表现为以宗法为本位的熔法律与道德于一炉的伦理法律价值体系，因而，"德主刑辅"成为国家治理与法制运作的模式选择。作为法律文化的小传统，民俗习惯反映了礼治社会的客观要求，成为维系社会共同体秩序的重要工具，也成为解决纠纷的有力手段。在当代中国，把握法治国情，推动法治发展，必须高度关注本国的法律文化传统问题。因此，中国特色社会主义法治发展是基于中国法治国情条件而展开的一场深刻的法治变革运动，有其特殊的历史运动轨迹，具有独特的路径选择。"走什么样的法治道路、建设什么样的法治体系，是由一个国家的基本国情决定的。""全面推进依法治国，必须从我国实际出发，同推进国家治理体系和治理能力现代化相适应，既不能罔顾国情、超越阶段，也不能因循守旧、墨守成规。"[1]在当代中国，全面推进依法治国，加快建设法治中国，固然要吸收借鉴人类法治文明的有益经验和成果，但更重要的是要从中国的实际情况出发。"学习借鉴不等于是简单的拿来主义，必须坚持以我为主、为我所用，认真鉴别、合理吸收，不能搞'全盘西化'，不能搞'全面移植'，不能照抄照搬。"[2]"照抄照搬他国的政治制度，会水土不服，会画虎不成反类犬，甚至会把国家前途命运葬送掉。只有扎根本国土壤、汲取充沛养分的制

---

① 参见习近平：《加快建设社会主义法治国家》，《求是》2015年第1期。

② 参见习近平：《加快建设社会主义法治国家》，《求是》2015年第1期。

度,才最可靠、也最管用。"①所以,我们必须自觉立足社会主义初级阶段的基本国情条件,努力构建具有鲜明特色的中国法制现代化模式,绝不能无视中国的法治国情特点而盲目照抄照搬,从而科学把握中国法治发展的运动方向,坚定地走出一条符合中国国情条件的中国特色社会主义法治道路。

（原文刊于《江海学刊》2015 年第 5 期,
转载于《新华文摘》2016 年第 3 期）

全球秩序重构进程中的法治中国建设

中国与世界已经不可分割地结成了一个命运共同体。

全面推进依法治国、加快建设法治中国的时代主题,与全球秩序重构及其全球治理大变革趋势交织在一起,遂而使当代中国法治现代化进程呈现出一幅错综复杂、多元互动的运动格局。因此,深刻认识全球秩序重构进程对法治中国建设的深刻影响,对于我们清醒地把握中国法治现代化的运动规律,确证自主型的法治中国建设的时代方位,从而坚定中国特色社会主义法治道路自信,无疑是大有裨益的。

一、全球化时代是否已成过去?

全球化(the Globalization)一词是当今国际社会科学领域出现频率最高的词汇之一,这一现象在很大程度上反映了全球经济、政治、社会、法律、文化等诸多方面相互依存、相互协调、相互协作乃至相互妥协的客观现实。如果说 15 世纪前后的新大陆与新航路的发现,"给新兴的资产阶级开辟了新天地",促进了世界市场的逐步形成,"使一切国家的生产和消费都成为世界性的了",②历史成为世界历史,从而揭开了第一次全球化浪潮的序幕,那么,在其后的世界历史进程中,在近现代以来三次工业革命的强劲推动下,整个世界被纳入一个整体化的相互联系的网络之中,相继出现的 19 世纪中叶到 20 世纪初叶的第二次全球化

---

① 参见习近平:《在庆祝全国人民代表大会成立 60 周年大会上的讲话》(2014 年 9 月 5 日),人民出版社 2014 年版,第 16 页。
② 参见《马克思恩格斯选集》第 1 卷,人民出版社 2012 年版,第 401—402 页。

浪潮和20世纪80年代以来的第三次全球化浪潮,逐步造就了一个"无疆界的市场",全球和区域经济与社会活动的一体化进程,似乎正在塑造出一个人类社会不曾有过的"地球村"。

然而,扑面而来的当代全球化浪潮,却无法改变这样一个显明的客观现实:当代全球性分裂的趋向正在出现。放眼当今全球社会,在国际政治领域,主权国家利益博弈加剧,民族主义运动广泛兴起,地缘政治斗争愈演愈烈,一系列战争、冲突和政治动乱频仍发生,乌克兰危机和叙利亚战争的背后,充斥着大国较量的复杂因素,由此俄罗斯与美国和北约的关系降至二战以来的冰点,以至于俄罗斯总理在2016年2月13日的慕尼黑安全会议上警告世界正滑向"新冷战"时代;世界正在进入恐怖主义的高发期,由中东地区战乱与恐怖主义所引发的欧洲难民危机,正在持续不断地冲击着申根制度和欧洲一体化进程,而欧洲一些国家抵抗难民潮的斗争,正在导致欧洲社会的分裂;尽管欧盟成员国一致通过协议,给予英国在欧盟中的"特殊地位",以便能够在即将举行的英国"脱欧公投"中,把英国留在欧盟,但这依然不能消除诸多英国政治家和大量英国民众的种种疑虑,这表明欧盟的"离心力"在不断增长;保守派民族主义者在欧美一些国家大选中的不凡表现,似乎预示着以民粹主义和孤立主义为表征的西方社会思潮的大变革时代正在到来,如此等等。在国际经济生活领域,情形亦不容乐观,全球市场正经历着2008年国际金融危机以来最严重的动荡,世界经济发展环境面临严峻的挑战,商品、劳务和生产要素的跨国界流动与交换的不确定变数增多;全球金融业领域险象环生,新兴工业国家在全球经济增长动力体系中的地位正在经受考验,金融炒家"绍罗什们"放言要做空亚洲货币;名目繁多的经济制裁充当着国家间政治斗争的工具,美国主导的《跨太平洋伙伴关系协定》(TPP)已然成为经济霸权的代名词,欧美国家正滋长着日益强烈的贸易保护主义情绪,等等。此外,全球范围内的南北发展差距日益扩大,国际社会反贫困的任务极为艰巨。

面对着当代全球化进程中的这些诸多问题,国际学术界的一些人士不仅发出了"全球化时代成为过去"的无尽感叹。

二、当代全球化运动的新趋向

当代全球化真的已经成为过去了吗? 如何认识当今世界已经或正在发生的种种现象与事件? 抑或全球化进程是否在以某种新的形式在

曲折中艰难前行？这是一个需要认真对待的问题。

我的基本看法是：当代全球化并没有成为过去，但是确实遭遇到新的情况，并且在相当程度上正在改变着自己的存在形态与方式。应当看到，当今世界，全球范围的区域经济一体化进程势头强劲，正在成为经济全球化运动的新的表现形态，甚或是一种主导性的载体形式；国际恐怖主义猖獗、国家内部以及国家间的冲突不断、地区动乱、难民问题以及气候灾难、能源问题等等全球性危机，以及消除贫困问题、粮食问题、落实 2030 年全球可持续发展议程等等全球性议程，都要求世界各国采取协调一致的行动，共同应对全球性挑战。至于当下世界经济领域中的种种问题，表明全球经济正在进入一个深度调整期，现有全球经济治理机制和架构的缺陷日益显现，这一状况更加需要加强各国宏观经济政策的全球性沟通与协调，更加凸显了形成协调合作的全球性政策与行动合力的紧迫性。再者，数字经济和共享经济的兴起，呼唤着第三次工业革命的到来，拓展了数字化、一体化的全球经济空间，有可能使人类社会进入一个深度合作联系紧密的经济新时代。因之，当代全球化进程仍然在继续延展。

同样应予注意的是，当代全球化运动中的种种挑战，深刻反映了当今世界秩序结构的剧烈变动，全球权力中心格局正在发生转移。尤其是中国的和平崛起，无疑对当今世界政治与经济版图产生不可遏止的巨大影响。这显然意味着重构世界新秩序的时代正在来临，二战之后形成的全球治理体系正在经历一场深刻的变革，当代全球化运动日益呈现出新的样式。此一问题构成了本文关注的重点。在《世界秩序》一书中，当代著名的国际战略思想家亨利·基辛格强调，"世界秩序观的危机是我们当下面临的最根本的国际问题"，提出"在当今世界，需要有一个全球性的世界秩序"。尽管他声称在探寻世界新秩序的过程中，"美国的领导作用始终不可或缺"，但也睿智地意识到"任何一国都不可能单枪匹马地建立世界秩序。要建立真正的世界秩序，它的各个组成部分在保持自身价值的同时，还需要有一种全球性、结构性和法理性的文化，这就是超越任何一个地区或国家视角和理想的秩序观。"①基辛格所描述的新型世界秩序观，试图超越普遍性与特殊性的两极对立，致力

---

① 参见［美］亨利·基辛格：《世界秩序》，胡利平等译，中信出版社 2015 年版，第 493、序言第 XIX 页、485、489 页。

于确立一种蕴涵着"多样性统一"取向的包容性的世界秩序理念。正是这一点,也许恰恰表征着重塑当代全球化进程的新的运动趋向。在这里,全球权力中心的深刻变动与迁移现象无疑是需要我们给予足够关注的。

在文明社会国际格局的历史演进过程中,全球性力量中心的确立与转移是屡见不鲜的,在某种意义上亦是一条历史定则。在辩证法大师黑格尔看来,一部世界历史乃是"理性"以曲折的方式呈现出来的过程,是一个"合乎理性的进程"。在这个进程中,交织着变化与重生。"一个民族在世界历史的发展阶段中究竟占据着什么样的位置,不在于这个民族外在成就的高低,而在于这个民族所体现出来的精神,要看该民族体现了何种阶段的世界精神。"而历史发展只能在时间进程中得以落实。从时间维度上看,世界历史是一个由东方到西方的发展过程,"因为欧洲是世界历史的绝对终点,就像亚洲是世界历史的起点一样"。而从地理或空间维度上看,"地中海是世界文明的中心,和世界历史有关的三大洲就围绕在它的周围"。① 在这个弥漫着浓厚的"欧洲中心主义"氛围的笔调中,世界精神的"线性"般流淌的背后,恰恰会聚着生产、贸易、人口与国家法律制度的现实性力量。精神与实力的结合,决定了一个民族在世界历史进程中的位置。

在《论列强》一文中,19世纪普鲁士历史学巨匠列奥波德·冯·兰克简略地考察了路易十四时代以来欧洲诸列强之间参与欧洲霸主地位的互动关系格局,深入分析了几乎要成为"世界君主国"的法兰西第一帝国重新雄居欧洲霸主地位的原因,指出正是法国大革命彻底终结了"中世纪遗留下来的统一的、具有约束力的制度",表明"民主观念及民主制度是势不可挡的",从而唤醒了沉睡的民族精神,使之有意识地行动起来,遂而使国民性得以重建、复兴和全新发展。"这是一场牵涉面广的普遍运动,而法国在这一运动中带领引导着其他欧洲国家。"因此,"只有法国才能获得最高权力,成为欧洲的霸主"。② 兰克的这一见解确乎独到深刻,把拿破仑之所以能够建立起庞大帝国的内在奥秘准确地表达了出来。

据说是受到兰克这一短篇著作的启示,美国历史学家保罗·肯尼

---

① 参见[德]黑格尔:《黑格尔历史哲学》,潘高峰译,九州出版社2011年版,第36、58、177、211页。
② 参见[德]列奥波德·冯·兰克著、[美]罗格·文斯编:《世界历史的秘密——关于历史艺术与历史科学的著作选》,易兰译,复旦大学出版社2012年版,第198、197、196页。

迪写下了《大国的兴衰》这部力作。不管人们对这部著作的观点及其结论性意见有何不同看法，但是保罗·肯尼迪试图描述大国实力的变化以及所带来的国际格局的改变，则是应予肯定的理论努力。按照这位学者的看法，"一流国家在世界事务中的相对地位总是在不断变化"。产生这一现象的原因是多方面的，涉及经济实力、地理位置、军事组织、民族士气、联盟体系等等诸多条件，这些因素都可以对各国的国力起到制约作用。不过，总体来看，"主要原因有二：一是各国国力的增长速度不同；二是技术突破和组织形式的变革，可使一国比另一国得到更大的优势"。"自16世纪西欧进步以来，西班牙、荷兰、法国、英国和目前的美国等一流强国的兴衰史表明，从长期看，国家的生产力和取得收入的能力，与军事力量之间有一种非常重要的相互依存关系。"由此，保罗·肯尼迪得出结论说："在综合经济力量和生产能力对比的变化与国际系统中各大国的地位之间，有一种因果关系。""经济力量的转移预示着大国的崛起。这些新大国总有一天会对世界军事力量格局和各国领土状况施加决定性影响，过去几十年发生的全球生产的重要力量向'环太平洋地区'转移，不只引起经济学家的关注，原因就在这里。"①在这里，作者似乎在预示着一个全球权力中心转移的新的时代的到来。

时下，国际学术界探讨全球权力转移的著述见解纷呈，见仁见智，其间的主流性的观点强调，当代全球化运动与全球权力中心转移进程交织在一起，现行的国际体系正在面临着一个剧烈变革与转换的历史性时刻，在这一进程的背后跃动着全球权力中心转移的脉搏，反映了诸民族国家的综合国力的相对消长与变化；不仅如此，这个全球权力中心转移进程的方向，从总体上看乃是一个从西方到东方的迁移，是一个世界权力中心东移的历史性过程。新加坡国立大学李光耀公共政策学院马凯硕教授以充满深情且乐观的笔调说道，西方称霸世界史的年代已近尾声，亚洲社会正以势不可当的力量东山再起。如果说在21世纪之前3个世纪的大部分时间里，亚洲、非洲和拉丁美洲的人民是世界历史的客体，驾驭历史的决定往往是在伦敦、巴黎、柏林和华盛顿特区等几个主要的西方国家的首都作出的，那么，"今天，西方世界之外的56亿人民不再接受由代表西方利益的西方国家单方面作出的决定"。如果

---

① 参见［英］保罗·肯尼迪：《大国的兴衰：1500—2000年的经济变革与军事冲突》(上)，王保存、王章辉、余昌楷译，朱贵生审校，中信出版社2013年版，第XII、XX、XVIII页。

说在过去的几个世纪里，西方世界拥有到目前为止最开放和最具活力的文明，那么，在 21 世纪，对全球而言，亚洲的现代化正在向亚洲大陆的每一个角落蔓延，亚洲将是未来全球的主角。因此，马凯硕断言："西方世界的崛起改变了整个世界，亚洲的崛起同样也会给世界带来翻天覆地的变化。"①

进一步来看，如何认识当代全球权力中心转移的时代方向？人们普遍性的意见是：中国崛起已经或正在不可阻挡地改变着当今世界秩序格局，在很大程度上决定着重构国际体系的未来走向。有的学者不大赞同笼统地表达"世界权力中心由西方向东方转移"或者"世界权力中心从欧洲向亚太转移"的模糊提法，认为欧洲与东亚实力对比的消长将成为影响世界权力中心转移的决定性因素，东亚将取代欧洲成为世界权力中心的组成部分；尽管美国仍将保持世界级战略竞争者的地位，但是位于东亚的中国具有崛起为世界级影响力的超级大国的潜力，中国的崛起将使东亚拥有能够影响世界的"超级大国"，并且将使东亚成为世界主要的战略竞争地区。② 许多资深的国际政治家和战略家对于中国崛起在当代全球权力中心转移进程中的重大影响持有肯定性的看法。比如，基辛格认为，"21 世纪中国的'崛起'并非新生事物，而是历史的重现。与过去不同的是，中国重回世界舞台中心，既是作为一个古老文明的传承者，也是作为依照威斯特伐利亚模式行事的现代大国。"③当然，作为一位睿智的国际战略谋士，基辛格意识到作为重新崛起的全球大国，中国对于以美国为主导的当代世界秩序结构所构成的巨大冲击，但是他也期待着构建一个中美双方都具有举足轻重地位的国际秩序，强调"美中关系不应被理解为一场零和博弈，一个繁荣富强的中国之崛起也并不意味着美国的战略性失败"，因而试图提出一个所谓"太平洋共同体"的概念，推动中美两国走上一条"真诚合作"的轨道，而不是"进入又一轮历史性国际斗争"，以期"建立一个真正全球性的经济和政治秩序"。④ 又如，德国前总理格哈德·施罗德清醒地看到，全球经济

---

① 参见[新加坡]马凯硕：《新亚洲半球：势不可当的全球权力东移》，刘春波等译，当代中国出版社 2010 年版，第 1—9 页。

② 参见阎学通：《世界权力的转移：政治领导与战略竞争》，北京大学出版社 2015 年版，第 67—71 页。

③ 参见[美]亨利·基辛格：《世界秩序》，胡利平等译，北京大学出版社 2015 年版，第 286 页。

④ 参见[美]亨利·基辛格：《美中关系的到来：冲突并非选项》，载郑必坚、基辛格等：《世界热议中国：寻求共同繁荣之路》，中信出版社 2013 年版，第 28、32、34 页。

重心与全球权力中心之间的内在关联,高度评价当代中国的崛起对于当代世界的重大意义,指出:"在全球化时代,我们还经历着一次历史性转折,因为世界经济重心发生了位移,由此也引起了世界政治重心的位移。亚洲尤其是中国正强劲崛起。"而中国重新崛起的深刻意义在于:这是"以和平方式迈出了这一现代化步伐,同时又得以保持稳定,此乃20世纪最伟大的文明成果之一"。所以,施罗德从300年前习惯于全球思维的德国伟大哲学家莱布尼茨那里获得启示,热忱地期望构架起欧洲——俄罗斯——中国之间的三角关系,主张俄罗斯应当作为中欧之间的一座桥梁发挥关键的作用,强调欧俄中为了全人类的利益展开密切合作,——这亦"极佳地诠释了各种文化之间进行的对话和人道主义的全球化"。① 再如,法国前总统雅克·希拉克面对当前的全球性危机更是发出了"世界需要中国"的申言,认为中国已经成为一个全球大国,正在恢复其在国际舞台上的历史地位,因此要适应多极世界的出现及其世界所发生的历史性的变化,"需要考虑建立适应全球化的新的国际机构","世界正处在一个关键时刻,这种地位赋予了中国新的责任"。②

很显然,全球权力中心的变动与位移,特别是中国的重新崛起,正在极其深刻地重塑着全球秩序体系,成为当代全球化进程中的崭新趋向。这是不依人们的主观意志为转移的客观的自然历史进程。

三、全球场域中的中国方位及其法治状态

如前所述,近代以来的人类社会经历了三次全球化浪潮,一次又一次地改变着全球秩序格局。在这迥然相异的全球场域中,中国的全球方位伴随着全球变革进程而交替转换。纵览全球进程中的中国方位的历史变动轨迹,我们可以清晰地发现,这是一幅全球权力中心迁移的历史场景之映现,是世界秩序图谱数度重绘的历史写照。不同全球场域中的中国方位生成着各具特质的中国法治状态,影响着中国法治的未来走向。

在全球史的视野下,公元1500年是一个标志性的时间节点,它通

---

① 参见[德]格哈德·施罗德:《欧中合作塑造全球变革》,载郑必坚、基辛格等:《世界热议中国:寻求共同繁荣之路》,中信出版社2013年版,第41—42、48—49页。
② 参见[法]雅克·希拉克:《世界需要中国》,载郑必坚、基辛格等:《世界热议中国:寻求共同繁荣之路》,中信出版社2013年版,第62—63页。

常被看作是"现代与前现代之间的分界线"。① 克里斯托弗·哥伦布
(1492年)、瓦斯科·达·伽马(1498年)和费迪南·麦哲伦(1519—
1522年)横跨地球的远洋航行,揭开了地理大发现时代的序幕,极大地
影响了人类社会发展进程。"发现美洲的后果就是把欧洲、亚洲和非洲
连成一片",②第一次全球化运动遂而逐渐形成。诚然,航海大发现及其
后的第一次全球化浪潮,推动了欧洲文明兴起的历史进程,为西方世界
取得支配性地位创造了条件,但是,这并不意味着此时的欧洲已经成为
全球权力的中心地区。实际上,许多研究成果表明,"'地理大发现'并
不是必然走向欧洲的全球优势",它对西方"突破"漫长的16世纪仅仅
是有限的影响。与地理大发现同时发生的"是明朝专制主义的巩固,是
奥斯曼帝国新世界大国的出现,是萨非王朝(safavid)统治下的伊朗重
新统一,是伊斯兰教迅速扩张到西南亚,以及1515年后在北印度一个
新伊斯兰大帝国的创立。地理大发现的重要性必须对照这个欧亚大陆
扩张主义的巨大图景来看。"③不仅如此,在那个时代的全球格局中,东
亚尤其是中国的位置无疑至为关键和重要。应当说,19世纪之前的中
国,在全球体系中居于中心地位。安德烈·贡德·弗兰克在《白银资
本》一书中以深刻的历史逻辑和大量的证据论述了从地理大发现到18
世纪末工业革命之前的亚洲时代的全球中心地位及其意义,对1500年
之后全球经贸格局的变动进行了独到的阐释,历史性地确证中国在
1500年之后全球经济体系中的中心地位,从而对长期以来流行的"欧
洲中心主义"观点发起了挑战。按照这位学者的看法,从1400年到
1800年间世界经济的结构与发展中可以看出,"作为中央之国的中国,
不仅是东亚朝贡贸易体系的中心,而且在整个世界经济中即使不是中
心,也占据支配地位"。"表明中国在世界经济中的这种位置和角色的
现象之一是,它吸引和吞噬了大约世界生产的白银货币的一半。"这些
白银"促成了16世纪至18世纪明清两代的经济和人口的迅速扩张与增
长",充分展示了"中国经济和中国人民在世界市场上所具有的异乎寻
常的巨大的和不断增长的生产能力、技术、生产效率、竞争力和出口能

---

① 参见[美]威廉·麦克尼尔:《世界史:从史前到21世纪全球文明的互动》,施诚等译,中信出版社
2013年版,第269页。

② 参见[法]孟德斯鸠:《论法的精神》上卷,许明龙译,商务印书馆2012年版,第450页。

③ 参见[英]约翰·达尔文:《全球帝国史:帖木儿之后帝国的兴与衰(1400—2000)》,陆伟芳等译,大象
出版社2015年版,第38—39页。

力",这是其他地区都望尘莫及的。① 弗兰克的观点,为我们重新认识地理大发现时代到近代工业革命之前的全球权力体系及其变化,打开了一扇学术之窗,在国际思想界产生了重要反响。

与这种中国的中心地位相适应,晚清变法改革之前的中国法律系统,是一套自成一体、独具特性的制度安排与价值准则体系,具有法律伦理主义的鲜明特质,被马克斯·韦伯称之为基于信念伦理意义上的法律伦理主义类型。在韦伯看来,与关注严格的形式法与司法程序的西方形式主义法律类型不同,古代中国缺乏自然法和形式的法逻辑,追求旨在于有效调节与维护秩序的"实质的公道"。"特别值得一提的是,中国的法官——典型的家产制法官——以彻底家长制的方式来判案,也就是说,只要是在神圣传统所允许的活动范围内,他绝对不会根据形式的律令和'一视同仁'来进行审判。情况恰恰根本相反,他会根据被审者的实际身份以及实际的情况,或者根据实际结果的公正与适当来判决。"这种实质主义取向的法律类型,浸润着儒教理性的现世秩序观,因为"儒教所要求的是对俗世及其秩序与习俗的适应,归根结底,它只不过是为受过教育的世人确立政治准则与社会礼仪的一部大法典"。② 尽管一些学者对韦伯关于传统中国法律性质的论述持有不同的看法,③ 但注重道德上的正当性,确证道德律的神圣至上性,建构于"天人合一"的深厚道德基础之上并且以王道精神相标榜,这无疑是传统中国法律类型的意义之所在,构成了中国固有法律区别于域外法制(尤其是西方)的基本界限。作为儒家信念伦理的集中体现,传统中国的法律伦理主义植根于中国社会的深厚土壤之中,成为文明社会法律之林中的一种独特的法律发展类型,与西方世界的法律形式主义彼此分别、平行演进,表达了中国社会的内生性的法理逻辑,奠定了古代中华法系的价值基础。16、17 世纪的欧洲传教士写下了数量惊人的有关中国的报告,其中不乏对中国伦理性法律及其政制构造形态的叙述。"就当时的中国社会而言,没有什么比政府和行政部门更始终如一地吸引 17 世纪的

---

① 参见[德]贡德·弗兰克:《白银资本——重视经济全球化中的东方》,刘北成译,中央编译出版社
  2013 年版,中文版前言第 1—2 页。
② 参见[德]马克斯·韦伯:《儒教与道教》,洪天富译,江苏人民出版社 2010 年版,第 151—159、
  161 页。
③ [美]黄宗智:《清代以来民事法律的表达与实践:历史、理论与现实》第一卷,法律出版社 2014 年版,
  第 179—184 页;林端:《韦伯论中国传统法律:韦伯比较社会学的批判》,中国政法大学出版社 2014
  年版,第 103—107 页。

欧洲人了。早在 16 世纪,门多萨就指出,中国是世界上治理得最好的国家。从那以后,几乎所有人的著作都包含了对中国政府和行政部门的论述。""因此,17 世纪的欧洲人聚集了大量的、同时也理所当然较为准确的有关中国政府的记载。"①这种情形也同样出现在启蒙时期的欧洲。比如,被称为"欧洲的孔夫子"的伏尔泰,倡导建立一种"开明君主制"的理想政制模式,这与儒家所宣扬的以"仁政德治"为特征的中国政制形式内在契合。他认为,"中国人最深刻了解、最精心培育、最致力完善的东西是道德和法律"。古代中国政府之所以大兴公共工程建设,这与其家长制统治和施政理念密切相关。"正因为全国一家是根本大法,所以在中国比在其他地方更把维护公共利益视为首要责任。"②人类肯定想象不出比中国这样的政制形式更好的政府,在这里,一切都由一级从属一级的衙门来裁决,官员来裁决,官员必须经过好几次严格的考试才被录用。"在中国,这些衙门就是治理一切的机构。"在中国行政制度下,"一般法令出自皇帝,但是,由于有那样的政府机构,皇帝不向精通法律的、选举出来的有识之士咨询是什么也做不成的"。③ 伏尔泰关于古代中国法律文明基本特性的阐述,在很大程度上影响了那个时期欧洲思想界的中国观。

　　然而,在 18 世纪欧洲工业革命以及海外殖民扩张的强有力推动下,欧洲经济社会取得了长足进展,经济实力超过亚洲。于是,整个全球场域发生了剧变。从 19 世纪开始,中国逐渐丧失在全球舞台上的中心地位。"所有这些同时影响着中国的财政、社会风尚、工业和政治结构的破坏性因素,到 1840 年在英国大炮的轰击下得到了充分的发展;英国的大炮破坏了皇帝的权威,迫使天朝帝国与地上的世界接触。""天朝帝国万世长存的迷信破了产,野蛮的闭关自守的、与文明世界隔绝的状态被打破,开始同外界发生联系。"④在这一新的全球场域中,中国先前那种君临天下的世界形象发生下移而日益处于边缘化状态。自 19 世纪 20 年代,中国开始出现经济衰退,而迅速发展的鸦片贸易,促使白银大量外流,加剧了国库危机和社会动荡。1840—1842 年的鸦片战争

---

① 参见[美]唐纳德·F·拉赫、埃德温·J·范·克雷:《欧洲形成中的亚洲》第三卷第四册,朱新星等译,周宁总译校,人民出版社 2013 年版,第 19 页。
② 参见[法]伏尔泰:《风俗论》上册,梁守锵译,商务印书馆 1994 年版,第 249 页。
③ 参见[法]伏尔泰:《风俗论》下册,谢戊南等译,郑福熙等校,商务印书馆 1997 年版,第 509 页。
④ 参见《马克思恩格斯选集》第 1 卷,人民出版社 2012 年版,第 780、779 页。

以及其后的一场又一场的战争,均以满清皇朝失败而告结束,外国列强迫使晚清政府订立一系列不平等条约,由此形成了从"朝贡制度"向"条约体系"的转变。列强们凭据条约制度,掠取了协定关税和海关行政权、沿海贸易权、内河航行权和内地通商权、开放商埠和领事裁判权以及最惠国待遇等等许多特权,中国社会日益沦为半殖民地国家。诚如美国著名中国问题专家费正清所指出的,"1842—1860 年期间由不平等条约所建立的法律结构,是英国人对清政府打了两次战争之后强加给中国的东西"。"虽然新的条约好像是在平等主权国家之间签订的,但实际上它们是很不平等的,因为这违反中国的意愿,被迫处于较弱的地位,只能听任西方的商业和随之而来的文化入侵。"①

新的全球场域中的中国方位的转换,不可避免地促使中国法治状态的变动。随着近代西方法律文化对中国社会生活的广泛冲击,原本自主演进的中国法律文明体系,被强制性地纳入所谓国际体系之中,催生了艰难的法治转型进程。20 世纪初期十年的晚清法制改革,乃是一次推动中国法制转型发展的有限的现代化努力。这场法制变革运动的一个基本要求,就是通过"采用西法"来"整顿中法",以期收回领事裁判权。光绪二十六年(1900 年)十二月,清廷发布了改革诏书,号召朝野就变法事宜限期献计献策,各抒己见。刘坤一、张之洞在著名的"江楚会奏"中鲜明地提出了"整顿中法"与"采用西法"并重的变法主张,确乎切中了变法更强的关键,且与收回领事裁判权的压力密切相关。无论是"整顿中法",还是"采用西法",清廷推行新政的基本目标,就是将"一切现行律例,按照交涉情形,参酌各国法律悉心参订,妥为拟议。务期中外通行,有裨治理"。② 进而,企望通过法制改革的行动,收回治外法权,维护司法主权。而受清廷之命具体负责修律和法制改革事务的沈家本、伍廷芳,则更是强调废止领事裁判权对于推进法制改革的极端重要性。沈家本不仅深谙中国法律,而且也熟读西律。他认为:"方今中国,屡经变故,百事艰难。有志之士,当讨究治道之原,旁考各国制度,观其会通,庶几采撷精华,稍有补于当世。"③唯其如此,才能逐步消弭中

---

① 参见[美]费正清:《美国与中国》(第四版),张里京译,世界知识出版社 1999 年版,第 151、153 页。

② 参见上海商务印书馆编译所编纂:《大清新法令》(1901—1911)点校本第一卷,李秀清等点校,商务印书馆 2010 年版,第 16 页。

③ 参见沈家本:《寄簃文存卷六·政法类典序》,载李光灿:《评〈寄簃文存〉》,群众出版社 1985 年版,第 383 页。

法与西法之间的鸿沟,进而确立中西法律之间对话或交流的共同语言系统,以便"与各国无大悬绝",①从而促进治外法权的收回。正是在这样的思想指导下,晚清法制实际上成为向西方学习的一次大规模试验。② 在沈家本、伍廷芳的主持下,一场以兼采西法为特征的晚清修律变法活动大规模展开。晚清修律变法大抵上按照大陆法系的模式,对中国传统法律体系进行结构性改造,推动以行政与司法合一向有限度的司法独立的转变,建立近代型的司法诉讼制度体系,从而导致古老中国法律系统的历史性重大变化,一个具有西法特点的中国法律体系渐而形成。这场大规模的法制改革的历史性后果之一,就是使中国法律文明发展融入全球法律体系的重构过程之中,进而也加剧了中国法律发展的边缘化趋势。处于世界体系边缘化地区的近代中国法律生活世界,开始了由自主发展向依附发展的转变,法律发展日益丧失了独立演进的品格,中国法律文明的自然历史进程发生断裂。20世纪的中国社会以1911年的辛亥革命为标志,开启了民国时代的序幕。旧的社会统治类型被废除,而代之以新的具有西方特色的政治架构。政治革命推动了法制的转型与发展。辛亥革命时期制订的《中华民国临时约法》(1912年3月),按照近代西方的三权分立原则来安排国家法制与法律制度。其后的北洋政府和南京国民政府也在法律制度的改造方面做了一些工作。因之,第二次全球化进程中的中国法制转型具有显明的"西方化"色彩和依附发展特征。

20世纪80年代以来兴起的第三次全球化浪潮的时代产物之一,乃是全球权力中心东移现象的迅速增长及其中国的历史性重新崛起。③全球权力中心的转移,不仅加快了全球经济一体化的进程,也在很大程度上引发全球法治发展的重构。处在这一过程中的中国国家制度现代化与法治发展,势必要反映全球市场经济体制的法治需求,体现全球法治文明发展的共通性因素,对固有的法律系统进行现代化的革新与改造,以期适应迅速变动之中的全球经济、社会与法律环境,反应全球权

① 参见沈家本:《寄簃文存卷一·虚拟死罪改为流徒折》,载李光灿:《评〈寄簃文存〉》,群众出版社1985年版,第194—195页。

② 参见李贵连:《近代中国法制与法学》,北京大学出版社2002年版,第254—257页。

③ 郑永年认为,中国的和平崛起,主要得益于经济的全球化和区域化这一客观条件的出现。改革开放以来,中国通过加入各种国际和区域经济组织,积极推动经济的区域化和全球化,影响力开始超越亚洲地区而达到世界的各个角落,甚至是美国和欧洲,这是军事方法所不能做到的。这一见解是很有道理的。参见郑永年:《为中国辩护》,浙江人民出版社2012年版,第40页。

力中心转移与中国重新崛起的法权要求,为中国的重新崛起构造出坚实的法治制度根基。因此,善于抓住这一机遇,不失时机地推进法治改革,就显得尤为重要。在当代全球化的大潮中,中国在 1949 年人民大革命所带来的现代民族国家重建以及国家政制与法治革命的基础上,又开始经历着一个重构法律系统的历史性过程。① 1978 年 12 月召开的中共十一届三中全会,是当代中国社会政治与法律生活中具有里程碑意义的一件大事。从此,中国法治发展进入了一个历史变革的新时代,构成了当代中国一场深刻的法治革命。经过 30 多年的广泛而深刻的社会与法治变革,伴随着中国重新崛起的进程,当代中国法治革命显示出旺盛的活力与强大的生命力,有力地推动了当代中国国家治理现代化的进程。

第一,这场法治革命确证了法治在国家与社会生活中的权威。在传统中国,人治主义传统源远流长。尽管先秦法家以强调"以法治国"而著称,把法律视为治国安邦的重要工具,任法不任德,反对儒家的人治主义,但是,法家的"法治"学说绝非现代意义上的法治概念,因为它是与专制政治相联系的。② 强大的传统影响之历史惯性,使中国总体上缺乏合理化的法治资源。新中国成立之初,试图创设新的法律架构和制度基础,藉以改变往昔的社会治理方式,把国家生活逐步纳入法治化的轨道之中。但是,由于多种原因,这一变革的努力是有限的。进入改革开放的历史新时期以后,作为执政党的中国共产党清醒地意识到,要保持党和国家长治久安,就必须从制度上解决问题,确立法治在国家和社会生活中的权威性地位。"还是要靠法制,搞法制靠得住些。"③应当把人治的式微、法治的兴起作为中国社会与法治发展的基本评价尺度。牢固树立法治权威,不仅体现了社会主体从事法治变革的价值理想,而且反映了当代中国法治发展的基本取向。推进全球化时代的大国治理,就必须实现从人治到法治的历史性转变,在法治的轨道上治国理政,任何组织和个人都不得拥有超越宪法和法律的特权。这是中国法治现代化面临的一项历史使命。正是在中国特色社会主义法治方针的指引下,当代中国法治化进程日益加快,法治权威在国家和社会生活中

---

① 按照费正清的看法,这是一个从"依照伦理的统治"转向"依照法律统治"的改革。参见[美]费正清:《伟大的中国革命(1800—1985)》,刘尊棋译,世界知识出版社 2000 年版,第 425 页。

② 参见何勤华:《中国法学史》第一卷(修订本),法律出版社 2006 年版,第 109—117 页。

③ 参见《邓小平文选》第三卷,人民出版社 1993 年版,第 379 页。

逐步确立,全面推进依法治国,加快建设法治中国的伟大理想正在成为生动的现实。

第二,这场法治革命把依法治国确立为中国共产党领导人民治理国家的基本方略。现代意义上的法治是与民主政治密切联系的,它要求法律的权威高于任何个人的权威,法律是国家治理的基本手段。1978 年 12 月召开的中共十一届三中全会明确提出社会主义民主制度化、法律化的重大法治方针。① 1979 年 9 月中共中央向全党发出的《关于坚决保证刑法、刑事诉讼法切实实施的指示》(以下简称"《九月指示》"),第一次鲜明提出"实行社会主义法治"。② 正是经过中共十一届三中全会以来的持续不断的探索实践,1997 年 9 月召开的中共十五大在中国共产党的历史上第一次提出依法治国、建设社会主义法治国家的基本方略。③ 这无疑是一个历史性的重大战略决策。以中共十五大为标志,依法治国基本方略的提出与贯彻,建设社会主义法治国家宏伟目标的确立与实施,给当代中国法治发展道路注入了崭新的内涵,有力推动了当代中国法治革命进程。

第三,这场法治革命把依法执政确定为中国共产党治国理政的基本方式。随着 1949 年中国人民大革命的胜利,中国共产党从革命党向执政党转变,党的领导方式和执政方式面临着新的时代课题。《九月指示》第一次全面科学地确立了中国共产党对司法工作领导的基本原则和工作体制。进入 21 世纪以来,中国共产党深刻揭示共产党的执政规律,提出坚持依法执政的重大命题。这是新的社会历史条件下中国共产党领导人民有效治理国家和社会的根本保证。2014 年 10 月召开的中共十八届四中全会在我们党的历史上第一次对全面推进依法治国提出了完整系统的顶层设计方案,把坚持中国共产党的领导作为全面依法治国必须首先坚持的原则,提出坚持依法执政、加强和改进党对全面依法治国领导的"三统一"、"四善于"的基本要求。这对于推进当代中国法治发展,明确社会主义法治国家的性质、方向和道路具有重大的指导意义。

第四,这场法治革命统揽全面依法治国总体布局与推进方略。中共十八大以来,以习近平同志为核心的党中央从"四个全面"的战略布

---

① 参见《改革开放以来历届三中全会文件汇编》,人民出版社 2013 年版,第 12 页。

② 参见《三中全会以来重要文献汇编》(上),人民出版社 1982 年版,第 257 页。

③ 参见《十五大以来重要文献选编》(上),中央文献出版社 2011 年版,第 26 页。

局出发,着眼于确保党和国家长治久安和"两个一百年"奋斗目标的战略考量,精心谋划全面推进依法治国的战略蓝图。中共十八届四中全会提出全面推进依法治国的总目标是建设中国特色社会主义法治体系,建设社会主义法治国家。习近平将建设中国特色社会主义法治体系称之为"全面推进依法治国的总抓手",①强调法治体系是国家治理体系的骨干工程,"必须加快形成完备的法律规范体系、高效的法治实施体系、严密的法治监督体系、有力的法治保障体系,形成完善的党内法规体系"。② 这就为全面推进依法治国、加快建设法治中国指明了前进方向。当代中国法治革命是一项前无古人的开创性的事业,涉及党的建设、国家发展和社会生活的各个方面,需要统筹协调,整体谋划,合力推进。坚持依法治国、依法执政、依法行政共同推进,法治国家、法治政府、法治社会一体建设,这充分表达了当代中国法治发展的整体观。此外,中共十八大总结当代中国法治发展的基本实践经验,把新时期全面推进依法治国的重点任务作出了新的概括,即:"科学立法、严格执法、公正司法、全民守法。"③中共十八届四中全会决定把这一新的十六字的重点任务纳入全面依法治国的总目标之中,④这就为加快建设社会主义法治国家提供了重要遵循。应当看到,中国是一个幅员辽阔的东方大国,不同区域之间的经济社会发展状况差异明显,进而对各个区域的法治发展进程产生重要影响。在当代中国,在全面推进依法治国、加快国家法治发展的基础上,高度重视和积极推进区域法治发展,对于顺利实现法治中国建设的战略目标意义重大,因此,必须在遵循国家法治发展总体方向、维护国家法制统一的前提下,适应不同区域发展的法治需求,加快区域法治发展进程,努力构建治国理政的区域性依法治理模式。中共十八届四中全会决定从建设中国特色社会主义法治体系、推进国家治理现代化的战略高度,高度重视区域法治发展与区域社会治理现代化问题,提出要完善立法体制,依法赋予设区的市地方立法权;完善不同层级政府特别是中央和地方政府事权法律制度,根据不同层级政府的事权和职能,合理调配执法力量;探索建立跨行政区划人民法

---

① 参见《中国共产党第十八届中央委员会第四次全体会议文件汇编》,人民出版社 2014 年版,第81 页。

② 参见习近平:《加快建设社会主义法治国家》,《求是》2015 年第 1 期。

③ 参见《中国共产党第十八次全国代表大会文件汇编》,人民出版社 2012 年版,第 25 页。

④ 参见《中共中央关于全面推进依法治国若干重大问题的决定》,人民出版社 2014 年版,第 4 页。

院和人民检察院,办理跨地区案件;推进多层次多领域依法治理,深入开展多层次多形式法治创建活动,进而提高社会治理的法治化水平;并且提出把法治建设成效作为衡量各级领导班子和领导干部工作实绩的重要内容,纳入政绩考核体系,等等。这必将对当代中国区域法治发展产生重大的推动作用。

第五,这场法治革命致力于建构一种现代型的法治秩序。在中国法治变革及其现代化的进程中,传统法律结构与价值基础发生了重大变化,而逐步代之以宪法为主导的公法与私法相分离、实体法与程序法相区别的法律体系,确证社会主体的自由、权利与尊严。在当代中国,法治革命的直接表现乃是适应经济社会变革进程的客观要求,推动立法活动的大规模展开,立法发展与社会变革之间相互促进、相辅相成,立法活动以其特有的方式为这场划时代的经济社会革命设定合法性基础。正是在这一历史性的社会变革进程中,当代中国的法律系统发生了极其深刻的变化,中国特色社会主义法律体系如期形成。对此,习近平指出:"这是一个了不起的重大成就。"①不仅如此,当前,一个以促进司法公正、增强司法公信、维护司法权威为基本要求的司法体制改革正在积极稳妥有序地展开,而这一改革所带来的必将是中国司法领域的现代化。更为重要的是,中国法治现代化是一个从法治理念、法治载体到法治实践、法治行为的转型变革的过程,其核心是人的现代化,是社会主体法治价值观念的现代化。只有社会主体的信念、心理、态度和行为与法治现代化进程相互协调,并且成为法治变革及其现代化的有效支撑,法治中国与法治现代化才能成为客观的现实。当代中国法治发展的一项基础性工程,就是要加快推进法治社会建设,加强法治宣传教育,培养公民信任法律、尊重法律的现代法治意识,进而为法治中国建设奠定法治观念基础。因之,经过 30 多年坚持不懈的努力,一个具有中国特色的现代法治型秩序正在逐步形成。

四、坚定地走出一条自主型的法治中国之路

面对着错综复杂的当代全球化趋势,在推进法治中国建设的时代进程中,我们既要看到全球权力中心转移所导致的全球秩序重构及其全球治理变革对当代中国法治发展的历史性呼求,也要看到当代全球

① 参见《中国共产党第十八届中央委员会第四次全体会议文件汇编》,人民出版社 2014 年版,第 83 页。

化背景下中国法治发展进程中出现的新情况新问题,还要看到已经或正在出现的有利于法治改革和发展的各种因素或条件,把握创造中国特色的现代化法治的历史性机遇,特别是在眼前的矛盾和困难中看到中国法治改革与发展的未来愿景,在严峻的挑战中明确奋斗的方向,保持与时俱进、奋发有为的精神状态,坚定地推进中国法治现代化进程,矢志不渝地为建设法治中国而不懈奋斗。

在这里,问题的关键在于我们要牢固确立自主型的中国法治发展理念,坚定不移地走中国特色社会主义法治道路。所谓自主型的法治发展,是指基于对本国国情条件的深刻把握,自主选择适合本国社会生活状况的法治发展模式,进而稳步推进法治改革。在重构全球秩序的新的时代条件下,中国的法律生活日益同全球范围内的法律生活交融互动。当代中国的法治改革与发展怎样才能保持独立自主的品格,避免出现依附型法治改革与发展的边缘化的情形?这是我们必须面对的一个重大时代挑战。习近平指出:"独立自主是我们党从中国实际出发、依靠党和人民力量进行革命、建设、改革的必然结论。不论过去、现在和将来,我们都要把国家和民族发展放在自己力量的基点上,坚持民族自尊心和自信心,坚定不移走自己的道路。""坚持独立自主,就要坚持中国的事情必须由中国人民自己作主张、自己来处理。世界上没有放之四海而皆准的具体发展模式,也没有一成不变的发展道路。历史条件的多样性,决定了各国选择发展道路的多样性。人类历史上,没有一个民族、没有一个国家可以通过依赖外部力量、跟在他人后面亦步亦趋实现强大和振兴。那样做的结果,不是必然遭遇失败,就是必然成为他人的附庸。"①因此,在新中国六十多年的历史行程中,中国共产党人坚持从中国的具体国情和历史条件出发,独立自主,开拓奋进,锐意改革,选择自己的法治发展道路,不断深化对共产党执政规律、社会主义法治建设规律和社会主义法治改革规律的认识,努力创制具有鲜明中国风格的社会主义国家体制与法律制度,从而赋予中国特色社会主义法治事业蓬勃生机和活力,开辟了自主型的中国特色社会主义法治发展的新境界。在当代全球性法律重构的进程中,在全面推进依法治国、加快建设法治中国的现时代,中国的法律生活领域逐渐融入国际法治体系之中,国内法治与国际法治之间的互动性明显增强,继续保持法治

---

① 《习近平谈治国理政》,外文出版社2014年版,第29页。

发展的独立自主的品格,避免出现依附发展或边缘化的情形,愈发显得更为重要。这无疑是一个重大的议题,涉及法治发展的各个领域,其中最为紧要的乃是以下若干方面。

第一,坚持自主型法治发展道路,必须努力探索具有中国特色的法治发展模式。进入改革开放的历史新时期以来,邓小平反复强调:"过去搞民主革命,要适合中国情况,走毛泽东同志开辟的农村包围城市的道路。现在搞建设,也要适合中国的情况,走出一条中国式的现代化道路。"①他还指出:"每个国家都有自己的情况,各自的经历也不同,所以要独立思考。不但经济问题如此,政治问题也如此。""要紧紧抓住合乎自己的实际情况这一条。所有别人的东西都可以参考,但也只是参考。世界上的问题不可能都用一个模式解决。中国有中国自己的模式。"②中国的法治发展是在特定的时间和空间条件下所展开的法治体系、法治制度和法治机制的改革与创新实践,具有独特的历史传统和社会条件。新中国成立六十多年来,特别是改革开放三十多年来探索中国法治发展模式的艰辛实践,正在历史性地生成这一模式的总体性特征,赋予这一模式独特的历史个性和鲜明的中国特色。在当今的全球化进程中,只有立足于中国的实际情况,对域外的法治发展经验和模式进行具体的辨析,才能建构一个具有中国风格的社会主义法治发展模式,进而走出一条自主型的中国法治发展之路。③

第二,坚持自主型法治发展道路,必须立足于中国特色社会主义法律制度的自我完善与发展。在人类法治文明发展的历史进程中,往往交织着诸多矛盾运动。这种矛盾运动既会引起法律生活领域的根本性变化,也会促进法律生活关系的某些部分改变。从社会学的一般意义上来说,每一次社会革命都标志着整个社会体制的一次基本变化,力图寻求某种合法性根据;而从法律意义上讲,每次社会革命最终产生了一种新的法律体系。因之,伴随着社会革命的法律革命,带来了法律领域的全新的变化。新中国六十多年的法治革命,不仅从根本上改变了传统的法律制度的本质与结构,创设了人民共和国的法治架构,而且成为当代中国经济社会革命的法治基础,从而为新的社会经济生活系统确立了有效的规范与制度保障。坚持自主型法治发展道路,必须正确把

---

① 《邓小平文选》第二卷,人民出版社 1994 年版,第 163 页。
② 《邓小平文选》第三卷,人民出版社 1993 年版,第 260、261 页。
③ 参见顾培东:《中国法治的自主型进路》,《法学研究》2010 年第 1 期。

握当代中国法治发展的基本方向,始终把社会主义法律制度的自我完善与发展作为法治改革与发展的主旋律;必须尊重法治工作的客观规律,建立健全有利于促进法治建设与发展的体制、制度与机制。当然,如同任何事物的发展都是一个否定之否定的过程一样,坚持自主型法治发展道路,推动中国特色社会主义法律制度的自我完善与发展,也是一个辩证的扬弃过程。当代中国的法治发展是一场深刻的法治革命。它要在坚持法治改革与发展的中国特色社会主义方向的前提下,依靠自身的力量,着力解决影响法治建设与发展的体制性、机制性、保障性障碍,适应变革时代的法治需求,创设新的法治制度结构,建立新的法治运行机制,确立新的法治正义标准,从而形成一种新的法治生活秩序,为贯彻"四个全面"的重大战略布局、建设中国特色社会主义事业提供稳定可靠的法治支持。因之,坚持中国特色社会主义法律制度的自我革新、自我完善、自我发展,是自主型法治发展道路的基本立足点。

第三,坚持自主型法治发展道路,必须更加关注国际社会以及国家内部的社会公正问题。当代全球性经济发展趋势不仅扩大了发达国家与发展中国家之间的贫富差距,导致了南部贫困国家的分裂,而且加剧了国家内部的贫困差距;即使在富裕的北部国家内部,贫困与落后现象也与日俱增。[①] 因此,开展全球范围内的反贫困斗争,已经成为摆在每一个国家面前的一项艰巨任务。在这一时代背景下,重构全球法律机制,必须贯彻社会公正的基本要求。而这个问题对于当代中国的法治发展来说,亦有着特殊的意义。在全球化的背景下,坚持自主型法治发展道路,建构中国市场经济体制与法治体系,必须充分考虑社会正义的理性要求。为了有效地实现社会正义,当代中国法治改革与发展的迫切任务,就在于贯彻共享发展理念,运用法治思维和法治方式实施脱贫攻坚工程,促进区域协调发展;强化法治的利益调控功能,促进社会利益需求的平衡发展;通过一定的法治机制,解决或缓解社会收入分配不公现象,保证社会变革进程的健康发展。诚如习近平所强调的:"不论处在什么发展水平上,制度都是社会公平正义的重要保证。我们要通过创新制度安排,努力克服人为因素造成的有违公平正义的现象,保证人民平等参与、平等发展权利。""对由于制度安排不健全造成的有违公

---

① 参见里斯本小组:《竞争的极限——经济全球化与人类的未来》,张世鹏译,中央编译出版社 2000 年版,第 60—65、74—77 页。

平正义的问题要抓紧解决,使我们的制度安排更好体现社会公平正义原则,更加有利于实现好、维护好、发展好最广大人民根本利益。"①

第四,坚持自主型法治发展道路,必须更加关注国际规则的本土化问题。全球法治机制和国际准则,在社会历史发展进程中往往表现着自己不同的重点,在不同的国家与民族生活中有着不同的表现形式,并且在各自的文化体系中起着各自不同的作用。因此,在这里就存在着一个国际规则本土化的问题。在当代中国法治发展进程中,移植国际规则和外域法律制度时必须充分考虑到本国的国情条件。"我们要学习借鉴世界上优秀的法治文明成果。但是,学习借鉴不等于是简单的拿来主义,必须坚持以我为主、为我所用,认真鉴别、合理吸收,不能搞'全盘西化',不能搞'全面移植',不能照抄照搬。"②当代中国法治发展是中国人在本国的历史条件下所展开的一场法治变革运动。它总包含着体现本民族本国度生活条件的法律精神以及作为这一精神载体的法律制度。在国际规则本土化的过程中,必须从中国国情的具体实际出发,根据对本国社会生活条件及其需要的认识,能动地将国际规则转化为本国的具体制度规范设计,使之成为本国法律的有机组成部分,而绝不能原封不动地套用国际规则来调整现实的社会生活关系,也绝不能搞全盘移植,照抄照搬别国的规则和制度。此外,作为一个历史的连续过程来说,古老的中华法律文明必将在全球秩序重构及其全球治理大变革时代中,以新的形式获得延续,进而在一个新的法治系统中发挥新的功用。在当代中国,全面依法治国、建设法治中国的崭新理念和丰富实践,不仅构成了对于中华法律文明传统的有机传承,而且是对人类法治文明的丰富和发展。正是在这一过程中,本土化的法治资源的价值意义得到充分彰显,③自主型的中国法治发展道路展示出深刻的历史逻辑力量,进而构成全球秩序重构进程中的中国重新崛起的文化"软实力"基础。

第五,坚持自主型法治发展道路,必须坚定地捍卫国家的法律主权。应当看到,在全球秩序重构的历史进程中,"中国正在加快走向世界舞台的中心"。④ 中国的和平崛起,为全球性法律重构进程提出了新

① 《习近平谈治国理政》,外文出版社 2014 年版,第 97 页。
② 参见习近平:《加快建设社会主义法治国家》,《求是》2015 年第 1 期。
③ 参见苏力:《法治及其本土资源》(修订版),中国政法大学出版社 2004 年版,第 6 页。
④ 参见秋石:《不断开拓治国理政新境界》,《人民日报》2016 年 3 月 2 日。

的课题与议程,也给当代中国法治发展赋予了新的使命。在当今世界舞台上,当代中国确实拥有了发挥更大作用的机会。谋求这种更大更重要的作用的发挥,绝不意味着显示某种强权而争夺势力范围,更不意味着去寻求霸权而成为霸权国家,而是要在这个千载难逢的重要战略机遇期,有所作为,善于担当。当代的全球秩序重构以及全球治理体系的深刻变革,确实给中国带来了诸多机遇,中国也正在成功地利用了这些机遇。因此,中国积极参与国际改革进程,有助于维护国家的核心利益。所以,在加快建设法治中国的进程中,要着眼国家现代化全局,努力掌握法治发展的自主权,争取制定国际规则、改革国际体系的话语权,"积极参与国际规则制定,推动依法处理涉外经济、社会事务,增强我国在国际法律事务中的话语权和影响力",①推动全球性法律重构进程,以便更好地为国家现代化的战略目标服务。所以,在全球权力中心转移与中国重新崛起的背景下,推动当代中国的法治发展及其现代化的进程,显然面临着更为艰巨的任务。一是在全球性的行为规则和法律机制的成型过程中,作为一个负责任的和正在重新崛起的世界大国,中国必须进一步确立全球发展意识,关注全球性的共同利益,更加自主地参与全球性行动,塑造国际规范,创设国际制度,实施国际规则,着力促进新的国际秩序的重构与发展。二是在当代全球秩序重构进程中,既要自觉地关切中国法治改革与发展与全球通行规则的要求相协调的问题,充分借鉴人类法治文明发展的共同性丰富成果,又要正视全球秩序重构进程对中国法治改革与发展所带来的深刻影响,更加关注这一影响的实现方式、作用范围及其历史限度,研究这一影响是怎样内化为本民族创新法律制度的生机与活力问题,悉心把握这些共同性的全球法治文明准则、制度与机制同本民族本国度的具体条件、因素及社会需要之间的耦合程度,进而揭示实现这种有机转化的内在机理。三是作为新兴的发展中大国,当代中国在参与全球性法律重构的过程中,要对国际规则和域外的法治经验与模式进行深入细致的辨析,谨防全球化或全球共同治理名义下的法律帝国主义或新法律殖民主义,谨防法治发展的边缘化趋势,②坚决排拒那些损害国家主权与国家核心利益的体制、制度和规则,坚持抵制全球化进程中的法律霸权或法律帝国主义,

---

① 参见《中共中央关于全面推进依法治国若干重大问题的决定》,人民出版社 2014 年版,第 39 页。

② 参见[美]乌戈·马太·劳拉·纳德:《西方的掠夺——当法治非法时》,苟海莹译,纪锋校,社会科学文献出版社 2012 年版,第 234—242 页。

"运用法律手段维护我国主权、安全、发展利益"，①更加坚定地捍卫国家的法律主权，更加积极地维护国家利益，更加审慎地运用好在国际组织中的权力来实现国家的长期战略目标，从而更加有力地回应全球秩序重构及其全球治理体系变革进程对当代中国法治发展的挑战。正如习近平强调的："我们要根据事情本身的是非曲直决定自己的立场和政策，秉持公道，伸张正义，尊重各国人民自主选择发展道路的权利，绝不把自己的意志强加于人，也绝不允许任何人把他们的意志强加于中国人民。""我们要虚心学习借鉴人类社会创造的一切文明成果，但我们不能数典忘祖，不能照抄照搬别国的发展模式，也绝不会接受任何外国颐指气使的说教。②

总之，在当代全球秩序重构以及全球治理大变革时代，我们要从中国的实际条件出发，坚持自主型法治发展道路，积极稳妥地推进法治改革与法治发展，深入总结法治发展的中国经验，悉心把握法治发展的中国取向，努力建构法治现代化的中国模式，牢固确立中国法治现代化在全球法治现代化进程中的自主地位，进而坚韧推进全面依法治国的时代进程，努力实现建设法治中国的宏伟愿景。

（原文刊于《法律科学》2016 年第 5 期，
转载于《新华文摘》2017 年第 1 期）

---

① 参见《中共中央关于全面推进依法治国若干重大问题的决定》，人民出版社 2014 年版，第 39 页。
② 参见《习近平谈治国理政》，外文出版社 2014 年版，第 30 页。

学术年谱

1974 年,19 岁

是年 8 月,高中毕业后到淮阴县武墩公社插队落户,开始了近四年的知识青年生活。

1977 年,22 岁

中断十年之久的中国高考制度恢复。是年秋冬,先后参加七七级江苏省高考初试和复试,被南京师范学院政治教育专业录取。

1978 年,23 岁

是年 3 月,进入被称之为"东方最美丽的校园"的南京师范学院,在政教系进行四年的大学本科学习。

其间,根据组织上的安排,于 1981 年秋季学期到南京大学法律系进修。

1982 年,27 岁

是年 1 月,在南京师范学院政教专业本科毕业,获法学士学位,并留校在南京师范学院政教系从事法学教学与研究工作。

是年 3 月至 7 月,参加国家教育部举办的全国高师法学师资培训班学习并结业。

1983 年,28 岁

发表第一篇论文《也谈重视法哲学的研究》,刊于《法学》1983 年第 4 期。

发表关于马克思法哲学思想研究的第一篇论文《试论青年马克思对于法哲学的探索》,刊于《社会科学》(沪)1983 年第 10 期。

1984 年,29 岁

是年 9 月,通过教育部组织的统一考试,进入中国人民大学法律系主办的全国高校法学师资助教班学习。

1985 年,30 岁

是年 7 月,担任南京师范大学政教系副系主任。

深化马克思主义法哲学思想研究,发表论文《科学法哲学观的理论形态》,刊于《南京师大学报》1985 年第 4 期。

1986 年,31 岁

发表论文《恩格斯历史唯物主义法学观的形成》,刊于《西北政法学院学报》1986 年第 1 期。

1987 年,32 岁

发表论文:《马克思早期法社会学思想研究》,刊于《社会学研究》1987 年第 5 期;《商品经济与政治文化观念》(与李义生先生合作),刊于《政治学研究》1987 年第 1 期;《论法与法律的区别》,刊于《法学研究》1987 年第 4 期。

专著《马克思的法哲学革命》由浙江人民出版社出版,这是国内法学界第一部研究马克思法哲学思想的专著。

是年 12 月,破格晋升为副教授。

1988 年,33 岁

是年 7 月,主持南京师范大学政教系的行政工作。

课题《中国法制现代化的历史道路》入选国家社科基金规划项目。

发表论文:《法的价值与社会主体的权利观念》,刊于《中国法学》1988 年第 1 期;《西方犯罪社会学与犯罪社会学的革命》,刊于《社会学研究》1988 年第 5 期;《〈资本论〉中的法哲学思想》,刊于《西北政法学院学报》1988 年第 2 期;《青年马克思法学观的演变》,刊于商务印书馆编辑出版的《马克思主义来源研究丛刊》第 10 辑;《商品经济新秩序的法律特征》,刊于《政治与法律》1988 年第 6 期。

1989 年,34 岁

发表论文《论法律调整》,刊于《江海学刊》1989 年第 1 期;《论权利的确认》,刊于《法律科学》1989 年第 3 期;《商品经济与法律调整方法》,刊于《法律学习与研究》1989 年第 3 期;《李大钊与传统文化》,刊于《南京师大学报》1989 年第 4 期。

1990 年,35 岁

是年 4 月,参加在中国北京举行的第 14 届世界法律大会。

是年 7 月,担任南京师范大学政教系系主任。

进一步深化马克思法哲学思想的研究,发表论文:《马克思法哲学思想论要》,刊于《中国社会科学》1990 年第 2 期;《马克思法律观概览》,刊于《中国法学》1990 年第 3 期;《马克思心目中的法与自由之图式》,刊于《法律科学》1990 年第 3 期;《马克思论法哲学的叙述方法》,刊于《江海学刊》1990 年第 4 期;《马克思论法的现象与利益》,刊于《南京师大学报》1990 年第 4 期;《马克思论法哲学的研究方法》,刊于《江苏社会科学》1990 年第 5 期。

专著《中国刑法通史》第一分册与(李光灿先生合著),由辽宁大学出版社出版;国内第一部犯罪社会学领域的学术专著《犯罪社会学》(主编),由鹭江出版社出版。

发表第一篇有关法制现代化问题的论文《中国法律文化现代化的概念分析工具论纲》,刊于《南京社会科学》1990 年第 1 期。

1991 年,36 岁

是年 9 月,被评选为江苏省优秀教育工作者。

是年 12 月,课题《权利的哲学分析》入选国家社科基金规划项目。

发表论文:《冲突与融合:外域法律文化与中国法制现代化》,刊于《法律科学》1991 年第 2 期;《法制现代化的挑战与理论回应》,刊于《中国法学》1991 年第 6 期;《权利现象的价值分析》,刊于《南京社会科学》1991 年第 2 期;《论权利的实现》,刊于《江苏社会科学》1991 年第 2 期;《中国传统法律文化与义务本位》,刊于《学习与探索》1991 年第 6 期。

国内第一部有关法制现代化问题的学术专著、国家社科基金规划项目最终成果《中国法制现代化的进程》上卷(主编),由中国人民公安大学出版社出版。

参加我国著名法学家李光灿教授和吕世伦教授共同主编《马克思恩格斯法律思想史》的研究与写作工作,担任该书副主编,由法律出版社出版。

1992 年,37 岁

是年 3 月,参加江苏省委社教扶贫工作队赴沭阳县高墟乡工作,担任工作组副组长。

是年 4 月,破格晋升为教授。

是年 7 月,当选为中国法学会法理学研究会副会长。

是年 10 月,享受国务院政府特殊津贴。

专著《马克思法哲学思想述论》由河南人民出版社出版。

发表论文:《关于法哲学本体论的思考》,刊于《中外法学》1992 年第 2 期;《合法性问题:权利概念的法哲学思考》,刊于《社会科学战线》1992 年第 3 期;《马克思晚年人类学笔记中的法律思想初探》,刊于《法学研究》1992 年第 1 期;《论法制现代化的标准》,刊于《社会学研究》1992 年第 3 期;《亚细亚生产方式与东方社会法律文化》,刊于《法律科学》1992 年第 3 期;《中国法制现代化的动力机制》,刊于《江海学刊》1992 年第 4 期。

1993 年,38 岁

专著《法律文化的冲突与融合——近现代中国法制与西方法律文化的关联考察》(主编),由中国广播电视出版社出版。

发表论文:《传统与现代性:中国法制现代化的历史逻辑》,刊于《中国社会科学季刊》1993 年第 2 卷 5 月号;《社会主义市场经济与法律调整》,刊于《法律科学》1993 年第 1 期。

1994 年,39 岁

是年春,担任校内相关学科整合重组后的南京师范大学经济法政学院院长。

是年春,南京师范大学法制现代化研究中心成立,担任中心主任并主编《法制现代化研究》年刊。

是年 6 月,考取中国人民大学法律系法学理论专业博士研究生,在职攻读法学博士学位,师从我国著名法学家孙国华教授。

是年 7 月,担任南京师范大学副校长。

发表论文:《传统东方社会法律文化的固有逻辑》,刊于《法律科学》1994 年第 1 期;《中国法制现代化的精神依归》,刊于《法学》1994 年第 2 期;《清末法制改革与中国法制现代化》,刊于《江苏社会科学》1994 年第 6 期。

1995 年,40 岁

是年 3 月,参加江苏省高级管理人才研修班赴美国马里兰大学研修。

是年 9 月,被评为江苏省优秀教育工作者。

是年 12 月,被评选为中国首届十名杰出青年法学家之一。

发表论文:《邓小平的法制思想与中国法制现代化》,刊于《中国法学》1995 年第 1 期;《中国法制现代化面临的四大矛盾》,刊于《探索与争鸣》(沪)1995 年第 3 期,转载于《新华文摘》1995 年第 6 期;《韦伯的法律现代性思想探微》,刊于《学习与探索》1995 年第 5 期。

1996 年,41 岁

是年 7 月,任南京师范大学校长、党委副书记。

是年 8 月,被评选为江苏省普通高等学校跨世纪学术带头人培养人选。

《现代理论法学原理》(主编)由安徽人民出版社出版。

发表论文《确立法制现代化研究的世界性视野》,刊于《政治与法律》1996 年第 5 期。

1997 年,42 岁

是年 1 月,被评选为国家有突出贡献中青年专家。

是年 7 月,中国人民大学法学院法学理论专业博士研究生毕业,以《法制现代化的理论逻辑》为题通过法学博士学位论文答辩,获法学博士学位。

发表论文:《国际化与本土化:法制现代化的时代挑战》,刊于《法学研究》1997 年第 1 期;发表论文:《法律现代化不等于西方化》,刊于《法学》1997 年第 1 期。

1998 年,43 岁

是年 3 月,当选第九届全国人大代表并出席九届全国人大一次会议。

是年 3 月下旬至 4 月初,应邀赴香港大学法学院讲学。

是年 7 月,被评选为江苏省"333 人才工程"第一层次人选。

是年 10 月,任南京师范大学党委书记兼校长。

是年 10 月,被评选为国家百千万人才工程第一、二层次人选。

是年 12 月,专著《马克思法哲学思想述论》被评选为教育部第二届人文社会科学优秀成果三等奖。

第一部个人论文集《法哲学与法制现代化》由南京师范大学出版社出版。

发表论文:《法制现代化与建设现代法治国家》,刊于《江海学刊》1998 年第 1 期;《法制现代化的概念架构》,刊于《法律科学》1998 年第 4 期;《外部影响与内发力量:中国法制现代化的动因机理》,刊于《法律史论集》第一卷。

1999 年,44 岁

专著《法哲学与法制现代化》获江苏省第六届哲学社会科学优秀成果一等奖。

博士学位论文《法制现代化的理论逻辑》,经修改后入选《中青年法学文库》,由中国政法大学出版社出版。

专著《当代中国的法律革命》(主编),由法律出版社出版。

发表论文:《当代中国市场经济发展的宪法机制》,刊于《法学研究》1999 年第 3 期;《二十世纪中国的三次法律革命》,刊于《中外法学》1999 年第 3 期;《政府与法律:东西方法律发展的政治机理》,刊于《学习与探索》1999 年第 4 期。

2000 年,45 岁

是年 10 月,参加第三届亚洲法哲学大会,并以《全球化与中国法制现代化》为题作大会主题发言。

是年 7 月,课题《中国法制现代化的发展战略研究》入选国家社科基金规划项目。

发表论文《"西化"与现代化:20 世纪初时中国法律文化思潮概览》,刊于《中外法学》2000 年第 3 期;《全球化与中国法制现代化》,刊于《法学研究》2000 年第 6 期。

2001 年,46 岁

是年 3 月,参加中央党校第 17 期中青年干部班(一年制)学习。

《全球化与中国法制现代化》一文转载于《新华文摘》2001 年第 3 期。

发表论文:《民族精神与现代司法》,刊于《学习与探索》2001 年第 4 期,转载于《新华文摘》2001 年第 11 期;《传统东方社会司法的特殊机理》,刊于《法商研究》2001 年第 5 期。

2002 年,47 岁

是年 1 月,任江苏省高级人民法院党组副书记、副院长。

国家社科基金规划项目《权利的哲学分析》的最终研究成果,以《权利现象的逻辑》为题由山东人民出版社出版。

专著《东方法律文化的历史逻辑》由法律出版社出版。

《法理学》(主编)由复旦大学出版社出版。

发表论文:《法制现代化的分析工具》,刊于《中国法学》2002 年第 5 期;《传统东方法律文化的价值取向》,刊于《法律科学》2002 年第 1 期;《英国古典经济学家心目中的东方法律样式》,刊于《江海学刊》2002 年第 1 期。

2003 年,48 岁

是年 2 月,在江苏省第十届人民代表大会第一次会议上当选为江苏省高级人民法院院长,随后被任命为江苏省高级人民法院党组书记、中华人民共和国二级大法官。

是年 3 月,当选十届全国人大代表并出席十届全国人大一次会议。

是年 8 月,作为中国法官代表团成员,参加在澳大利亚悉尼/阿德莱德举行的第 21 届世界法律大会,并在大会上交流发言。

发表论文:《东方社会主义的法律发展》,刊于《法制与社会发展》2003 年第 3 期;《当代中国司法机理的重构》,刊于《江海学刊》2003 年第 3 期。

2004 年,49 岁

国家社科基金规划项目《中国法制现代化的发展战略研究》的最终研究成果,以《中国的法制现代化》为题由中国政法大学出版社出版。

发表论文:《全球化背景下的中国司法改革》,刊于《法律科学》2004 年第 1 期,转载于《新华文摘》2004 年第 7 期;《建国之初的司法制度》,刊于《江海学刊》2004 年第 4 期。

2005 年,50 岁

是年 9 月,参加在中国北京/上海举行的第 22 届世界法律大会。

课题《中国法院制度现代化的进程》入选国家社科基金规划项目。

2006 年,51 岁

第二部个人论文集《法制现代化的挑战》入选《中国十大杰出中青年法学家文丛》,由武汉大学出版社出版。

发表论文:《董必武司法思想述要》,刊于《法制与社会发展》2006 年第 1 期;《董必武的司法权威观》,刊于《法律科学》2006 年第 1 期。

2007 年,52 岁

专著《纠纷的有效解决》(主编),由人民法院出版社出版。

发表论文《民俗习惯司法适用的价值、可能性与限度》,刊于《人民法院报》2007 年 8 月 30 日,转载于《新华文摘》2007 年第 21 期。

2008 年,53 岁

是年 1 月,在江苏省第十一届人民代表大会第一次会议上再次当选为江苏省高级人民法院院长。

是年 3 月,当选十一届全国人大代表并出席十一届全国人大一次会议。

专著《全球化与中国法制现代化》(主编)由法律出版社出版。

发表论文:《中国特色社会主义司法改革道路概览》,刊于《法律科学》2008 年第 5 期;《中国司法改革的进程》(上、中、下),连载于《光明日报》2008 年 12 月 15 日、12 月 22 日、12 月 30 日。

2009 年,54 岁

发表论文:《全球化、中国崛起与法制现代化》,刊于《中国法学》2009 年第 5 期;《全球化时代的中国法制现代化议题》,刊于《法学》2009 年第 5 期;《应对金融危机的司法能动》(上篇、中篇、下篇),连载于《光明日报》2009 年 8 月 6 日、8 月 13 日、8 月 27 日。

2010 年,55 岁

是年 12 月,研究报告《坚持能动司法依法服务大局——对江苏法院金融危机司法应对工作的初步总结和思考》,获全国法院第五次优秀调研成果评选一等奖。

第三部个人论文集以《公丕祥自选集》入选《当代江苏学人学术精萃丛书》,由凤凰出版社出版。

发表论文:《当代中国的自主型司法改革道路——基于中国司法国情的初步分析》,刊于《法律科学》2010 年第 3 期;《当代中国能动司法的意义分析》,刊于《江苏社会科学》2010 年第 5 期。

2011 年,56 岁

专著《民俗习惯司法运用的理论与实践》(主编),由法律出版社出版。

发表论文:《董必武与建国之初司法改革运动》,刊于《江苏社会科学》2011 年第 4 期。

2012 年,57 岁

专著《当代中国的司法改革》,由法律出版社出版。

专著《当代中国能动司法的理论与实践》,由法律出版社出版。

专著《当代中国的审判管理》,由法律出版社出版。

专著《马克思主义法学中国化的进程》(主编),由法律出版社出版。

发表论文:《司法主权与领事裁判权——晚清司法改革动因分析》,刊于《法律科学》2012 年第 3 期;《司法人道主义的历史进步——晚清司法改革的价值变向》,刊于《法制与社会发展》2012 年第 4 期。

2013 年,58 岁

是年 1 月,在江苏省第十二届人民代表大会第一次会议上当选为江苏省人大常委会副主任。

是年 11 月,被聘为第七届中国法学会学术委员会委员。

专著《西方法律思想历程》(与倪健民教授合著),由法律出版社出版。

发表论文《司法与行政的有限分立——晚清司法改革的内在理路》,刊于《法律科学》2013 年第 4 期。

2014 年,59 岁

国家社科基金规划项目《中国法院制度现代化的进程》的最终研究成果《近代中国的司法发展》,由法律出版社出版。

是年 5 月,课题《当代中国区域法治发展的理论与实践研究》入选国家社科基金规划重点项目。

发表论文:《区域法治发展的概念意义》,刊于《南京师大学报》2014 年第 1 期;《区域法治发展与文化传统》,刊于《法律科学》2014 年第 5 期;《法治建设先导区域的概念与功能》,刊于《江海学刊》2014 年第 5 期。

2015 年,60 岁

是年 10 月,为加强江苏省新型高端智库建设,经江苏省委宣传部批准在南京师范大学设立中国法治现代化研究院,担任该研究院院长。

专著《法治篇》(主编,社会主义核心价值观研究丛书第九卷),由江苏人民出版社出版。

专著《全面依法治国》(主编,"四个全面"战略布局研究丛书第三卷),由江苏人民出版社出版。

发表论文:《法治中国进程中的区域法治发展》,刊于《法学》2015 年第 1 期;《坚定不移推进当代中国法治革命》,刊于《法制与社会发展》2015 年第 5 期;《当代中国法治发展道路的内在逻辑》,刊于《江海学刊》2015 年第 5 期;《中国特色社会主义法治道路的时代进程》,刊于《中国法学》2015 年第 5 期。

2016 年,61 岁

是年 1 月,专著《马克思主义法律思想通史》(4 卷本,总主编之一,第一、三卷主编),获江苏省第十四届哲学社会科学优秀成果一等奖。

《当代中国法治发展道路的内在逻辑》一文,转载于《新华文摘》2016 年第 3 期。

发表论文:《国家治理与公法发展:中国法治现代化的时代议题》,刊于《中国高校社会科学》2016 年第 1 期;《还是区域法治概念好些》,刊于《南京师大学报》2016年第1期;《董必武的人民司法思想及其时代启示》,刊于《江苏社会科学》2016年第4期;《国家与区域:晚清司法改革的路线图》,刊于《法制与社会发展》2016年第4期;《全球秩序重构进程中的法治中国建设》,刊于《法律科学》2016年第5期。

在2016年8月13日《光明日报》"光明专论"上发表《当代中国马克思主义法学发展的新境界》。

2017年,62岁

是年1月,经国家新闻出版总署批准,南京师范大学法学院和江苏省法学会主办的《法治现代化研究》创刊,担任该刊主编,在创刊号上发表题为《面向大变革时代的中国法治现代化研究》的创刊寄语,后转载于《中国社会科学文摘》2017年第6期。

第四部个人论文集《大变革时代的中国法治现代化》列入"中国法治实践学派书系",由人民出版社出版。

专著《当代中国的法治现代化》(主编),由法律出版社出版。

《全球秩序重构进程中的法治中国建设》一文,转载于《新华文摘》2017年第1期。

发表论文:《马克思的法律发展思想及其当代意义》,刊于《中国社会科学》2017年第10期;《传统中国的县域治理及其近代嬗变》,刊于《政法论坛》2017年第4期,转载于《新华文摘》2017年第20期;《十八大以来全面依法治国的理论与实践》,刊于《中国高校社会科学》2017年第5期。

2018年,63岁

是年1月,任第四届江苏省人大工作理论研究会会长。

是年10月,被评选为第三届江苏社科名家。

《马克思主义法律思想通史》(4卷本)被评选为第四届中国出版政府奖图书奖。

发表论文:《新时代中国法治现代化的战略安排》,刊于《中国法学》2018年第3期;《国家发展:区域法治发展的分析工具》,刊于《社会科学战线》2018年第2期;《法治发展的区域分析——一种方法论的讨论》,刊于《法学》2018年第5期;《当代中国区域法治发展的动力机理》,刊于《江苏社会科学》2018年第4期。

在2018年7月13日《人民日报》"人民要论"上发表《深入推进全面依法治国》。

2019 年,64 岁

是年 3 月,被聘为第八届中国法学会学术委员会委员。

发表论文:《新时代中国司法现代化的理论指南》,刊于《法商研究》2019 年第 1 期;《社会主要矛盾变化:新时代人民司法的高质量发展》,刊于《浙江大学学报(人文社会科学版)》2019 年第 1 期;《空间关系:区域法治发展的方式变项》,刊于《法律科学》2019 年第 2 期;《新中国 70 年进程中的乡村治理与自治》,刊于《社会科学战线》2019 年第 5 期;《新时代中国法治现代化的内在动因》,刊于《中国高校社会科学》2019 年第 3 期;《新中国 70 年社会主义法治建设的成就与经验》,刊于《光明日报》2019 年 8 月 23 日理论版。

跋

  中共江苏省委宣传部和江苏省哲学社会科学界联合会组织编辑《江苏社科名家文库》，这是加强江苏社科强省建设的一个重要举措，必将对推动新时代江苏哲学社会科学创新发展产生积极的影响。我的著作能够入选该文库，确乎深感荣幸！在此，谨致以诚挚的谢忱！

  在近40年的学术研究过程中，我曾经先后出版过4部个人论文集，亦即：《法哲学与法制现代化》（1998年）、《法制现代化的挑战》（2006年）、《公丕祥自选集》（2010年）和《大变革时代的中国法治现代化》（2017年）。本书是我的第5部个人学术文集，辑录了20世纪80年代以来有代表性18篇论文。这些文章大体上区分为马克思法哲学思想研究和法制现代化研究两个部分。其中，关于马克思法哲学思想研究的8篇论文，基本上反映了我对于马克思法哲学思想研究的思考轨迹。回眸长期的研究过程，我深切地体认到，以马克思的名字为标志的马克思主义法哲学，是一个博大精深的法哲学理论体系，蕴涵着丰富深刻的科学思想内容。在全面依法治国、建设法治中国的新时代，坚持和发展马克思主义法哲学，推动马克思主义法学中国化的时代进程，这无疑是摆在我们面前的一项重大理论议程。本书还收入了有关法制现代化理论研究的10篇论文，这是一个在我的学术生涯中经久持续的研究领域，30多年来不曾中断过，未来仍将坚定地向前行进。面对大变革时代中国法治现代化的伟大实践，进一步深化法制现代化的基本理论研究，着力构筑关于法制现代化问题的理论分析框架，为建设中国特色法治话语体系不懈探索，这是应当努力以赴的法学学术使命。此外，这里需要说明的是，本书中所收录的这些论文，按照发表时的时间顺序来排列，以期观照个人学术史的历时性序列。与此同时，拟不对文章的内容加以修饰而保持其原有面貌，只是改进文献引证技术规范并且对个别文字加以校对。

在本书的编辑出版过程中，江苏省社科联和江苏人民出版社给予了热情指导与支持。南京师范大学法学院於海梅博士帮助收集文章、打印和校对文稿，胡惟佳老师提供了相关资料。在此，一并致以衷心感谢！

公丕祥

2019 年 6 月于南京

后　记

　　2013年,江苏省委、省政府表彰了首届10位"江苏社科名家",在省内外产生广泛影响。为彰显江苏社科强省建设成效,打造江苏社科名家的整体形象,发挥社科名家的学术引领示范作用,省委宣传部、省社科联决定编纂出版《江苏社科名家文库》(以下简称《文库》),集中展现社科名家的学术成就和治学经验。2015年6月《文库》(第一辑)问世后,受到广泛好评,《新华日报》曾辟专版予以宣传、推介。2017年1月,《文库》(第二辑)正式出版。

　　2018年10月,江苏省委、省政府表彰了第三届"江苏社科名家",他们是公丕祥、叶南客、任平、郭广银、徐康宁、赖永海。经请示省委宣传部同意,省社科联正式启动《文库》(第三辑)编纂工作,历时一年。省委常委、宣传部长王燕文,省政府党组成员、副省长王江担任《文库》编委会主任;省委宣传部副部长赵金松,省社科联党组书记、常务副主席刘德海,凤凰出版传媒集团董事长梁勇担任《文库》编委会副主任;省社科联党组成员、副主席徐之顺,省社科联党组成员、副主席尚庆飞,凤凰出版传媒股份有限公司总经理佘江涛,凤凰出版传媒股份有限公司总编辑徐海,省委宣传部理论处副处长刘必好(主持工作)担任编委会委员。编委会下设编辑部,徐之顺兼任编辑部主任,省社科联学会部负责编辑部的具体工作。

　　第三辑《文库》的编纂方针、装帧设计等与第一辑、第二辑基本一致。江苏人民出版社将第三辑《文库》编纂工作列入了2019年度重点出版项目计划,第四编辑室主任张凉具体组织实施书稿的编校工作。

　　《文库》(第三辑)的作者均在岗在职,公务繁忙,但他们克服种种困难,严谨细致撰稿,并按规定时间高质量地完成书稿,为《文库》如期出版付出了辛勤努力。刘德海、徐之顺、尚庆飞等同志参加了书稿的统稿工作。刘必好以及省社科联学会部程彩霞、夏东荣、何国军、鱼雪萍、陈婷、刘名全等同志承担了《文库》(第三辑)编纂出版的组织联络工作。

《文库》(第三辑)编纂出版工作还得到南京大学、东南大学、南京师范大学、苏州大学和南京市社科联等作者所在单位的大力支持,相关单位为作者配备学术助手,为编纂工作顺利推进提供了条件。在此,谨对各有关单位领导和各位专家、学者表示由衷的感谢!

由于水平和时间所限,书中难免疏漏和不当之处,恳请广大读者予以指正。

《江苏社科名家文库》编委会

2020 年 1 月 2 日